本书为国家社科基金重大项目"'一带一路'与澜湄国家命运共同体构建研究"（项目批准号：17DA042）结项成果，得到"云南省哲学社会科学专家工作站"（立项号：2022GZZH01）资助

云南大学
周边外交研究丛书

卢光盛 等◎著

# "一带一路"与澜湄国家命运共同体构建研究

A Study on the Construction of Community of
Shared Future among Lancang-Mekong Countries

中国社会科学出版社

图书在版编目(CIP)数据

"一带一路"与澜湄国家命运共同体构建研究/卢光盛等著. —北京：中国社会科学出版社，2023.3

（云南大学周边外交研究丛书）

ISBN 978-7-5227-1486-8

Ⅰ.①—… Ⅱ.①卢… Ⅲ.①国际合作—研究—中国、东南亚 Ⅳ.①D822.333

中国国家版本馆 CIP 数据核字（2023）第 032243 号

| | |
|---|---|
| 出 版 人 | 赵剑英 |
| 责任编辑 | 马　明 |
| 责任校对 | 赵　洋 |
| 责任印制 | 王　超 |

| | |
|---|---|
| 出　版 | 中国社会科学出版社 |
| 社　址 | 北京鼓楼西大街甲 158 号 |
| 邮　编 | 100720 |
| 网　址 | http://www.csspw.cn |
| 发 行 部 | 010-84083685 |
| 门 市 部 | 010-84029450 |
| 经　销 | 新华书店及其他书店 |
| 印　刷 | 北京明恒达印务有限公司 |
| 装　订 | 廊坊市广阳区广增装订厂 |
| 版　次 | 2023 年 3 月第 1 版 |
| 印　次 | 2023 年 3 月第 1 次印刷 |
| 开　本 | 710×1000　1/16 |
| 印　张 | 24.25 |
| 插　页 | 2 |
| 字　数 | 389 千字 |
| 定　价 | 138.00 元 |

凡购买中国社会科学出版社图书，如有质量问题请与本社营销中心联系调换
电话：010-84083683
版权所有　侵权必究

# 云南大学周边外交研究中心
# 学术委员会名单

**主 任 委 员：** 郑永年

**副主任委员：** 邢广程　朱成虎　肖　宪

**委　　　员：**（按姓氏笔画排序）
　　　　　　王逸舟　孔建勋　石源华
　　　　　　卢光盛　刘　稚　许利平
　　　　　　李一平　李明江　李晨阳
　　　　　　杨　恕　吴　磊　陈东晓
　　　　　　张景全　张振江　范祚军
　　　　　　胡仕胜　高祖贵　翟　崑
　　　　　　潘志平

# 《云南大学周边外交研究丛书》编委会名单

**编委会主任：** 林文勋

**编委会副主任：** 杨泽宇　肖　宪

**编委会委员：**（按姓氏笔画排序）
孔建勋　卢光盛　刘　稚
毕世鸿　李晨阳　吴　磊
翟　崑

# 总　序

近年来，全球局势急剧变化，国际社会所关切的一个重要议题是：中国在发展成为世界第二大经济体之后，其外交政策是否会从防御转变为具有进攻性？是否会挑战现存的大国和国际秩序，甚至会单独建立自己主导的国际体系？的确，中国外交在转变。这些年来，中国已经形成了三位一体的新型大外交，我把它称为"两条腿，一个圈"。一条腿是"与美、欧、俄等建立新型的大国关系，尤其是建立中美新型大国关系"；另一条腿为主要针对广大发展中国家的发展战略，即"一带一路"；"一个圈"则体现于中国的周边外交。这三者相互关联，互相影响。不难理解，其中周边外交是中国外交的核心，也是影响另外两条腿行走的关键。这是由中国本身特殊的地缘政治考量所决定的。首先，周边外交是中国在新形势下全球谋篇布局的起点。中国的外交中心在亚洲，亚洲的和平与稳定对中国至关重要，因此能否处理好与周边国家的关系，克服周边复杂的地缘政治环境将成为影响中国在亚洲崛起并建设亚洲命运共同体的关键。其次，周边外交是助推中国"一带一路"主体外交政策的关键之举。"一带一路"已确定为中国的主体外交政策，而围绕着"一带一路"的诸多方案意在推动周边国家的社会经济发展，考量的是如何多做一些有利于周边国家的事，并让周边国家适应中国从"韬光养晦"到"有所作为"的转变，并使之愿意合作，加强对中国的信任。无疑，这是对周边外交智慧与策略的极大考验。最后，周边外交也是中国解决中美对抗、中日对抗等大国关系的重要方式与途径。中国充分发挥周边外交效用，巩固与加强同周边国家的友好合作关系，支持周边国家的发展壮大，提升中国的向心力，将降低美日等大国在中国周边地区与国家中的影响力，并化解美国在亚洲同盟与中国对抗的可能性与风险，促成周边国家自觉地对中国的外交政策做出适当的调整。

　　从近几年中国周边外交不断转型和升级来看，中国已经在客观上认识到了周边外交局势的复杂性，并做出积极调整。不过，目前还没能拿出一个更为具体、系统的战略。不难观察到，中国在周边外交的很多方面既缺乏方向，更缺乏行动力，与周边国家的关系始终处于"若即若离"的状态。其中导致该问题的一个重要原因是对周边外交研究的不足与相关智库建设的缺失，致使中国的周边外交还有很大的提升和改进空间。云南大学周边外交研究中心一直紧扣中国周边外交发展的新形势，在中国周边外交研究方面有着深厚的基础、特色定位，并在学术成果与外交实践上成果颇丰，能为中国周边外交实践起到智力支撑与建言献策的重要作用。第一，在周边外交研究的基础上，云南大学周边外交研究中心扎实稳固，发展迅速。该中心所依托的云南大学国际问题研究院从 20 世纪 40 年代起就开始了相关研究。21 世纪初，在东南亚、南亚等领域的研究开始发展与成熟，并与国内外相关研究机构建立了良好的合作关系，同时自 2010 年起每年举办的西南论坛会议成为中国西南地区最高层次的学术性和政策性论坛。2014 年申报成功的云南省高校新型智库"西南周边环境与周边外交"中心更在中央、省级相关周边外交决策中发挥着重要作用。第二，在周边外交的研究定位上，云南大学周边外交研究中心有着鲜明的特色。该中心以东南亚、南亚为研究主体，以大湄公河次区域经济合作机制（GMS）、孟中印缅经济走廊（BCIM）和澜沧江—湄公河合作机制（LMC）等为重点研究方向，并具体围绕区域经济合作、区域安全合作、人文交流、南海问题、跨界民族、水资源合作、替代种植等重点领域进行深入研究并不断创新。第三，在周边外交的实际推动工作上，云南大学周边外交研究中心在服务决策、服务社会方面取得了初步成效。据了解，迄今为止该中心完成的多个应用性对策报告得到了相关部门的采纳和认可，起到了很好的资政服务作用。

　　云南大学周边外交研究中心推出的《云南大学周边外交研究丛书》与《云南大学周边外交研究中心智库报告》等系列丛书正是基于中国周边外交新形势以及自身多年在该领域学术研究与实践考察的

深厚积淀之上。从周边外交理论研究方面来看，这两套丛书力求基于具体的区域范畴考察、细致的国别研究、详细的案例分析，来构建起一套有助于建设亚洲命运共同体、利益共同体的新型周边外交理论，并力求在澜沧江—湄公河合作机制、孟中印缅经济合作机制、水资源合作机制等方面有所突破与创新。从周边外交的具体案例研究来看，该套丛书结合地缘政治、地缘经济的实际情况以及实事求是的田野调查，以安全合作、经济合作、人文合作、环境合作、边界冲突等为议题，进行了细致的研究、客观独立的分析与思考。从对于国内外中国周边外交学术研究与对外外交工作实践的意义来看，该丛书不仅将为国内相关研究同人提供借鉴，也将会在国际学界起到交流作用。与此同时，这两套丛书也将为中国周边外交的实践工作的展开提供智力支撑并发挥建言献策的积极作用。

郑永年

2016 年 11 月

# 目　录

导　论 …………………………………………………………（1）

**第一章　"一带一路"与命运共同体的关联性与
　　　　　理论探索** ……………………………………（13）
　第一节　核心概念界定 ………………………………（13）
　第二节　"一带一路"与命运共同体的关联性 ………（21）
　第三节　"一带一路"倡议与命运共同体的理论探索 ………（44）
　小　结 ……………………………………………………（70）

**第二章　澜湄区域国际合作的历史演进与动力机制** ………（72）
　第一节　澜湄区域国际合作的历史演进 ………………（73）
　第二节　澜湄合作的发展现状 …………………………（105）
　第三节　澜湄区域国际合作的动力机制 ………………（122）
　小　结 ……………………………………………………（139）

**第三章　澜湄国家命运共同体建设的现实基础与
　　　　　发展评估** ……………………………………（141）
　第一节　澜湄国家命运共同体的意义与内涵 …………（142）
　第二节　澜湄国家命运共同体建设的进展与成效 ……（149）
　第三节　澜湄国家命运共同体建设的机遇与阻碍 ……（164）
　小　结 ……………………………………………………（194）

## 第四章 相关国家与行为体对"一带一路"与澜湄国家命运共同体建设的态度 ………………………………（195）

第一节 湄公河国家受访者的认知 ………………………（196）
第二节 其他行为体的认知 ………………………………（219）
第三节 各方媒体对澜湄合作的报道与认知 ……………（242）
小　结 ……………………………………………………（259）

## 第五章 "一带一路"背景下澜湄国家命运共同体构建的总体思路、建设内容和对策建议 …………………（261）

第一节 "一带一路"背景下澜湄国家命运共同体构建的总体思路 …………………………………………（262）
第二节 "一带一路"背景下澜湄国家命运共同体构建的建设内容 …………………………………………（267）
第三节 "一带一路"背景下澜湄国家命运共同体构建的对策建议 …………………………………………（293）
小　结 ……………………………………………………（314）

**结　论** ……………………………………………………………（316）

**附件　关于澜湄合作的调查问卷** …………………………………（324）

**参考文献** …………………………………………………………（343）

**后　记** ……………………………………………………………（376）

# 导　　论

"大道之行也，天下为公。"2015年9月，习近平主席在联合国总部举行的纪念联合国成立70周年大会上向全世界人民呼吁，"让我们更加紧密地团结起来，携手构建合作共赢新伙伴，同心打造人类命运共同体"，"中国将始终做全球发展的贡献者，坚持走共同发展道路，继续奉行互利共赢的开放战略，将自身发展经验和机遇同世界各国分享，欢迎各国搭乘中国发展'顺风车'，一起来实现共同发展"。① 基于"实现共同发展"的理念，中国早在2013年就提出了共建"一带一路"倡议，而后又在联合国成立70周年大会上更进一步向全人类正式发出了"打造人类命运共同体"这一伟大倡议。

在党的十九大报告中，中国共产党人代表全中国人民再次阐发了新时代中国的和平祈愿与外交理念，即"中国特色大国外交要推动构建新型国际关系，推动构建人类命运共同体"。② 自党的十八大首次提出"人类命运共同体"这一理念以来，人类命运共同体理念的内涵在中国外交实践中得到不断丰富，其愿景和实施路径日渐清晰。人类命运共同体不仅是一个思想理念，更是一个行动纲领，建设持久和平、普遍安全、共同繁荣、开放包容、清洁美丽的世界，是构建人类命运共同体的根本目标与核心任务。

"一带一路"倡议与"人类命运共同体"相辅相成，"一带一

---

① 习近平：《携手构建合作共赢新伙伴　同心打造人类命运共同体》，《人民日报》2015年9月29日第2版。

② 《决胜全面建成小康社会　夺取新时代中国特色社会主义伟大胜利——在中国共产党第十九次全国代表大会上的报告》，《人民日报》2017年10月28日第1版。

路"倡议旨在传承丝绸之路精神，携手打造开放合作平台，为各国合作发展提供新动力。① "一带一路"倡议致力于推进各国间全方位的互联互通，即政策沟通、设施联通、贸易畅通、资金融通、民心相通。中国为分享自身发展成果、推动世界各国共同发展，着力深化与周边地区和更广阔的世界的联系，重点打造中蒙俄经济走廊、新亚欧大陆桥、中亚西亚经济走廊、中南半岛经济走廊、中巴经济走廊和孟中印缅经济走廊等六大经济走廊。同时，打造政治互信、经济融合、文化包容的利益共同体、责任共同体和命运共同体，是"一带一路"建设的重要目标。②

"人类命运共同体"的构建和"一带一路"建设具有同向性，人类命运共同体的构建是"一带一路"建设的最高目标，"一带一路"是构建人类命运共同体的重要平台。现实联系和历史联系是"一带一路"建设重要的纽带，周边地区是中国在推进"一带一路"建设过程中的重点区域，在周边地区的"一带一路"建设中，中国尤为注重与周边合作机制的对接，同时借周边合作机制推进"一带一路"建设。基于地缘、人缘、文缘的密切联系，中国在推动人类命运共同体构建的过程中也致力从周边起步，尝试率先与周边国家构建国与国间的命运共同体，同时探索构建区域命运共同体和周边命运共同体。在周边地区推进"一带一路"建设和构建人类命运共同体的进程中，东南亚地区是中国的优先方向，③ 中国在与东盟不断深化合作的基础上，倡议并推动了澜沧江—湄公河合作（以下简称"澜湄合作"）这一新型区域合作机制的创设与运作，并将之打造为"一带一路"建设的重要平台，同时提出构建澜湄国家命运共同体。

澜湄合作和澜湄国家命运共同体在中国推进"一带一路"建设

---

① 《习近平向"一带一路"亚太区域国际合作高级别会议发表书面致辞》，《人民日报》2021年6月24日第1版。

② 乌东峰：《"一带一路"的三个共同体建设》，《人民日报》2015年9月22日第7版。

③ 中华人民共和国国务委员兼外交部长王毅表示，"东盟在中国外交全局中占有重要位置，是中国周边外交的优先方向"。参见《王毅出席中国—东盟国家外长会》，中华人民共和国外交部官网，2021年8月3日，https://www.fmprc.gov.cn/web/wjbzhd/t1897117.shtml，访问日期：2021年8月3日。

和人类命运共同体构建中具有先行先试的独特意义,对主要依托澜湄合作推进建设的澜湄国家命运共同体开展深入研究具有重要的理论和现实意义。本书基于澜湄国家命运共同体构建的实践探索,试图针对"一带一路"倡议、人类命运共同体构建提出的多个维度、框架及支柱展开系统研究,探究其本质联系、相通之处和相互作用,在此基础上构建一个以"利益—责任—规范"三位一体的命运共同体分析框架,并从"高阶地区主义"的理论前沿出发对澜湄合作和澜湄国家命运共同体构建进行理论检验和案例分析,为全球化、区域化新态势背景下"区域合作战略"的"一带一路"建设和人类命运共同体构建提供理论支撑和案例分析。

同时,本书致力于"把论文写在祖国的大地上",力图通过理论性、学理性的学术研究,在准确理解"一带一路"和人类命运共同体科学内涵的基础上,探索依托澜湄合作构建澜湄国家命运共同体的主要路径,提出合理、可行和可实现的澜湄国家命运共同体的目标设定及建设内容,基于准确、客观的困难和障碍分析,提出具有前瞻性、针对性、可行性的对策和建议,为以澜湄合作为平台的"一带一路"倡议在东南亚和澜湄区域率先取得突破提供理论指导,为澜湄国家命运共同体从"理想"变为"现实"提供智力支持。

本书对"一带一路"倡议背景下澜湄国家命运共同体的构建进行了深入的理论分析和实证研究,概括而言由三大内容板块构成:一是对"命运共同体"构建与"一带一路"倡议的一般性理论探讨及框架建构;二是澜湄国家命运共同体构建的战略环境研究,包括澜湄区域合作的历史基础、动力机制、现实条件、推进障碍及他方行为体对"一带一路"倡议、澜湄合作和澜湄国家命运共同体的认知等内容;三是"一带一路"背景下澜湄国家命运共同体构建的方案,包括总体思路、建设内容及对中国进一步推进澜湄国家命运共同体构建的对策建议。从纵向角度来看,本书遵循"理论构建—实证分析—理论检验—实践应用"的逻辑结构;从横向角度来看,本书每一章节的安排都紧扣主题,论及"一带一路"倡议和澜湄国家命运共同体这两项主要内容。①

本书正文按照总分、层进和理论—实证—检验的逻辑布局展开，正文部分共分为五章，依照破题—立论—应用的行文逻辑，分别为《"一带一路"与命运共同体的关联性与理论探索》《澜湄区域合作的历史演进与动力机制》《澜湄国家命运共同体建设的现实基础与发展评估》《相关国家与行为体对"一带一路"与澜湄国家命运共同体建设的态度》《"一带一路"背景下澜湄国家命运共同体构建的总体思路、建设内容和对策建议》，五个章节之间遵循的是历史—现实—未来、内部—外部、我方—他者、问题—对策的基本逻辑思路。

本书第一章重点研究了"一带一路"倡议与命运共同体的理论内涵及二者的关联。中国在崛起的过程中不断成为气候环境、国际安全等国际事务领域的重要参与者与"利益攸关方"，是世界和平的建设者、全球发展的贡献者、国际秩序的维护者，是增进人类共同福祉、构建人类命运共同体的推动者。"人类命运共同体"概念的提出源自中国对自我身份的现实定位，即中国已成为国际安全的"稳定之锚"和世界经济发展的"增长之源"。而"一带一路"倡议则和命运共同体在理念来源、建设目标、主体内容等方面具有高度关联性。"一带一路"倡议是实现人类命运共同体的国际实践，人类命运共同体则是"一带一路"倡议建设的指南和目标。

在理解"一带一路"倡议与人类命运共同体概念的基础上，本书详细探究了"一带一路"倡议与人类命运共同体的战略关联，从"利益—责任—规范"三个维度分析了"一带一路"倡议和人类命运共同体构建的历史和现实。"利益"是"一带一路"倡议和人类命运共同体构建、维系的纽带；"责任"是"利益攸关方"应承担的义务，"规范"是参与者共有的价值观以及与之配套的制度。"一带一路"建设和人类命运共同体的构建，应遵循"共商共建共享"的原

---

① 澜湄合作是"一带一路"倡议重要平台，自澜湄合作启动以来，"一带一路"倡议在澜湄区域的实施主要依托澜湄合作，故本书部分章节对澜湄合作的讨论即是对涉及澜湄区域"一带一路"倡议建设的讨论。澜湄国家命运共同体的理念脱胎于人类命运共同体理念，故本书对人类命运共同体的相关讨论事实上是对澜湄国家命运共同体相关理论的铺陈。

则，各国共担责任、共享利益、共建规范。

在人类命运共同体的实现过程中，循序渐进、由近及远是一个合理可行的选择，区域命运共同体的构建是人类命运共同体构建的关键一环。2016年3月，在澜湄合作首次领导人会议上发表的《三亚宣言》中，与会各国共同发声"建设面向和平与繁荣的澜湄国家命运共同体，树立以合作共赢为特征的新型国际关系典范",① 正式提出构建"澜湄国家命运共同体"。作为区域命运共同体的澜湄国家命运共同体，成为人类命运共同体构建的一块重要试验田。而在"一带一路"建设进程中，区域性的合作机制越发成为推进"一带一路"建设的重要平台。在澜湄区域，中国外交部明确将澜沧江—湄公河合作（简称澜湄合作，LMC）定性为"一带一路"建设的重要平台。② 由此，澜湄合作甫一诞生即铭刻着双重使命，澜湄合作既是"一带一路"倡议建设的重要平台，也是澜湄国家命运共同体构建的主要依托。在澜湄合作全面启动的背景下，澜湄区域成为以人类命运共同体为导向推进区域命运共同体构建和"一带一路"倡议有机结合的典范区域。

进入20世纪下半叶，东亚地区一体化程度不断提升，区域合作成为东亚地区发展的主流，澜湄区域在这一趋势下积累了较为长期的合作基础。本书第二章重点回顾了湄公河地区合作机制的历史及合作的动力机制的演变，通过对湄公河地区区域合作历史的梳理及发展线索的发掘，本书认为，澜湄合作的成立和发展具有里程碑式的意义，对于构建和平稳定与繁荣的澜湄国家命运共同体意义非凡。作为"一带一路"背景下首个由中国倡导成立的新型区域合作机制，澜湄合作以打造澜湄国家命运共同体为合作理念，内容涵盖政治安全、经济和可持续发展、社会文化等方面，建立了完善的合作机制和合作框

---

① 《澜沧江—湄公河合作首次领导人会议三亚宣言——打造面向和平与繁荣的澜湄国家命运共同体》，《人民日报》2016年3月24日第9版。
② 《外交部：愿将澜湄合作建设为"一带一路"倡议的重要平台》，人民网，2017年3月10日，http://world.people.com.cn/n1/2017/0310/c1002-29137733.html，访问日期：2021年6月25日；王毅：《大力推进澜湄合作，构建澜湄国家命运共同体 纪念澜沧江—湄公河合作启动一周年》，中华人民共和国外交部官网，2017年3月23日，https://www.fmprc.gov.cn/web/wjbzhd/t1448115.shtml，访问日期：2021年6月25日。

架，是因应时代变化和本区域发展的产物。

在澜湄合作之前，澜湄区域并没有一个由本地区国家主导的合作机制。澜湄合作的诞生，因应区域合作的利益驱动机制由"满足主导国利益"向"扩大共同利益"的转变；因应区域合作的责任承担由"大国责任"向"共同但有区别的责任"的转变；因应区域合作的规范构建由"地区规范不足"向"共同塑造规范"的转变。作为本区域众多合作机制之一，澜湄合作并非"另起炉灶"，而是对现有区域合作机制的有益补充，致力于推动本地区在区域合作中实现更加高效、公平、合理的发展，建成澜湄国家命运共同体。

经过五年多的发展，澜湄合作已经形成了"领导人引领、全方位覆盖、各部门参与"的多层次机制框架和政府引导、多方参与、项目为本的运作模式。随着合作机制框架稳步升级，澜湄合作覆盖领域更加全面，相关配套机构在稳步运转中不断完善，一大批早期项目取得丰硕成果，全方位的区域合作格局已经形成。在澜湄合作从快速拓展期进入全面发展期的新阶段，澜湄区域"一带一路"建设不断提质升级，澜湄国家命运共同体的构建具备了更为坚实的基础。

本书第三章从提出背景、重大意义两方面，对"一带一路"背景下澜湄国家命运共同体的概念内涵进行阐释和明确，分析了"一带一路"倡议在澜湄区域的推进、双边命运共同体以及澜湄合作从快速拓展期到全面发展期的相关建设，总结了澜湄区域构建命运共同体的进展与成效，详细探讨了当前及未来构建澜湄国家命运共同体的机遇、风险和障碍。

本书认为，作为人类命运共同体的先行先试，构建澜湄国家命运共同体具有特殊的重要意义。一方面，澜湄国家命运共同体建设对人类命运共同体建设具有先行先试的探索和实践价值。以澜湄区域为起点与试点，积累具体路径和有效措施等方面的经验，提供示范带动，并积累合作成果，扩大影响面和认知面，提升参与度和认可度，增强与其他国家的合作信心，为推动人类命运共同体提供理论参考和经验借鉴。另一方面，澜湄国家命运共同体建设对推进"一带一路"建设具有导向作用。"一带一路"倡议是构建人类命运共同体的伟大实践，澜湄合作作为"一带一路"建设的重要平台，其建设也以澜湄国家命运共同体的构建为指引。总而言之，澜湄国家命运共同体的建设不仅是中国建立新型周边关系以及周边命运共同体的先行先试，也是践行习近平主席提出的"构建以合作共赢为核心的新型国际关系"及"构建人类命运共同体"的重要支撑。①

在"一带一路"背景下，澜湄国家命运共同体的构建面临着重要的发展机遇。首先，澜湄区域文化理念相通。共同体的意识在地区共同发展中较早萌生，"命运共同体"意识培育的土壤肥沃，同时相似文明背景下的区域内文化认同基础深厚。其次，"一带一路"建设及澜湄合作的建设为澜湄国家命运共同体构建提供了强大的物质助力。建设澜湄流域经济发展带成效显著，第三方市场合作在湄公河地区的不断探索与推进。最后，内外部环境决定澜湄区域发展潜力巨大，澜湄区域构建命运共同体具有突出优势。依托中国这一全球、区域政治经济"稳定器"，澜湄区域在国际政治经济剧烈变革的背景下，经济整体上实现了快速发展，区域安全合作水平不断提升，澜湄国家间相互依赖不断加深，澜湄区域拥有稳定的和平发展环境。

不过当今世界正经历百年未有之大变局，"一带一路"背景下澜湄国家命运共同体的构建同样面临诸多挑战。一是地缘环境较为复杂。澜湄区域地缘政治环境高度复杂化，中美在湄公河地区的战略博弈加剧，与其他域外大国政治竞争的风险增大。二是部分国家间的国家利益存在冲突。命运共同体的构建涉及部分国家利益的让渡，但由于发展不同步及国家发展战略和利益诉求的局部差异，使得在命运共同体构建过程中，国家间的利益冲突始终存在。三是国际责任之间的分歧。澜湄国家在推进构建澜湄国家命运共同体的过程中，由于不同的国情和国家实力而有着不同的身份认知，存在着不同的国际责任观。四是地区内部客观存在结构性问题。部分澜湄国家间存在纠纷，一些国家仍处在剧烈变革期，国家内部存在较多政治经济不稳定因素。五是各方对澜湄合作及构建澜湄国家命运共同体存在一定认知差异。澜湄区域不同行为体对"一带一路"建设、澜湄合作和澜湄国

---

① 卢光盛：《全方面推进澜湄国家命运共同体建设》，《中国社会科学报》2020年7月9日第8版。

家命运共同体的认知和态度存在显著差异,一定程度上不利于"澜湄意识"的构建。六是澜湄区域作为"制度拥堵"地区,区域性国际制度和规范的建设面临制度过剩和低水平重复建设等问题,一定程度上制约了澜湄国家命运共同体构建的推进。以上因素都在一定程度上制约着澜湄区域"五通"的建设和澜湄国家命运共同体的构建。

"一带一路"倡议和构建人类命运共同体均由中国提出和倡导,但是推进"一带一路"倡议和人类命运共同体的构建是"一带一路"沿线各国和全人类共同的事业,推进澜湄合作、推动澜湄国家命运共同体的构建则是澜湄各国共同的事业。"一带一路"建设、澜湄合作及澜湄国家命运共同体构建的前途命运系之于各个参与者,中国作为主要提出者和倡导者无疑也是其中的积极实践者。由此,中国以外合作各方对于"一带一路"倡议、澜湄合作及澜湄国家命运共同体构建的认知与参与度将深刻影响着三者的命运和前途。

本书第四章涉及的研究即聚焦澜湄区域相关国家与行为体对"一带一路"倡议、澜湄合作和澜湄国家命运共同体的认知与态度。本章将湄公河国家以及在澜湄区域有利益关联的各行为体作为研究客体,从"我方—他方"的视角差异出发,重点探究了各方对于中国主导的区域合作机制的认知、反应和态度,突破了以往研究仅从中国"单向度"视角出发的局限,为学术界和决策圈提供了视角、材料和成果方面的补充。通过比较研究与个案调查,本章既集中讨论了各方对"一带一路"倡议、澜湄合作及澜湄国家命运共同体的认知与态度,又分别探究了所涉及的各行为体对上述三者的认知与态度。在文本研究和调查过程中,第四章研究着重考察三个主体间的联系与区别,进而从实证层面明确"一带一路"建设与澜湄国家命运共同体构建的关联。

在涉及"他方视角"研究时,本章研究广泛覆盖多种类型的研究对象,力求尽可能全面地将澜湄区域涉及的行为体纳入研究范围之中,研究对象包括政策界、舆论界、学术界、民间个人等多类型行为体。通过追踪相关关键词、梳理公开资料以及对部分个体的主题调查访谈,本章研究尽可能全面地开展分析调查,从而完成对"他方"主体认知的完整探究。通过调查、分析与比对,本章研究发现澜湄区域所涉及的各行为体对"一带一路"倡议、澜湄合作和澜湄国家命运共同体的认知和态度具有较大的差异,对于探索澜湄命运共同体的建设路径给予有益的启示。

在前四章扎实的理论和实证研究基础上,本书第五章基于人类命运共同体构建和共建"一带一路"倡议的相关理论,根据澜湄区域的区域合作的历史、现状及澜湄国家命运共同体构建的现实基础,联系澜湄合作这一构建澜湄国家命运共同体和"一带一路"建设的重要平台,尝试提出"一带一路"背景下澜湄国家命运共同体构建的总体思路和建设内容,并根据澜湄国家命运共同体构建过程中存在的障碍和相关问题,结合他方对"一带一路"倡议、澜湄合作及澜湄国家命运共同体的认知,提出相应的对策建议。

本书是2017年度国家社会科学基金重大项目"'一带一路'与澜湄国家命运共同体构建研究"(项目批准号:17ZDA042)的主要成果。自2017年立项和开题以来,课题组按研究计划先后有序地对"'一带一路'与命运共同体的战略关联与理论探索""澜湄合作的历史演进、动力机制与共同体建设的现实基础""澜湄国家命运共同体的目标设想、建设内容和推进障碍""各方对'一带一路'与澜湄国家命运共同体建设的态度及其应对"和"'一带一路'背景下构建澜湄国家命运共同体的路径、对策和启示"5个子课题开展了详细研究。

在课题总体框架的指引下,课题组通过多种手段进行了广泛的研究素材收集。分别对学术界、政策界围绕课题主题发表的学术论文、政策报告、媒体访谈、政府官方的政策文件、法律文本以及政府间签订的条约等相关中外文献进行了细致的收集、整理与分析;深入澜湄国家开展田野调查,对澜湄国家有关政府官员、专家学者及一般民众进行了针对性访谈,在澜湄国家中对涉及"一带一路"、澜湄合作和澜湄国家命运共同体构建的现实问题开展了问卷调查并进行动态跟踪,收集了广泛的第一手材料;借助互联网、数据库、图书馆和档案馆等平台,深入挖掘澜湄区域合作历史的相关文献,梳理出澜湄区域合作的历史基本脉络;利用课题组既有的"周边外交调查数据库"以及借鉴国内学术同行开发的"互联互通指数""全球治理指数"等数据库对澜湄区域"一带一路"建设、澜湄合作及澜湄国家命运共同体构建进行了大数据分析和信息提取。

在此基础上，5个子课题组分别根据各子课题的相关问题及问题特点，运用不同的研究方法对研究素材开展了深入的学术研究。采取跨学科交叉研究的方法，运用国际政治、国际关系、国际经济、历史学、地理学（主要集中在跨境水资源和生态合作）等多学科研究了影响"一带一路"背景下澜湄国家命运共同体构建的地缘政治、地缘经济、国际关系格局、国家内部等因素，以及这些因素间的互动关系，总结其发展规律；广泛开展案例分析研究，对"一带一路"背景下澜湄国家命运共同体构建的重大事件、案例进行深入考察分析；同时结合当前科学技术和研究手段的发展，在课题研究中尝试运用了大数据分析的方法。本研究项目5个子课题的相关研究成果作为本书的5个章节分别呈现。同时在本课题研究过程中，课题组产出了一批高质量学术成果，在高水平学术期刊发表学术论文50余篇，多篇咨询报告获得省部级及以上领导批示。

依托前期扎实的研究，本书探索构建了"利益—责任—规范"三位一体的理论分析框架，用来理解"一带一路"、人类命运共同体、以澜湄合作为代表的新型区域合作机制，以及以澜湄国家命运共同体为典型的区域命运共同体的科学内涵，并基于学理性的研究分析对"一带一路"背景下澜湄国家命运共同体构建做出了相应的应用性研究。课题着力解决了以下几个问题：一是"一带一路"与澜湄国家命运共同体的契合与对接问题；二是中国特色人类命运共同体理论探索和分析框架构建问题；三是基于澜湄合作等现有机制并最终实现澜湄国家命运共同体的阶段特质、演进逻辑和动力机制问题；四是澜湄国家命运共同体建设的内涵构建和概念界定问题；五是准确评估当前澜湄国家命运共同体建设的基础条件、发展趋势和客观障碍；六是掌握澜湄国家命运共同体建设中"他方"真实态度、诉求和顾虑。在解决以上问题的基础上，课题组最终有针对性地提出"一带一路"背景下澜湄国家命运共同体建设目标、路径及对策。

本书重点围绕澜湄合作和澜湄国家命运共同体开展深度学术研

究，较之前人的研究成果，课题组发掘并详细论证了一批较有新意的学术观点和政策启示。一是澜湄区域是"一带一路"和人类命运共同体建设最有条件、最有可能取得成效的区域。澜湄国家命运共同体构建研究，对于我国构建周边战略依托、深化中国—东盟关系、推进周边命运共同体、亚洲命运共同体建设具有先行和示范意义。二是澜湄区域合作有着独特演进逻辑和动力机制。其主要特征包括主权原则和外部驱动的均衡、经济合作内部驱动力和对外部市场依赖的均衡，灵活开放的制度安排和多边合作制度的交织等，其动力机制由外部驱动向内部驱动逐步演进，政治—安全及社会—文化合作既是短板，也是中国发挥更具建设性引领作用的机遇，成为全球化、区域化新态势下的区域合作新亮点。三是当前我国在推进澜湄合作和澜湄国家命运共同体建设过程中存在一定程度的"自我视角"问题，需要关注"他方"视角。总体上中国对湄公河五国官方及民间对参与澜湄合作及澜湄国家命运共同体构建的真实态度、认知和优先安排等了解不够，使得澜湄合作及澜湄国家命运共同体构建与湄公河国家的发展战略、规划对接仍存较大优化空间。四是澜湄合作和澜湄国家命运共同体应重视规范建构和制度建设。当前澜湄合作及澜湄国家命运共同体构建实践更多是在物质层面，而在"责任"和"规范"等共同体建设的"软维度"方面存在明显短板。五是澜湄合作和澜湄国家命运共同体建设，不一定要追求所有国家步调一致。从中国角度讲，可以根据现实需要和策略安排，考虑选择"中路突破、撬动两翼"的策略，优先在内外部环境相对良好、对华关系相对稳定的老挝、柬埔寨和泰国推进深度合作。六是通过研究澜湄国家命运共同体，提升中国在推进区域一体化、国际合作等方面的话语权、规则制定权和议题设置权。对区域命运共同体的实践经验总结和理论创新，将有助于提升中国在区域一体化和国际合作方面的话语权、规则制定权和议程设置权。作为课题的主要成果形式，本书在内容上较为完整地呈现了课题研究的综合性成果，章节导论中均有述及。

"大道行思，取则行远。"正如习近平主席所言："构建人类命运共同体是一个美好的目标，也是一个需要一代又一代人接力跑才能实现的目标。"① 某一特定区域命运共同体的构建是人类命运共同体构建的关键一环，区域性合作机制是"一带一路"倡议的重要平台，澜湄国家命运共同体是区域命运共同体构建的重要样板，澜湄合作是"一带一路"倡议在澜湄区域的重要建设平台。澜湄合作的建设及澜湄国家命运共同体的构建同样是一个接力跑的过程，需要我们在"实践、认识、再实践、再认识"的良性循环中，真正建成符合澜湄国家共同利益、共同需求、共同期盼的"实在的"命运共同体。本书的研究即致力于"从实践中来，到实践中去"，又希求在理论和实践两个层面为推进澜湄合作和"一带一路"建设，推动澜湄国家命运共同体和人类命运共同体构建做出绵薄贡献。

---

① 习近平：《共同构建人类命运共同体——在联合国日内瓦总部的演讲》，《人民日报》2017 年 1 月 20 日第 2 版。

# 第 一 章

## "一带一路"与命运共同体的关联性与理论探索

从国际格局看,世界正经历着百年未有之大变局;从国内经济社会发展看,中国正面临着中华民族伟大复兴的战略全局。"一带一路"和人类命运共同体为实现"两个大局"提供了方向。"一带一路"与命运共同体在理念来源、目标和内容上具有诸多共通性。"命运共同体"为建设"一带一路"提供了方向和指南,"一带一路"则是构建"命运共同体"的具体路径。本章在理解"一带一路"与命运共同体概念的基础上,研究"一带一路"与命运共同体的战略关联,从"利益—责任—规范"三个维度分析"一带一路"和命运共同体建设的历史和现实。"利益"是"一带一路"和命运共同体构建、维系的纽带;"责任"是"利益攸关方"应承担的义务,"规范"是参与者共有的价值观以及与之配套的制度。

### 第一节 核心概念界定

本书涉及的核心概念主要是"一带一路""命运共同体",以及与"澜湄"相关的三组概念。

#### 一 "一带一路"

"一带一路"是"丝绸之路经济带"和"21世纪海上丝绸之路"的简称。"丝绸之路经济带和21世纪海上丝绸之路"的英文全称译为"the Silk Road Economic Belt and the 21st – Century Maritime Silk

Road";根据国家发展和改革委员会、外交部、商务部等部门对"一带一路"英文译法进行的规范,"一带一路"简称译为"the Belt and the Road",英文缩写用"B&R"。① "倡议"一词译为"initiative",且使用单数,不使用"strategy""project""program""agenda"等措辞;在非正式场合,除首次出现时使用英文全称译文外,其简称可使用"the Belt and Road Initiative",也可视情况使用"the land and maritime Silk Road initiative"。②

从历史来看,"一带一路"具有浓厚的文化底蕴,是对古丝绸之路积极意象的现代化使用。从字面来看,"一带一路"的概念最直接来源是中国领导人在中亚和东南亚地区访问的过程中所发表的演讲。2013年9月,中国国家主席习近平在访问哈萨克斯坦纳扎尔巴耶夫大学时发表演讲指出:"20多年来,随着中国同欧亚国家关系快速发展,古老的丝绸之路日益焕发出新的生机活力";"为了使我们欧亚各国经济联系更加紧密、相互合作更加深入、发展空间更加广阔,我们可以用创新的合作模式,共同建设'丝绸之路经济带'"。③ 同年10月,习近平主席在印度尼西亚国会发表题为《携手建设中国—东盟命运共同体》的演讲,指出"东南亚地区自古以来就是'海上丝绸之路'的重要枢纽,中国愿同东盟国家加强海上合作,使用好中国政府设立的中国—东盟海上合作基金,发展好海洋合作伙伴关系,共同建设'21世纪海上丝绸之路'"。④

2014年9月11日,在中俄蒙三国领导人的会晤上,习近平主席提出将"丝绸之路经济带"同"欧亚经济联盟"、蒙古国"草原之路"倡议对接,共同打造中蒙俄经济走廊。之后,中国政府与俄罗斯联邦政府发表联合公报,开启了丝绸之路经济带与欧亚经济联盟之

---

① 金勇、崔玉娇:《国际新闻翻译中的译名偏误现象即对策》,《现代传播》(《中国传媒大学学报》)2015年第12期。

② 《什么是"一带一路"?》,中国一带一路网,https://www.yidaiyilu.gov.cn/info/iList.jsp?tm_id=540,访问时间:2021年8月22日。

③ 习近平:《弘扬人民友谊共创美好未来——在纳扎尔巴耶夫大学的演讲》,《人民日报》2013年9月8日第3版。

④ 习近平:《携手建设中国—东盟命运共同体——在印度尼西亚国会的演讲》,《人民日报》2013年10月4日第2版。

间的对接，更好地推动区域内贸易和经济的发展。此后，在中俄蒙三国元首共同见证下，三国签署了《建设中蒙俄经济走廊规划纲要》。这是"一带一路"倡议提出后，中国与参与国共同参与和建设的首个多边合作规划纲要。为了顺利推进"一带一路"建设，丝路基金于 2014 年 12 月正式启动运作，为"一带一路"框架内的经贸合作和双边、多边的互联互通提供投融资支持。2015 年 2 月，首次推进"一带一路"建设工作会议召开。

"一带一路"倡议提出后，迅速获得众多国家的支持，中国与沿线各国的合作迅速展开。2015 年 3 月，中国国家发展和改革委员会、外交部、商务部等三部门联合发布了《推动共建丝绸之路经济带和 21 世纪海上丝绸之路的愿景与行动》。根据该文件，丝绸之路经济带重点畅通范围包括了中国、中亚、俄罗斯至欧洲、波斯湾、地中海、东南亚、南亚、印度洋等地区，涉及亚、非、欧三大洲的诸多国家和地区。21 世纪海上丝绸之路重点方向是从中国沿海港口过南海到印度洋，延伸至欧洲；从中国沿海港口过南海到南太平洋。[①]"一带一路"倡议旨在建立一个由公路、铁路、港口、运河和管道组成的庞大基础设施网络，将中国与其周边地区和更广阔的世界联系起来。从地区发展战略的角度来看，"一带一路"倡议沟通了各个国家和国家之间原有的经济和社会发展战略、规划：如中蒙俄经济走廊、新亚欧大陆桥、中亚西亚经济走廊、中南半岛经济走廊、中巴经济走廊和孟中印缅经济走廊等。2015 年 4 月，中国国家主席习近平访问巴基斯坦期间，中巴确立了以走廊为中心，瓜达尔港、交通基础设施、能源、产业合作为重点的"1+4"合作布局。2016 年 10 月中国和哈萨克斯坦签署《关于"丝绸之路经济带"建设与"光明之路"新经济政策对接合作规划》，这是"一带一路"框架下首个双边合作规划。[②] 2016 年 9 月，"一带一路"倡议取得了突破性进展，标志性事件是联

---

[①] 国家发展改革委、外交部、商务部：《推动共建丝绸之路经济带和 21 世纪海上丝绸之路的愿景与行动》，《人民日报》2015 年 3 月 29 日第 4 版。

[②] 《发改委解读"一带一路"框架下首个双边合作规划》，国务院新闻办公室网站，2016 年 10 月 10 日，http://www.scio.gov.cn/m/ztk/wh/slxy/slzf/Document/1493319/1493319.htm，访问时间：2021 年 8 月 20 日。

合国开发计划署与中国签署了"一带一路"合作文件,这使得"一带一路"倡议获得了更大范围和更权威的国际认同。之后,"一带一路"首次写入联合国大会决议,并得到193个会员国的一致赞同,体现了国际社会对"一带一路"倡议的普遍支持。2017年3月,首个西方国家——新西兰加入"一带一路"合作。

"一带一路"沿线各国在与中国共建"一带一路"过程中成果丰硕。2017年5月14日,29位外国元首和政府首脑在内的来自130多个国家和70多个国际组织约1500名代表,出席了第一届"一带一路"国际合作高峰论坛。这次论坛取得了重大成果,涉及的成果包括政策沟通、设施联通、贸易畅通、资金融通、民心相通5大类,共76大项、270多项具体成果,这充分说明了"一带一路"倡议取得了国际社会的认同。2018年8月中非合作论坛上,28个非洲国家和非盟与中国签订"一带一路"政府间谅解备忘录。2019年,意大利成为首个加入"一带一路"的七国集团(G7)成员国。2019年4月26日,习近平主席在第二届"一带一路"国际合作高峰论坛上强调"一带一路"倡议和世界各国发展之间是相互促进的:"共建'一带一路'为世界各国发展提供了新机遇,也为中国开放发展开辟了新天地。"① 2019年3月"一带一路"银行间常态化合作机制(BRBR)发布《支持中国等国家抗击新冠肺炎疫情的倡议》,呼吁"一带一路"金融机构为全球抗击疫情、保持经济稳定增长作出积极贡献。②

由此可以看出,"一带一路"倡议重视基础设施建设,是对古代"丝绸之路"的升华。"一带一路"带动下的基础设施建设克服了地理上的天然障碍,把欧亚大陆、地区不同国家、国家内不同区域连接起来,推动全球经济向更加平衡和可持续的方向发展,进而促进人类共同经济利益的实现,是和平、繁荣、开放、创新及文明之路。"一带一路"的主要内容涵盖了政策沟通、设施联通、贸易畅通、资金

---

① 习近平:《齐心开创共建"一带一路"美好未来》,《人民日报》2019年4月27日第3版。
② 《"一带一路"银行间常态化合作机制倡议支持抗疫》,中国政府网,2020年3月3日,http://www.gov.cn/xinwen/2020 - 03/03/content_ 5486152.htm,访问时间:2021年8月22日。

融通、民心相通等人类社会经济发展的诸多方面，是为构建"人类命运共同体"而进行的国际实践。新时代赋予了"一带一路"倡议新的历史意义；同时，其作为一项新的国际公共产品，遵循和平共处五项原则、开放合作、和谐包容、市场运作、互利共赢等原则。①

### 二 "命运共同体"

从构词上来看，"命运共同体"（a Community of Shared Future）是一个合成概念，由"命运"和"共同体"两个词语构成。一方面，"命运"一般是指事物由定数与变数组合生成的一种模式，即某个特定对象在时空中在内外因素的作用下发生演变的过程。这种演变过程遵循自然/社会的运行规律并向衰退或进步发展。对于国内/国际社会来讲，人类的观念和行动决定了人类命运的走向。另一方面，不同学科、宗教、文化群体具有相异的价值理念、信仰传统、文明基因，由此对"共同体"概念的理解存在很大的差异。从广义上来讲，"共同体"是人们在共同条件下结成的集体，例如宗教共同体、民族/族群共同体、网络共同体等。在科学家、宗教人士、人文社科学者的知识生产过程中，形成了诸如国家、社会、民族等概念。这些概念是由具有共同属性的"人"构成的共同体，依赖某一元素得到构建或维系。例如国家是由领土边界内所有公民构成的具有主权属性的共同体。

在传统安全与非传统安全相交织情况下，人类社会的未来发展关键取决于共同认知的提升与其在世界范围内的实现程度。② 中国在崛起的过程中，不断成为气候环境、国际安全等领域国际事务的重要参与者与"利益攸关方"。中国积极开展国际发展合作，并在其中扮演了多重重要角色：中国既是世界和平的建设者，又承担着全球发展的

---

① 国家发展改革委、外交部、商务部：《推动共建丝绸之路经济带和21世纪海上丝绸之路的愿景与行动》，《人民日报》2015年3月29日第4版。
② 余潇枫、陈佳：《核正义理论与"人类核安全命运共同体"》，《世界经济与政治》2018年4期；罗会钧、戴薇薇、刘红霞：《构建核安全命运共同体的几点思考》，《湖南大学学报》（社会科学版）2017年第5期；罗成翼：《基于人类命运共同体的核威慑道德风险考量》，《北京大学学报》（哲学社会科学版）2018年第1期；刘振中、袁勤、刘镇江：《习近平核安全观与构建人类命运共同体的耦合性》，《湘潭大学学报》（哲学社会科学版）2018年第6期。

贡献者、国际秩序的维护者等角色,是增进人类共同福祉、构建人类命运共同体的推动者。① 中国"命运共同体"概念的提出是中国对自我身份的现实定位,成为国际安全的"稳定之锚"和世界经济发展的"增长之源"。

2013 年 3 月,习近平主席在莫斯科国际关系学院发表《顺应时代前进潮流 促进世界和平发展》的重要演讲,第一次向世界传递对人类文明走向的中国判断:"这个世界,各国相互联系、相互依存的程度空前加深,人类生活在同一个地球村里,生活在历史和现实交汇的同一个时空里,越来越成为你中有我、我中有你的命运共同体。"② 2015 年 3 月,联合国安理会一致通过关于阿富汗问题的第 2344 号决议,首次载入"构建人类命运共同体"理念。人类命运共同体的具体举措包括:

（1）建立平等相待、互商互谅的伙伴关系；
（2）营造公道正义、共建共享的安全格局；
（3）谋求开放创新、包容互惠的发展前景；
（4）促进和而不同、兼收并蓄的文明交流；
（5）构筑尊崇自然、绿色发展的生态体系。③

2016 年 9 月,在二十国集团工商峰会（B20）峰会开幕式主旨演讲中,习近平主席呼吁树立人类命运共同体意识,以全球伙伴关系来应对挑战:"在经济全球化的今天,没有与世隔绝的孤岛。同为地球村居民,我们要树立人类命运共同体意识。伙伴精神是二十国集团最宝贵的财富,也是各国共同应对全球性挑战的选择。"④ 2017 年 1 月 18 日,习近平主席在瑞士日内瓦万国宫出席"共商共筑人类命运共

---

① 中华人民共和国国务院新闻办公室:《〈新时代的中国国际发展合作〉白皮书》,国务院新闻办公室网站,2021 年 1 月 10 日,http://www.scio.gov.cn/zfbps/32832/Document/1696685/1696685.htm,访问时间:2021 年 1 月 14 日。
② 习近平:《顺应时代前进潮流 促进世界和平发展》,《人民日报》2013 年 3 月 24 日第 2 版。
③ 习近平:《携手构建合作共赢新伙伴 同心打造人类命运共同体》,《人民日报》2015 年 9 月 29 日第 2 版。
④ 习近平:《中国发展新起点 全球增长新蓝图》,《人民日报》2016 年 9 月 4 日第 3 版。

同体"高级别会议上指出：公正合理的国际秩序、《威斯特伐利亚和约》确立的平等和主权原则、日内瓦公约确立的国际人道主义精神、联合国宪章明确的四大宗旨和七项原则、万隆会议倡导的和平共处五项原则及国际关系演变积累的一系列公认的原则，应该成为构建人类命运共同体的基本遵循。① 2018 年 8 月 27 日，习近平主席在推进"一带一路"建设工作 5 周年座谈会上指出，共建"一带一路"正在成为我国参与全球开放合作、改善全球经济治理体系、促进全球共同发展繁荣、推动构建人类命运共同体的中国方案。②

"命运共同体"概念的内涵不断得到扩充，其适用对象从周边国家逐渐拓展到世界，并涵盖了诸如网络空间、海洋、卫生健康等多个领域。如网络空间命运共同体③、人类卫生健康共同体④、人与自然生命共同体。⑤

"命运共同体"主要内涵包括五个方面，即"讲信修睦（政治上）、合作共赢（经济上）、守望相助（安全上）、心心相印（文化上）、开放包容（对外关系上）"，⑥以"利益共同体""责任共同体""价值共同体"三大支柱作为支撑。"命运共同体"是一个过程概念，由中国推动、反映中国特色的共同体。中国在构建"命运共同体"进程中起着推动者的作用。⑦

### 三 澜湄相关概念

澜湄国家命运共同体是本书的主要研究对象，因此本书还涉及

---

① 习近平：《共同构建人类命运共同体》，《人民日报》2017 年 1 月 20 日第 2 版。
② 《习近平出席推进"一带一路"建设工作 5 周年座谈会并发表重要讲话》，《紫光阁》2018 年第 9 期。
③ 习近平：《在第二届世界互联网大会开幕式上的讲话》，《人民日报》2015 年 12 月 17 日第 2 版。
④ 习近平：《团结合作战胜疫情 共同构建人类卫生健康共同体——在第 73 届世界卫生大会视频会议开幕式上的致辞》，《人民日报》2020 年 5 月 19 日第 2 版。
⑤ 习近平：《共同构建人与自然生命共同体——在"领导人气候峰会"上的讲话》，《人民日报》2021 年 4 月 23 日第 2 版。
⑥ 刘稚：《命运共同体视角下的一带一路建设》，《光明日报》2015 年 3 月 19 日第 7 版。
⑦ 徐进、郭楚：《"命运共同体"概念辨析》，《战略决策研究》2016 年第 6 期。

"澜湄"的相关概念或表述。政策界、学术界在这些概念的使用上存在一些差异，在此，本书对这些相关概念进行辨析和统一，并规范本书中的使用。综合各方在不同场景下对澜湄相关概念的使用，本书将澜湄的相关概念大致分为以下几组。

第一组是包含澜湄国家数量的相关概念。这组包含澜湄国家数量的相关概念主要是"湄公河国家""湄公河五国""澜湄国家""澜湄六国"等。学者们对这组概念的使用较为一致，且指代也是大致相同的。这组概念的形成是由于地理原因造成的：澜沧江—湄公河在中国段叫"澜沧江"，而在流出中国之后的河段被称为"湄公河"。因此，"湄公河国家"和"湄公河五国"的含义是一致的，指"缅甸、老挝、泰国、柬埔寨、越南"（依照澜沧江—湄公河流经的顺序，下同）这五个国家；"澜湄国家"和"澜湄六国"指"中国、缅甸、老挝、泰国、柬埔寨、越南"六个国家。这组概念在现有研究中基本没有分歧，因此本书在使用过程中遵循上述含义及使用场景。

第二组是包含澜湄地区的国际合作的相关概念。20世纪50年代以来，湄公河国家即开始建立各种国际合作的框架，也已形成湄公河委员会（MRC）、大湄公河次区域经济合作（GMS）、湄公河下游倡议（LMI）等诸多国际合作机制。这些合作机制已经运行多年，相关的研究也十分丰富，因此，对于这些国际合作机制的概念，已经成为约定俗称，本书也遵循之前的称呼。

第三组是对"澜湄地区""澜湄区域""澜湄次区域"等概念的使用。澜湄地区、澜湄区域、澜湄次区域是现有国内外研究中经常使用的概念。从这些概念包含的国家来看，基本上包含了澜湄六国。但由于各个合作机制包含的国家不同、参与国不同、学者的表述习惯不同等原因，澜湄区域的国际合作机制的名称也不尽相同，有表述为"地区"的，也有表述为"次区域"或者"流域"等。如在《日本—湄公河地区伙伴关系计划》使用了"湄公河地区"的说法；"GMS"被翻译为"大湄公河次区域经济合作机制"；东盟—湄公河流域开发合作则表述为"流域"，等等。因此，本书尤其是第二章在对这些国际合作机制统称的表述上一般统一使用"澜湄区域国际合作机制"或者"澜湄区域合作机制",但在引用官方、学者等的表述上,仍然按照原文进行引用。

## 第二节 "一带一路"与命运共同体的关联性

当今世界是各国相互联系、相互依存日益紧密的世界,中国始终将自身发展与全人类的发展结合起来,始终把自身命运与世界各国人民的命运紧密相连,始终把中国人民利益同各国人民共同利益结合起来。"一带一路"与"命运共同体"是新时代中国向国际社会提供的"中国方案",是在对中外历史经验进行系统性总结的基础上提出的,体现了中国人民长达五千年的集体智慧。二者在理念来源、建设目标、主体内容上具有高度关联性。"一带一路"是实现命运共同体的国际实践,而命运共同体则是"一带一路"建设的指南和目标。

### 一 "一带一路"与"命运共同体"的共性

"一带一路"与命运共同体都源自中国古代与外部世界交往的深厚历史,相互之间存在着诸多方面的共性。

#### (一) 理念来源的共通性

"一带一路"和"命运共同体"具有共同的理念来源。主要是两个方面:中国的传统文化和马克思主义理论。然而,这种理念来源并不是简单对中国传统文化进行复古或对马克思主义及西方社会科学简单照搬,而是在批判的基础上,吸收这些文化理论思想中合理的成分并结合国际社会的发展趋势,对其进行创新和发展。

一方面,"一带一路"与构建"命运共同体"有着坚实的传统文化和精神基础。它不仅以中国文化传承为基石,也体现了中华文明与世界其他文明的互动与融合。

在思想层面,"一带一路"与"命运共同体"的理念继承了中国古代哲学中和平、发展、正义、共赢的思想。中国传统文化中的"天下观"及"大同"思想,含有中国五千年文明基因。"命运共同体"需要世界性的观念进行引导,而中国传统文化中的"大同"思想正是"命运共同体"的思想基础。① 法国国际问题专家高大伟 (David Gosset) 指出,"命运共同体"来自中国传统文化中的"大同"思想,而"大同"引申出了合作和共赢。② "世界大同"在中国传统外交理念中有着重要的地位,其思想穿越时空,至今依然深刻地影响着中国处理对外关系的方式。

作为中华文化核心之一的儒家思想,对中华文化的影响一直延绵到近代和当代。很大程度上,"一带一路"与"命运共同体"是中国国家治理的自然延伸,是寻找人类共同利益和价值观的新维度。如果把地理学意义上的"全球"以政治的方式组织成一个"世界"应该是人们的最好选择。③ 党的十八大报告对人类命运共同体的解读是,在追求自身利益的同时兼顾他方合理关切,在谋求自身发展的同时促进各国共同发展。内森·加德尔斯认为,"命运共同体"这一促进全球关系进入"新时代"的论述,其中的核心理念源自中国古代的"天下观"——在全天下和谐共存。④ 在中国儒家思想中,互惠和共同利益并不否定差异和争论。多年来,国际社会对中国文化和传统的认可在不断扩大,这表明了中国传统思想日益受到重视及认可。从根本上讲,"一带一路"从倡议向实践建设展开,说明中国已经能够将多元文化、多民族、多社会凝聚在一起,构建"命运共同体"。"丝绸之路经济带"为国家间以追求共同利益、共同发展为目标的经济合作提供了可能,将改变欧亚大陆地缘政治大博弈,在政治—安全、文化—社会、经济及环境等领域培养他人和自身的共同利益意识。

另一方面,"一带一路"与"命运共同体"的理念与马克思的历史唯物主义在基本观点上是一致的,是对马克思主义思想的继承及时

---

① 卢光盛、别梦婕:《"命运共同体"视角下的周边外交理论探索和实践研究——以澜湄合作为例》,《国际展望》2018 年第 1 期。
② 高大伟:《中国的现代化不意味着西方化》,凤凰网,2018 年 9 月 26 日,http://culture.ifeng.com/a/20180926/60085787_0.shtml,访问时间:2021 年 2 月 21 日。
③ 赵汀阳:《天下体系:世界制度哲学导论》,中国人民大学出版社 2011 年版,第 74 页。
④ 《"美国优先"遇上"人类命运共同体"》,《环球时报》2018 年 2 月 11 日第 6 版。

代探索，以"和平与发展"理论、"新安全观"与"和谐世界"为基础。人性的发展应该建立在和解、融合、创造性基础上。马克思主义中的"自由人的联合体"①、"交往理论"②、"类概念"③等哲学思想可以对"命运共同体"和"一带一路"进行论述及诠释。马克思揭示了人或社会发展的三种形态：最初的人类以"族群"为本位（人的依赖关系形态），中间经过"个体"本位阶段（以物的依赖性为基础的人的独立性形态），进而实现以"类"为本位的自由人联合体（建立在个人全面发展和他们共同的、社会的生产能力成为从属于他们的社会财富这一基础上的自由个性形态）。④ 这个共同体已经不是经济共同体、文化共同体这样的层次，而是更高层次的"人类命运共同体"，具有了一种超越性和"全人类性"。⑤ 从马克思的历史发展观来看，一是历史上，中原王朝与周边民族之间爆发过多次战争，尤其是与北方游牧民族长达几千年的战争，并没有形成类似"文明冲突论"、西方的"种族优越论"的理念。相反，在长期的历史交往中，各民族相互融合，各国之间的和平与共同发展却成了主流。这固然与中国在东亚地区的超强综合实力有关，但更多地体现了人类历史发展的基本规律。二是以主权平等和相互尊重的崇高原则。这一原则最早是在1954年的中印"和平共处五项原则"协议中得到系统阐明，强调合作而不是竞争，最终结果是"双赢"，促进对政治和文化差异的包容。

---

① 李爱敏：《从无产阶级国际主义到人类命运共同体——马克思主义的国际主义思想发展研究》，博士学位论文，南京师范大学，2016年；卢德友：《"人类命运共同体"：马克思主义时代性观照下理想社会的现实探索》，《求实》2014年第8期；卢德友：《马克思理想"共同体"的当代追求》，《学术论坛》2014年第5期；魏传光：《马克思共同体思想对"人类命运共同体"的道德观照》，《湖南师范大学社会科学学报》2019年第2期。

② 王飞：《人类命运共同体：马克思主义交往理论的最新发展成果》，《辽宁师范大学学报》（社会科学版）2017年第2期。

③ 贺来：《马克思哲学的"类"概念与"人类命运共同体"》，《哲学研究》2016年第8期。

④ 李景源、周丹：《"人类命运共同体"思想的哲学阐释》，《光明日报》2017年8月28日第11版。

⑤ 白贵、曹磊：《对外传播的新使命："一带一路"与"构建人类命运共同体"》，《前沿关注》2017年第5期。

马克思主义指导了中国革命、经济改革、社会发展的整个进程。和平与发展是世界的主流,在世界共同利益、共同安全、共同价值观面临挑战时,中国必须与各国同舟共济,携手应对外部风险和挑战。① 与西方主流国际关系理论强调"霸权""极化""依赖""零和博弈""不均衡""敌人—竞争"等观念不同;"一带一路"和"命运共同体"的观念体现了马克思发展观中的"包容性""开放性""均衡""互利共赢""多边合作"的政治哲学话语思想。批判精神一直是马克思主义的精髓。"一带一路"和"命运共同体"的观念既是对现实主义、新自由制度主义以及依附理论等理论困境的回应和批判,也是对当前国际经济话语权失衡、国际政治话语权失序、国际文化话语权失范等现实困境的回应。② 人类应该追求共存和共生,而不是排斥和淘汰。

国际关系学者普遍以政治共同体(Political Community)、国际共同体(International Community)、道德共同体(Moral Community)等形式使用"共同体"一词。③ 现实主义认为霍布斯式的冲突关系是国际社会的本质。肯尼斯·沃尔兹的结构现实主义将国家视为单一共同体,彼此因安全而发生冲突。现实主义研究路径认为在国家无政府体系里,为了提高"安全"的自助行为会引起安全困境。亨廷顿的"文明冲突论"及"民主和平论"基本否定了不同文明、不同发展阶段国家间和平共处,以及构建人类命运共同体的可能。与现实主义和自由主义论断不同的是,建构主义认识到了国际系统的变迁。温特从观念的角度研究了国际体系的变迁,认为人类社会存在霍布斯式的、卢梭式的、布丹式的国际社会。这都为"命运共同体"构建提供了

---

① Fan Wang, "Community of Shared Future for Mankind: Theoretic Significance and Practical Drive", *Contemporary World*, Vol. 3, No. 3, 2016, pp. 8 – 11.

② 刘摇勇、王怀信:《人类命运共同体:全球治理国际话语权变革的中国方案》,《探索》2019 年第 2 期。

③ John Agnew, "The Territorial Trap: The Geographical Assumptions of International Relations Theory", *Review of International Political Economy*, Vol. 1, No. 1, 1994, pp. 62 – 63; Alexander Wendt, "On Constitution and Causation in International Relations", *Review of International Studies*, Vol. 24, No. 5, 1998, p. 113; David Boucher, *Political Theories of InternationalRelations—From Thucydides to the Present*, Oxford: Oxford University Press, 1998, p. 375.

一定的理论支持。

（二）目标的共通性

"一带一路"倡议与命运共同体的理念以创建国际关系"新框架"为目的，这将促进和改善全球治理。① 从定义上讲，全球治理与如何安排世界事务有关。世界治理是通过某种程度的制度化或已建立的结构对国际秩序起作用。

国际行为体在世界治理中阐述自身的理念，在国际交往互动中构建彼此的关系，包括采取措施来维持、完善或改变现行秩序。长期以来，中国一直是国际贸易、知识产权、互联网治理、环境和劳工标准以及人权定义等一系列问题上的重要参与者。随着中国政治经济实力的增强，中国政府更愿意发出自己的声音，而且世界其他国家也越来越希望中国承担与其实力相称的国际责任。当前的多边秩序在很大程度上反映了第二次世界大战刚结束时的大国格局。从那时起，全球社会的权力格局发生了巨大变化，但全球治理机构的总体结构却没有跟上这种变化。

"一带一路"倡议与"命运共同体"理念是对当前经济和地缘政治主导地位的系统性创新。"一带一路"倡议与"命运共同体"强调重建世界秩序，是中国"全球治理"理念，为未来新型国际秩序均衡发展提供思想基础。② 然而，这种重塑世界秩序并不是革命性地推翻现行世界秩序，而是改变国际政治经济中不合理的部分。中国这种全球治理理念的出发点来自对自我身份的界定，即中国是国际关系中的利益相关者，也是负责任的大国。中国不断增长的经济实力促使其更多地参与国际事务，已经成为国际利益共同体、责任共同体中的一员。"一带一路"倡议和"命运共同体"已成为这种身份自我界定的展开，成为国际治理的中国方案。这反映了中国在国际社会中的能力和意愿不断增强，需要融入全球治理进程中。

第一，在经济上，作为世界经济发展的引擎，中国积极为国际社

---

① Ding Jun, Cheng Hongjin, "China's Proposition to Build a Community of Shared Future for Mankind and the Middle East Governance", *Asian Journal of Middle Eastern and Islamic Studies*, Vol. 11, No. 4, 2017, p. 1.

② 于宏源：《权威演进与"命运共同体"的话语建设》，《社会科学》2017 年第 7 期。

会贡献自己的力量。欧洲国家、美国和日本都提出了构建人类共同体的方案，但这些方案"片面地优先考虑发达国家的利益"。① 但是，大国对地区和世界和平与发展应当具有更大责任，而不是对地区和国际事务的垄断。②

世界的发展不再是单一国家的单边主义和零和博弈，而是需要一国在发展自己的同时，也要给别国发展的权利和空间。因为一个贫富分化的世界注定是动荡的，每个国家都可以要求改善目前政治和经济发展的不平等现象。为了使各国更好地应对全球卫生和发展融资等重大国际问题，中国在融资发展方面采取了单边和多边两种方式促进他国的发展，包括在国际机构中发挥更大的作用、创建互利共赢的国际机构，努力与其他国际行为体进行合作。在"一带一路"建设过程中，中国按照"共商共建共享"的原则推动海外公路、铁路、港口等基础设施建设，并与亚洲基础设施投资银行（Asian Infrastructure Investment Bank）、亚洲发展银行、世界银行进行合作，推动国际经济发展。

第二，促进国际多边合作。"一带一路"倡议和"命运共同体"是对过去三四十年新自由主义全球化的内在批判，强调全球化多边包容性发展。中国致力于通过"一带一路"倡议这一地缘经济项目分享成功经验。作为世界第二大经济体和负责任的国家，中国坚定地捍卫多边主义，维护国际公平与正义，努力促进"命运共同体"的构建，并为人类面临的挑战贡献中国的智慧。③ 2018 年 9 月联合国秘书长古特雷斯在中非合作北京峰会上发表讲话，他说："当前和未来的发展合作，都应该有利于和平与安全，有利于构建'人类命运共同体'。""一带一路"倡议和"命运共同体"提出的共享共建共有的观念，是多边主义合作的内核，突破了传统的现实主义理论"人性

---

① Zhao Kejin, Zhao Yuan, "The Path towards Building a Community with a Shared Future for Mankind", *Contemporary World*, Vol. 11, No. 3, 2018, pp. 16 – 19.
② 习近平：《迈向命运共同体　开创亚洲新未来——在博鳌亚洲论坛 2015 年年会上的主旨演讲》，《人民日报》2015 年 3 月 29 日第 2 版。
③ Li Bijian, "Building Community of Shared Future for Mankind", *The Nation*, July 9, 2020, https: //nation.com.pk/09 - July - 2020/building - community - of - shared - future - for - mankind, 访问时间：2021 年 2 月 20 日。

恶""丛林状态"下无政府状态及国际关系实质就是冲突的假设,①将合作共赢原则应用到国际关系领域。

这种国际合作思想否定了无政府状态下国际关系中国际合作的前提条件：只有在一个强大的权威或者霸权力量存在的情况下，国际合作才能产生。在国际多边主义机制框架下，无论是发达国家还是发展中国家，都属于"人类"这个集合。"一带一路"倡议和"命运共同体"需要多边主义合作机制进行推动，可以有效地抑制国际冲突的发生，是最简单和最有效的国际合作结构。作为发展中国家和发达国家之间的"中间人"，中国不仅可以促进南南合作，而且在与发达国家的合作过程中，维护广大发展中国家的利益。当存在互补利益时，多边机制能够促进合作,②而当合作向深入发展时，也能推动产生新的多边合作机制。随着中国的崛起，中国与外部经济的联系愈发密切。中国在多边机制创建和维护方面扮演着重要角色。"一带一路"、亚洲基础设施投资银行、丝路基金、金砖国家组织等倡议和多边机制的创建反映了中国在促进国际经济发展、维护世界和平及稳定过程中的积极贡献，同时也代表了发展中国家的立场，即具有平等参与和决定全球事务的权利。

第三，推动国际文明交流互鉴。文明交流互鉴是"一带一路"倡议和"命运共同体"共同具有的主要内容之一。在西方开辟新的海上航线之前，不同文明之间存在着基本平等的状态。但是，这种状态由于西方殖民主义扩张和霸权的建立而趋向瓦解。在此过程中，美洲印第安人和古代西非等一些边远文明遭到破坏，西亚、北非、印度和中国等古代文明的核心地区也遭到西方文明的入侵。文明之间的平等不再存在，许多文明面临生存危机。③ 到 21 世纪初，非西方国家

---

① 秦亚青：《国际制度与国际合作》，《外交学院学报》1998 年第 1 期；[美] 肯尼迪·华尔兹：《国际政治理论》，信强译，苏长和校，上海人民出版社 2003 年版；李格琴：《西方国际合作理论研究述评》，《山东社会科学》2008 年第 7 期。

② Robert O. Keohane, *After Hegemony: Cooperation and Discord in the World Political Economy*, NJ: Princeton University Press, 1984.

③ "Cultural Diversity Leads to a Shared Future for the World", *PR Newswire*, January 7, 2021, https://www.prnewswire.com/news-releases/cultural-diversity-leads-to-a-shared-future-for-the-world-301202675.html, 访问时间：2021 年 2 月 20 日。

已经在现代化方面取得巨大进步,迎来了文明复兴的历史转折点。在全球现代化进程中,每个国家都有自己的特点,不同的国家具有不同的现代化模式,例如拉丁美洲模式、东亚模式以及中国模式。所有国家在文明互鉴过程中都发挥了独特的作用,并赋予了这一进程独特的功能及意义。当今世界,人类生活在由不同文化、种族、肤色、宗教和不同社会制度所组成的世界里,各国人民形成了你中有我、我中有你的命运共同体,文明交流互鉴是推动人类文明进步和世界和平发展的重要动力。① 有学者指出,当前国际合作理论正在经历第三次转向——从单一文明主导的共同体合作转向多元文明主导的共同体合作,即"跨文化转向"。② 这个转向可能要经历一个相当长的历史时期。"命运共同体"是在摒弃传统"帝国"体制和极端"国族"认同基础上形成的一种新型文明观。③ 人类的命运前所未有地紧密相连,多样性文明的融合是人类文明发展的潮流。如果让文明的冲突发生,人类将面临巨大的灾难。从现实维度看,"人类命运共同体"是在扬弃西方"正义论"和继承中华优秀传统文化基础上形成的一种"正确义利观";从未来维度看,"人类命运共同体"是在超越"均势"和"霸权"两种国际秩序观基础上形成的一种新型国际秩序观。④"一带一路"倡议和人类命运共同体构建需要避免各个文明之间的冲突,推动彼此间的文化交流合作。

(三) 内容的共通性

第一,国际安全治理内容的共通性。和平稳定的地区和国家环境是"一带一路"和"命运共同体"的必然要求。"一带一路"和"命运共同体"的建设不仅使国际社会整体利益得到实现,也会促进

---

① 习近平:《在联合国教科文组织总部的演讲》,《人民日报》2014年3月28日第3版。

② 第一次转向是从权宜性合作转向国际机制合作,从自助外交转向制度外交;第二次转向是从机制合作转向共同体合作,从制度外交转向伙伴外交,可称为"国际政治社会学转向"。可参见郭树勇《大危机下的国际合作与外交转向:国际政治社会学的视角》,《当代世界与社会主义》2020年第3期。

③ 徐艳玲、李聪:《"人类命运共同体"价值意蕴的三重维度》,《科学社会主义》2016年第3期。

④ 徐艳玲、李聪:《"人类命运共同体"价值意蕴的三重维度》,《科学社会主义》2016年第3期。

对抑制战争规范的认同感。近年来，中国成为维护国际安全的主要行为体。中国参与维护亚太地区和平与稳定的一系列行动，包括自20世纪90年代初以来参与联合国维和行动，以及自2008年以来参与亚丁湾的反海盗行动。中国从过去以保卫祖国领土、协助解决国内安全问题为重点的"近海防御"政策，转向以维护海外利益安全、维护地区及世界和平为核心的"积极防御"。中国是仅次于美国的联合国维和部队预算第二大资金捐助国，并且是联合国安理会常任理事国派遣维和人员最多的国家。冷战期间，美苏构建了"互相确保摧毁"的战略模式。然而，"命运共同体"构建需要瓦解互相摧毁下的大国关系。"一带一路"倡议和"命运共同体"建设需要一个和平、发展、稳定的国际环境。新型大国关系为大国和谐共处提供了依据及方向。人类的福祉及大国的共同利益，大国具备在气候环境治理、核安全保障、抑制国际冲突方面进行合作的前提条件。"互利共赢"原则是确保人类共同利益的国际规范。如果这种规范被国际社会认可，可以构建利益安全共同体、责任共同体和价值共同体。

第二，环境治理内容的共通性。"一带一路"倡议和"命运共同体"建设被视为绿色贸易和绿色技术创新、加快实现可持续发展目标的关键机制。中国不仅在国际舞台上承诺加强环境治理，而且用自身的行动在二氧化碳减排、保护生物多样性等领域践行文明发展观。2015年3月，中国政府发布的《推动共建丝绸之路经济带和21世纪海上丝绸之路的愿景与行动》中明确提出要"突出生态文明理念，加强生态环境、生物多样性和应对气候变化合作，共建绿色丝绸之路"。[①] 2017年1月18日，习近平主席在联合国日内瓦总部发表题为《共同构建人类命运共同体》的演讲中指出，"坚持绿色低碳，建设一个清洁美丽的世界……倡导绿色、低碳、循环、可持续的生产生活方式，平衡推进2030年可持续发展议程，不断开拓生产发展、生活富裕、生态良好的文明发展道路"。[②]

---

[①] 《促进绿色一带一路的指导》，中国一带一路网，2017年5月8日，https：//eng.yidaiyilu.gov.cn/zchj/qwfb/12479.htm，访问时间：2021年2月28日。

[②] 习近平：《共同构建人类命运共同体——在联合国日内瓦总部的演讲》，《人民日报》2017年1月20日第2版。

2017年的第一届"一带一路"国际合作高峰论坛上,习近平主席强调应努力加强生态与环境保护合作,建立健全的生态系统,以实现《2030年可持续发展议程》设定的目标。中国积极开展气候变化南南合作,帮助发展中国家特别是小岛屿国家、非洲国家和最不发达国家提升应对气候变化能力,减少气候变化带来的不利影响。2015年中国宣布设立应对气候变化的南南合作基金,在发展中国家开展10个低碳示范区、100个减缓和适应气候变化项目及1000个应对气候变化培训名额的"十百千"项目,截至2021年初,已与34个国家开展了合作项目。① 2013年到2018年,中国举办了200余期气候变化和生态环保主题研修项目,并在学历学位项目中设置了环境管理与可持续发展等专业,为有关国家培训5000余名人员。② 基于推动构建人类命运共同体的责任担当和实现可持续发展的内在要求,习近平主席于2020年正式宣布中国将力争2030年前实现碳达峰,2060年前实现碳中和。③

中国利用先进技术与"一带一路"沿线国家在环境治理及构建"命运共同体"方面进行合作,将"绿色"发展纳入数字丝绸之路建设之中。"数字丝绸之路"(Digital Silk Road)的目的是建立一个收集和共享地球观测数据的网络,以改善环境监测并支持"一带一路"沿线国家制定健全的环境治理政策。④ 根据墨卡托中国研究所(MERICS)的研究,中国在已完成的"一带一路"项目中约有三分之二的资金(超过500亿美元)用于能源行业发展,其中超过200亿美元投资用于可再生能源项目,其次是化石燃料发电项目(约150亿美元)和电网投资(约120亿美元)。"一带一路"基础设施建设

---

① 中华人民共和国国务院新闻办公室:《〈新时代的中国国际发展合作〉白皮书》,国务院新闻办公室网站,2021年1月10日,http://www.scio.gov.cn/zfbps/32832/Document/1696685/1696685.htm,访问时间:2021年1月14日。
② 中华人民共和国国务院新闻办公室:《〈新时代的中国国际发展合作〉白皮书》,国务院新闻办公室网站,2021年1月10日,http://www.scio.gov.cn/zfbps/32832/Document/1696685/1696685.htm,访问时间:2021年1月14日。
③ 习近平:《共同构建人与自然生命共同体——在"领导人气候峰会"上的讲话》,《人民日报》2021年4月23日第2版。
④ Gary Hamel, "Strategy as revolution", *Harvard Business Review*, Vol. 74, No. 4, 1996, pp. 69–82.

中投资的大型水电项目为可再生能源发展、减少化石能源的使用作出了积极贡献。

此外，"一带一路"建设和"命运共同体"构建过程中，中国正在实施多管齐下的全球环境治理战略。多年来，中国一直是通过多边途径应对气候变化的坚定支持者。在多边组织框架内，中国支持世界银行和《巴黎气候变化协定》（Paris Agreement on Climate Change，简称《巴黎协定》）等符合国际社会目标和准则的国际机构和协议。2015 年，中国与美国等国合作达成一项强有力的、具有法律约束力的条约，即《巴黎协定》。在特朗普政府宣布美国退出该协议后，中国积极行动试图帮助挽救该协议并履行相关的义务。① 作为负责任大国，中国在国内承担全球二氧化碳减排义务，已经降低了化石燃料在能源结构中的比例，成为全球最大的可再生能源投资国。

第三，互联网治理内容的共通性。在互联网治理等规范和制度尚未建立的领域，中国与其他国家合作制定反映各国利益的标准，呼吁国际社会构建"网络空间命运共同体"。作为全球互联网治理的重要参与者，"网络主权"是中国倡导符合国际社会普遍利益、反映"网络空间命运共同体"的主要理念前提，并将"数字丝绸之路"建设作为推动互利共赢的互联网治理国际合作的主要内容之一。习近平主席在 2017 年"一带一路"论坛上表示："推动大数据，云计算和智慧城市的发展，将其转变为 21 世纪的数字丝绸之路。"② 中国支持建设了 37 个电信传输网、政务信息网络等电信基础设施项目，帮助有关国家发展信息通讯产业，为推动缩小数字鸿沟作出了积极贡献。③ 2020 年，中国发起《全球数据安全倡议》，呼吁各国应在相互尊重的基础上，加强沟通交流，深化对话与合作，共同构建和平、安全、开

---

① Yanzhong Huang, Joshua Kurlantzick, "China's Approach to Global Governance", The Diplomat, June 25, 2020, https：//thediplomat.com/2020/06/chinas-approach-to-global-governance/，访问时间：2021 年 1 月 15 日。2021 年 2 月 19 日，美国重新加入《巴黎协定》。

② 习近平：《携手推进"一带一路"建设》，《人民日报》2017 年 5 月 15 日第 3 版。

③ 中华人民共和国国务院新闻办公室：《〈新时代的中国国际发展合作〉白皮书》，国务院新闻办公室网站，2021 年 1 月 10 日，http：//www.scio.gov.cn/zfbps/32832/Document/1696685/1696685.htm，访问时间：2021 年 1 月 14 日。

放、合作、有序的网络空间命运共同体。①

早在 2015 年 12 月，习近平主席在第二届世界互联网大会上就提出了构建互联网命运共同体的"四项原则"和"五点主张"。"四项原则"具体是：（1）尊重网络主权；（2）维护网络安全稳定；（3）促进网络开放及合作；（4）构建网络良好秩序。②"五点主张"则是：（1）加快全球网络基础设施建设，促进互联互通；（2）打造网上文化交流共享平台，促进交流互鉴；（3）推动网络经济创新发展，促进共同繁荣；（4）保障网络安全，促进有序发展；（5）构建互联网治理体系，促进公平正义。③ 中国积极推动二十国集团杭州峰会达成《二十国集团数字经济发展与合作倡议》，推动 APEC 制定互联网经济合作路线图，为全球数字经济发展注入强劲动力。④ 在全球范围内，中国在互联网治理中推动符合发展中国家普遍利益的网络主权话语权。

第四，全球公共卫生治理内容。人类健康是"命运共同体"构建的基础性条件，同时也是"一带一路"建设的重要内容。从历史上看，中国在全球卫生合作领域的参与具有自身的特色。它的医疗援助主要包括派遣医疗队出国、建设卫生设施、捐赠药品、设备以及为控制疟疾的蔓延提供一些支持。这些活动大多是在双边援助的基础上进行的。目前，中国卫生治理体制的创新和医疗技术能力的提升，为扩大卫生领域全球参与度奠定了坚实基础。⑤

中国的"一带一路"倡议和构建"人类命运共同体"为多个国家开展公共卫生合作及集体行动提供了巨大机遇，以共同应对与全球

---

① 钟声：《共同构建网络空间命运共同体》，《人民日报》2020 年 9 月 10 日第 4 版。
② 习近平：《在第二届世界互联网大会开幕式上的讲话》，《人民日报》2015 年 12 月 17 日第 2 版。
③ 习近平：《在第二届世界互联网大会开幕式上的讲话》，《人民日报》2015 年 12 月 17 日第 2 版。
④ 王群：《中国方案：共同构建网络空间命运共同体》，《人民日报》2017 年 3 月 2 日第 17 版。
⑤ 王云屏、金楠、樊晓丹：《中国对外援助医疗卫生机构的历史、现状与发展趋势》，《中国卫生政策研究》2017 年第 8 期。

化相关的传染病、慢性病、新发传染病等。① 截至 2019 年底，中国累计向 72 个国家和地区派遣长期医疗队共 1069 批次 27484 名医疗队员，涵盖内外妇儿、中医、麻醉、护理、病理、检验、公共卫生等医疗医学全领域。目前有近千名医疗队员在非洲、亚洲、大洋洲、美洲、欧洲 55 个国家的 111 个医疗点开展对外医疗援助工作。② 2013 年至 2018 年，中国向 60 个国家提供紧急人道主义援助，包括提供紧急人道主义援助物资设备，派遣国际救援队和医疗专家组，抢修受损设施。③

自 2020 年新冠肺炎疫情暴发以来，在共建"人类卫生健康共同体"理念指导下，中国履行对自己人民的生命和健康以及对全球公共卫生的责任，以开放、透明和负责任的态度积极参与抗击疫情的国际合作。④ 2020 年新冠肺炎疫情威胁着人类的健康安全，"一带一路"建议中相关公共卫生合作倡议积极帮助抗击该疾病。作为加强全球公共卫生合作进程的一部分，中国政府与一些多边组织签署了公共卫生合作谅解备忘录，特别是与世界卫生组织的合作。2020 年 4 月 14 日，时任美国总统特朗普宣布美国政府暂停对世界卫生组织资助后的一周内，中国政府向该组织捐助了 3000 万美元。世界卫生组织领导层强调，中国对国际公共卫生的参与及支持正是世界卫生组织所需要的那种合作。同时，中国遏制新冠肺炎疫情扩散也是对全人类作出的巨大贡献。

---

① Ernest Tambo, Christopher Khayeka – Wandabwa, Grace Wagithi Muchiri, Yun – Na Liu, Shenglan Tang, Xiao – Nong Zhou, "China's Belt and Road Initiative: Incorporating Public Health Measures Toward Global Economic Growth and Shared Prosperity", *Global Health Journal*, Vol. 3, No. 2, 2019, p. 46.

② 中华人民共和国国务院新闻办公室：《〈新时代的中国国际发展合作〉白皮书》，国务院新闻办公室网站，2021 年 1 月 10 日，http: //www. scio. gov. cn/zfbps/32832/Document/1696685/1696685. htm，访问时间：2021 年 1 月 14 日。

③ 中华人民共和国国务院新闻办公室：《〈新时代的中国国际发展合作〉白皮书》，国务院新闻办公室网站，2021 年 1 月 10 日，http: //www. scio. gov. cn/zfbps/32832/Document/1696685/1696685. htm，访问时间：2021 年 1 月 14 日。

④ Sun Weidong, "Fighting COVID – 19 Together for a Shared Future", *The Hindu*, March 13, 2020, https: //www. thehindu. com/opinion/op – ed/fighting – covid – 19 – together – for – a – shared – future/article31052810. ece，访问时间：2021 年 1 月 14 日。

在共建"人类卫生健康共同体"方面，2020年8月举行的澜沧江—湄公河合作第三次领导人会议上，李克强总理指出："中方将在澜湄合作专项基金框架下设立公共卫生专项资金，继续尽己所能向湄公河国家提供物资和技术支持。中方新冠疫苗研制完成并投入使用后，将优先向湄公河国家提供，开展重大突发公共卫生事件信息通报和联合处置，加强传染病早期预警合作，实施好'澜湄热带病防控行''本草惠澜湄''中医针灸进澜湄'等项目。① 中国还优先向菲律宾、马来西亚、印度尼西亚、阿根廷及非洲国家分发疫苗。2020年在世界卫生大会视频会议、第七十五届联合国一般辩论会议、中—德—法—欧盟视频会晤、第八届巴黎和平论坛、亚太经合组织第二十七次领导人非正式会议、二十国集团领导人第十五次峰会及应对新冠肺炎特别峰会等多场合，中国承诺让COVID-19疫苗成为"全球公益产品"。在产能有限、自身需求巨大的情况下，中国履行承诺，向80多个有急需的发展中国家提供疫苗援助，向43个国家出口疫苗。中国已为受疫情影响的发展中国家抗疫以及恢复经济社会发展提供了20亿美元援助，向150多个国家（地区）和13个国际组织提供了抗疫物资援助，为全球供应了2800多亿只口罩、34亿多件防护服、40多亿份检测试剂盒。② 中非建立了41个对口医院合作机制，中国援建的非洲疾控中心总部大楼项目已于2020年年底正式开工。中国同联合国合作在华设立全球人道主义应急仓库和枢纽也取得了重要进展。中国全面落实二十国集团"暂缓最贫困国家债务偿付倡议"，总额超过13亿美元，是二十国集团成员中落实缓债金额最大的国家。③ 这是中国秉持人类卫生健康共同体理念、履行自身承诺的重要举措。中国外交部明确表示，中方还将以多种形式优先向发展中

---

① 李克强：《在澜沧江—湄公河合作第三次领导人会议上的讲话》，《人民日报》2020年8月25日第3版。

② 郑明达、王琳琳、伍岳：《携手并肩 共同守护人类健康美好未来——习近平主席在全球健康峰会上的重要讲话解读》，《台声》2021年第11期。

③ 习近平：《携手共建人类卫生健康共同体——在全球健康峰会上的讲话》，《人民日报》2021年5月22日第2版。

家提供疫苗，包括捐赠和无偿援助。① 国家卫生健康委汇编诊疗和防控方案并翻译成3个语种，分享给全球180多个国家和地区、十多个国际组织参照使用，并与世界卫生组织联合举办"新冠肺炎防治中国经验国际通报会"。②

2021年5月21日，为继续支持全球团结抗疫，携手共建人类卫生健康共同体，习近平主席在全球健康峰会上承诺：

（1）中国将在未来3年内再提供30亿美元国际援助，用于支持发展中国家抗疫和恢复经济社会发展；

（2）中国已向全球供应3亿剂疫苗，将尽己所能对外提供更多疫苗；

（3）中国支持本国疫苗企业向发展中国家进行技术转让，开展合作生产；

（4）中国已宣布支持新冠肺炎疫苗知识产权豁免，也支持世界贸易组织等国际机构早日就此作出决定；

（5）中国倡议设立疫苗合作国际论坛，由疫苗生产研发国家、企业、利益攸关方一道探讨如何推进全球疫苗公平合理分配。③

目前，为打造"人类卫生健康命运共同体"，中国与"一带一路"沿线国家的大学、医院、公共卫生和人力资源政府部门在卫生政策研究及制定、医护人员的培养及培训等领域进行多方面的合作。亚太经济合作组织、上海合作组织和欧亚经济联盟等支持"中国方案"的国家和区域机构有着丰富的全球卫生管理经验。④ 这为人类卫生"健康共同体"构建提供了组织机构支持。"一带一路"建设的医疗基础设施为解决公共卫生安全问题提供了新的可能性，推动着区域

---

① 《外交部：中国将以公平合理的价格向世界提供新冠肺炎疫苗》，新华网，2020年9月30日，http：//www.xinhuanet.com/world/2020-09/30/c_1126565250.htm，访问时间：2021年8月24日。

② 中华人民共和国国务院新闻办公室：《抗击新冠肺炎疫情的中国行动（白皮书）》，中国政府网，2020年6月7日，http：//www.gov.cn/zhengce/2020-06/07/content_5517737.htm，访问时间：2021年6月20日。

③ 习近平：《携手共建人类卫生健康共同体——在全球健康峰会上的讲话》，《人民日报》2021年5月22日第2版。

④ Ilona Kickbusch, Martina Marianna Cassar Szabo, "A New Governance Space for Health", *Global Health Action*, Vol. 7, No. 1, 2014, p. 1.

和全球卫生合作的发展。

## 二 "一带一路"与"命运共同体"之间的辩证关系

"一带一路"倡议与命运共同体之间存在着密切的关系,"一带一路"倡议是实现命运共同体的路径,而"一带一路"倡议的终极目标就是实现命运共同体。

### (一)"命运共同体"是建设"一带一路"的方向指南

从最终目标来看,"一带一路"倡议是要建立一个在政治上互信、在经济上融合、在文化上包容的利益共同体、责任共同体和价值观共同体。"一带一路"沿线国家可通过建设"一带一路"促进实现其经济发展、消除贫困等目标。"一带一路"建设通过陆上和海上网络,沿着6条走廊连接欧亚非大陆,旨在提升区域一体化,增加贸易和刺激经济增长及发展。全球化主义者认为,这些联系将使数百万人受益,并帮助许多经济体更快且有效地抑制全球贫困。[①]

第一,"一带一路"打造"共生共存"的共同体。新自由主义承认人类"相互依存"的特性。在这一方面,"一带一路"倡议与所谓的"复合相互依存理论"具有一致性。但西方"相互依存理论"主要是从权力等现实主义的角度来谈论该概念,其主要用意和目的在于维护美国的霸权。美国构建相互依存的目的,旨在国际关系中获取权力。而"一带一路"构建的"共生共存"共同体的真实用意在于:

(1) 一个国家或地区的发展将被视为全人类整体福祉进步的一部分;

(2) 一个国家的动荡会影响其他国家的安全与稳定;

(3)"命运共同体"的构建可以消除外部对中国和平发展道路的战略怀疑,同时也为中国经济发展维持一个有利的外部环境;[②]

---

① Andrew Prozorovsky, "China's Belt and Road should Alarm International Community", *The Daily Illini*, March 9, 2020, https://dailyillini.com/opinions/2020/03/09/chinas-belt-and-road/, 访问时间: 2021年6月20日。

② Denghua Zhang, "The Concept of 'Community of Common Destiny' in China's Diplomacy: Meaning, Motives and Implications", *Asia and the Pacific Policy Studies*, Vol. 5, No. 2, 2018, p. 201.

（4）人类是"共生共存"的共同体，一个领域的安全威胁会扩散到其他领域。例如卫生安全问题会影响到全球经济的发展、国家之间关系、国内政治的稳定；

（5）"一带一路"构建的相互依存下的国际合作提倡国家交往中遵循一定的道德标准，通过强化国际规范和支持多边主义，约束各个主权国家军事权力的运用，推动互利共赢的国际关系。

第二，"一带一路"重视人类共同利益观。在全球化遭遇阻力和挑战之际，中国提出"命运共同体"，符合国际社会整体利益，顺应全球化发展趋势。最早提出"共同体"概念的是法国思想家让－雅克·卢梭。他从社会契约论角度出发，认为社会契约一旦缔结，"就意味着每个人把自己的全部权利都转让给由人民结合成的集体，因此个人服从集体的'公意'，也就是服从自己，人民则是这个政治共同体的主权者"。[①] 中国拥有强大的经济实力，其优势在于可以为伙伴国提供潜在的经济机会。"一带一路"倡导经济全球化和政治多极化，重视人类的整体利益。"一带一路"的目标在于增强欧亚大陆乃至整个世界范围内的连通性，在增强中国的经济和安全利益的同时，促进人类集体利益的发展，构建国际利益共同体。

"命运共同体"在中国外交中能否被国际社会接受及支持，取决于"一带一路"倡议及其他"中国方案"同其他国际行为体能否结成牢固的利益纽带。2017年5月于北京举行的第一届"一带一路"国际合作高峰论坛上，习近平主席指出：实现经济一体化和相互联系的发展会为所有人带来利益。实现该目标的前提需要释放各国的经济增长潜力。在共建"一带一路"合作框架下，中国支持亚洲、非洲、拉丁美洲等地区广大发展中国家加大基础设施建设力度，中国经济发展的红利不断输送到这些发展中国家。根据世界银行研究组的量化贸易模型结果显示，共建"一带一路"将使东亚及太平洋国家地区发展中国家的国内生产总值平均每年增加2.6%至3.9%。[②] 习近平主

---

[①] 赵可金：《人类命运共同体思想的丰富内涵与理论价值》，《前线》2017年第5期。
[②] François de Soyres, "The Growth and Welfare Effects of the Belt and Road Initiative on East Asia Pacific Countries", World Bank Group, 2018.

席在多个国际重大场合宣布中国开展国际发展合作的一系列务实举措,已按期落实或正在按照进度有序推进。中国发起共建"一带一路"倡议,推动更大范围、更高水平、更深层次的区域经济社会发展合作,支持帮助相关国家更好实现减贫发展。据世界银行研究报告,共建"一带一路"将使相关国家 760 万人摆脱极端贫困、3200 万人摆脱中度贫困。①

第三,"一带一路"倡议体现了人类可持续发展观。人类的活动已使当代成为地球存在生命史以来最危险的时代之一,使得地球的面貌、环境遭到不可恢复、不可逆转性的改变。考虑到人类活动对地球环境的影响,实现人类可持续发展就不仅仅是保护当代人们的生命健康,也是保护地球生命体在地球上的存续。人类是地球上第一个利用先进工业技术的生命体,但由于人类的活动已导致许多生命物种灭绝,并造成种种灾难性风险。如核武器的使用、工业活动导致的全球变暖和其他的生态破坏活动、由生物技术制造的病原体引发的流行病、失控的人工智能以及其他种种威胁;等等。这些已经构成了一个相互关联的风险网络。例如,全球暖化可能会破坏人类社会的稳定,进而使我们更加难以应对其他的灾难,如应对小行星撞击和火山、地震、海啸、重大疫情等自然及人为的灾害。大多数灾难对于人类的最终影响是难以预计的。现在有 76 亿人分布在世界各地,已能适应各种地理气候环境。若大灾变发生,人类当中的一部分存活下来的可能性会大大降低。

人类命运共同体的构建需要人类可持续的在地球上生存。可持续发展(Sustainable Development)是 20 世纪 80 年代提出的一个概念,并获得国际社会的广泛关注。共建"一带一路"倡议践行绿色发展理念,倡导绿色、低碳、循环、可持续的生产生活方式,致力于加强生态环保合作,防范生态环境风险,增进沿线各国政府、企业和公众的绿色共识及相互理解与支持,共同实现 2030 年可持续发展目标。

---

① 中华人民共和国国务院新闻办公室:《人类减贫的中国实践(白皮书)》,中华人民共和国国务院新闻办公室网站,2021 年 4 月 6 日,http://www.scio.gov.cn/zfbps/32832/Document/1701632/1701632.htm,访问时间:2021 年 6 月 20 日。

（二）"一带一路"是构建"命运共同体"的国际实践

2017 年，中共十九大将"构建人类命运共同体"确立为中国外交的核心理念和基本方略之一。"一带一路"倡议实际上就是"人类命运共同体"的落实方案，它在"后西方"的社会语境下，提出了新型的全球化构想，为国际关系提供了中国方案。① 从人类历史的发展全局来看，"一带一路"既是经济发展的过程，也是东西文明对话的过程，更是建构未来人类命运共同体的过程。② "一带一路"倡议服务于促进周边地区及国际稳定的政治目标。互联互通是"共享未来社区"概念的本质。其背后的逻辑是，通过扩大互联互通的项目推动区域经济发展，构建"人类命运共同体"。

第一，政策沟通是构建"命运共同体"的政治基础。"命运共同体"是由建立在国际实践基础上的特定国与国之间关系，将人类结合为一个共处的生存圈。国际实践强调行动过程并发展相关的知识作为该过程的解释。当人类面临一系列国家、地区、全球挑战时，需要从观念上和经验上"将人类团结在一起"。③ 由于各个国家和地区的政治制度、宗教信仰、风俗习惯和经济发展水平存在巨大差异，因而政策沟通在构建"命运共同体"过程中发挥着基础及导向作用。"一带一路"国际高峰论坛为"政策沟通"提供了有效的平台。

"命运共同体"构建的前提需要国内外机构就解决国际问题达成一致共识且在实践上具有可行性，包括贸易和投资政策协议的谈判，构建多层次政府间宏观政策沟通交流机制，推进沿线国家宏观经济政策、地区发展倡议和重大规划项目对接机制的完善等多项内容。④ 这种共识及相关成果的取得需要国际行为体之间的政策沟通。政策沟通

---

① 胡正荣：《共建人类命运共同体：从"一带一路"海外舆情看国际关系的中国方案》，《国际传播》2017 年第 2 期。

② 明浩：《"一带一路"与"人类命运共同体"》，《中央民族大学学报》（哲学社会科学版）2015 年第 6 期。

③ Charalampos Efstathopoulos, Milja Kurkiand Alistair Shepherd, "Facing Human Interconnections: Thinking International Relations into the Future", *International Relations*, Vol. 34, No. 3, 2020, p. 268.

④ 《专家解读"五通"之政策沟通（互利共赢中国朋友圈在扩大）》，《北京晚报》2017 年 5 月 9 日第 3 版。

可以强化国际行为体之间的信任、搁置分歧,最大化地促进国际合作,成为"命运共同体"构建的桥梁。

第二,设施联通是构建人类命运共同体的物质保障。人类生活的便利化及摆脱贫困是"命运共同体"构建的应有之义。为了实现这一目标,国家内部、区域之间需要基础设施连接,增加铁路网等地面运输方面的投资,这可以有效地提高地区经济一体化及海上运输服务的能力和质量。据保守估计,从 2014 年到 2020 年,南亚地区的国家为了在经济上赶上同等发展序列的发展中国家,需要至少 1.7 万亿美元的基础设施投资。[1] 到 2040 年,全球将面临 15 万亿美元的基础设施缺口。[2] 设施联通是人类生活共同体的物质性保障。世界各经济体均不同程度地实施了各种类型的财政刺激计划,以建设铁路、公路、桥梁、机场等基础设施。这些基础设施缩短了人类交往的时间,同时也压缩了人类想象的空间距离,从而将活跃的东亚经济圈、发达的欧洲经济圈和经济发展潜力巨大的中间广大腹地国家结成携手发展的利益共同体。通过"一带一路"基础设施建设,推动着人类命运共同体的发展进程。中国与"一带一路"沿线国家共建共享共有骨干通道建设,打造"六廊六路多国多港"互联互通大格局,成为将人类打造为联系紧密共同体的物质性保障。

第三,贸易畅通是构建"命运共同体"的经济条件。"一带一路"倡议贸易畅通主要是为了促进国际货物、服务以及自然人的无障碍跨境流动,以降低贸易交易成本,从而达到贸易便利化的目的,这成为构建"命运共同体"的经济条件。"一带一路"贸易畅通的内容主要包括:一是沿线国家共同建设自由贸易网络体系,消除投资和贸易壁垒,促进贸易和投资便利化;二是共同商建自由贸易区,构建区域内各国良好的营商环境,激发释放合作潜力;三是共同提高技术

---

[1] Luis Andrés, Dan Biller, Matías Herrera Dappe, *Reducing Poverty by Closing South Asia's Infrastructure Gap*, Washington, D. C.: World Bank, 2013.

[2] Anita George, Rashad – Rudolf Kaldany, Joseph Losavio, "The World is Facing a $15 Trillion Infrastructure Gap by 2040. Here's How to Bridge It", *World Economic Frum*, April 11, 2019, https://www.weforum.org/agenda/2019/04/infrastructure – gap – heres – how – to – solve – it/, 访问时间:2021 年 1 月 20 日。

性贸易措施透明度，降低非关税壁垒，提高贸易自由化便利化水平；四是共同拓宽贸易领域，优化贸易结构，挖掘贸易新增长点，促进贸易平衡；五是把投资和贸易有机结合起来，以投资带动贸易发展，在投资贸易中突出生态文明理念，加强生态环境、生物多样性和应对气候变化合作，共建绿色丝绸之路；六是共同优化产业链、价值链、供应链和服务链，促进沿线国家和地区产业互补、互动与互助；七是共同探索新的开放发展之路，形成互利共赢、多元平衡、安全高效的开放型经济体系。① 根据亚洲银行和联合国亚太经社会的解释，从狭义上讲，贸易畅通可以定义为海关程序和文件的系统化及合理化。从更广泛的意义上说，它涵盖了影响商品沿着整个国际供应链在买方和卖方之间流动的所有措施。②

贸易畅通为构建命运共同体提供了经济条件。2013 年至 2018 年，"一带一路"倡议提出后，中国与相关国家举办了 300 多期与贸易相关的专题研修项目，包括贸易便利化、国际物流运输与多式联运服务、电子商务、出入境卫生检疫、出入境动植物检验检疫、进出口食品安全等，推动相关国家贸易政策对接协调，畅通自由贸易网络。中国在世界贸易组织、世界海关组织设立基金，开展贸易能力建设，支持发展中国家特别是最不发达国家更好地融入多边贸易体制。③ 2019 年"人类命运共同体"论坛与中国国际进口博览会同时举行，约有 67 个国家在会上展出其主要出口商品，共有 180 个国家和地区及国际组织参会。目前，中国已经成为美国、澳大利亚、新西兰等西方国家的最大贸易伙伴。2020 年，中国成为东盟最大的贸易伙伴。对于发展中国家，中国通过进口原材料和能源、增加投资、提供大量援助，巩固了双边友好关系。随着"一带一路"不断深入发展，中

---

① 李亚平：《全面提升"一带一路"经贸合作水平》，人民网，2015 年 7 月 9 日，http://politics.people.com.cn/n/2015/0709/c70731 – 27277532.html，访问时间：2021 年 1 月 20 日。

② "Designing and Implementing Trade Facilitation in Asia and thePacific", 2009, p. 3, http://www.unescap.org/publications/detail.asp? id = 1352，访问时间：2021 年 1 月 20 日。

③ 中华人民共和国国务院新闻办公室：《〈新时代的中国国际发展合作〉白皮书》，国务院新闻办公室网站，2021 年 1 月 10 日，http://www.scio.gov.cn/zfbps/32832/Document/1696685/1696685.htm，访问时间：2021 年 1 月 14 日。

国与世界的贸易量在不断扩大。2013年至2019年，中国与"一带一路"沿线国家的货物贸易进出口总额从1.04万亿美元增至1.34万亿美元。① 2020年中国对"一带一路"沿线国家进出口总额93696亿元，比上年增长1.0%。其中，出口54263亿元，同比增长3.2%；进口39433亿元，同比下降1.8%。② 从以上数据可以看出，"一带一路"倡议从提出走向实践的过程中，中国与"一带一路"沿线国家的经济关系更加紧密，实现了互利共赢的局面，为构建利益共同体提供了坚实的经济基础。

第四，资金融通是构建人类命运共同体的纽带。长期融资无障碍将对经济增长产生积极影响，从而提高"一带一路"沿线国家人民生活水平。中国发起的亚洲基础设施投资银行、丝路基金、新开发银行（NDB）很大程度上为人类共同利益做出了巨大的贡献。在2017年5月首届"一带一路"国际合作高峰论坛上，中国承诺向丝路基金增资144亿美元，向发展中国家和国际组织提供86.4亿美元的援助。截至2020年底，亚洲基础设施投资银行共批准108个项目，涉及28个经济体，投资总额超过220亿美元。③ 根据欧洲成员国的报告，亚洲基础设施投资银行推动的国际治理结构，不仅为欧洲国家提供了一个宝贵的经济发展平台，而且可以影响和推进发展中国家的发展议程。2013年至2019年，中国企业对"一带一路"沿线国家非金融类直接投资累计超过1000亿美元，年均增长4.4%，较同期全国平均水平高1.4个百分点。④ 2015年中国与巴西、俄罗斯、印度和南

---

① 《7年来中国与"一带一路"沿线国家货物贸易进出口总额增至1.34万亿美元》，中国经济网，2020年9月7日，http：//www.ce.cn/xwzx/gnsz/gdxw/202009/07/t20200907_35691674.shtml，访问时间：2021年6月20日。

② 国家统计局：《2020年对"一带一路"沿线国家进出口总额93696亿元》，中国商务部网站，2021年3月2日，http：//www.mofcom.gov.cn/article/i/jyjl/e/202103/20210303041948.shtml，访问时间：2021年6月20日。

③ 《亚投行成立5周年成绩斐然 为发展中国家注入新动力》，央广网，2020年12月25日，http：//china.cnr.cn/yaowen/20201225/t20201225_525373685.shtml，访问时间：2021年8月27日。

④ 《7年来中国与"一带一路"沿线国家货物贸易进出口总额增至1.34万亿美元》，中国经济网，2020年9月7日，http：//www.ce.cn/xwzx/gnsz/gdxw/202009/07/t20200907_35691674.shtml，访问时间：2021年6月20日。

非共同创立了金砖国家开发银行，建立金砖国家应急储备安排。以资助这些国家和其他发展中国家的发展项目，并与亚洲开发银行和美洲开发银行签署了合作协议。总体而言，两家银行在很大程度上推动现有多边主义实现方式的多样化，并推动关键基础设施建设。此外，中国国家开发银行和中国进出口银行设立价值360亿美元和187亿美元的专项资金，支持"一带一路"倡议，包括基础设施建设、工业产能发展和资金融资。资金融通成为构建人类命运共同体的纽带。

第五，民心相通是构建人类命运共同体的精神支持。民心相通在人类命运共同体构建中的作用体现为：一是弥合分歧、约束国际社会冲突，共享未来置于优先考虑的位置。二是专注于适合共同发展的道路，最终为国家和国际社会创造发展机会。三是强调不干涉内政和主权国家间相互尊重，实现"一带一路"沿线所有参与国的和平与繁荣。四是平等与互惠原则。人类命运共同体的实现需要国际社会的共同努力，体现了中国外交特色的精神和对"双赢"合作的负责任态度，这将改变国际社会前进的动力。民心相通是这种动力的精神纽带和润滑剂。

"人与人之间相互联系"的概念，或者通过诸如此类相似概念"将事物联系在一起"的目标，对国际关系领域来说或许并不新鲜。① 但自中国于2013年提出"一带一路"倡议以来，得益于全球合作伙伴的积极参与和大力支持，该倡议在深度和广度上不断扩大，已发展成为最大的国际合作平台。"一带一路"倡议本着多边主义、开放和以人为本的精神，创建了一个让所有参与者进行广泛协商、共同贡献、实现共同利益的平台。民心相通可以促进国与国之间的信任。中国通过实施对外援助，加大人文、文化交流互鉴，与17个共建"一带一路"沿线国家开展33个文物援助项目等实践，深化构建"命运共同体"的社会基础。目前，人力资源在构建命运共同体过程中占据重要的位置。全球贸易和全球价值链蓬勃发展，某些经济本可能会

---

① Charalampos Efstathopoulos, Milja Kurki, Alistair Shepherd, "Facing Human Interconnections: Thinking International Relations into the Future", *International Relations*, Vol. 34, No. 3, 2020, p. 269.

出现对全球企业家及技能人员的更多需求。民心相通有助于解决这一问题。中国与其他国家民间信任度的增进，推动着贸易、服务及技术人员更合理的流动，为"命运共同体"构建提供了可能。2017年7月13日，美国皮尤调查中心公布的国家形象全球调查结果显示，中美在受欢迎度上旗鼓相当。据美国有线电视新闻网（CNN）报道，2017年2月到5月，皮尤中心对全球38个国家4.2万受访者进行了问卷调查。结果显示，49%的受访者对美国抱有好感，对中国有好感的人数比例为47%。与此同时，中国的全球不受欢迎率为37%，而美国为39%。[①] 新冠肺炎疫情使人类明白，所有国家的命运紧密相连，人类实际上是生存在一个拥有共同未来的社区。"命运共同体"将成为21世纪人类发展的目标及准则。

当前，对"一带一路"倡议和命运共同体的研究已经是国内外的重点研究对象。但如何从理论的视角，构建对两者研究的理论框架，现有研究较为匮乏，本书在现有研究基础上，也尝试在理论上构建关于二者的研究框架。

## 第三节 "一带一路"倡议与命运共同体的理论探索

"一带一路"倡议和命运共同体是中国在百年未有之大变局、世界政治与经济格局发生重大变化之际提出的中国方案。两者之间不仅有共同的理论基础，也与中国周边合作的转型和升级、新型国际关系建设之间存在着密切的关联。本节将从理论的视角，阐述上述关联。

### 一 "一带一路"倡议与命运共同体的理论框架探索

现有对命运共同体的研究侧重于对政策的阐述等方面，较少从

---

[①] 陈欣：《皮尤国家形象全球调查：中美在受欢迎度上旗鼓相当》，环球网，2017年7月15日，https://world.huanqiu.com/article/9CaKrnK45se，访问时间：2021年6月20日。

理论框架视角进行研究。笔者曾提出"利益—责任—规范"三位一体的周边命运共同体理论框架。① 在这个框架中,"利益"是周边命运共同体建立的前提条件,"责任"是周边命运共同体中每个成员国应承担的义务,"规范"是周边命运共同体中各成员国应遵循的价值观以及与之配套的制度。"利益"是周边命运共同体建立前的保障,"责任"和"规范"是周边命运共同体建立后维持其更好地运作和发展的保障。② 本书使用这个理论框架分析"一带一路"倡议与命运共同体的历史和现实,以及该理论在澜湄区域的实践。

(一)"一带一路"倡议与命运共同体建设中的利益

"一带一路"倡议与命运共同体首先应当是将利益放在首位。"一带一路"倡议与命运共同体的利益具有高度的复杂性,如何将这些复杂的利益关系转化为各参与方的共同利益,并促进国际合作,是中国推动"一带一路"和命运共同体建设面临的首要问题。

1. "一带一路"和命运共同体建设涉及利益的复杂性

"一带一路"和命运共同体建设过程中的利益复杂性体现在多方面。

首先,涉及的国家和领域十分复杂。"一带一路"和命运共同体建设涉及亚洲、非洲、欧洲等大洲,100多个国家,社会制度类型不同、历史和当前发展状况多种多样,中国如何更好地与这些国家开展国际合作,不仅考验中国的应变能力,更考验中国智慧。

其次,"一带一路"和命运共同体建设涉及政治、经济、文化、安全、民族和宗教等多个领域。各国在这些领域内的利益存在着众多对立和冲突的状况。

再次,中华人民共和国成立以来,中国在对外关系上基本上与世界大部分国家保持了良好的外交关系,但是,某些国家如印度等国基

---

① 卢光盛、别梦婕:《"命运共同体"视角下周边外交理论探索和实践创新——以澜湄合作为例》,《国际展望》2018年第1期;卢光盛:《再议"周边外交"的概念与理论》,《世界知识》2017年第12期。

② 卢光盛、别梦婕:《"命运共同体"视角下周边外交理论探索和实践创新——以澜湄合作为例》,《国际展望》2018年第1期。

于各自利益的考量等原因，并没有参加"一带一路"和命运共同体建设。

最后，美国等大国基于对中国的遏制和围堵等原因，通过建立新的国际合作机制、在多方面丑化"一带一路"和命运共同体、继续宣扬各种形式的"中国威胁论""中国崩溃论""债务陷阱论"等论调，试图阻碍中国与参与"一带一路"和命运共同体建设的国家的合作。因此，"一带一路"和命运共同体建设过程中的复杂利益关系，是中国面临的重大课题。

2."一带一路"和命运共同体建设中的共同利益

当今的时代已经是全球化时代，中国公民、企业、社会组织越来越多地走向全世界，使得中国的利益也开始遍布全世界。从现代经济发展的角度来看，世界上没有任何一个国家能够将自身封闭起来，都要或多或少地与世界其他地区的国家联系起来。马克思在《共产党宣言》中预言的世界历史已经形成："古老的民族工业被消灭了，并且每天都还在被消灭。它们被新的工业排挤掉了，新的工业的建立已经成为一切文明民族的生命攸关的问题；这些工业所加工的，已经不是本地的原料，而是来自极其遥远的地区的原料；它们的产品不仅供本国消费，而且同时供世界各地消费。旧的靠本国产品来满足的需要，被新的要靠极其遥远的国家和地带的产品来满足的需要所代替了。过去那种地方的和民族的自给自足和闭关自守状态，被各民族的各方面的互相往来和各方面的互相依赖所代替了。"①

"一带一路"倡议和命运共同体实现了中国与各国从强调共同的政治利益到共同的经济利益的转化，并在这个基础上对马克思所说的世界市场如何进一步深化提出了中国方案。从中华人民共和国成立到改革开放初期，中国对自身和世界其他国家利益的界定主要是政治领域内的。以和平共处五项原则、"一大片"和"三个世界理论"为代表的中国对外原则和政策，所体现的更多的是维护各国在政治上的独立性和自我性。这与中华人民共和国成立前后世界范围内的去殖民

---

① 《共产党宣言》，中共中央马克思恩格斯列宁斯大林著作编译局编译，人民出版社2014年版，第31页。

化、亚非拉地区民族解放运动兴起等因素有关。经过几十年的发展，世界大部分国家已经获得了民族解放和独立，面临着经济与社会发展的历史任务。"一带一路"和命运共同体所体现的是中国与周边国家在经济上更加相互依赖的关系，尤其是"政治和经济的'合二为一'"。① "一带一路"和命运共同体思想所蕴含的是"和"，是在世界各国文化、经济等方面的多样性基础上寻求和谐，由此达到与周边国家之间的利益最大化。

因此，在"一带一路"倡议与命运共同体建设的过程中，首先应当明确利益尤其是各国共同的经济利益的基础性地位。当前，"一带一路"倡议与命运共同体所涉及的国家中，一些国家与中国存在不同程度的利益差异和对立，如何将利益差异和利益对立转化为共同利益，是"一带一路"倡议与命运共同体建设实践中需考虑的首要问题。

"一带一路"倡议与命运共同体的建设中，需要共同利益加以维系。张蕴岭认为，习近平主席提出的中国与周边邻国构建命运共同体，体现的是一种共生理念，一种共利的关系，所依托的是基于共同利益的合作共处。② 这种共处以共同利益为基础，人文交流则是共同利益长期维持的基础。王晓玲指出，中国构建"周边命运共同体"的过程中，仅靠经济利益的吸引远远不够，人文交流也担负着非常重要的使命，中国需要转换人文交流的思路。③ 中国是地区和世界的文化强国，如何将中国的文化优势服务于各国的共同利益，需要做进一步的研究。

（二）"一带一路"倡议与命运共同体建设中的责任

"国际责任"是近十年来中国国际关系研究中最重要的课题之一。④ 国际责任与国际身份之间存在着密切的联系。由于行为体在国

---

① 钟飞腾：《政经合一与中国周边外交的扩展》，《南亚研究》2010 年第 3 期。
② 张蕴岭：《中国与周边关系：命运共同体的逻辑》，《人民论坛》2014 年第 6 期。
③ 王晓玲：《"周边命运共同体"构建与人文交流思路的转换》，《现代国际关系》2015 年第 5 期。
④ Mao Weizhun, "Debating China's International Responsibility", *Chinese Journal of International Politics*, Vol. 10, No. 2, 2017, pp. 173–210.

际社会中的相互构建形成的国家身份，以及基于价值判断而形成的对自身身份的认知，才让国家等国际行为体做出承担或不承担国际责任的行为，以及承担多少国际责任。① 改革开放 40 多年来，中国对国际合作的参与程度，在深度、广度和方式上都不断加深，提出了"一带一路"倡议和人类命运共同体这些关于国际合作的新方案；与此同时，对中国在国际合作和国际事务中承担国际责任的呼声也越来越高。

1. 国外对中国承担国际责任的争论

国外学者和官方机构（尤其是美国等西方国家）都希望中国在综合国力增强、国际地位上升后，承担更多的国际责任，而且对中国之前承担国际责任的情况总体上持批评态度。

大国凭借其在国际社会中的地位和权利，负有领导和维护国际秩序的特殊责任。在历史进程中，大国责任的概念已成为规定大国外交政策行为的常用说法，因为他们可以说是最有能力影响国际秩序走向的国家。② 中国实力尤其是经济实力的增长使中国成长为大国，越来越多的国家希望中国在国际社会中转变角色，从"搭便车"的角色转变为"拉车人"的角色。从克林顿政府时期，美国就一直希望中国从过去的"国际责任无关方"转为变"国际责任攸关方"（Responsible Stakeholder）。③ 克林顿政府时期的美国国防部长佩里（William Perry）认为，接触是让中国成为一个"负责任的世界大国"的战略，国务卿奥尔布赖特（Madeleine Albright）呼吁中国成为"国际舞台上的建设性参与者"。

这种比较方法忽视了中国作为发展中国家的基本事实、中国国内发展的基本状况、对中国在其他方面承担国际责任的选择性忽视等，带有很强的偏见性。如在国际食品供应市场上，中国作为世界上最大

---

① 吴兵：《从"天下责任"到"负责任大国"——身份视角下的中国国际责任观历史嬗变研究》，《当代亚太》2015 年第 4 期。

② Beverley Loke, "Unpacking the Politics of Great Power Responsibility: Nationalist and Maoist China in International Order – building", *European Journal of International Relations*, Vol. 22, No. 4, 2016, p. 847.

③ Amitai Etzioni, "Is China a Responsible Stakeholder?", *International Affairs*, Vol. 87, No. 3, 2011, pp. 539 – 553.

的食品生产国和出口国,已经具有了在全球食品市场上的影响力。中国通过对农业的现代化改革、政府投资、市场化运作与国际资本合作的方式,对应对 2007 年至 2011 年全球范围内的食品供应危机起到了关键作用。除此之外,中国在气候变化等领域也承担了相应的国际责任。① 上述研究对中国需要承担何种国际责任,以及如何承担国际责任,进行了初步研究,但仍需从理论上进行更深刻和全面的研究。②

2. "一带一路"和命运共同体建设中的中国国际责任定位

中国在历史上曾经在地区国际关系中承担过巨大的责任,并形成了以"天下责任观"为核心的国际责任观。只是在近代受到西方国家入侵,国力衰落,总体力量收缩,无法承担更多的国际责任。中国传统国际关系理论和实践重视以道德和国际道义为旗帜、以各国的国际责任为导向。

国际身份的转化使中国承担的国际责任也发生着转变,因此一些学者就中国在"一带一路"和命运共同体建设中中国应当承担国际责任的原则和类型进行了研究。吴兵提出,中华人民共和国成立以来,中国经历了新生社会主义国家、革命社会主义国家、最大发展中国家和负责任大国四种国家身份。③ 当前的国际格局已经发生了重大变革,中国不是国际关系体系中实力最强的国家,大国之间的均衡和多极化趋势进一步增强等新变化,导致中国在"一带一路"倡议和命运共同体构建过程中,不应当独自承担大部分的国际责任,而是应延续"共同但有区别的责任"原则。④ 也有学者提出中国应承担"一种基于国际责任动态分配的全球治理新范式,即大国动态协调、利益

---

① Kopra, Sanna, "A Responsible Developing Country: China's National Image Building and International Negotiations on Climate", *Quarterly Journal of Chinese Studies*, Vol. 1, No. 3, 2013, pp. 121 – 137.

② Koch – Weser Iacob, "China in International Food Markets: Revisiting the Responsible Stakeholder Debate", *Harvard Asia Quarterly*, Vol. 14, No. 4, 2012, pp. 92 – 109.

③ 吴兵:《从"天下责任"到"负责任大国"——身份视角下的中国国际责任观历史嬗变研究》,《当代亚太》2015 年第 4 期。

④ 卢光盛、吴波汛:《人类命运共同体视角下的"清洁美丽世界"构建——兼论"澜湄环境共同体"建设》,《国际观察》2019 年第 2 期。

攸关方襄助与全球共同参与相结合的新范式"。①

在中国应承担国际责任的类型方面，现有研究对中国应当承担的国际责任的看法基本上是一致的，但基于不同的划分标准，对中国在"一带一路"和命运共同体建设过程中应当承担的国际责任的类型是不同的。

在国际法意义上，主权国家不论大小一律平等，然而在现实的国际社会中存在一种只有少数几个大国或大国集团履行的特殊责任，即大国责任，按照责任大小，大国责任可以分为基础责任、有限责任和领袖责任三个层次。② 提供共同体产品是大国在国际合作中承担国际责任的主要方式之一。对于中国在国际合作中愿意并且能够提供何种类型的公共产品，笔者提出安全、机制、基础设施、市场开放和贸易秩序、发展援助、金融等③是中国可提供的区域国际公共产品，同时，中国在优化区域公共产品过程中，需要加强国内机构间的协调、理顺先后次序、着力实现对接和平衡、积极做好宣传交流等工作。郭继文提出，在构建人类命运共同体过程中，中国承担和履行人类命运共同体的价值责任、中国的国内责任和国际责任、人类的未来责任。④

在具体的领域内，一些学者的研究认为中国承担的责任应当是十分明确的。中国实施"一带一路"倡议的一个重要目的是为沿线国家提供公共产品，以承担起"负责任大国"的角色。这就需要中国在周边区域发挥更大的影响力，实现与周边国家的互利双赢，以此才能在世界舞台上拥有更多的拥护者和追随者。已有学者针对"一带一路"倡议在实践过程中，中国在特定领域承担国际责任进行了研究。李慧明认为，在推进"一带一路"建设的总体机制框架中，构建专门的有关气候变化的领导、推进和监督机制，总体负责"一带

---

① 张旗：《国际秩序变革与全球治理机制重塑——基于国际责任动态分配的思考》，《政府管理评论》2019年第1期。
② 张丽华、刘殿金：《责任转移视域下全球气候治理及中国的战略选择》，《理论探讨》2020年第5期。
③ 卢光盛、别梦婕：《"成长的代价"：区域公共产品与中国外交》，《当代世界》2017年第3期。
④ 郭继文：《人类命运共同体视域下中国责任建构研究——基于对"中国责任论"的反思与批判》，《宁夏党校学报》2020年第3期。

一路"建设与全球气候治理的融合问题，把落实全球气候治理的目标真正融入"一带一路"建设的各个层面。①

结合上述研究可以看出，大部分现有研究都认为在"一带一路"和命运共同体建设过程中，中国应当承担和自身国际身份和国际地位相符的国际责任。

（三）"一带一路"和命运共同体建设中的规范

对规范和国际规范的定义十分多，对"规范"本身的界定并无广泛共识。② 一般而言，国际规范是国际社会中的一种"应然"，即国际社会中的大多数行为体所认可"合宜"的行为模式，也可以看作是形成某种国际秩序的原则与精神指向的设想或者理想。③ 随着当今世界政治日趋"规范化"，各种国际行为主体竭尽全力地通过国际规范的供给，参与到国际规范塑造的进程中，提升自身的"软权力"，并最大化地通过投射软权力谋求自身利益。"一带一路"的落地实施，以及由中国主导的亚投行成立并吸引了越来越多西方发达国家的参与，④ 相应的国际规范应运而生。

1. "一带一路"和命运共同体中规范建构的原则

国际规范可以从共同知识和共享期望、价值观和规范作为行为表现等三个方面进行理解。⑤ "一带一路"和命运共同体建设中国际规范建构与三个层面具有较大的契合之处。

"一带一路"是中国在国际制度体系中从参与者向塑造者和引领者转型的关键节点上提出的区域发展倡议，也是影响国际议程设置、

---

① 李慧明：《绿色"一带一路"建设与中国在全球气候治理新形势下的国际责任》，《阅江学刊》2020 年第 4 期。

② 潘亚玲：《国际规范生成：理论反思与模型建构》，《欧洲研究》2019 年第 5 期。

③ 这个观点来自 2013 年 11 月 1—2 日上海社会科学院国际关系研究所主办的题为"国际规范与中国外交"学术研讨会。这个说法应当是与会学者较为认同的。可参见束必铨、戴逸尘《"国际规范与中国外交：冲突、调试与融合"学术会议综述》，《国际关系研究》2013 年第 6 期。

④ ［丹麦］李形、张久安：《试析中国特色软权力的理论基础——"一带一路"与国际规范供给的视角》，《教学与研究》2017 年第 1 期。

⑤ 束必铨、戴逸尘：《"国际规范与中国外交：冲突、调试与融合"学术会议综述》，《国际关系研究》2013 年第 6 期。

国际规则调整和国际规范演化的重要变量。① 在共同知识和共享期望层面，"一带一路"倡议在继承古代丝绸之路和海上丝绸之路的基础上，继续将中国和沿线各国的共同历史记忆（共同知识）和共同发展（共同理念）以新时代特有方式展现出来。这是对千百年来，中国与"一带一路"沿线各国共同发展的现实写照。中国对外交往中对建立何种类型的规范，实践多于论述，且总体上呈现出规范缺失的状况。②

"一带一路"和命运共同体建设是对大国参与国际规范建构的转变。中国经济腾飞的成就得益于积极融入国际体系，而中国的融入也或多或少地挑战了世界秩序的基本规范。③ 从中国角度来看，中国逐渐成长为大国，但并未像传统大国一样"主导"国际规范的建构。王传兴认为，改革开放以来，中国对国际规范的态度经历了从最初的内化国际规范，向创制国际规范并尝试将其外化的转变过程。④ 这反映出中国对国际规范的参与、重新建构呈现越来越积极的态度。在这个转变过程中，"一带一路"和命运共同体建设的提出，是中国将古代中国对外交往中的共享知识和共享期望外化的过程。

中国虽然作为崛起中的大国，但在建立国际规范方面更加强调与各国的共同协商，逐渐建立适应国际关系民主化和世界多极化发展趋势的国际规范。"一带一路"和命运共同体提出后，成果丰硕，中国倡导的国际规范得到越来越广泛的认可。截至 2021 年 8 月，中国已与 172 个国家和国际组织签署了 200 多份共建"一带一路"合作文件。⑤ 可见，经过多年的发展，"一带一路"倡议已经从最初的"倡议"，开始进入与

---

① 杨慧、刘昌明：《"一带一路"倡议与国际制度体系转型——基于国际议程、规则、规范三个维度的分析》，《青海社会科学》2019 年第 4 期。
② 孟维瞻：《中国古代分裂格局中的"统一性规范"——以宋、明两朝历史为例》，《当代亚太》2012 年第 4 期。
③ ［丹麦］李形、张久安：《试析中国特色软权力的理论基础——"一带一路"与国际规范供给的视角》，《教学与研究》2017 年第 1 期。
④ 束必铨、戴逸尘：《"国际规范与中国外交：冲突、调试与融合"学术会议综述》，《国际关系研究》2013 年第 6 期。
⑤ 《"朋友圈"扩大！"一带一路"合作国家和国际组织已达 172 个》，央视新闻网，2021 年 8 月 23 日，http：//m.news.cctv.com/2021/08/23/ARTI2LETuDt57Ka9VRxXCRlI210823.shtml，访问时间：2021 年 8 月 26 日。

各国发展愿景深度融合的阶段。

2. "一带一路"和命运共同体应坚持多种规范并存

从国际规范的建构主体来看,门洪华提出"在推进'一带一路'国际规则体系建设的过程中,中国应强调公正合理、包容透明、开放共赢的原则,在规则制定过程中担当倡议者、引领者的角色,发挥主动和主导作用"。① 但从国际规范的性质来看,当前国际社会的规范兼具正式的国际规范(如各种各样的国际组织、国际条约等)和非正式规范(如联合声明等)。

从形式上来看,"一带一路"和命运共同体更属于中国传统对外关系中的"非规范性力量"。进入近代以来,尤其是清代末年以来,随着西方世界的崛起,对中国周边国家和中国的入侵,传统上以中国为中心的国际关系体系和"非规范性"国际规范被肢解以致最终崩溃,影响也逐渐式微。周边国家或独立,或成为西方国家的殖民地,或从属于西方。因此,有西方学者指出,"与西方的'规范力量'有所不同,中国不期望其他国家遵从自己提出的规则与规范,而是通过建构以集体行动与谈判为导向的'行动共同体',展示其吸引力"。②

"一带一路"倡议和命运共同体应坚持多种规范并存,其主要原因是多方面的。第一,"一带一路"和命运共同体建设所涉及的国家既有俄罗斯这样的世界性大国,也有巴基斯坦这样的中等强国,更多的是澜湄国家命运共同体中的缅甸、泰国、老挝、越南和柬埔寨等中小国家。大国、中等国家和小国家对国际规范的需求程度存在明显差异。第二,中国与"一带一路"和命运共同体建设的所涉及的大部分国家有着相同背景,遭受的西方贸易壁垒和不利规则日益增多,急需加强地区经济合作、参与全球经贸规则重塑,打破美欧的区域规则限制,而"一带一路"倡议和命运共同体的提出和迅速发展恰好满

---

① 门洪华:《"一带一路"规则制定权的战略思考》,《世界经济与政治》2018 年第 7 期。

② Emilian Kavalski, "Chinese Normative Communities of Practice: Comparative Study of China's Relational Governance of Africa and Central Asia", in Xing Li, Abdulkadir Osman Farah, *China – Africa Relations in an Era of Great Transformations*, Farnham: Ashgate Publish, 2013.

足了这一需求。① 第三，规范是推动"一带一路"和命运共同体深化、持久发展的保证。"一带一路"横跨亚欧非大陆，涉及地域与国家广泛，唯有塑造相对稳定的行为标准和共有规范，才能实现真正的互联互通。② 否则"一带一路"只能是单体合作项目的集合，难以实现跨区域的整体合作。③

3. "一带一路"和命运共同体的多种规范建构方式

"一带一路"和命运共同体建设需要不同于西方国家国际规范的构建方式。在"一带一路"倡议的框架下，中国不会直接挑战由美欧等发达经济体主导的现有国际制度、规范和价值观，但会以"一带一路"沿线发展中国家的共同价值观、利益和经验为基础，尝试创设地区秩序和制度安排，对既有国际制度进行适时的补充与改革。④

在"一带一路"倡议和命运共同体提出之前，中国外交坚持和平共处五项原则，与几乎所有国家基本上不存在根本上的利益冲突。当前，"一带一路"建设基本上以中国为主要推动方，但"一带一路"倡议以高度灵活性、极强操作性和广泛适用性的走廊模式吸引更多国家自愿参与、主动进行发展战略对接，有效避开美欧等高标准的区域贸易协定，制定适合新兴国家利益需求的区域经贸规则。⑤ 因此，"一带一路"和命运共同体建设的国际机制建设强调平等协商、共同参与、利益共享，坚持开放包容、互利共赢的性质，必然会产生多层次、多形式的国际规范。具体而言，"一带一路"和命运共同体建设过程中会形成多种的国际规范构建方式。

---

① 刘威：《"一带一路"倡议与中国参与国际经贸规则重塑》，《学习与实践》2017年第9期。
② 门洪华：《"一带一路"规则制定权的战略思考》，《世界经济与政治》2018年第7期。
③ 张超：《"一带一路"倡议与国际制度体系的变革》，《理论探索》2017年第3期。
④ Scott Kennedy, David A. Parker, "Building China's 'One Belt, One Road'", Center for Strategic and International Studies (CSIS), https://www.csis.org/analysis/building-china%E2%80%99s-%E2%80%9Cone-belt-one-road%E2%80%9D, April 3, 2015, 访问时间：2021年2月20日。
⑤ 门洪华：《"一带一路"规则制定权的战略思考》，《世界经济与政治》2018年第7期。

第一，以联合国为中心的国际规范。以联合国为核心的全球性国际规则体系运行多年，相对成熟完备，为"一带一路"倡议和命运共同体的规则建设提供了重要的制度性参照。① 中国一直是维护联合国权威和作用的坚定支持者，支持联合国在当前国际关系中发挥更大的作用。"全球化"概念提出者英国社会科学院院士马丁·阿尔布（Martin Albrow）在《中国在人类命运共同体中的角色：走向全球领导理论》一书中指出，"人类命运共同体"的提出，表明中国已经充分准备好对世界作出积极贡献。② 人类命运共同体揭示国际法进入了"共生法"时代，为联合国改革提供了新的思想资源，联合国是以人类利益为宗旨的全球性国际组织，为人类命运共同体的构建提供了基础平台；联合国改革与构建人类命运共同体内容重合、目标一致，都是要建立一个适应全球化发展形势的安全共同体和发展共同体。所以，以推进联合国改革的方式来构建人类命运共同体是一条有利途径。③ 美国出于维护霸权的需要，阻碍了国际多边组织向公平合理的方向发展。"一带一路"倡议和命运共同体是对国际治理制度的完善和创新，推动受到广泛关注的问题——可持续发展、流行病、毒品贩运、洗钱、人口贩运以及公海、极地、外层空间和网络空间等前沿领域问题的合作。"一带一路"和命运共同体注重道德和规范在国际合作中的重要性，其互利共赢的发展理念是对主权国家之间利益的差异、对立甚至是冲突的超越。

从历史上来看，中国始终践行多边主义，维护以联合国为核心的国际体系。④ 从现实来看，中国主动将"一带一路"和命运共同体建设与联合国的发展计划对接。中国认为联合国《2030年可持续发展

---

① 门洪华：《"一带一路"规则制定权的战略思考》，《世界经济与政治》2018年第7期。

② [英] 马丁·阿尔布劳：《中国在人类命运共同体中的角色：走向全球领导理论》，严忠志译，新世界出版社2018年版。

③ 戴轶：《论人类命运共同体的构建：以联合国改革为视角》，《法学评论》2018年第4期。

④ 中华人民共和国国务院新闻办公室：《〈新时代的中国国际发展合作〉白皮书》，中华人民共和国国务院新闻办公室网站，2021年1月10日，http://www.scio.gov.cn/zfbps/32832/Document/1696685/1696685.htm，访问时间：2021年1月14日。

议程》与共建"一带一路"高度契合，因此，中国通过开展国际发展合作，增强有关国家发展能力，优化发展伙伴关系，帮助其他发展中国家克服疫情影响，加快落实联合国《2030 年可持续发展议程》，实现共同繁荣。①

第二，以国际组织为代表的国际规范。国际组织是当今国际社会重要的"规范性力量"。中国可以通过支持现有的国际组织如国际货币基金组织，② 提升中国参与制定国际规范的话语权和影响力。实际上，中国一直在多方面支持各类国际组织，同世界银行、亚洲基础设施投资银行、亚洲开发银行、拉美开发银行、欧洲复兴开发银行、欧洲投资银行、美洲开发银行、国际农业发展基金等共同成立多边开发融资合作中心，通过信息分享、支持项目前期准备和能力建设，推动国际金融机构及相关发展伙伴基础设施互联互通，为"一带一路"建设聚集更多资金红利。③ 中国倡导并建立了"亚洲基础设施投资银行""金砖国家银行"等新的国际组织，成立了中非合作论坛、上海合作组织、中国—葡语国家经贸合作论坛、中国—阿拉伯国家合作论坛、中国—拉共体论坛、中国—加勒比经贸合作论坛、中国—太平洋岛国经济发展合作论坛等双多边会议，支持"一带一路"和命运共同体建设。

第三，将中国在长期国际交往中形成的国际合作方式机制化、规范化。中华人民共和国成立以来，提出了"和平共处五项基本原则"等，但没有形成机制化和规范化的操作方式，也没有通过建立国际组织、国家联盟等方式进行实现。此外，中国在长期实践中形成了具有中国特色的援助方式，包括援建成套项目、提供物资、开展技术合作、开展人力资源开发合作、实施南南合作援助基金项目、派遣援外

---

① 中华人民共和国国务院新闻办公室：《〈新时代的中国国际发展合作〉白皮书》，中华人民共和国国务院新闻办公室网站，2021 年 1 月 10 日，http://www.scio.gov.cn/zfbps/32832/Document/1696685/1696685.htm，访问时间：2021 年 1 月 14 日。

② 石晋、李本：《新冠肺炎疫情下中国注资 IMF 紧急融资机制问题探讨》，《金融理论与实践》2021 年第 1 期。

③ 中华人民共和国国务院新闻办公室：《〈新时代的中国国际发展合作〉白皮书》，国务院新闻办公室网站，2021 年 1 月 10 日，http://www.scio.gov.cn/zfbps/32832/Document/1696685/1696685.htm，访问时间：2021 年 1 月 14 日。

医疗队、开展志愿服务、提供紧急人道主义援助、减免债务等。① 这些项目的实施需要我国与其他国家在政府层面的对接,最终促"国家间通过主动磨合和调适,共商共建共享形成互利和稳定状态的'高阶'合作"②。2018 年 4 月,中国在国家层面成立了国家国际发展合作署,专司国际发展合作事务,这为中国参与国际合作的机制化、"一带一路"倡议和命运共同体建设与各国发展战略的对接提供了更坚实的保障。中国在国际实践中产生的规范正在不断被国际社会承认,日益成为指导国与国合作的原则。

**二 "一带一路"、命运共同体与中国周边合作的转型和升级**

"一带一路"倡议、"人类命运共同体"建设、以"合作共赢"为核心的新型国际关系以及"亲、诚、惠、容"等思想,在实践中都蕴藏着丰富的传统文化意涵。③"一带一路"倡议、命运共同体既是百年未有之大变局下中国对全球治理等全球议题的中国方案,更是中国周边合作的转型和升级。

（一）"一带一路"与中国周边合作的转型和升级

中华人民共和国成立后,中国与周边国家的交流日益密切。改革开放以来,中国的国际交往重点实际上一直以俄罗斯（苏联）、美国、日本等大国为主,且一直持续了相当长一段时间。造成这种现象的原因是多方面的,既有中国与这些大国在经贸方面存在着密切的往来,又与中国试图更快地重新融入国际社会等有关。

"一带一路"体现了中国更加重视提升与周边国家的经济关系。中华人民共和国自成立以来一直坚持互相尊重主权和领土完整、互不侵犯、互不干涉内政、平等互利、和平共处的"和平共处五项原则"。自 1989 年苏联从阿富汗撤军以来,中国周边国与国之间的关

---

① 中华人民共和国国务院新闻办公室:《〈新时代的中国国际发展合作〉白皮书》,国务院新闻办公室网站,2021 年 1 月 10 日,http://www.scio.gov.cn/zfbps/32832/Document/1696685/1696685.htm,访问时间：2021 年 1 月 14 日。
② 卢光盛、段涛:《"一带一路"视阈下的战略对接研究——以中国—中南半岛经济走廊为例》,《思想战线》2017 年第 6 期。
③ 卢光盛、别梦婕:《中国传统文化与周边外交》,《云大地区研究》2019 年第 1 期。

系基本趋向稳定，30 多年未发生大规模冲突。在当前经济全球化和周边局势日益稳定的情况下，"和平共处五项原则"更是处理国与国关系的重要原则，发展本国经济，增强本国实力，加强国际合作，已经成为中国周边地区国家的共识。而经过改革开放 40 多年的中国，成为世界主要经济体中发展最快的经济体。中国尤其是中国经济的发展，与西方国家通过殖民和掠夺其他国家的理念和方式不同，中国是通过不断地和更深层次的开放、重视基础设施建设、注重经济与社会发展的顶层设计、注重统一大市场的形成等方式发展起来的。

因此，"一带一路"倡议的提出，更多地体现的是中国发展经济的"中国模式"。"一带一路"倡议提出的"五通"则是在对外关系层面对和平共处五项基本原则的细化和深化，即"一带一路"倡议是中国政府为促进和平与合作而启动的新发展模式和现代化战略，正在为发展资本、商品和服务而设计大规模的基础设施项目；发展理论和发展研究经历了巨大的逆转，反映了迅速变化的全球地缘政治。①

从实践上来看，随着"一带一路"倡议的提出，在和平共处五项基本原则指导下，中国更加重视与我们有着密切人文和社会交流的周边国家。中国周边大国主要是俄罗斯、日本和印度等国，以及在中国周边深度布局的美国。大国只有尊重彼此的核心利益和重大关切，学会控制分歧，才能构建合作而不是对抗，尊重而不是对抗，共赢而不是索取的新型关系。② 这些国家固然重要，但从人文交流的历史、频率上来看，中国与周边国家之间的关系更为密切。俄罗斯、美国等世界主要大国只是到了近代以来，才和中国产生了较为频繁和密切关系，而中国周边国家则是自古以来就和中国存在着交流关系。进入 21 世纪以来，世界经济形势朝着更加多元化的方向发展，中国周边国家所在的亚太地区成为世界经济发展最具活力的地区。因此，在历

---

① Peters, Michael A., "China's Belt and Road Initiative: Reshaping Global Higher Education", *Educational Philosophy & Theory*, Vol. 52, No. 6, 2020, p. 586.
② Xiang Bo, "'A community of Shared Future for Mankind' in the Making", 新华网, October 6, 2017, http://news.xinhuanet.com/english/2017 - 10/06/c_ 136662086.htm, 访问时间：2021 年 1 月 15 日。

史和现实的基础上，中国必然要加强周边合作，特别是经济、社会领域合作。

"一带一路"倡议重视沿线各国的经济与社会发展，也将中国周边合作的重点从政治领域转向了经济与社会领域。命运共同体的最终成败在很大程度上取决于中国自身，同时也取决于大国和小邻国的态度和行为。① 中国将周边邻国的现实需要和命运共同体建设紧密地结合起来。中国周边国家甚至大部分亚洲国家都存在着"物流基础设施不发达、道路拥堵、基础设施破旧、供应链持续中断和能力限制等问题，这些都造成了巨大的经济成本"②，这是"一带一路"倡议在沿线各国迅速落地生根的重要原因。以港口为例。中国周边国家的诸多港口（如菲律宾的马尼拉、印度尼西亚的雅加达、印度的班加罗尔、孟加拉国的达卡、柬埔寨的金边和越南的胡志明市等）③ 都需要大量的基础设施建设，以便提升港口的吞吐量和服务。

"一带一路"倡议涉及的合作更为广泛和深入，也是对和平共处五项基本原则下中国周边外交的升级。在合作领域，"一带一路"倡议除了包括传统的手工业、服装业④、港口等基础设施建设行业以及旅游等服务行业⑤，还涉及诸多新兴的朝阳行业⑥。2017 年 3 月，中石化和沙特基础工业公司同意研究在沙特阿拉伯和中国的联合项目。在此之前，化学工业合作一直是由西方国家主导的，中国企业的对外经济合作基本上不涉及这一领域内的合作。在理念上，"一带一路"

---

① Li Zhihui, "Spotlight: Xi's New Diplomacy: Peaceful Development in a Community of Common Destiny", 新华网, September 11, 2015, http://news.xinhuanet.com/english/2015 - 09/11/c_ 134615486. htm, 访问时间：2021 年 1 月 15 日。

② Chhetri Prem et al., "Global Logistics City Concept: A Cluster - led Strategy under the Belt and Road Initiative", *Maritime Policy & Management*, Vol. 45, No. 3, 2018, p. 319.

③ Chhetri Prem et al., "Global Logistics City Concept: A Cluster - led Strategy under the Belt and Road Initiative", *Maritime Policy & Management*, Vol. 45, No. 3, 2018, pp. 319 - 335.

④ 王保忠、段颖霞、王志刚：《"一带一路"背景下纺织服装行业的创新与发展》，《西安工程大学学报》2020 年第 3 期。

⑤ Dawn E. Duensing, "The Hāna Belt Road: Paving the Way for Tourism", *Hawaiian Journal of History*, Vol. 41, 2017, pp. 119 - 148.

⑥ Pflug Kai, "China's Belt and Road Initiative (BRI) and the Chemical Industry", *China Chemical Reporter*, Vol. 29, No. 8, 2018, p. 12.

倡导环境保护即绿色"一带一路"①，与西方国家在发展过程中，对非西方国家的掠夺式资源开发、将污染企业转移到非西方国家等做法形成了鲜明的对比。

"一带一路"倡议是将中国周边国家和地区联系更为紧密的重要国际合作平台。一百多年以来，"一带一路"倡议的沿线国家基本上处于世界经济发展的边缘地区，不仅经济发展落后，而且各种要素之间缺乏流动，"一带一路"不仅为强化中国与周边国家的关系，提高各国经济发展各种要素的流动和使用效率②，更为中国周边各国之间加强各方面的联系提供了平台，这从长远角度来看，体现了"一带一路"倡议和中国周边国际合作的"合作共赢"原则。

（二）命运共同体与中国周边国际合作的转型和升级

命运共同体是在中国周边国际合作面临转型和升级的情况下提出的。中国在周边地区面临着严峻的外部压力，使周边国家与中国的关系变得更加微妙。

从政治心理上来说，当代国际关系体系中，中国将自身定义为一个后起的发展中国家。但对周边国家来说，对中国崛起的复杂心态一直存在，一些周边国家也试图引入外部大国尤其是美国制衡中国。对美国来说，其企图保持全球霸权地位，对于中国这样一个在历史、政治意识形态、经济发展模式等诸方面与其迥异的新兴大国，其心态是复杂的。从西方国家的历史经验来看，"新兴强国对既有强国的基本互动逻辑是：新兴强国倾向于反复而有限地向前推进并从中获益，这样的可能隐患是容易缺乏足够的意愿去主动减抑重大的冲突动能；既有强国则为规避难以承受的冲突及其升级，反复或被迫地收缩或退让，但最终可能会认为已经无可再退，决心一搏"③。周边国家的社会舆论和意识形态，很大程度上受美欧等西方国家影响，认为其可能

---

① Hoong Chen Teo, et al., "Building a Green Belt and Road: A Systematic Review and Comparative Assessment of the Chinese and English-language Literature", *Plos One*, Vol. 15, No. 9, 2020, pp. 1–15.

② Enderwick Peter, "The Economic Growth and Development Effects of China's One Belt, One Road Initiative", *Strategic Change*, Vol. 27, No. 5, 2018, pp. 447–454.

③ 时殷弘：《当前中国周边外交重大问题的战略应对》，《领导文萃》2016年第9期。

成为中国这个新兴强国与美国这个既有强国进行长期战略博弈的重要地区,如已经提出了政治—安全共同体的东盟①。

在命运共同体提出之前,中国与周边国家发展关系实际上缺乏一个共同的目标。"和平共处五项原则"虽然是中国与印度和缅甸共同提出的,但这只是发展对外关系的出发点,而非目标。命运共同体则较为清晰地明确了中国与周边国家发展关系的最终目标。中国与周边国家存在着复杂的关系,这些关系有些是自然形成的,有些是在双方长期的历史交往中形成的。

中国的周边国家,不应当成为中国与其他世界大国利益争夺和博弈的地区,这最终会损害中国与周边国家的利益,命运共同体则是对这种可能的未来的一种预防性安排。中华民族是一个爱好和平的民族,这一思想在中国源远流长且深入人心。多边主义是迄今为止全球治理最合理的途径,多边合作是解决全球性问题、应对全球性威胁最民主、最有效的方式。② 从中华人民共和国成立后确立的"和平共处五项原则",再到命运共同体中提出的构建平等相待、互商互谅的伙伴关系,都体现了中国处理国际关系问题上的创新。命运共同体建立的伙伴关系,是平等相待、互商互谅的,是不设假想敌,不针对第三方的,是具有包容性和建设性的。

### 三 "一带一路"、命运共同体建设与新型国际关系

中国传统思想强调守"中道",致"中和",行"中庸",处处体现"中"的精神,"中"因此对于中国外交具有非常独特的意义,是理解中国不可或缺的视角。③ 今天,"中"的精神已经融入中国的对外关系和国际合作中,体现在"一带一路"倡议和命运共同体秉承的"和平合作、开放包容、互学互鉴、互利共赢"的原则,"二者在中国外交战略的指导思想层面上高度统一,共同强调中国外交所遵

---

① 海伦·E. S. 尼萨杜:《〈太平洋评论〉中的东盟——基于区域治理与共同体构建的"得与失"视角》,钟梅译,《云大地区研究》2019 年第 1 期。
② 秦亚青:《合作:命运共同体发展的铁律》,《国际问题研究》2020 年第 3 期。
③ 潘忠岐:《中国之"中"与中国外交的尚"中"特色》,《武汉科技大学学报》(社会科学版)2021 年第 2 期。

循的平等包容、合作共赢的基本价值观",① 与当前以西方国家为主导的国际关系有着重大的区别。

(一)"一带一路"倡议与新型国际关系建设

"一带一路"倡议对国际经济格局的改变是显著的。黄仁伟认为,"一带一路"可以成为中国实践国际秩序新理念的实验场。中国可以通过"一带一路"建设新型的国际经济、政治、安全秩序,并通过"一带一路"构建新的国际规则。在他看来,凡是涉及"一带一路"建设的规则都要逐渐建立起来,这个建立过程,就把原来老的西方规则慢慢改变了。②

"一带一路"倡议提出之前,全球存在着两个主要的经济区,以美国为核心的美洲经济区和以德国和法国为核心的西欧经济区,两个经济区在地区合作、区域经济政治一体化方面起步早、参与国家众多、成效显著。然而在亚太地区,虽然有日本和中国这两个世界性经济大国,但由于诸多原因,两国都没能成为地区经济合作和发展的领头者,区域内其他国家也无法更好地享受中国和日本引领区域经济一体化带来的便利和诸多红利。亚洲、非洲等经济欠发达地区仍然处于世界经济格局中的边缘地带,在产品、技术、贸易、投资等方面仍然依赖于西方发达国家,大部分国家的主要贸易伙伴是西方国家,各国之间的经济联系程度相对较浅。"一带一路"倡议的提出,并非是对当前国际经济格局的颠覆,而是在加强亚洲、非洲等欠发达国家之间联系的同时,增强各国经济发展的动力,实现各国的普惠共赢,最终助推区域经济的一体化,降低经济运行风险和挑战,更好地抵御经济危机和动荡。

"一带一路"倡议强调的"五通"与以西方国家为中心的国际经济格局形成了明显的对比。与西方国家在经济发展过程中采取的殖民和掠夺的手段不同的是,"五通"从多方面使中国经济发展带动世界其他国家的发展,最终实现共同发展。"一带一路"倡议倡导的"政

---

① 卢光盛、田继阳:《成长中的澜湄国家命运共同体》,《丝路瞭望》2018 年第 8 期。
② 黄仁伟:《"一带一路"是国际秩序新理念的试验场》,人民网,2012 年 7 月 5 日,http://world.people.com.cn/n/2015/0705/c1002 - 27255803.html,访问时间:2021 年 1 月 14 日。

策沟通"，是有效地防范合作中各国经济发展过程中存在的诸多问题，尤其是一些系统性风险，避免1997年的亚洲金融危机和2008年美国次贷危机等类似的经济和金融危机对实体经济、国民经济和国际贸易的冲击，从顶层设计上最大限度地防范人为的经济风险，同时也为中国构建全球伙伴关系网络及国际安全格局搭建对话协商平台。"一带一路"倡议重视"设施联通"，重视参与国的基础设施建设，从硬件上完善各国经济与社会发展的基础。"一带一路"倡议倡导的"贸易畅通"和"资金融通"，既是对西方货币尤其是美元利用其霸权地位，通过量化宽松、向全世界收取铸币税等方式，以获得大量利润和转嫁经济危机缺陷的回应，也是中国与各方共建经济走廊，共享经济发展成果，避免陷入"债务陷阱"，构建利益共同体的途径。

因此，"一带一路"倡议实施八年多来，其倡导的共商、共享、共建原则，与西方在国际经济格局中的单边主义、霸权主义、霸凌主义形成了鲜明对比。"一带一路"倡议注重与沿线国家的发展计划对话，将"合作共赢"切实落到实处。"一带一路"倡议与合作基础坚实、合作体量巨大、合作愿望强烈的国家联合制定合作规划。"一带一路"倡议还注重与沿线国家本国的经济发展战略对接，自提出以来很快获得了100多个国家和地区的认同。目前，"一带一路"倡议已经与多个国家的国家发展计划成功对接，如对接非洲联盟《2063年议程》、《东盟互联互通总体规划2025》、欧盟欧亚互联互通战略等区域发展规划，以及巴基斯坦的"新巴基斯坦"、俄罗斯的"欧亚经济联盟"、印度尼西亚的"全球海洋支点"、匈牙利的"向东开放"、蒙古国的"发展之路"、菲律宾的"大建特建计划"等。湄公河地区是亚洲经济社会发展条件较好的地区，泰国、越南等国的经济社会发展十分迅速，但也有一些国家在发展过程中面临着一定的困境，提出了富有远见的发展战略，如老挝的"变陆锁国为陆联国"的发展战略。"一带一路"倡议同这些国家的发展战略对接，能更好地促进双方共同利益的发展，推动"一带一路"倡议的深入发展。

"一带一路"倡议是全球共建人类命运共同体的重要实践。"一带一路"建设侧重于经济合作等低政治领域内的合作。自"一带一路"倡议提出以来，中国在国际经济发展方面还采取了多种措施，为"一带一路"倡议的实施提供支持。中国首先倡议成立并启动丝路基金、筹建亚洲基础设施投资银行、积极与沿线国家合作建立自由贸易区等方式,与沿线国家广泛协商沟通,形成与外部世界的良性互动,并逐渐形成了国际经济合作的新格局。

"一带一路"倡议对国际政治格局的影响是有益的。虽然"一带一路"倡议主要侧重于经济领域,但是其仍然产生了地缘政治影响。2013年,"一带一路"倡议刚刚提出来的时候,一些欧美国家将"一带一路"倡议视为其地缘政治和地缘经济上的威胁。如欧盟等视为威胁(主要针对欧盟政府机构)或机遇(针对海港和其他行业)并存①;但实际上,"一带一路"倡议也为欧盟成员国经济与社会发展提供了机遇:中国"一带一路"倡议为欧亚各国的经济发展和安全提供了良好的机遇。该项目规模庞大,立足于坚实的经济和政治基础。如果欧盟成功地协调其黑海成员国的政策,它将能够从参与该项目中受益②。

在殖民时代,欧美大国曾长期殖民其他地区,掠夺其他地区的各种资源是其惯用的殖民手法。欧美大国将其殖民思维带入"一带一路"建设中,美国政府认为"一带一路"倡议是对非洲资源的掠夺,中国在非洲实施"一带一路"倡议只是为了获取非洲的资源供中国自己使用;③欧美大国对世界其他地区的长期殖民,在政治、经济和文化等多方面奴役世界其他地区尤其是亚非拉地区,是这些地区国家长期贫困落后的主要根源。但中国"一带一路"倡议并非欧美历史上的"殖民主义",也不是新时期中国版的"殖民主义",而是欧美国家炮制出来的臆想。"一带一路"倡议不仅对发展中国家来说是机遇,对欧美国家来说也是。其结果是"双赢",而非殖民主义时代的

---

① Adrijana Agatić et al. , "The One Belt One Road ( OBOR) Initiative and Seaport Business in Europe – perspective of the Port of Rijeka", *Scientific Journal of Maritime Research*, Vol. 33, No. 2, 2019, pp. 264 – 273.

② Georg Georgiev, "The Chinese 'One Belt, One Road' Initiative – New Opportunities for the European Union and Its Neighbours in the Black Sea Region", *KSI Transactions on Knowledge Society*, Vol. 8, No. 2, 2015, pp. 33 – 40.

③ Farooq, Muhammad Sabil et al. , "An Analysis of China and Africa Relations with Special Focus on 'One Belt and One Road'", *India Quarterly*, Vol. 75, No. 3, 2019, p. 366.

"零和"。

（二）命运共同体与新型国际关系建设

中国提出的命运共同体建设蕴含了中华人民共和国成立 70 多年来尤其是改革开放 40 多年来的国际交往经验，是对近代以来以西方理念为基础、西方国家为主导的国际关系体系及其格局变革的"中国方案"。在基本的规范理念倡导上，中国从国际关系的基本原则以及既有的世界秩序出发，倡导"亲诚惠容"和"命运共同体"等中国特色外交理念，表达一种对于理想状态国际合作的憧憬以及对于中国外交道德基准的弘扬。①

秦亚青指出，30 年来兴起的西方国际关系理论三大主流学派——结构现实主义、新自由制度主义和结构建构主义，有一个共同的缺失，即忽视对国际体系过程和国际社会中复杂关系的研究；"过程和关系"这两个中国社会文化中的重要理念植入国际关系理论，提出过程建构主义的理论模型。② 中国学者也从关系角度提出，构建中国学派的国际关系理论可以遵循从"核心问题驱动路径"和"观念引导路径"。③ 因此，"一带一路"和命运共同体的建设也需要从中国和参与国家面临的共同问题着手，以中国和参与国家长期以来形成的共同观念为引导，共同推进"一带一路"和命运共同体建设。

命运共同体是中国"以和为贵"外交理念的体现和升级。"以和为贵"更多体现的是中国与周边国家如何共同生存的问题，而中国倡导的以合作共赢为核心的新型国际关系理念在回答了中国与周边国家如何共同生存这个问题的基础上，同样也回答了"世界及人类是如何存在、如何发展的问题"④。这个转变是一个过程。命运共同体实际上从人类发展的重大问题（核心问题）和中国理念（观念引导路径）这两方面，在实践上打通了这两条路径。

---

① ［丹麦］李形、张久安：《试析中国特色软权力的理论基础——"一带一路"与国际规范供给的视角》，《教学与研究》2017 年第 1 期。
② 秦亚青：《关系本位与过程建构：将中国理念植入国际关系理论》，《中国社会科学》2009 年第 3 期。
③ 卢凌宇：《国际关系理论中国学派生成的路径选择》，《欧洲研究》2016 年第 5 期。
④ 金应忠：《从"和文化"到新型国际关系理念——兼论人类命运共同体意识》，《社会科学》2015 年第 11 期。

命运共同体不是"无源之水",它是中国从传统的朝贡体系转化为现代国际关系的表现。郑永年认为,中国在改革开放后,"中国已经接受了以规则为基础的全球市场体系。更为重要的是,经过反复探索,中国已经学会了如何为现有的体系做出贡献;比如中国已经提供了发展替代路线,而这些路线实际上要比世界银行和国际货币基金组织(IMF)提供的模式更为有效,这些路线至少提供了刺激和维持第三世界发展的有效方式"。①

从长远来看,周边命运共同体是一个构建的过程,需要经过构建中国与周边的价值共同体、发展共同体、安全共同体、社会文化共同体等路径。② 命运共同体自提出以来,已经在一些地区和国家开展了先期的实践,中国—东盟命运共同体、澜湄国家命运共同体、中老命运共同体、中缅命运共同体已经先期进行建设。从当前来看,中国与这些地区和国家的命运共同体一直并继续遵循讲信修睦、合作共赢、守望相助、心心相印、开放包容的共同体原则,使双方最终成为兴衰相伴、安危与共、同舟共济的好邻居、好朋友、好伙伴。

(三)"一带一路"、命运共同体建设构建新型国际关系的路径

自"一带一路"倡议和命运共同体提出以来,已经在多方面开展了卓有成效的合作,取得了重大进展,相关研究及研究视角也是多种多样。但在具体的实施路径的研究上,相对匮乏。因此,本书从历史和现实两个角度,结合澜湄国家命运共同体建设,尝试提出"一带一路"倡议和命运共同体建设的实施路径。

"一带一路"倡议与命运共同体对新型国际关系的影响是多方面的。从逻辑上,在充满不确定性的当今世界,人类命运共同体是当前及未来全球治理的中国方案,"一带一路"是通往命运共同体之路。③在合作理念上,命运共同体强调平等包容、合作共赢的基本价值观。

---

① 郑永年:《中国国家间关系的构建:从"天下"到国际秩序》,《当代亚太》2009年第5期。
② 许利平等:《中国与周边命运共同体:建构与路径》,社会科学文献出版社2016年版。
③ 卢光盛、别梦婕:《澜湄国家命运共同体:理想与现实之间》,《当代世界》2018年第1期。

从内涵上看,"命运共同体"在伙伴关系、安全格局、经济发展、文明交流、生态建设等五个方面的建设路径与"一带一路"倡议所强调的"五通"内涵形成了对应关系,为实现人类命运共同体方案提供了可操作的实施路径。①

首先,打通历史和现实联系。"一带一路"、命运共同体建设面向的主要是中国与周边国家。从历史的角度来看,中国与周边国家在历史上曾经有着密切的联系。这种密切的联系在近代以来虽然有所减弱,但在反对西方殖民入侵、反对西方殖民霸权等方面也有过密切的配合和合作。当前,经济全球化和区域经济一体化虽然仍在发展过程中,但区域一体化的进程更为深入地发展。"一带一路"倡议和命运共同体建设是实现区域一体化的中国方案。

其次,中国需要寻求"一带一路"倡议和命运共同体建设在政治上对西方传统"零和"政治游戏的突围路径。包括澜湄地区在内的东南亚地区是当前诸大国争夺十分激烈的地区,是多种形式的国际合作集中展现的地区。在地缘政治格局上,由于良好的地理位置和与中国等社会主义国家毗邻的区位优势等原因,包括湄公河国家在内的东南亚国家都是冷战时期美苏积极争取的对象。从冷战结束后到21世纪初期,印度的"东向"政策、美国所谓的"亚太再平衡战略"和"印太"战略、日本的"南下战略"等都在东南亚地区交会。这些战略有两点最为重要:其一,维护地区政治与安全格局的某种平衡,甚至是有利于本国的平衡;其二,防范中国的意图十分明显,尤其是美国对中国防范越来越深,涉及的领域也越来越广泛。就目前的实施状况来看,"一带一路"倡议和命运共同体建设,有利于各参与国在经济方面建立更为紧密的联系,进而影响各国的内外政策。但与美国的"联盟"形式不同的是,"一带一路"倡议和命运共同体建设并不强调各国在合作中的强制性义务尤其是政治和军事义务,尚不涉及国家安全上的合作。"一带一路"倡议和命运共同体建设强调不针对第三方的理念,在一定程度上改变了在国际安全上的"零和"思

---

① 卢光盛、黎亚洲:《从周边起步推动人类命运共同体建设》,《学习时报》2017年12月18日第2版。

维,但未彻底扭转。因此,未来随着"一带一路"和命运共同体建设的深入发展,可以在安全上突破西方现有的"零和"思维,在共同发展的理念上深入开展地区安全合作的新领域,如在打击恐怖主义与宗教极端主义等地区非传统安全问题上的协同治理,等。

(四)"一带一路"和澜湄合作的关系

"一带一路"是全面、全局的合作倡议,以政策沟通、设施联通、贸易畅通、资金融通、民心相通为框架,澜湄合作是湄公河小地区的综合性合作框架。两者可以共同促进、相互支撑、协调发展。澜湄国家命运共同体是澜湄合作的长远目标,是人类命运共同体以及"一带一路"发展这两个宏大战略的试验田。

澜湄合作不仅成为"一带一路"建设的重要平台,而且可以进一步加强澜湄国家命运共同体和东盟共同体的建设。2018年1月10日,澜沧江—湄公河合作第二次领导人会议发表的《澜沧江—湄公河合作五年行动计划(2018—2022)》,阐释了澜湄合作机制的目标、基本原则、工作架构、务实合作领域以及资金支撑、智力支撑和监督机制三大支撑体系,是澜湄合作机制未来五年工作的指导性文件;《五年行动计划》对推进"一带一路"倡议在中南半岛落地生根,打造澜湄国家命运共同体,具有重要的意义。[①] 澜湄合作是中国和湄公河国家共商、共建、共享的新型次区域合作机制,为"一带一路"落地澜湄流域国家提供了新动力。

第一,从地区发展融合来看,澜湄合作加快"一带一路"与地区发展规划对接。湄公河各国的发展规划与"一带一路"倡议有很高的契合度,澜湄合作机制将加快彼此战略对接,为中国—中南亚半岛经济走廊和孟中印缅经济走廊建设奠定基础。[②] 此外,澜湄合作、"一带一路"与东盟共同体愿景2025、伊洛瓦底江—湄南河—湄公河

---

① 《〈澜沧江—湄公河合作发展报告〉:〈澜湄合作五年行动计划〉助推"一带一路"倡议在中南半岛落地生根》,中国经济网,2019年3月20日,http://www.ce.cn/cysc/newmain/yc/jsxw/201903/20/t20190320_31711161.shtml,访问时间:2021年1月20日。

② 许利平:《澜湄合作为一带一路打造"试验田"——"澜湄合作"系列解读》,海外网,2021年3月30日,http://m.haiwainet.cn/middle/353596/2016/0330/content_29785470_1.html,访问时间:2021年1月20日。

经济合作战略组织（ACMECS）、大湄公河次区域经济合作（GMS）和湄公河委员会（MRC）、《区域全面经济伙伴关系协定》等机制处于协同发展的进程中。

第二，从地区联通来看，在澜湄合作机制框架下，"一带一路"在中南半岛的经济走廊骨架初步形成，推动区域接入欧亚主干道。中老铁路、中泰铁路、昆曼公路、中国新加坡陆海贸易新通道、澜沧江—湄公河多式联运通道、中缅伊洛瓦底江陆水联运等大项目将大力促进中国—中南半岛经济走廊的基础设施联通，打造更多的能源通道和网络链接。① 这些交通通道可以融入或成为更广阔的泛亚铁路网、亚洲公路网、国际陆港网为骨架的综合交通运输网的重要组成部分，加强中南半岛国家对欧亚大陆经济的参与力度。

第三，从经济合作来看，澜湄合作机制将积极推动澜湄地区的通关、关税、人员往来便利化，释放更多贸易潜能，助力实现"一带一路"建设的目标。目前，磨憨—磨丁跨境经济合作区、瑞丽—木姐跨境经济合作区、河口—老街跨境经济合作区的打造进一步促进双边贸易的发展。澜湄合作事实上承担中国与湄公河五国跨国经贸区的职能，其核心功能是通过利用各自比较优势促进贸易投资合作。② 截至2021年4月，中方贷款支持湄公河国家开展了40多个重大基建项目，成为连接次区域陆上主干道的重要支线及节点。2020年，中国同湄公河国家贸易额高达3221亿美元，较5年前增长66.3%。中国企业在当地投资带动了当地纺织、电子、农业产业园区等发展，正在成为中国与湄公河国家经贸关系的新支柱。③ 澜湄合作与"国际陆海贸易新通道"对接路径，不断完善的区域产业链供应链和建设中的澜湄流域经济发展带，推动共建"一带一路"向纵深发展。

---

① 许利平：《澜湄合作为一带一路打造"试验田"——"澜湄合作"系列解读》，海外网，2021年3月30日，http：//m. haiwainet. cn/middle/353596/2016/0330/content_29785470_1. html，访问时间：2021年1月20日。

② 张宏飞、张友谊：《澜湄合作机制对"一带一路"国际合作机制建设的启示》，《调查研究报告》2019年第87号。

③ 《澜湄合作越五载，砥砺前行绘新篇——王毅国务委员兼外长在澜湄合作启动五周年暨2021年"澜湄周"招待会上的讲话》，中国外交部网站，2021年4月13日，https：//www. fmprc. gov. cn/web/wjbzhd/t1868716. shtml，访问时间：2021年7月20日。

"一带一路"倡议为澜湄合作提供了方向引领。澜湄合作机制聚焦区域经济社会发展，架构完备、会晤密集、制度健全，在机制建设和项目合作上取得重大进展，且与"一带一路"在"五通"领域的工作主旨高度契合，成为机制化程度和约束力较高的"一带一路"相关区域合作机制。①

## 小　结

"一带一路"倡议和命运共同体既是对中国传统对外交往历史和精神的继承，也融合了马克思主义关于世界历史的诸多论述，同时也汲取了现代西方国家对外交往的理论和实践。两者在理念来源、建设目标、主体内容具有高度关联性。"一带一路"是实现命运共同体的国际实践，而命运共同体则是"一带一路"建设的指南和目标。

在理论框架方面，本书认为"利益—责任—规范"较好地体现了"一带一路"倡议和命运共同体建设的历史和现实。在这个框架中，"利益"是"一带一路"倡议和命运共同体建立的前提条件，"责任"是"一带一路"倡议和命运共同体中每个成员国应承担的义务，"规范"是"一带一路"倡议和命运共同体中各成员国应遵循的价值观以及与之配套的制度。同时，"一带一路"倡议和命运共同体是中国在百年未有之大变局、世界政治与经济格局发生重大变化之际提出的中国方案，与中国周边国际合作的转型和升级、新型国际关系建设之间存在着密切的关联。二者在中国战略指导思想层面上高度统一，共同强调中国对外交往中所遵循的平等包容、合作共赢的基本价值观，是为新型国际关系建设贡献中国力量的重要方式。

从"一带一路""命运共同体"和澜湄合作的关系来看，"一带一路"倡议和"命运共同体"是中国关于百年未有之大变局下新型国际合作全面、全局的合作倡议，澜湄合作是湄公河区域的综合性合

---

① 张宏飞、张友谊：《澜湄合作机制对"一带一路"国际合作机制建设的启示》，《调查研究报告》2019年第87号。

作框架，两者可以共同促进、相互支撑、协调发展。澜湄国家命运共同体是澜湄合作的长远目标，是人类命运共同体以及"一带一路"发展这两个宏大战略的试验田。本章提出的"利益—责任—规范"的理论分析框架以及从现有研究来看，对"一带一路""命运共同体"的研究注重宏观和具体案例等方面的研究，而从理论框架与具体地区之间关系视角的研究较少。本章在现有研究基础上，结合澜湄区域国际合作尤其是澜湄合作发展的现状，研究中国和澜湄国家如何共同推进澜湄国家命运共同体建设。"命运共同体"是中国周边国际合作的转型和升级、中国参与新型国际关系建设的总体体现，是本书开展研究的基本出发点。

# 第 二 章

# 澜湄区域国际合作的
# 历史演进与动力机制

澜湄区域是中国参与国际区域合作最早和最重要的方向之一，是"构建人类命运共同体从周边起步"的试验田。① 澜湄区域国际合作历史由来已久，20世纪50年代以来，湄公河国家即开始建立合作框架，如湄公河委员会（MRC）、大湄公河次区域经济合作（GMS）、湄公河下游倡议（LMI）等。2016年，在中国与湄公河五国的共同努力下，首个由流域六国共同创建的新型次区域合作机制——澜湄合作（LMC）应运而生。从湄公河委员会（MRC）到澜湄合作（LMC），既是澜湄区域各合作机制不断升级，也是该区域不同合作机制之间竞争性日益增强的过程。澜湄合作的成立和发展，对于建立和平稳定与繁荣的澜湄国家命运共同体至关重要。基于此，本章重点讨论澜湄区域国际合作的历史演进和该区域国际合作的动力机制。本章主要包含两条主线，一条线是澜湄合作成立前澜湄区域的合作机制；另一条线则是澜湄合作机制。其中，第一节主要描述第一条线，即澜湄合作成立前澜湄区域国际合作机制的基本情况，第二节主要描述第二条线，即澜湄合作的发展情况，第三节则侧重于分析澜湄合作成立前和澜湄合作成立至今两个阶段澜湄区域国际合作的动力机制及其变化。

---

① 卢光盛、金珍：《超越拥堵：澜湄合作机制的发展路径探析》，《世界经济与政治》2020年第7期。

## 第一节　澜湄区域国际合作的历史演进

澜湄区域国际合作经历了萌芽起步、高速发展和竞合分化三大历史演进进程。域外大国在澜湄区域陆续建立了域外国家主导和设计的国际合作制度，同时澜湄区域域内国家也建立了众多规模更小的国际合作制度。这两大类型的国际合作制度在成员、议题、功能等方面存在着重叠，相互之间也存在着一定的竞争关系。

### 一　澜湄区域国际合作的历史进程

**（一）萌芽起步期：1992 年以前**

澜湄区域开发的历史始于联合国亚洲及远东经济委员会（ECAFE，简称亚远经委会）[①] 对湄公河流域的研究。[②] 亚远经委会是《联合国宪章》框架内成立的首个区域性经济组织和亚洲首个区域政府间组织。[③] 1952 年 5 月，亚远经委会下属的控洪局（The Bureau of Flood Control）在老挝、泰国、柬埔寨、越南等湄公河下游 4 个沿岸国的共同支持下，对湄公河水资源进行首次系统性调查，形成了《湄公河国际河流控洪及水资源开发技术问题的初步报告》（The Preliminary Report on Technical Problems Relating to Flood Control and Water Resources Development of The Mekong – An International River，简称《1952 年控洪局报告》）。[④] 该报告在亚远经委会及各成员国政府间获得了极大反响，成为日后湄公河开发所使用的重要基础性报告。同年

---

[①] 1974 年 3 月改名为"联合国亚洲及太平洋经济社会委员会"，目前有 53 个正式成员和 9 个协商成员，总部设在泰国曼谷。

[②] Kayo Onishi, "Interstate Negotiation Mechanisms for Cooperation in the Mekong river Basin", *Water International*, Vol. 32, No. 4, 2007, pp. 526 – 527.

[③] 郑先武:《亚远经委会区域合作实践与"亚洲方式"初创》,《世界经济与政治》2016 年第 12 期。

[④] 郑先武、封顺:《湄公河计划的区域合作实践与"湄公精神"》,《东南亚研究》2018 年第 6 期。

9月，湄公河委员会（Mekong Committee）① 正式成立，并在成立后的第2个月在柬埔寨金边举行了首次会议。因为湄公河委员会要求成员国必须是联合国会员国，中华人民共和国直到1971年才恢复联合国合法席位，当时就没有被纳入湄公河委员会。②

湄公河委员会成立后，美国持续为湄公河的勘察和建设提供资金支持和援助，20世纪60年代美国卷入越南战争后，出于政治目的加大对湄公河计划的支持力度。③ 1970年湄公河委员会出台了雄心勃勃的指示性流域计划，确定了180个可能的项目，提出了一个20亿美元的短期计划，到1980年，实施包括70万公顷的农田灌溉扩展和3273兆瓦的支流水电开发；除此之外，还有1981—2000年100亿美元的长期计划，包括一系列主流水坝的建设和17000兆瓦水电开发。④

1970年的指示性流域计划是对湄公河开发的第一次全面尝试，旨在制定一个全面的而不是一个项目接着一个项目的方法，这些项目将促进整个流域的发展。但1970年的指示性流域计划并没有得到实施，尽管委员会确实协助了湄公河支流上的几个项目。⑤ 随着越南战争结束，越南南北统一，美国逐渐对湄公河地区失去了兴趣，最终终

---

① 1957年，老挝、泰国、柬埔寨和越南四国成立湄公河委员会（Mekong Committee），其全称为"下湄公河盆地协作调查委员会"（The Committee for Coordination of Investigations of the Lower Mekong Basin），或译作"湄公河下游调查协调委员会"，又称为"老湄公河委员会"。

② Kayo Onishi, "Interstate Negotiation Mechanisms for Cooperation in the Mekong river Basin", *Water International*, Vol. 32, No. 4, 2007, p. 526.

③ 参见郑先武、封顺《湄公河计划的区域合作实践与"湄公精神"》，《东南亚研究》2018年第6期；郑先武《亚远经委会区域合作实践与"亚洲方式"初创》，《世界经济与政治》2016年第12期；罗圣荣《奥巴马政府介入湄公河地区合作研究》，《东南亚研究》2013年第6期。

④ Anoulak Kittikhoun, Denise Michèle Staubli, "Water Diplomacy and Conflict Management in the Mekong: From Rivalries to Cooperation", *Journal of Hydrology*, No. 567, 2018, p. 656.

⑤ Ian C. Campbell, "Integrated Management in the Mekong River Basin", *Ecohydrology & Hydrobiology*, Vol. 16, No. 4, 2016, p. 257.

止了对湄公河委员会的直接援助。① 湄公河委员会的运作也陷入了困境。1976 年和 1977 年，湄公河委员会秘书处继续在曼谷开展日常工作，但没有举行委员会年度全权代表会议。1978 年，泰国、越南、老挝建立了"湄公河下游调查协调临时委员会"（Interim Committee for Coordination of Investigations of the Lower Mekong，简称"湄公河临时委员会"）。它于 1987 年制定了另一份指示性流域计划，其中包括 29 个拟议的水坝项目。② 直到 1991 年底，柬埔寨准备恢复湄公河委员会的成员资格，老挝、泰国、柬埔寨和越南通过"湄公河工作组"协商建立未来湄公河合作的新模式。③

（二）高速发展期：1992—2014 年

从 20 世纪 90 年代开始，社会和政治稳定使得湄公河开发的巨大潜力得到实现。④ 历史的经验告诉我们，作为世界上最不发达的区域之一，澜湄区域开发潜力的挖掘不仅需要域内国家的团结协作，也需要域外国家的援助和参与开发建设。无论是域内国家开展的合作，还是域外国家与域内国家共同参与的合作，都需要建立区域合作机制。所有的域内区域机制和外部国家主导的区域合作机制都是在这个时期建立，澜湄区域国际合作进入了一个高速发展的时期。

开启湄公河高速发展的首个国际制度是于 1992 年启动的大湄公河次区域经济合作（GMS），当时柬埔寨、老挝、缅甸和越南还不是东盟成员国。⑤ 但亚洲开发银行（简称亚开行，ADB）建立的 GMS

---

① Jeffrey W. Jacobs, "The United States and the Mekong Project", *Water Policy*, Vol. 1, No. 6, 2000, p. 591; Hidetaka Yoshimatsu, "The United States, China, and Geopolitics in the Mekong Region", *Asian Affairs: An American Review*, Vol. 42, No. 4, 2015, p. 182; 罗圣荣：《奥巴马政府介入湄公河地区合作研究》，《东南亚研究》2013 年第 6 期。

② Ian C. Campbell, "Integrated Management in the Mekong River Basin", *Ecohydrology & Hydrobiology*, Vol. 16, No. 4, 2016, p. 257.

③ Jeffrey W. Jacobs, "The United States and the Mekong Project", *Water Policy*, Vol. 1, No. 6, 2000, p. 592; Mekong River Commission, "Mekong River Commission – History", https://www.mrcmekong.org/about/mrc/history/，访问时间：2021 年 8 月 20 日。

④ Serey Sok, Sopheak Meas, Sophearin Chea, Nyda Chhinh, "Regional Cooperation and Benefit Sharing for Sustainable Water Resources Management in the Lower Mekong Basin", *Lakes & Reserv*, 2019, p. 216.

⑤ 越南于 1995 年加入东盟，老挝、缅甸 1997 年加入，柬埔寨最后一个加入东盟，时间为 1999 年。

机制包括湄公河国家五国以及中国的云南省。虽然广西壮族自治区与湄公河没有直接联系，但它与越南接壤，与中南半岛有着很强的文化和历史联系，于 2005 年加入该机制。① 该区域合作机制启动之时，澜湄区域刚刚走出长期的冲突动荡，湄公河国家彼此之间的不信任仍然很大。GMS 采取了"自下而上"的办法，强调区域基础设施发展，并与财政部和国家规划机构协调，由职能部委确定优先事项。财政支持由亚开行协调，亚开行扮演着一个秘书处的角色。② GMS 作为一个灵活的、注重成果的次区域合作机制，因促进区域合作、促进经济增长和减贫以及满足区域公共产品的需要而赢得了声誉。GMS 促进了澜湄区域的经济增长和减贫，并为更广泛地实现繁荣、一体化和和谐社会做出了贡献。在过去 20 年左右的时间里，该区域的地区生产总值平均每年增长 8% 以上，实际人均收入增长了两倍以上，贫困发生率大幅度下降，在实现联合国千年发展目标方面取得了重大进展。

1. 域外国家参与湄公河开发

澜湄区域的开发一直依赖域外国家的参与，正是域外国家发挥了重要的作用，才迎来了澜湄区域蓬勃发展。

2. 域内国家加强合作

澜湄区域国际合作的高速发展也得益于流域内国家加强了不同规模的多边合作。

（三）竞合分化期：2014 年以来

泰国早在 2012 年就提出了加强澜湄次区域合作的设想，随后中国响应泰国的倡议，在 2014 年 11 月召开的第 17 次中国—东盟领导人会议上，李克强总理正式提出澜湄合作机制。此后，分别于 2015 年 4 月和 8 月，在北京和清迈举行了两次高官会，就合作目标、原则、重点合作领域、机制建设等达成一致意见。2015 年 11 月 12 日，澜湄合作首次外长会议在云南景洪召开，标志澜湄合作机制正式成

---

① 《广西与大湄公河次区域合作取得重大成果》，中华人民共和国国务院新闻办公室网站，2012 年 3 月 21 日，http：//www.scio.gov.cn/dfbd/dfbd/Document/1126652/1126652.htm，访问时间：2021 年 8 月 20 日。

② Jean-Pierre A. Verbiest, "Regional Cooperation and Integration in the Mekong Region", *Asian Economic Policy Review*, No. 8, 2013, p. 150.

立。经过一年多的酝酿，2016年3月23日，澜湄合作首次领导人会议在海南三亚召开，标志着澜湄合作机制正式启动。① 澜湄合作机制是湄公河区域历史以来首次成立的一个不含域外国家且区域内所有国家都参与的区域合作机制，由澜沧江—湄公河6国共同主导、共同协调，② 标志着澜湄区域国际合作进入了一个新的历史阶段。

自20世纪50年代以来，澜湄区域开发就已提上议事日程，但直到2014年，所有成立的既有澜湄区域国际合作机制，要么是与澜湄区域领土不相接壤的域外大国参与其中并发挥主导作用，例如美国主导的湄公河下游倡议，日本主导的日本—湄公河合作机制，印度主导的恒河—湄公河合作机制，韩国主导的韩国—湄公河合作机制，而这些域外国家主导的合作机制都将中国排除在外，这其中既有历史原因，也有域外大国遏制中国影响力在澜湄区域继续扩大的考虑。虽然GMS包含了澜湄区域的6个成员国，但是GMS是在亚开行背景下成立的合作机制，并不是一个独立的区域机制，日本是亚开行的最大出资国，GMS受日本因素的影响较大。再反观湄公河域内国家建立的区域合作机制，成员国数量最多的当属ACMECS，包含缅甸、泰国、柬埔寨、老挝、越南5个国家，成员国数量最少的则只有由柬埔寨、老挝和越南3个国家建立的CLV，还有由泰国、柬埔寨、老挝、越南4个国家组成的MRC，总共覆盖6个国家的大湄公河次区域就成立了多个包含不同成员国的"微区域"③或者跨境区域合作机制，而澜湄合作机制第一次将所有6个国家召集起来组建了一个新的区域合作机制，这个合作机制以澜沧江—湄公河为纽带，"同饮一江水，命运紧相连"，在自然属性上具有不可分割的天然属性。相较于之前成立的众多地理上涵盖范围不完整的区域合作机制，澜湄合作机制可谓姗姗来迟。

---

① 卢光盛、段涛、金珍：《澜湄合作的方向、路径与云南的参与》，社会科学文献出版社2018年版，第3页。
② 卢光盛、段涛、金珍：《澜湄合作的方向、路径与云南的参与》，社会科学文献出版社2018年版，第11页。
③ 李峰、洪邮生将湄公河次区域六国视为一种微区域，湄公河五国更可以视作一种微区域。参见李峰、洪邮生《微区域安全及其治理的逻辑——以"一带一路"倡议下的"大湄公河微区域"安全为例》，《当代亚太》2019年第1期。

澜湄合作首次外长会议联合新闻公报明确指出,"澜湄合作将秉持开放包容精神,与 GMS、AMBDC 和 MRC 等现有次区域合作机制相互补充,协调发展,共同推进区域一体化进程"①。澜湄合作首次领导人会议确立了三大合作支柱和五个优先领域,通过了"早期收获项目联合清单",为中国与湄公河国家之间的合作奠定了基础、指明了方向。2017 年 11 月 10—14 日,习近平主席访问越南、老挝,这是党的十九大胜利闭幕后中国最高领导人首次出访,充分体现了中国对深化与湄公河国家合作、推动澜湄合作的重视。② 2017 年 12 月 13 日澜湄合作第 3 次外长会议上,外长们一致认为澜湄合作已经从培育期进入成长期,并致力于将澜湄合作打造成为南南合作和落实联合国《2030 年可持续发展议程》的示范机制。③ 2018 年 1 月 10 日在柬埔寨首都金边举行的澜湄合作第二次领导人会议上,颁布了《澜湄合作五年行动计划(2018—2022)》,探讨建立国际秘书处,以及进一步深入合作机制建设。④ 澜湄合作机制成立的时间虽短,但取得了许多重大成绩,在澜湄区域众多国际合作制度当中后来居上,日益占据举足轻重的地位。

随着澜湄区域国际合作制度的增多,国际制度重叠的问题越来越突出。在澜湄合作机制正式提出之前,日本呼吁与其他湄公河区域合作机制协调与合作,在《2012 年日本—湄公河合作东京战略》就提及湄公河区域国家和日本将以开放区域为目标,通过与湄公河下游倡议、日中湄公河区域政策对话等倡议,以及与 GMS、CLV、CLMV 和 ACMECS 等湄公河内部倡议的协调,加强与各区域框架和

---

① 《澜沧江—湄公河合作首次外长会联合新闻公报》,澜沧江—湄公河合作中国秘书处网站,2015 年 11 月 12 日,http://www.lmcchina.org/2015-11/12/content_41447215.htm,访问时间:2021 年 8 月 20 日。

② 卢光盛、段涛、金珍:《澜湄合作的方向、路径与云南的参与》,社会科学文献出版社 2018 年版,第 172 页。

③ 《澜沧江—湄公河合作第三次外长会议联合新闻公报》,澜沧江—湄公河合作中国秘书处网站,2017 年 12 月 15 日,http://www.lmcchina.org/2017-12/17/content_41447221.htm,访问时间:2021 年 8 月 20 日。

④ 《澜沧江—湄公河五年行动计划(2018—2022)》,澜沧江—湄公河合作中国秘书处网站,2018 年 1 月 11 日,http://www.lmcchina.org/2018-01/11/content_41447220.htm,访问时间:2021 年 8 月 20 日。

第 3 国的合作，努力避免援助工作重复，促进多层次合作。① 日本很快就落实了文件精神。在李克强总理 2014 年 11 月正式提出建立澜湄合作机制之后，12 月 2 日，中日之间关于湄公河区域的政策对话会又重新恢复，在北京召开了中日湄公河区域政策对话第 5 次会议。② 这次会议上，两国介绍了在 2011 年 9 月举行的上一次会议之后，两国在湄公河地区合作方面所作的努力。日本介绍了 2015 年日本—湄公河合作建设东盟共同体的最新成果，包括 2014 年 11 月举行的第 6 次湄公河—日本首脑会议成果。中方介绍了中国在大湄公河次区域经济合作计划框架下实施的具体措施，以及"丝绸之路经济带"和"21 世纪海上丝绸之路"的发展方向。双方都认可有关国家之间以及与国际机构之间的协调对于湄公河地区发展的重要性。双方同意 2015 年在日本召开中日湄公河地区政策对话第 6 次会议，并就会议的具体地点和日期进行磋商。③ 不过遗憾的是，直到 2019 年 9 月 10 日中日双方才在日本东京召开中日湄公河地区政策对话第 6 次会议，相距上一次政策对话会已经将近 4 年，说明中日在湄公河合作议题上的对话还没能形成定期化和机制化，容易受到其他事务的干扰而缺乏稳定性。

## 二 澜湄合作成立前的国际合作

澜湄合作成立前，澜湄区域出现了两类国际制度，分别是在域外大国主导下成立的国际制度和域内国家成立的国际制度。其中域外大国主导下成立的国际制度包括由亚洲开发行主导成立的大湄公河次区域经济合作机制（GMS）、由美国主导成立的湄公河下游倡议（LMI）、由日本主导成立的日本—湄公河合作（JMC）、由

---

① Ministry of Foreign Affairs of Japan, "Tokyo Strategy 2012 for Mekong – Japan Cooperation", April 21, 2012, https：//www.mofa.go.jp/region/asia – paci/mekong/summit04/joint_statement_en.html, 访问时间：2021 年 8 月 20 日。
② 中日两国于 2008 年召开第一次湄公河区域政策对话，2009—2011 年连续召开了第二次、第三次、第四次对话会，2012—2013 年对话会中断。
③ Ministry of Foreign Affairs of Japan, "The Fifth Meeting of the Japan – China Policy Dialogue on the Mekong Region", December 2, 2014, https：//www.mofa.go.jp/press/release/press4e_000540.html, 访问时间：2021 年 8 月 20 日。

印度主导成立的湄公河—恒河合作（MGC）以及由韩国主导成立的韩国—湄公河合作（KMC），域内国家成立的国际制度主要包括湄公河委员会（MRC）、柬老越发展三角区（CLV）、伊洛瓦底江—湄南河—湄公河经济合作战略组织（ACMECS）、柬老缅越合作（CLMV）等。

（一）澜湄区域国际合作的类型

1. 域内国家成立的国际制度

（1）湄公河委员会（MRC）

湄公河区域虽然有众多的国际制度，但只有一个组织拥有湄公河流域下游国家的法律授权，负责协调、规划和平衡流域的社会和环境公正发展，包括流域保护和资源保护，它就是湄公河委员会（MRC），其总部位于老挝万象，在金边、万象、曼谷、河内以及胡志明市设有四个成员国的国家协调办公室。① MRC 是唯一一个充当促进并管理湄公河共享水资源和可持续发展，同时尽可能减少对湄公河下游流域人民和环境潜在有害影响的政府间组织和区域咨询机构。MRC 框架是防止冲突、管理紧张局势以及支持最佳可持续发展的关键因素，其技术核心是提供客观的科学建议和法律依据，促进和支持通过谈判解决复杂的水和相关问题的体制和战略机制。② MRC 框架过去 20 年来已逐步建立并得到加强。③ 2001 年至 2011 年间，MRC 商定了 5 项水资源管理程序，具体如表 2-1 所示，以指导支持该议程的区域合作，其中 2001 年制定的数据信息交流和分享程序（PDIE）是自 1995 年以来 MRC 做出的第一项重大决定。

---

① Anoulak Kittikhoun, Denise Michèle Staubli, "Water Diplomacy and Conflict Management in the Mekong: From Rivalries to Cooperation", *Journal of Hydrology*, No. 567, 2018, p. 656.

② Yan Feng, Wenling Wang, Daniel Suman, Shiwei Yu, Daming He, "Water Cooperation Priorities in the Lancang – Mekong River Basin Based on Cooperative Events Since the Mekong River Commission Establishment", *Chinese Geographical Science*, Vol. 29, No. 1, 2019, p. 59.

③ Anoulak Kittikhoun, Denise Michèle Staubli, "Water Diplomacy and Conflict Management in the Mekong: From Rivalries to Cooperation", *Journal of Hydrology*, No. 567, 2018, p. 654.

表 2 - 1　　　　　　MRC 制定的 5 项管理程序

| 序号 | 管理程序 | 制定时间 |
| --- | --- | --- |
| 1 | 数据信息交流和分享程序（PDIE） | 2001 年 11 月 |
| 2 | 用水监测程序（PWUM） | 2003 年 11 月 |
| 3 | 通知、事先协商和协议程序（PNPCA） | 2003 年 11 月 |
| 4 | 干流流量维持程序（PMFM） | 2006 年 6 月 |
| 5 | 水质程序（PWQ） | 2011 年 1 月 |

资料来源：Serey Sok, Sopheak Meas, Sophearin Chea, Nyda Chhinh, "Regional Cooperation and Benefit Sharing for Sustainable Water Resources Management in the Lower Mekong Basin", *Lakes & Reserv*, 2019, p. 221.

然而，MRC 自成立起就面临许多挑战，主要包括以下几个方面：其一，中国和缅甸与 MRC 是"对话伙伴"关系，并不是它的正式成员国。其二，它主要由域外国家而不是域内国家本身提供资金。2000 年 MRC 接受的域外国家捐赠金额为 856 万美元，2012 年增加到 2336 万美元，90% 以上的资金来自外部捐助者；尽管沿岸国家的出资总额从 100 万美元增加到 2012 年的 180 万美元，但占出资总额的比例却在下降，从 2000 年的 8.23% 下降到 2012 年的 7.25%。① 此外，由于资金支持主要来自域外大国，部分域外大国常常指责 MRC 的财务管理不善。② 其三，它在很大程度上被亚开行支持的 GMS 边缘化。③ 其四，MRC 寻求成为一个独立的知识生产者和成员国之间的政治讨论论坛，但它却采取了一些不健康的做法，例如在评估结果公布之前通常要经过 MRC 成员国的政治审查。④ 其五，MRC 的致命性机

---

① Andrea K. Gerlak, Andrea Haefner, "Riparianization of the Mekong River Commission", *Water International*, Vol. 42, No. 7, 2017, p. 895.
② To Minh Thu, Le Dinh Tinh, "Vietnam and Mekong Cooperative Mechanisms", *Southeast Asian Affairs*, 2019, p. 396.
③ Carl Middleton, Jeremy Allouche, "Watershed or Powershed? Critical Hydropolitics, China and the 'Lancang - Mekong Cooperation Framework'", *The International Spectator*, Vol. 51, No. 3, 2016, pp. 100 - 117.
④ Marko Keskinen, Matti Kummu, Mira Käkönen, Olli Varis, "Mekong at the Crossroads: Next Steps for Impact Assessment of Large Dams", *AMBIO*, No. 41, 2012, pp. 319 - 324.

制弱点是缺乏政治权威,机制能力较弱,主要功能局限于收集和分享信息、协调磋商和咨询,没有权力否决和要求改变成员国的工程设计,在实施可持续合作和资源管理方面缺乏执行力,成员国对各种发展项目保持独立决策权。①

(2) 柬老越发展三角区 (CLV)

柬老越发展三角区 (CLV) 于 1999 年在老挝万象举行的第一次领导人会议上建立,启动时最初只覆盖柬老越 3 国的 10 个边境省份。2009 年又增加了 3 个省份。CLV 的工作机制包括每两年一次的领导人会议、每年一次的联合协调委员会会议以及支持联合协调委员会的高级官员会议。高级官员会议下设四个工作组或小组委员会,即经济小组委员会、社会和环境小组委员会、省协调小组委员会及安全和外交小组委员会。成员国任命一名部长担任协调委员会共同主席和成员。在 2018 年第 10 届峰会上,成员国重点讨论深化三国全面合作,建设"一体化、可持续、繁荣的 CLV 经济",这被认为是"2025 年东盟共同体愿景不可或缺的一部分"。由于东盟、亚开行和世界银行首次出席峰会,表明地区和全球机构对发展三角区的兴趣日益增强,越南在峰会上提议将 CLV 扩大到三国全境,但柬埔寨和老挝尚未对此提议作出正式回应。如果这一提议能够实现,根据越南的战略计算 CLV 将有可能成为湄公河区域一个重要的新增长中心,具有更高的战略杠杆。此外,可以加强次区域一级对外部力量的集体对冲,越南也将能够恢复其事实上的区域领导作用,加强其区域地位和影响。②

目前,CLV 面临以下挑战:其一,水—能源—粮食安全关系以及非法采伐和走私是需要整体和集体解决的关键领域,三国在湄公河水资源和相关资源管理方面的利益冲突或分歧;其二,三个国家之间的主权争端和边界紧张局势尚未解决。到目前为止,柬埔寨和老挝已经完成了 86% 的共同边界划分,14% 仍未解决,柬埔寨和越南之间 16% 的边界划分仍未解决;其三,基础设施开发方面的合作一直落

---

① 刘卿:《澜湄合作进展与未来发展方向》,《国际问题研究》2018 年第 2 期。
② Vannarith Chheang, "The Cambodia – Laos – Vietnam Development Triangle Area", *ISEAS Perspective*, No. 30, 2018, p. 2.

后于计划；其四，贸易和投资便利化政策还存在缺陷；其五，跨界犯罪猖獗；其六，边境地区存在地雷和未爆弹药。①

（3）伊洛瓦底江—湄南河—湄公河经济合作战略组织（ACMECS）

2003 年，泰国政府提出建立 ACMECS，同年老挝、缅甸和柬埔寨政府加入了该机制，一年后（即 2004 年）越南加入。ACMECS 旨在通过弥合 5 个国家之间的经济差距，促进该地区邻国之间的经济繁荣和社会可持续性发展，合作领域主要集中在以下 6 大方面：贸易和投资便利化、农业和工业合作、交通联系、旅游合作、人力资源开发及公共卫生。② ACMECS 项目的评估依据有以下五点：兼容和加强现有的双边和区域合作、基于比较优势的务实和具体成果、可实现和可接受、自愿和平等分享利益以及协商一致决策。ACMECS 在运作方面模仿了东盟的结构，大使一级的 ACMECS 工作组每两个月在曼谷举行一次会议，高级官员会议每六个月举行一次。指定每个成员国协调一个工作组：泰国（贸易和投资便利化）、缅甸（农业和工业合作）、老挝（运输联系）、柬埔寨（旅游合作）和越南（人力资源开发）。部长级会议每年举行一次，领导人会议每两年举行一次。虽然没有秘书处办公室，但曼谷是 ACMECS 活动的主要协调点，大多数会议在曼谷的大使级机构举行。③ 2003 年，泰国、缅甸、老挝、柬埔寨、越南五国在缅甸召开了第一届 ACMECS 会议，基本上形成了两年召开一次峰会的机制。到 2021 年，ACMECS 已经举行了九次峰会。

（4）柬老缅越合作（CLMV）

CLMV 成立于 2004 年，是澜湄区域内国家成立的所有国际制度当中建立时间最晚的。CLMV 峰会每两年在 CLMV 国家召开（按字母

---

① Vannarith Chheang, "The Cambodia – Laos – Vietnam Development Triangle Area", *ISEAS Perspective*, No. 30, 2018, pp. 5 – 6.

② Nucharee Supatn, "A Study on Cross – Border Trade Facilitation and Regional Development along Economic Corridors: Thailand Perspectives", in Masami Ishida, "Emerging Economic Corridors in the Mekong Region", *BRC Research Report*, No. 8, 2012, p. 232.

③ Sajin Prachason, "Ayeyawady – Chao Phraya – Mekong Economic Cooperation Strategy (ACMECS): another perspective from Thailand", in Alexander C. Chandra, Jenina Joy Chavez, *Civil Society Reflections on South East Asian Regionalism*: *ASEAN@40*, Quezon City: Southeast Asian Committee for Advocacy, 2008, pp. 5 – 6.

顺序）。2020 年召开了第 10 届 CLMV 峰会。CLMV 部长级会议先于 CLMV 领导人会议召开，如有必要，可在两次 CLMV 领导人会议间隔期间再召开一次 CLMV 部长级会议。CLMV 高级官员会议每年在 CLMV 峰会所在国举行一次，必要时可根据 CLMV 合作的进展和势头安排更多的高级官员会议。① 第一届柬老缅越经济部长会议于 2010 年 8 月 28 日在越南举行，目的是进一步加强柬老缅越国家内部的经贸关系，密切协调次区域、区域和国际论坛的活动，缩小 4 个国家与地区和世界其他国家的发展差距，加快落实 CLMV 峰会达成的协议，② 到 2021 年已经举行了 13 届经济部长会议。CLMV 是最贫穷的国家集团，需要其他东盟成员国、对话伙伴和发展伙伴的支持，但是到目前为止，在东盟合作框架内援助 CLMV 的资源甚至政治意愿均有限，迫使 CLMV 与中国、日本、美国和亚开行等对话和发展伙伴进行密切合作。③

2. 域外大国主导下成立的国际制度

（1）大湄公河次区域经济合作机制（GMS）

GMS 成立于 1992 年，在湄公河地区所有国际制度中成立时间最早。成员包括缅甸、泰国、柬埔寨、老挝、越南以及中国的云南省与广西壮族自治区。GMS 最早集中于 6 大合作领域，后来扩展到 9 大领域，分别是交通、电信、能源、人力资源、环境、贸易、投资、旅游和农业，已经形成机制化、定期化的会议制度，领导人会议每 3 年一次，部长级会议每年一次。领导人会议是 GMS 的最高论坛，审查以下三方面的内容：其一，全球趋势如何影响湄公河次区域；其二，在合作和一体化方面取得哪些进展；其三，今后几年发展的最佳战

---

① Association of Southeast Asian Nations, "Joint Statement of the Fourth Summit among Cambodia, Laos, Myanmar and Vietnam Ha Noi", https：//asean.org/joint - statement - of - the - fourth - summit - among - cambodia - laos - myanmar - and - vietnam - ha - noi/，访问时间：2021 年 8 月 20 日。

② Association of Southeast Asian Nations, "Joint Media Statement of the 1st CLMV Economic Ministers Meeting Da Nang, Viet Nam", August 28, 2010, https：//asean.org/? static_ post = joint - media - statement - of - the - 1st - clmv - economic - ministers - meeting - da - nang - viet - nam - 28 - august - 2010，访问时间：2021 年 8 月 20 日。

③ Vannarith Chheang, Yushan Wong, "Cambodia - Laos - Vietnam: Economic Reform and Regional Integration", CICP Working Paper, 2012, p. 17.

略,最终由成员国政府首脑签署联合声明。① 截至 2021 年,GMS 已经举办了 6 届领导人峰会(见表 2-2)。此外,GMS 基本上每年举办一次部长级会议,会议为项目方案提供政策指导并监督在次区域合作倡议方面取得的进展。截至 2020 年,总共举办了 24 届部长级会议。

表 2-2　　　　　　历次 GMS 领导人会议简况

| 届次 | 时间 | 地点 | 联合峰会宣言主题 |
| --- | --- | --- | --- |
| 1 | 2002 年 11 月 3—5 日 | 柬埔寨金边 | 实现目标:大湄公河次区域合作促进增长、公平和繁荣的共同战略。会议批准了《GMS 2002—2012 年合作战略框架》 |
| 2 | 2005 年 7 月 4—5 日 | 中国昆明 | 会议主题是"加强伙伴关系,共同繁荣伙伴关系" |
| 3 | 2008 年 3 月 30—31 日 | 老挝万象 | 会议主题是"加强联系性,提升竞争力",通过了《次区域发展十年战略框架》 |
| 4 | 2011 年 12 月 19—20 日 | 缅甸内比都 | 会议主题是"面向新十年的大湄公河次区战略发展伙伴关系",通过了《GMS 2012—2022 年合作战略框架》 |
| 5 | 2014 年 12 月 19—20 日 | 泰国曼谷 | 会议主题是"致力于实现大湄公河次区域包容、可持续发展",通过了《GMS 区域投资框架合作项目规划执行计划(2014—2018 年)》 |
| 6 | 2018 年 3 月 29—31 日 | 越南河内 | 会议主题是"发挥 25 年合作成效,建设可持续、一体化和繁荣的 GMS",通过了《河内行动计划(2018—2022)》和《区域投资框架 2022》等文件 |

资料来源:笔者根据相关新闻网站整理而成。

虽然 GMS 是"迄今为止澜湄区域收效成果最为显著、最具影响力的次区域合作组织",在湄公河流域国家具有较高的认可度与影响力,然而 GMS 也存在一些缺点和局限:其一,GMS 偏重经济导向,是指导湄公河区域经济发展的主要框架,尤其侧重基础设施建设和水

---

① Greater Mekong Subregion Secretariat, "GMS Summit of Leaders", https://www.greatermekong.org/greater-mekong-subregion-summits, 访问时间:2021 年 8 月 20 日。

力发电，但缺乏对水资源问题的具体关注，缺乏严格的跨境水资源管理的环境标准，未能解决流域内基础设施快速发展和森林砍伐造成的日益严重的利益冲突；其二，GMS忽略了公民社会的作用，运行过程几乎没有公众参与；其三，多边协调困难造成的效率低下与资源浪费；其四，GMS的预算目前约70亿美元，高度依赖亚开行和其他域外国家，而不是成员国；其五，GMS受亚开行最大股权国日本决策取向，对合作领域与合作项目造成重大影响。①

（2）湄公河下游倡议（LMI）

湄公河下游倡议（LMI）建立于2009年。2009年7月，时任美国国务卿希拉里·克林顿（Hillary Clinton）前往泰国普吉岛参加东盟外长扩大会议时与泰国、老挝、柬埔寨、越南4国外长举行会议，建立了LMI，双方的合作主要集中在环境、卫生、教育和基础设施4大领域。LMI的建立标志着美国重返湄公河区域。2012年，美国吸纳缅甸正式加入《湄公河下游倡议》，进一步扩展湄公河下游倡议的合作领域，增加了农业与粮食安全的合作内容。随着美湄合作的深入，湄公河下游倡议的合作内容进一步扩展，又增加了能源安全议题，最后形成了湄公河下游倡议的6大支柱，分别是农业与粮食安全、基础设施、教育、能源安全、环境和水资源及卫生。② 2018年美国将湄公河下游倡议6大支柱调整为"水资源、能源、粮食和环境关系"及"人类发展与互联互通"两个包容性支柱。③ LMI最高级别的会议机制是部长级会议，目前已经举行了12届部长级会议。继湄公河下游倡议发起两年之后，美国又发起了包括日本、韩国、澳大利亚、新西兰、欧盟、亚开行、世界银行以及美国与湄公河五国共同组成的

---

① 参见 Jessica M. Williams, "Is Three a Crowd? River Basin Institutions and the Governance of the Mekong River", *International Journal of Water Resources Development*, Vol. 37, No. 4, 2021, pp. 720 – 740; Richard Grünwald, "Lancang – Mekong Cooperation: Present and Future of the Mekong River Basin", *Politické vedy*, Vol. 23, No. 2, 2020, pp. 75 – 76; 卢光盛、段涛、金珍：《澜湄合作的方向、路径与云南的参与》，社会科学文献出版社2018年版，第38页。

② U. S. Department of State, "Lower Mekong Initiative Promotes Sustainable Development", August 5, 2015, https: //2009 – 2017. state. gov/r/pa/prs/ps/2015/08/245748. htm, 访问时间：2021年8月20日。

③ 张励：《美国"湄公河手牌"几时休》，《世界知识》2019年第17期。

"湄公河下游之友"（Friends of the Lower Mekong），每年召开一次部长级会议，以制度化的形式固定下来，成为湄公河下游倡议的最大辅助性机制，旨在改善捐助者在规划和发展援助方面的协调，并为湄公河区域关键政策的优先事项提供对话平台。① 虽然美国凭借 LMI 高调重返湄公河区域，但因其投入的资金平均每年只有 2 亿美元，并未打算成为区域合作的另一个框架，② LMI 被指象征性意义比较大，缺乏实质性投入。2020 年 9 月 11 日，美国与湄公河五国成立了湄公河—美国伙伴关系，召开了第一届部长级会议，颁布了《湄公河—美国伙伴关系部长级联合声明》，正式升级 LMI。时任美国副国务卿斯蒂芬·比根（Stephen Biegun）宣布，美国计划提供超过 1.5 亿美元额外资源投入新的合作机制，其中 5200 万美元用于支持抗击新冠肺炎疫情，5500 万美元用于打击跨国犯罪，3300 万美元用于开发能源市场，200 万美元用于打击人口贩运。③ 新的区域合作机制扩大了原来湄公河下游倡议的合作范围，主要围绕四大类别：经济互联互通、可持续的水资源、自然资源管理和环境保护、非传统安全问题和人力资源开发，包含了湄公河下游倡议所囊括的所有优先事项，并且增加了更多的新内容。这些合作内容并不是固定不变的，随着区域环境、湄公河国家的需求和美国的投入变化，美湄合作机制可能涉及更多的领域。④

（3）日本—湄公河合作（JMC）

日本是向湄公河国家提供政府发展援助、投资和技术合作最多的

---

① U. S. Department of State, "Lower Mekong Initiative FAQ's", https：//2009 - 2017. state. gov/p/eap/mekong/faq/index. htm，访问时间：2021 年 8 月 20 日。

② Richard P. Cronin, "Hydropower Dams on the Mekong: Old Dreams, New Dangers", *Asia Policy*, Vol. 16, No. 1, 2013, p. 36.

③ U. S. Mission to ASEAN, "Deputy Secretary Biegun's Participation in the First U. S. - Mekong Partnership Ministerial Meeting to Launch the Mekong - U. S. Partnership", September 14, 2020, https：//asean. usmission. gov/deputy - secretary - bieguns - participation - in - the - first - u - s - mekong - partnership - ministerial - meeting - to - launch - the - mekong - u - s - partnership/，访问时间：2021 年 8 月 20 日。

④ U. S. Department of State, "Mekong - U. S. Partnership Joint Ministerial Statement", September 15, 2020, https：//2017 - 2021. state. gov/mekong - u - s - partnership - joint - ministerial - statement/index. html，访问时间：2021 年 8 月 20 日。

国家。① 成立于 1992 年的 GMS 不仅是湄公河地区历时最为长久的主要国际制度，而且"一度成功崛起为中南半岛最具成效的国际制度"。GMS 的开发主体是亚开行，而日本是亚开行的最大出资国，因此 GMS 实际上由日本主导。② 日本与湄公河国家建立起的正式区域制度起始于 2008 年，这一年日本与湄公河五国举行首次外长会议，2009 年召开首届"日湄峰会"，日湄合作自此走向机制化进程，③ 日本—湄公河合作每年举办一次部长级会议（包括外长会议和经济部长会议），每年举办一次峰会，每 3 年在日本举行一次峰会，每年举办一次高级官员会议，为领导人会议和外长会议做后续准备。④ 湄公河—日本外长会议从 2008 年到 2019 年共举办了 13 届，领导人会议从 2009 年到 2020 年共举行了 12 次会议，中间从未中断，这意味着在 GMS 机制以外，又出现了一个新的对湄公河区域合作产生重要影响的领导人会议机制。⑤

2009 年召开的日湄合作第一届领导人会议通过了《东京宣言》，提出日本在 3 年内提供 5000 亿日元援助以及 63 项行动计划。⑥ 此后，从 2012 年第 4 届日湄峰会开始，每 3 年日湄峰会就会提出一个为期 3 年的湄公河—日本合作战略。2012 年第 4 届日湄峰会通过了《2012 年湄公河—日本合作东京战略》。2015 年第 7 届峰会通过了《2015 年湄公河—日本合作新东京战略》。2018 年第 10 届峰会通过了《2018 年湄公河—日本合作东京战略》，同时还通过了"湄公河—

---

① 毕世鸿等：《区域外大国参与湄公河地区合作策略的调整》，中国社会科学出版社 2019 年版，第 95—96 页。
② 罗仪馥：《从大湄公河机制到澜湄合作：中南半岛上的国际制度竞争》，《外交评论》2018 年第 6 期。
③ 常思纯：《日本为何积极介入湄公河地区》，《世界知识》2018 年第 21 期。
④ Ministry of Foreign Affairs of Japan, "Tokyo Declaration of the First Meeting between the Heads of the Governments of Japan and the Mekong region countries－－Establishment of a New Partnership for the Common Flourishing Future", November 7, 2009, https：//www. mofa. go. jp/region/asia－paci/mekong/ summit0911/declaration. html, 访问时间：2021 年 8 月 20 日。
⑤ 毕世鸿等：《区域外大国参与湄公河地区合作策略的调整》，中国社会科学出版社 2019 年版，第 84 页。
⑥ 《日拟与湄公河 5 国制定新行动计划 意在遏制中国影响力》，环球网，2012 年 4 月 19 日，https：//world. huanqiu. com/article/9CaKrnJv81j，访问时间：2021 年 8 月 20 日。

日本合作项目促进可持续发展目标"、"湄公河—日本合作项目与日本实现印度—太平洋自由开放政策的协同作用"和"日本与 AC-MECS 总体规划有关的正在进行或可能的合作项目"。这些文件为日本—湄公河合作确定了方向，在资金方面做出了更高的承诺，并制定了更深入的合作议程。2018 年甚至被认为是湄公河—日本合作进入了一个新阶段的具有里程碑意义的关键时点。①

为体现日本在援助湄公河国家中所发挥的主导作用和进一步增强在湄公河区域的影响力，日本经济产业省单独建立了一个针对柬老缅越 4 国的援助机制，目的在于加强对次区域东西走廊和南部走廊建设的支持，构筑以泰国和越南为中心的两大经济圈。② 日本外务省还对柬老越三国给予特别关注，召开日本—CLV 外长会议和领导人会议，并达成了一系列协议。③

（4）湄公河—恒河合作（MGC）

MGC 成立于 2000 年，其成员国包括印度、泰国、越南、老挝、柬埔寨和缅甸。该合作机制的概念由泰国当时的外交部长素林（Surin Pitsuwan）首先提出。④ 2000 年 11 月 9—13 日第一次 MGC 部长级会议在万象举行，会议通过了《关于 MGC 的万象宣言》，以扩大旅游、文化、教育、交通等领域的团结、和谐与合作为主旨，促进湄公河地区各国社会经济的快速发展。双方同意举行年度部长级会议，与"东盟部长级会议"和定期"高级官员会议"背靠背举行。2001 年 7 月 28 日在河内举行了第 2 次 MGC 部长级会议，通过了《河内行动纲领》。2003 年 6 月 20 日在金边举行了 MGC 第 3 次部长级会议，为 MGC 倡议提供了额外的政治动力，通过了金边路线图。2007 年 1 月 12 日举行了 MGC 的第 4 次部长级会议。MGC 第 5 次部

---

① To Minh Thu, Le Dinh Tinh, "Vietnam and Mekong Cooperative Mechanisms", *Southeast Asian Affairs*, 2019, p. 400.

② 毕世鸿：《试析冷战后日本的大湄公河次区域政策及其影响》，《外交评论》2009 年第 6 期。

③ 毕世鸿等：《区域外大国参与湄公河地区合作策略的调整》，中国社会科学出版社 2019 年版，第 88—90 页。

④ Pardeep Kumar, "Bimstec, Mekong Ganga and ASEAN", *Journal of Global Research & Analysis*, Vol. 4, No. 1, 2015, p. 205.

长级会议于 2007 年 8 月 1 日在菲律宾马尼拉举行。此后，第 6 次 MGC 部长级会议一直拖到 2012 年 9 月 3-4 日在新德里召开。第 7 次 MGC 部长级会议于 2016 年 7 月 24 日在万象举行。① 2019 年 8 月 1 日通过《2019—2022 年 MGC 行动计划》，列出了进一步深化和加强合作的 11 个优先领域：文化合作、旅游业、教育、公共卫生和传统医药、农业及相关部门、水资源管理、科学技术、交通和通信、中小微企业、技能发展和能力建设，以及速效项目计划。② 总体而言，MGC 是湄公河地区所有域内域外制度当中最不稳定的，2000 年至 2003 年保持每年召开一次部长级会议，直到 2007 年召开第 4 次、第 5 次部长级会议，之后又过了约 5 年时间于 2012 年才召开第 6 次部长级会议，2016 年召开了第 7 次会议。虽然 MGC 成立的时间较早，但是发展缓慢，已经被后来的区域制度迎头赶上。一定程度上，MGC 不是一个真正的"组织"，而是一个合作的论坛，它只在最基本的层面上代表着区域合作，成立 16 年后的"成果"只有 7 次断断续续的部长级会议，没有其他实际成果。时任缅甸外交部长吴年温（U Nyan Win）在 2007 年就指出，MGC 进展仍然非常缓慢。③ 而且 MGC 的影响更多地体现在双边关系而不是多边倡议中。尽管 MGC 缺乏实质性，但印度在湄公河国家的软实力领域产生了重要的收益。印度与越南广泛的信息技术合作，赢得了越南对印度申请联合国安理会常任理事国席位的支持，也许这就是印度外交事务国务部长阿哈麦（E. Ahamed）将 MGC 列为印度东向政策支柱的重要原因。④

（5）韩国—湄公河合作（KMC）

2011 年 10 月，韩国和湄公河流域国家联合发表《汉江宣言》，

---

① The Ministry of External Affairs, Government of India, "About Mekong–Ganga Cooperation (MGC)", http://mea.gov.in/aseanindia/about-mgc.htm, 访问时间：2021 年 8 月 20 日。

② Ministry of External Affairs, Government of India, "Mekong Ganga Cooperation (MGC) Plan of Action (2019-2022)", August 2, 2019, https://mea.gov.in/bilateral-documents.htm?dtl/31712/Mekong_Ganga_Cooperation_MGC_Plan_of_Action_20192022, 访问时间：2021 年 8 月 20 日。

③ Arndt Michael, "Competing Regionalism in South Asia and Neighbouring Regions under Narendra Modi: New Leadership, Old Problems", *Stosunki Międzynarodowe*, No. 4, 2015, p. 194.

④ Pardeep Kumar, "Bimstec, Mekong Ganga and ASEAN", *Journal of Global Research & Analysis*, Vol. 4, No. 1, 2015, p. 207.

正式建立韩国—湄公河合作机制（KMC）。该机制的优先领域和主要目标是：其一，通过基础设施和信息通信技术，实现东盟互联互通；其二，通过绿色增长和水资源管理，实现可持续发展；其三，通过农业和农村发展以及人力资源开发，实现以人为本的发展。① 2014 年 7 月 29 日，湄公河国家和韩国在首尔举行第 4 次湄公河—韩国外长会议，通过了《湄公河—韩国行动计划（2014—2017 年）》，确定了 6 个优先合作领域，即基础设施、信息技术、绿色增长、水资源开发、农业和农村发展以及人力资源开发，通过湄公河国家和韩国未来三年开展的具体活动/方案，实现《汉江宣言》中提出的建立湄公河—韩国共同繁荣全面伙伴关系的愿景和目标。②《湄公河—韩国行动计划（2017—2020 年）》提出了伙伴关系的三点愿景，仍然集中在互联互通、可持续发展和以人为本的发展。2019 年，KMC 部长级会议升级为峰会，第一届湄公河—韩国峰会于 2019 年 11 月 27 日在韩国釜山召开，会议回顾了自 2011 年 KMC 启动以来在各领域取得的成就，以及与会国为推进湄公河—韩国伙伴关系所作的双边和多边努力；湄公河国家和韩国承诺将深化湄公河—韩国关系置于更高优先地位；确认《湄公河—韩国行动计划（2014—2017 年）》和《湄公河—韩国行动计划（2017—2020 年）》是落实 2011 年《汉江宣言》的积极成果；继续以人民、繁荣与和平为三大支柱，并确定了七个新的优先领域，即文化和旅游、人力资源开发、农业和农村发展、基础设施、信息和通信技术、环境以及非传统安全挑战。③

综上所述，表 2-3 从建立时间、包含成员、关注领域及会议机制四个方面将湄公河国家自行成立的国际制度和域外国家主导成立的

---

① Ministry of Foreign Affairs, Republic of Korea, "Han-River Declaration of Establishing the Mekong-ROK Comprehensive Partnership for Mutual Prosperity", http://www.mofa.go.kr/eng/brd/m_5467/view.do?seq=341589.

② "Mekong-Republic of Korea Plan of Action (2014-2017)", https://cambodiancorner.files.wordpress.com/2019/12/mekong-rok_action_plan-2014-2017.pdf, 访问时间：2021 年 8 月 20 日。

③ Yonhap News Agency, "Mekong-Han River Declaration for Establishing Partnership for People, Prosperity and Peace", November 27, 2019, https://en.yna.co.kr/view/AEN20191127004200315, 访问时间：2021 年 8 月 20 日。

国际制度简要对比。

(二) 澜湄区域国际合作的成效

1. 经济整合面临困境

澜湄区域作为世界上最欠发达的区域之一，其首要任务是实现经济发展，缩小与东盟海洋成员国的差距。域外国家主导的国际制度和域内国家建立的国际制度虽然所关注的合作领域有着高度重叠之处，但实现澜湄区域发展却是所有域外域内国际制度的共同目标。然而，域外国家各自为政，与湄公河国家建立区域合作机制，现有的合作机制碎片化、缺乏整体性。澜沧江—湄公河生态系统复杂，不同地域有不同的问题，这些碎片化的制度相互制约，增加了流域治理的制度成本。域外国家从自身的经济和政治利益出发，参与和建设澜湄区域，彼此之间的协调和整合极度缺乏。因此，虽然促进澜湄区域的整体发展是域外国家的共同目标，但是在各自的动机背景下，域外国家之间却很难有真正的协调，而湄公河国家由于深度依赖域外国家的援助和参与，并不积极主动撮合域外国家的相互协调。湄公河国家与东盟一样，担心域外大国的充分、自主协调，将有损湄公河国家或者东盟的中心地位，或者减少湄公河国家从域外大国所获得的援助和开发投入。即使以域外大国资源重复投入和浪费为代价，也不促成域外大国间的合作。正是域外大国的竞争意识，与湄公河国家利用大国竞争的心态，使得澜湄区域的经济整合面临困境。域外国家优先考虑的偏好和目标存在差异，加上缺乏总体指导方针和协调，导致了相关国家之间的竞争，限制了合作的深度。①

"澜湄区域内大国博弈日益加剧，区域内国际制度竞争愈加激烈"，② 参与区域建设大国无法根据效用最大化原则行事，在某些本可以进行优势互补、共同合作的领域，大国提出各自的方案，造成资源重复投入和浪费。美国牵头组建了参与主体更为广泛的"湄公河

---

① Yan Feng, Wenling Wang, Daniel Suman, Shiwei Yu, Daming He, "Water Cooperation Priorities in the Lancang – Mekong River Basin Based on Cooperative Events Since the Mekong River Commission Establishment", *Chinese Geographical Science*, Vol. 29, No. 1, 2019, p. 66.

② 卢光盛、王子奇：《百年变局下的澜湄合作进程与中国角色》，《当代世界》2019年第11期。

下游之友",① 把日本、韩国、澳大利亚以及欧盟、世界银行等国际组织纳入其中,但域外国家与澜湄区域的合作机制仍然独立存在,相互之间未能得到有效整合。澜湄区域议题基本成型,但澜湄区域治理处于一种"无政府"状态,建立的区域制度越多,双边化问题越严重,重复投入和资源浪费的问题恐怕也越难以避免。域外国家在澜湄区域的竞争,使得其与湄公河国家的发展合作效益受到限制。例如,近年来,中印日都加大了在澜湄区域的基础设施投资,积极参与并提出了各自的经济走廊建设方案,在澜湄区域呈现出南北和东西走向的纵横交错、交叉重叠的经济走廊。中国与湄公河国家合作建设的"南北向"经济走廊和印日与湄公河国家合作建设的"东西向"经济走廊呈现出相互竞争态势。② 然而,大国间的相互竞争忽略了相互合作才能达到更好的资源整合以及更高的经济效益。③

域内国家建立的国际制度的碎片化程度,与域外国家所主导的国际制度相比,有过之而无不及。从 MRC 到 CLV,再到 ACMECS 以及 CLMV,只有 5 个国家的湄公河区域成立了 4 个区域制度,每个区域制度包含的成员国数量从 3 个到 5 个不等,但都无法形成有效整合。例如,ACMECS 和 CLMV 成立时间相近,成员国高度重叠,背对背召开峰会,越南提议将这两个机构整合为一个机制,但成员国之间尚未达成共识。缺乏领导与财政资源、主权争端悬而未决、一定程度的政治信任赤字、历史记忆和民族主义以及相对薄弱的软硬件基础设施成为两个机制整合的主要障碍因素。泰国和越南由于经济规模和实力较强,本应在这项努力中发挥共同领导作用,但却因为争夺地区影响力而影响了进一步的区域融合和机制融合。④

---

① 湄公河—美国合作伙伴关系取代湄公河下游倡议后,将"湄公河下游之友"更名为"湄公河之友"。
② 卢光盛、别梦婕:《"南北"还是"东西"?——湄公河地区跨国经济走廊的竞争与协调》,《国际论坛》2020 年第 6 期。
③ 毕世鸿等:《区域外大国参与湄公河地区合作策略的调整》,中国社会科学出版社 2019 年版,第 290 页。
④ Chheang Vannarith, "ACMECS and CLMV Need Reforms", Khmer Times, June 13, 2018, https://www.khmertimeskh.com/500143/acmecs-and-clmv-need-reforms/, 访问时间:2021 年 8 月 20 日。

表2-3　湄公河区域主要国际制度概览

| 国际制度 | 成立时间 | 包含成员 | 关注领域 | 会议机制 | 备注 |
| --- | --- | --- | --- | --- | --- |
| 湄公河委员会（MRC） | 1995 | 柬埔寨、老挝、越南、泰国 | 六大领域：农业和灌溉、气候变化、渔业、水旱、航行、水电 | 峰会<br>理事会<br>联合委员会 | |
| 柬老越发展三角区（CLV） | 1999 | 柬埔寨、老挝、越南 | 互联互通（机制、基础设施、人员） | 峰会<br>联合协调委员会会议<br>高级官员会议 | |
| 伊洛瓦底江—湄南河—湄公河经济合作战略组织（ACMECS） | 2003 | 柬埔寨、老挝、缅甸、越南、泰国 | 六大领域：贸易和投资便利化、农业和工业合作、交通联系、旅游合作、人力资源开发、公共卫生 | 峰会<br>部长级会议<br>高级官员会议<br>工作组会议 | 域内国家成立的国际制度 |
| 柬老缅越合作（CLMV） | 2004 | 柬埔寨、老挝、缅甸、越南 | 五大领域：运输、贸易与投资便利化、产业、旅游、人力资源开发 | 峰会<br>部长级会议<br>高级官员会议 | |
| 大湄公河次区域经济合作机制（GMS） | 1992 | 湄公河5国、中国（云南和广西） | 九大领域：交通、电信、能源、人力资源、环境、贸易、投资、旅游、农业 | 峰会<br>部长级会议<br>经济走廊论坛<br>工作组会议 | 域外国家主导的国际制度 |

续表

| 国际制度 | 成立时间 | 包含成员 | 关注领域 | 会议机制 | 备注 |
|---|---|---|---|---|---|
| 湄公河下游倡议（LMI） | 2009 | 湄公河5国、美国 | 六大支柱领域：环境和水资源、卫生、教育和基础设施、农业与粮食安全、能源安全 | 部长级会议 高级官员会议 工作组会议 | |
| 日本—湄公河合作（JMC） | 2009 | 湄公河5国、日本 | 十大领域：软硬基础设施进一步开放、促进公私合作、支持制定跨区域经济规则和制度、气候变化（绿色湄公河）、克服脆弱性、环境与灾害稳定、促进地区国家的官方发展援助政策、加强人文交流、促进旅游业以及保护文化遗产等 | 峰会 部长级会议（外长会议、经济部长会议） 高级官员会议 工作组会议 | 域外国家主导的国际制度 |
| 湄公河—恒河合作（MGC） | 2000 | 湄公河5国、印度 | 四大领域：旅游、文化、教育、交通通信 | 部长级会议 高级官员会议 | |
| 韩国—湄公河合作（KMC） | 2011 | 湄公河5国、韩国 | 三大支柱：人民、繁荣与和平；七大优先领域：文化和旅游、人力资源开发、农业和农村发展、基础设施、信息和通信技术、环境、非传统安全挑战 | 峰会 外长会议 高级官员会议 | |

资料来源：笔者根据相关资料整理绘制。

2. 政治和安全成本日益增大

澜湄区域国际制度相继成立，该区域进入高速发展时期，但同时也带来了一些严峻的负面影响。合作机制之间的重叠增加了交易成本乃至机会成本。区域外大国对澜湄区域经济合作进程领导权的争夺，增加了政治谈判的成本。①

3. 机制建设普遍不完善

虽然湄公河地区的国际制度林立，但是几乎所有的区域机制建设都不完善。从形态上看，域外大国与湄公河国家所组建的国际区域制度形成了一套轴辐体系。湄公河国家是轮轴，域外国家是轮辐。包含湄公河国家与域外国家的国际区域制度都是域外国家提议建立的，并且由域外国家设置合作内容、推动合作进程、提供资金支持，湄公河国家主要是配合与跟进，处于被动的位置。因此，虽然湄公河国家在地理表面上处于中心位置，但并不是真正的"动力源"。湄公河区域多边机制地理上的中心和动力上的中心是背离的。②从单个国际制度而言，不同区域机制建设程度参差不齐，相比较而言，GMS 建立的时间最长，在机制建设和合作成效方面的作用最为明显，但仍然存在不足之处，而"日湄、美湄、韩湄和印湄之间的合作基础和机制化程度基本呈梯次下降趋势"。③

4. 各机制之间彼此牵制

由于各大国在地区的战略利益大相径庭，各种合作机制和合作项目多轮驱动、难以协调，导致在推进合作的过程中出现"机制拥堵"现象，甚至发生战略碰撞。大国博弈给地区形势和国际关系带来新的不确定因素，势必加剧湄公河地区合作的复杂性，进而影响湄公河地区合作的整体进程。④ 湄公河区域只是一个"微区域"，只包含五个

---

① 毕世鸿等：《区域外大国参与湄公河地区合作策略的调整》，中国社会科学出版社 2019 年版，第 291 页。

② 卢光盛、段涛、金珍：《澜湄合作的方向、路径与云南的参与》，社会科学文献出版社 2018 年版，第 151 页。

③ 卢光盛、段涛、金珍：《澜湄合作的方向、路径与云南的参与》，社会科学文献出版社 2018 年版，第 151 页。

④ 毕世鸿等：《区域外大国参与湄公河地区合作策略的调整》，中国社会科学出版社 2019 年版，第 291 页。

国家，但是域外国家纷纷在该区域主导建立国际制度，域内国家也形成多个国际制度，域内外多种形式的合作机制并存的复杂状况在当代世界的次区域合作中是很少见的。① 这也表明域外国家都希望建立独立的国际制度，而不希望在原来的区域制度的基础上进行扩容和整合，反映了域外国家之间存在分歧，其所建立的国际制度彼此之间必然存在相互牵制的情况。

不过，值得一提的是，各个国际制度都重视东盟的作用，湄公河五国本身就是东盟的成员国，在东盟中心地位背景下成立的国际制度并不违背东盟一体化的目标。无论是域内国家自行建立的国际制度还是域外国家主导的国际制度都强调东盟的中心地位，邀请东盟列席最高级别的会议，颁布的战略文件或者行动计划也与东盟规划的愿景相对接。然而，即便如此，这并不足以能够解决域外域内的国际制度彼此分歧和牵制的难题，还需要更有力、更深层次的解决办法。

### 三　澜湄合作的提出与成立

澜湄合作成立以前，澜湄区域国际制度主要呈现出"外力驱动"的特性。2008 年国际金融危机之后，虽然中国的综合实力和国际地位不断提升，却一直未能在澜湄区域合作中有效发挥地区大国应有的作用。地区深度合作的大趋势和澜湄区域经济合作的现实困境，催生了一个由中国发挥引领作用的、覆盖湄公河流域全体成员国的新制度。② 中国引领推进澜湄合作的创立与发展进程，体现了其自身在该区域对引领地位的追求。③

#### （一）澜湄合作的提出背景

1. 澜湄区域国际合作的发展面临瓶颈

澜湄区域众多国际制度的建立和发展，既促进了东盟一体化水

---

① 毕世鸿等：《区域外大国参与湄公河地区合作策略的调整》，中国社会科学出版社 2019 年版，第 287 页。
② 卢光盛、金珍：《超越拥堵：澜湄合作机制的发展路径探析》，《世界经济与政治》2020 年第 7 期。
③ 李巍、罗仪馥：《中国周边外交中的澜湄合作机制分析》，《现代国际关系》2019 年第 5 期。

平，也缩小了湄公河国家与东盟其他成员国的差距，澜湄区域国际合作取得了相当的成效。然而，目前澜湄区域的国际制度仍不能满足澜湄区域发展的需要，澜湄区域合作发展面临以下困境。

（1）缺乏覆盖湄公河全流域的国际合作机制

澜湄区域的开发是一项庞大而复杂的事业，包括收集数据和信息、技术调查、社会经济研究、规划和资金投入，这些都需要所有沿岸国家的合作与协调，也需要外部组织和国家的技术和财政援助。① 澜湄合作机制成立前，澜湄区域成立的所有国际制度没有一个能够涵盖该区域的所有国家，GMS 虽然包括了澜沧江—湄公河流域的 6 个国家，但 GMS 是由亚开行主导发起的合作机制，是国际组织下属的一个典型的合作项目，其本身并不是一个大湄公河次区域六国独立组建的国际制度，对外部的资金依赖强烈，遵循亚开行的运行规则，受到外部行为体干预较多。同时，澜沧江—湄公河流域的 6 个国家只是亚开行实施 GMS 的针对对象，六国本身并不是 GMS 具体的施动者。其他域外国家主导建立的国际制度都是域外国家与湄公河五国成立的国际制度。而域内国家成立的国际制度也局限于湄公河流域下游，处于湄公河上游的中国并未加入。然而，没有中国参与的湄公河区域机制就不是一个完整的、全覆盖的流域机制，在经济、环境、非传统安全等众多领域无法发挥最大的效果。不是湄公河流域国家所组建的国际制度也难从真正意义上做到从区域一体化的立场出发，促进大湄公河次区域的整体发展。

澜湄合作机制成员国由沿岸国组成，专门为湄公河次区域设计，而非域外国家主导。② 域外国家所建立的国际制度把中国排除在外，但中国是湄公河流域的上游国家，在地理上是无法割裂的，中国与湄公河国家"一江连六国，命运紧相连"，具有天然的纽带联系，澜湄区域发展急迫需要一个覆盖全流域的、中国参与并发挥主导作用的合作机制，中国在澜湄区域的合作地位与角色是任何其他域内域外国家

---

① Tuyet L. Cosslett, Patrick D. Cosslett, *Water Resources and Food Security in the Vietnam Mekong Delta*, New York: Springer, 2014, p. 97.

② Richard Grünwald, "Lancang – Mekong Cooperation: Present and Future of the Mekong River Basin", *Politické Vedy*, Vol. 23, No. 2, 2020, p. 82.

所无法取代的。域外国家主导建立和设计的国际制度对澜湄区域的发展影响主要是单向的，而澜湄合作机制产生的效果将是双向的，对中国和湄公河国家都会产生彼此关联的互动影响。

（2）资金供应不足

湄公河国家经济基础薄弱，内生动力不足，普遍缺乏资金，深度依赖外部投资和援助。[①] 域外国家对湄公河国家的援助力度参差不齐，日本的援助力度最大，其他域外国家的援助有限。但澜湄区域的开发与发展需要大量的资金投入，湄公河国家缺乏足够的能力实现自身"造血"，期待域外国家"输血"，资金缺乏仍然困扰着澜湄区域的发展合作，同时由于域外大国的投资和官方发展援助往往受这些国家利益的驱动，导致一些项目难以有效实施或持续开展。[②] 一些国际机制强烈依靠外部捐助者，但域外国家的捐助根据国际机制的运行情况决定捐助的力度。例如，由于捐助行为体对MRC的运行效果不满意，捐助方减少了对MRC的资助，2016—2020年MRC的预算削减了50%以上。[③] 随着中国的综合实力和国际地位的快速发展，湄公河国家希望搭中国发展的便车推动本国经济的发展。[④]

（3）西方发展方式的局限性

美日等域外国家建立湄公河国际制度时民主、人权，按照自身的规范塑造和主导国际制度、设置议程。如日湄合作的重点是政府发展援助以及"价值观外交"，美湄合作的重点是在"民主改造"和"重返亚太战略前沿"的"大帽子"下，开展具体的功能性合

---

[①] 卢光盛、别梦婕：《"南北"还是"东西"？——湄公河地区跨国经济走廊的竞争与协调》，《国际论坛》2020年第6期。

[②] 毕世鸿等：《区域外大国参与湄公河地区合作策略的调整》，中国社会科学出版社2019年版，第293页。

[③] Carl Middleton, Jeremy Allouche, "Watershed or powershed? Critical hydropolitics, China and the 'Lancang – Mekong cooperation framework'", *International Spectator*, Vol. 51, No. 3, 2016, p. 113.

[④] 卢光盛、段涛、金珍：《澜湄合作的方向、路径与云南的参与》，社会科学文献出版社2018年版，第12页。

作。① 而中国模式以"政府主导,多行为体参与;发展导向,全方位合作;软法律为主,多制度运行;主权平等,尊重多样性"为现实特征,不干预其他国家内政,提供灵活的制度安排,"通过提供更多的公共产品和推进议程设置及规范建设发挥'领导'作用",但不可能凭借权力优势乃至运用强制手段取得支配地位。② 再加上中华文明源远流长,从未间断,长期以来对周边国家的辐射和影响深远。虽然中国曾因为未能及时跟上近代化进程而落后挨打,③ 但是随着中国崛起和民族复兴,相比其他域外国家,中国现代化建设进程的制度、理念和经验对湄公河国家的现代化发展具有更重要的借鉴意义。

2. 湄公河国家对区域公共物品的需求

在澜湄区域国际制度竞争异常激烈的背景下,湄公河国家选择积极参与由中国倡议的澜湄合作,说明各国对该机制框架下的公共物品存在特殊需求。④ 澜湄合作是中国在澜湄区域提供的一种"软硬兼顾"的区域公共产品,⑤ 与美日欧主导的合作机制相比,澜湄合作机制具有更明显的区域性公共产品优势。⑥ 具体而言,湄公河国家最迫切的区域公共物品需求主要表现在以下几个方面。

一是基础设施建设。澜湄区域拥有丰富的资源,工业化初期带来的发展空间大,被预测为东盟中经济增长较快的国家。⑦ 但该区域国家的经济基础较弱,基础设施建设滞后,最主要体现在:没有覆盖全区的电网;公路网容量有限、维护不足;国际或国内桥梁稀缺;渡轮

---

① 卢光盛、段涛、金珍:《澜湄合作的方向、路径与云南的参与》,社会科学文献出版社 2018 年版,第 151 页。
② 郑先武:《区域间主义治理模式》,社会科学文献出版社 2014 年版,第 433—447 页。
③ 蒋廷黻:《中国近代史》,武汉出版社 2012 年版,第 2—3 页。
④ 李巍、罗仪馥:《中国周边外交中的澜湄合作机制分析》,《现代国际关系》2019 年第 5 期。
⑤ 卢光盛、聂姣:《澜湄合作的动力机制——基于"利益—责任—规范"的分析》,《国际展望》2021 年第 1 期。
⑥ 黄河:《区域性公共产品与澜湄合作机制》,《深圳大学学报》2017 年第 1 期。
⑦ 许宁宁:《中国—东盟:共建海上丝绸之路》,中国商务出版社 2018 年版,第 69 页。

和驳船服务能力低；正式过境点拥挤，过境耗时且费用昂贵；河港设施仅用于当地交通，而无法满足长途贸易和商业等。① 澜湄区域作为世界上最不发达的区域之一，其最重要的愿望是经济发展。发展经济离不开基础设施建设这个基本条件。升级和扩展基础设施对所有湄公河国家的价值是毋庸置疑的，有令人信服的证据表明，改善互联互通能够刺激和维持经济和社会的快速发展。② 因此，迫切需要升级湄公河流域互联互通水平，但澜湄区域合作中的基础设施类区域性公共产品一直供不应求。③ "一带一路" 倡议优先领域就是基础设施互联互通。④ 沿线国家许多基础设施项目都是从 "一带一路" 建设开始或已经成为 "一带一路" 建设的一部分。⑤ 而且，在中国的牵头下，已经建立了 "旨在支持基础设施发展的多边金融机构"——亚投行。⑥ 澜湄区域作为 "一带一路" 建设的重要门户区域，也是中国基础设施投资和建设的重点区域。基础设施建设是中国在海外投资建设最擅长的领域，具有投资规模大、效率高、成本低的显著优势。普遍认为，中国的 "一带一路" 和国家标准化举措有助于迅速、快速地推动东南亚区域的基础设施项目，这既是东盟实现其愿景所必需的，⑦ 更是东盟中经济发展相对落后的湄公河国家推进现代化建设过程中所急需的。

---

① Malcolm F. McPherson, "China's Role in Promoting Transboundary Resource Management in the Greater Mekong Basin（GMB）", 2020, p. 13, https：//ash. harvard. edu/files/ash/files/300675_ hvd_ ash_ chinas_ role. pdf, 访问时间：2021 年 8 月 20 日。

② Malcolm F. McPherson, "China's Role in Promoting Transboundary Resource Management in the Greater Mekong Basin（GMB）", 2020, p. 12, https：//ash. harvard. edu/files/ash/files/300675_ hvd_ ash_ chinas_ role. pdf, 访问时间：2021 年 8 月 20 日。

③ 黄河：《区域性公共产品与澜湄合作机制》，《深圳大学学报》2017 年第 1 期。

④ 《推动共建丝绸之路经济带和 21 世纪海上丝绸之路的愿景与行动》，《人民日报》2015 年 3 月 29 日第 4 版。

⑤ Malcolm F. McPherson, "China's Role in Promoting Transboundary Resource Management in the Greater Mekong Basin（GMB）", 2020, p. 12, https：//ash. harvard. edu/files/ash/files/300675_ hvd_ ash_ chinas_ role. pdf, 访问时间：2021 年 8 月 20 日。

⑥ 《亚洲基础设施投资银行协定》，中国一带一路网，https：//www. yidaiyilu. gov. cn/wcm. files/upload/CMSydylgw/201702/201702170558058. pdf, 访问时间：2021 年 8 月 20 日。

⑦ Henelito Sevilla, Jr. , "China's New Silk Route Initiative：Political and Economic Implications for the Middle East and Southeast Asia", *Asian Journal of Middle Eastern and Islamic Studies*, Vol. 11, No. 1, 2017, p. 105.

二是水资源管理。对于湄公河国家而言，湄公河水资源开发也是其最为关切的问题之一，涉及湄公河流域约 6500 万人的生计和粮食安全。① 针对 2020 年 4 月美国水资源研究咨询中心地球之眼（Eyes on Earth）所发布研究报告指出中国"截流"下游国家急需水资源的观点，作为东南亚地区唯一一个专司水资源管理的政府间组织，MRC 通过更权威、更翔实的数据发布了说明报告，指出地球之眼得出的中国水库蓄水导致湄公河下游水资源短缺的结论存在问题，澄清了湄公河流域干旱的客观原因。②

三是能源开发。湄公河国家普遍有较大的电力需求，泰国经济发展对电力需求较高，而其境内可供开发的水电资源较少；柬埔寨缺电严重、电价较高，已严重影响其工业的发展；老挝希望通过水力发电出售给泰国等邻国，为国家创造水电收入，成为"东南亚的电池"甚至是老挝的国家发展战略之一。③ 因此，在湄公河的干流和支流上建造大坝除了农业用水之外，大部分都是用于水力发电。对水力发电的需求可能迫使澜湄区域过度兴建水利大坝。为了实现经济发展与环境保护的平衡，湄公河国家也在试图发展新能源。中国作为可再生能源的全球领导者，有足够的经验、技术能力使能源消费多样化。④ 通过"建立澜湄区域统一的电力市场，达到电力交易的自由化和便利化，实现中国与湄公河国家电网的互联互通"，"协调能源开发的相关标准、规范、市场准则等"，共同开发可再生能源，转变能

---

① Richard Cronin, Timothy Hamlin, "Mekong Turning Point: Shared River for a Shared Future", 2012, p. 1, https://www.stimson.org/wp-content/files/file-attachments/SRSF_Web_3_1.pdf, 访问时间：2021 年 8 月 20 日。

② "Understanding the Mekong River's hydrological conditions: A Brief Commentary Note on the 'Monitoring the Quantity of Water Flowing Through the Upper Mekong Basin Under Natural (Unimpeded) Conditions' Study by Alan Basist and Claude Williams (2020)", April 2020, http://www.mrcmekong.org/assets/Publications/Understanding-Mekong-River-hydrological-conditions_2020.pdf, 访问时间：2021 年 8 月 20 日。

③ 林文勋、郑永年主编：《澜湄合作新机遇与中国—东盟关系新篇章》，社会科学文献出版社 2017 年版，第 209 页。

④ Richard Grünwald, "Lancang-Mekong Cooperation: Present and Future of the Mekong River Basin", *Politické vedy*, Vol. 23, No. 2, 2020, p. 82.

源生产和消费方式，提升能源使用效率，① 成为湄公河国家的共有期待。

四是非传统安全治理。澜湄区域内安全公共产品严重欠缺，非传统安全问题日益凸显，除水资源之外，主要集中在卫生安全、毒品贩卖、非法跨境、武器非法交易、涉恐犯罪等议题。② 近年来网络安全问题也逐渐凸显为新的非传统安全问题。非传统安全问题具有跨国性、动态性、可转化性以及行为体的非政府性，单个国家难以应对，③ 亟待澜湄各国一起努力，提供更多次区域安全公共产品。④

3. 中国追求区域的引领地位

澜湄区域不仅是"丝绸之路经济带"和"21 世纪海上丝绸之路"的战略交会区，也是中国践行"周边命运共同体""人类命运共同体"的先行先试区，⑤ 是中国国际合作的重点区域和最有可能的突破方向。然而，自 2000 年开始，域外大国纷纷介入澜湄区域，中国在澜湄区域合作方面明显缺乏区域合作主导权、规则制定权以及话语权。⑥ 美国甚至试图将湄公河水资源议题与部分湄公河国家涉及的南海问题挂钩，将湄公河比喻成"下一个南海"⑦。⑧ 除了积极支持大湄公河次区域项目，特别是发展几个大湄公河南北经济走廊和大湄公河次区域铁路项目外，中国甚至没有自己的湄公河区域项目，⑨ 这与中

---

① 卢光盛、段涛、金珍：《澜湄合作的方向、路径与云南的参与》，社会科学文献出版社 2018 年版，第 78 页。
② 李志斐：《澜湄合作中的非传统安全合作》，《世界知识》2019 年第 13 期。
③ 李晨阳：《澜沧江—湄公河合作：机遇、挑战与对策》，《学术探索》2016 年第 1 期。
④ 卢光盛、段涛、金珍：《澜湄合作的方向、路径与云南的参与》，社会科学文献出版社 2018 年版，第 55 页。
⑤ 卢光盛、金珍：《超越拥堵：澜湄合作机制的发展路径探析》，《世界经济与政治》2020 年第 7 期。
⑥ 卢光盛、段涛、金珍：《澜湄合作的方向、路径与云南的参与》，社会科学文献出版社 2018 年版，第 10—11 页。
⑦ 张励：《水资源与澜湄国家命运共同体》，《国际展望》2019 年第 4 期。
⑧ Jessica M. Williams, "Is Three a Crowd? River Basin Institutions and the Governance of the Mekong River", *International Journal of Water Resources Development*, 2020, p. 15.
⑨ Jean-Pierre A. Verbiest, "Regional Cooperation and Integration in the Mekong Region", *Asian Economic Policy Review*, No. 8, 2013, pp. 149–164.

国的大国地位非常不匹配。面对域外国家利用在湄公河区域建立国际制度制衡中国的压力和挑战，中国建立自己主导的澜湄合作机制，在次区域合作中充分发挥作用，尝试体现中国的倡导权甚至规则制定权。① 澜湄合作机制试图将区域规划重新集中于中国，② 它不仅是湄公河国家突破发展瓶颈、深化区域合作的创新和尝试，也是中国寻求更多国际合作倡导权、国际话语权的尝试。③ 澜湄合作机制代表了建立在河流工程和经济发展基础上的新的合作领域，中国处于该机制影响力的中心地位，④ 澜湄合作从构想到建立，从培育期进入成长期，背后无不蕴含着中国的努力与付出、引领与推动。⑤

（二）澜湄合作的成立

泰国于 2012 年首次提出由越南、柬埔寨、老挝、缅甸、泰国和中国开展湄公河—澜沧江合作的构想。这项倡议在当时并没有引起太多的注意。不久之后，2014 年 11 月在缅甸首都内比都举行的第 17 次东盟—中国峰会上，李克强总理表示响应泰方倡议，提议建立"澜沧江—湄公河对话合作机制"。2015 年 4 月 6 日，首次澜湄合作外交高官会议举行，正式启动澜湄对话合作筹备工作进程，并将机制名称确定为"澜湄合作"。2015 年 11 与 12 日，澜湄合作首次外长会议在中国云南景洪举行，为澜湄合作首次领导人会议召开奠定了基础。2016 年 3 月 23 日，澜湄合作首次领导人会议在海南三亚举行，澜湄合作机制正式启动。澜湄合作机制是澜湄区域首个六个沿岸国家

---

① 卢光盛、段涛、金珍：《澜湄合作的方向、路径与云南的参与》，社会科学文献出版社 2018 年版，第 10—11 页。

② Carl Middleton, Jeremy Allouche, "Watershed or Powershred? Critical Hydro politics, China and the 'Lancang - Mekong Cooperation Framework'", *The International Spectator*, Vol. 51, No. 3, 2016, pp. 100 - 117.

③ 卢光盛、别梦婕：《澜湄合作机制：一个"高阶的"次区域主义》，《亚太经济》2017 年第 2 期。

④ Jessica M. Williams, "Is Three a Crowd? River Basin Institutions and the Governance of the Mekong River", *International Journal of Water Resources Development*, 2020, p. 12.

⑤ 卢光盛、王子奇：《百年变局下的澜湄合作进程与中国角色》，《当代世界》2019 年第 11 期。

共同构建的合作机制，标志着该区域加强合作的新时代的开始。①

## 第二节 澜湄合作的发展现状

自澜湄合作启动以来，澜湄合作经历了从"培育期"到"快速拓展期"，再到"全面发展期"的迅速发展历程。澜湄合作从一开始就提出了构建命运共同体概念，如在澜湄合作首次领导人会议发布的《三亚宣言》中，就提出了"建设面向和平与繁荣的澜湄国家命运共同体，树立为以合作共赢为特征的新型国际关系典范"。总体而言，围绕"3+5+X"的合作框架，以建设澜湄国家命运共同体为目标，澜湄合作机制进展顺利。

### 一 澜湄合作的发展阶段

以三次澜湄合作领导人会议的召开为界，澜湄合作的发展可划分为三个阶段，分别是 2012 年由泰国提出设想到 2018 年 1 月第二次澜湄合作领导人会议召开前的"培育期"，第二次澜湄合作领导人会议召开到 2020 年 8 月第三次澜湄合作领导人会议召开前的"快速拓展期"，以及第三次澜湄合作领导人会议召开至今的"全面发展期"。

（一）培育期

澜湄合作起源于 2012 年，泰国提出加强澜湄次区域合作的设想，即加强"澜湄次区域可持续发展倡议"（Initiative on Sustainable Development of the Lancang – Mekong Subregion），该倡议重点关注旅游业、航行安全、农业和渔业等领域的合作。② 可以说，澜湄合作最初是泰国为促进澜湄区域持续增长和可持续发展而提出的倡议，这一框架下

---

① Yan Feng, Wenling Wang, Daniel Suman, Shiwei Yu, Daming He, "Water Cooperation Priorities in the Lancang – Mekong River Basin Based on Cooperative Events Since the Mekong River Commission Establishment", *Chinese Geographical Science*, Vol. 29, No. 1, 2019, p. 66.

② Pou Sovachana, Bradley J. Murg, "The Lancang – Mekong Cooperation Mechanism: Confronting New Realities in Cambodia and the Greater Mekong Subregion", *CSCAP Regional Security Outlook* 2019, 2019, p. 49.

的合作涵盖了东盟框架下的所有关键领域，旨在共担责任，实现可持续发展，促进地区社会文化和谐，缩小发展差距，支持东盟共同体建设。① 随后中方给予了积极回应，在 2014 年 11 月召开的第十七次中国—东盟领导人会议上，李克强总理正式提出建立澜沧江—湄公河对话合作机制的倡议。2015 年 11 月 12 日，在云南景洪举行的澜湄合作首次外长会上，确定了澜湄合作三大支柱和五个优先领域。其中三大支柱为政治安全、经济和可持续发展、社会人文，同时优先在互联互通、产能、跨境经济、水资源、农业和减贫五个领域开展合作。至此，澜湄合作"3+5"模式，即澜湄合作的三大支柱和五个优先领域成为澜湄合作项目发展的指导性框架。

澜湄合作机制的正式启动，也标志着澜湄区域的合作进入一个六国自主、全面深化的历史发展新阶段。② 首次领导人会议在共建澜湄国家命运共同体理念方面达成了共识，共批准了 45 个"早期收获项目"。在澜湄合作框架内，中国承诺为湄公河国家提供广泛的发展资金支持，包括设立澜湄合作专项基金在未来 5 年提供 3 亿美元支持六国提出的中小型合作先项目、设立 100 亿元人民币优惠贷款和 100 亿美元信贷额度用于支持澜湄地区基础设施建设和产能合作项目等。

在会后发表的《三亚宣言》中提出了 26 项具体措施，涉及澜湄合作的基础、性质、框架和目标等。各成员国承诺按照第一次澜湄合作外长会议商定的三大支柱和五个优先领域，加强和扩大合作规模。在政治安全支柱方面，六国领导人同意促进高层交流和对话合作，同时鼓励相关利益攸关方参与这些交流。双方还同意深化执法和安全合作，并加强合作打击恐怖主义、跨国犯罪和自然灾害等非传统安全威胁。此外，六国领导人同意加强在应对气候变化、人道主义援助以及粮食、水和能源安全方面的合作。在经济和可持续发展支柱方面，六

---

① Ministry of Foreign Affairs of the Kingdom of Thailand, "Thailand to Host the 2nd Mekong – Lancang Cooperation Senior Officials' Meeting", August 18, 2015, https：//www.mfa.go.th/en/content/5d5bcf3615e39c3060018e57? cate = 5d5bcb4e15e39c3060006834，访问时间：2021 年 8 月 20 日。

② 刘稚：《澜湄合作的特点、趋势和路径》，载林文勋、郑永年《澜湄合作新机遇与中国：东盟关系新篇章》，社会科学文献出版社 2017 年版，第 14 页。

表2-4 澜湄合作"培育期"召开的会议

| | 会议类别 | 时间 | 地点 | 主要内容 |
|---|---|---|---|---|
| 外交工作组会 | 第一次外交工作组会 | 2015年7月23日 | 泰国曼谷 | 就澜湄合作概念文件进行磋商,为首次高官会和首次外长会做准备 |
| | 第二次外交工作组会 | 2016年1月29日 | 中国昆明 | 就领导人会议有关安排和成果设计等进行了初步讨论 |
| | 第三次外交工作组会 | 2016年2月23—24日 | 中国三亚 | 会议重点围绕澜湄合作首次领导人会议成果文件进行讨论,为领导人会议做准备 |
| | 第四次外交工作组会 | 2016年11月9—11日 | 中国北京 | 就首次领导人会议成果落实和下一步工作进行磋商,为年底第二次外长会和第四次高官会预做准备 |
| | 第五次外交工作组会 | 2016年12月22—23日 | 柬埔寨暹粒 | 商讨澜湄合作机制下一步进展 |
| | 第六次外交工作组会 | 2017年9月29日 | 中国大理 | 就澜湄合作未来方向、第三次外长会筹备工作等进行了讨论,并达成了许多共识 |
| 高官会 | 首次高官会 | 2015年4月6日 | 中国北京 | 重点讨论了首次外长会和概念文件,并就机制合作确定框架、方向,重点合作领域达成初步共识。正式启动澜湄对话合作进程 |
| | 第二次高官会 | 2015年8月21日 | 泰国清莱 | 主要就概念文件进行磋商,并为即将于年内举行的首次外长会做准备 |
| | 第三次高官会 | 2016年2月23—24日 | 中国三亚 | 重点为澜湄合作首次领导人会议做准备 |
| | 第四次高官会 | 2016年12月22日 | 柬埔寨暹粒 | 重点为次日举行的第二次外长会做准备 |
| | 第五次高官会 | 2017年10月28日 | 中国昆明 | 重点就澜湄合作进展、未来发展规划和下阶段系列重要会议筹备工作等交换意见 |

续表

| | 会议类别 | 时间 | 地点 | 主要内容 |
|---|---|---|---|---|
| 外长会 | 首次外长会 | 2015年11月12日 | 中国景洪 | 会议发表了联合新闻公报，审议通过了澜湄合作概念文件，同意研究并尽早实施一批早期收获项目，为澜湄合作首次领导人会议奠定基础 |
| | 第二次外长会 | 2016年12月23日 | 柬埔寨暹粒 | 讨论澜湄合作未来发展方向，并审议通过《澜湄合作第二次外长会联合新闻公报》《首次领导人会议主要成果落实进展表》《优先领域联合工作组组建原则》三份成果文件 |
| | 第三次外长会 | 2017年12月15日 | 中国大理 | 会议发表了《第三次外长会联合新闻公报》，宣布建立"澜湄合作专项基金首批支持项目清单"，宣布建立"澜湄合作热线信息平台"，印发了"首次领导人会议和第二次外长会成果落实清单" |
| 领导人会议 | 澜湄合作首次领导人会议 | 2016年3月23日 | 中国三亚 | 会议同意构建澜湄国家命运共同体，构筑"3+5合作框架"，发表了《三亚宣言》《澜湄国家产能合作联合声明》 |

资料来源：笔者根据"澜沧江—湄公河合作中国秘书处"网站相关报道整理而成。

国同意加强硬件和软件互联互通。在硬件联通方面，六国同意推进重点基础设施项目，构建次区域公路、铁路、水路综合互联互通网络，支持发展新的经济走廊，促进经济深度融合；在软件联通方面，成员国承诺加快实施贸易和投资便利化措施，加强电网和电信网络建设。同时，成员国承诺加强在工业、农业、金融、扶贫、水资源管理等领域的合作，促进可持续绿色发展。在社会人文支柱方面，澜湄各国同意在文化、科技、公共卫生、人力资源开发、教育、旅游、媒体、智库等领域推动一系列多样化的合作倡议。

澜湄合作的建立，开启了澜湄区域合作的新篇章，是该地区深化合作、促进互联互通、促进可持续发展、共同管理共同利益的至关重要的一步。在"培育期"，澜湄合作机制从外交高官会议的级别上升到外长会议，并最终成为领导人级别的会议。在这一阶段，澜湄合作共召开了六次外交工作组会、五次高官会、三次外长会议和一次领导人会议（见表2-4）。

（二）快速拓展期

2018年1月10日澜湄合作第二次领导人会议在柬埔寨金边召开，标志着澜湄合作从"培育期"顺利迈向"成长期"。在此次会议上，李克强总理指出，"在巩固'3+5合作框架'的基础上，拓展数字经济、环保、卫生、海关、青年等领域合作，逐步形成'3+5+X'合作框架"①。至此，澜湄合作"3+5+X"的合作框架最终形成。

在这次会议上，澜湄六国领导人达成共识，通过了《金边宣言》和《澜沧江—湄公河合作五年行动计划（2018—2022）》两个新文件，推动澜湄合作迈上新台阶，成为南南合作的典范。会后发表的《金边宣言》，更深入地讨论了三个主要支柱的具体内容和意义，为澜湄合作机制指明未来十年发展进程。在政治安全支柱方面，六国领导人重申了《三亚宣言》关于促进高层交流和对话、改善和扩大在非传统安全问题上合作的观点。在经济和可持续发展支柱下，澜湄国家同意促进和加强跨境经济合作、水资源管理和利用、金融、绿色和

---

① 李克强：《在澜沧江—湄公河合作第二次领导人会议上的讲话》，《人民日报》2018年1月11日第2版。

表2-5　澜湄合作"快速拓展期"召开的会议

| | 会议类别 | 时间 | 地点 | 主要内容 |
|---|---|---|---|---|
| 外交工作组会 | 第七次外交工作组会议 | — | — | — |
| | 第八次外交工作组会议 | 2018年10月25日 | 老挝琅勃拉邦 | 会议回顾了澜湄合作项目近来执行进展情况，研究了未来项目计划 |
| | 第九次外交工作组会议 | — | 老挝琅勃拉邦 | — |
| | 第十次外交工作组会议 | 2020年1月16日 | 中国重庆 | 讨论了澜湄合作的未来合作方向，为今年举行的高级别会议预做准备 |
| 高官会 | 第六次高官会 | 2018年1月9日 | 柬埔寨金边 | 对澜湄合作第二次领导人会议将要发表的几项重要成果进行审议，为领导人会议的召开做准备 |
| | 第七次高官会 | — | 老挝琅勃拉邦 | 为第四次外长会进行了充分准备，为外长会取得圆满成功奠定了基础 |
| 外长会 | 第四次外长会 | 2018年12月17日 | 老挝琅勃拉邦 | 通过《第四次外长会联合新闻公报》，散发《〈澜湄合作五年行动计划〉2018年度进展报告》和"2018年度澜湄合作专项基金支持项目清单"等 |
| | 第五次外长会 | 2020年2月20日 | 老挝万象 | 通过《第五次外长会联合新闻公报》，为第二次领导人会议的召开做准备 |
| 领导人会议 | 第二次领导人会议 | 2018年1月10日 | 柬埔寨金边 | 通过了《第二次领导人会议金边宣言》《五年行动计划（2018—2022）》和"澜湄合作第二批项目清单"和"澜湄合作六个优先领域联合工作组报告"等文件 |

注："—"表示未找到公开的新闻报道。
资料来源：笔者根据"澜沧江—湄公河合作中国秘书处"官方网站整理而成。

可持续发展、农业等具体领域的合作。各成员国还同意制定《澜湄国家产能合作行动计划》和《澜沧江—湄公河环境合作战略》，以及同意在中国建立澜湄农业合作中心，作为成员国加强农业领域合作的平台。在社会文化支柱方面，澜湄国家同意在人力资源开发、教育和文化等人文交流领域促进合作，支持相关利益攸关方参与。在旅游合作方面，将成立澜湄旅游城市合作联盟。同意探讨开展包括政府、商界、学术界和智库、媒体、妇女和青年在内的智力合作交流。《澜湄合作五年行动计划（2018—2022）》则列出了2020—2022年期间将制定和扩大的一系列新倡议和目标，"一带一路"倡议、《东盟愿景2025》、《东盟互联互通总体规划2025》和其他湄公河次区域合作机制愿景对接，落实联合国2030可持续发展议程。

在"快速拓展"阶段，澜湄合作通过基础设施投资和贸易增长，在互联互通、水资源管理、减贫和区域经济一体化等方面为湄公河下游国家带来了许多实实在在的利益。其一，机制建设方面取得重要进展。沿岸六国已经建立了国家秘书处或国家协调机构，澜湄水资源合作中心、澜湄环境合作中心、全球湄公河研究中心等各种中心纷纷成立。其二，务实合作取得了新的重要进展。在第一次领导人会议上提出的45个早期收获项目以及第二次外长会中方提出的13个倡议取得了实质性进展，第二次会议又宣布了新的一批合作清单。在这一阶段，澜湄合作共召开了四次外交工作组会、两次高官会、两次外长会议和一次领导人会议（见表2-5）。

（三）全面发展期

2020年8月澜湄合作第三次领导人会议的召开，标志着澜湄合作从快速拓展期进入全面发展期。第三次领导人会议最终发表了《万象宣言》和《澜湄合作第三次领导人会议关于澜湄合作与"国际陆海贸易新通道"对接合作的共同主席声明》两份重要文件。与前两次领导人会议相比，此次澜湄国家领导人会议是在新冠肺炎疫情的特殊背景下举行的。在《万象宣言》中，提出加强公共卫生合作，应对新冠肺炎疫情挑战和确保经济社会复苏，共建人类卫生健康共同体。同时，中方提出将出资设立公共卫生专项基金，并承诺在疫苗投用后，中方新冠疫苗将优先向湄公河国家提供。此后，中方一直在坚定地履行承诺,向澜湄国家提供了疫苗无偿援助。疫情之下,加强公共卫生合作是澜湄合作机制不可或缺的部分,中国与湄公河国家携手以实际行动同共建澜湄国家命运共同体。

此外,2021年6月8日在重庆召开了第六次澜湄合作外长会议。会议发表了《关于加强澜沧江—湄公河国家可持续发展合作的联合声明》、《关于深化澜沧江—湄公河国家地方合作的倡议》和《关于在澜沧江—湄公河合作框架下深化传统医药合作的联合声明》等共识文件。在这次会上,王毅外长同湄公河五国外长一道宣布澜湄合作进入新的"金色5年"。

## 二 澜湄合作的具体进展

澜湄合作围绕政治和安全、经济和可持续发展、社会—人文三大合作支柱,互联互通、产能合作、跨境经济合作、水资源合作、农业和减贫合作五大优先合作方向以及数字经济、环保、卫生、海关、青年等"X"领域合作展开。下文围绕澜湄合作"3+5+X"的合作框架,梳理一下澜湄合作目前取得的具体进展。

(一)"三大支柱"合作伙伴关系建设日益加强

自澜湄合作成立以来,澜湄六国围绕"政治安全、经济和可持续发展、社会人文"三大支柱展开合作,澜湄六国的合作伙伴关系正在日益深化。

1. 政治安全合作伙伴关系

政治安全支柱对澜湄合作至关重要,政治安全位列澜湄合作三大支柱之首。"政治和安全"排在首位,其主要原因是湄公河国家在政治和安全方面面临诸多挑战。近年泰国国内军事政变频发、缅甸刚刚开启民主转型、从内战中走出重建的柬埔寨国内政治局势并不稳定,特别是缅甸还在经历内战和武装冲突的困扰,和平进程进展缓慢,越南和老挝的政权也面临社会多元化和经济市场化的冲击。[①]

---

① 《澜湄合作首次领导人会议:政治安全为何列为三大合作支柱之首》,澎湃新闻网,2016年3月24日,https://www.thepaper.cn/newsDetail_forward_1447696,访问时间:2021年8月20日。

在政治安全方面,澜湄国家间高层对话和领导人互访频繁,多层级政治交往平台建设不断完善,非传统安全合作持续深入。① 第一,澜湄国家间高层对话和领导人互访频繁。澜湄合作成立以来,习近平主席就分别于 2016 年 10 月访问柬埔寨、2017 年 11 月访问老挝和越南、2020 年 1 月访问缅甸,湄公河国家领导人也多次访问中国。第二,多层级政治交往平台建设不断完善。目前,中国已经同湄公河五国建立了全面的战略伙伴关系。第三,非传统安全合作持续深入。2017 年 12 月 28 日,澜湄综合执法安全合作中心启动仪式在云南省昆明市举行,这标志着澜沧江—湄公河流域第一个综合性执法安全合作政府间国际组织正式启动运行。此外,截至 2021 年 10 月,湄公河联合巡逻执法连续开展了 110 次。

2. 经济和可持续发展合作伙伴关系

经济和可持续发展支柱是澜湄合作实现地区发展和经济增长的关键要素和主要推动力。② 澜湄六国都将经济发展放在国家发展的首位,澜湄合作不仅致力于改善澜湄区域的环境状态,还能够帮助确立该地区的经济发展模式。中国受益于地区稳定,湄公河国家也是中国经济活力的受益者。湄公河流域人民的生计与该地区的自然资源的开发有着千丝万缕的关系,任何损害这些资源的环境变化都将对当地生计产生深远影响。因此,政策制定者必须在追求经济增长和保护自然资源之间取得微妙的平衡。促进经济高质量与可持续发展已经成为澜湄各国在"3+5+X"合作框架下的重要战略共识,六国的政策制定者必须确保经济发展不会损害现有的自然资源。

在经济和可持续发展方面,澜湄六国在铁路、公路、水电等领域实现了高质量的产能合作,跨境经济合作持续推进,互联互通更上层

---

① 卢光盛:《全方面推进澜湄国家命运共同体建设》,《中国社会科学报》2020 年 7 月 9 日第 8 版。

② 《澜沧江—湄公河合作第三次领导人会议万象宣言》,新华网,2020 年 8 月 24 日,http://www.xinhuanet.com/silkroad/2020-08/24/c_1126407752.htm,访问时间:2021 年 8 月 20 日。

楼。① 一是经贸合作全面深化。2020 年，中国和湄公河五国贸易额达 3221 亿美元，较 2015 年增长 66.3%，中国是越南、柬埔寨、缅甸、泰国的最大贸易伙伴，老挝的第二大贸易伙伴，越南一跃成为中国第四大国别贸易伙伴。② 二是成立了澜湄环境合作中心。环境保护是一个关键要素，2017 年 11 月 28 日成立的澜沧江—湄公河环境合作中心，目的在于协调成员国的环境保护发展规划，并制定澜湄合作环境保护战略。

3. 社会人文交流伙伴关系

在社会人文方面，以"平等相待、真诚互助、亲如一家"为特点的澜湄文化正在逐步形成。在教育方面，近年来，澜湄职业教育合作成果丰硕，尤其跨境职业技能培训成效卓著，已在云南边境地区建立了 9 个培训基地，免费为 4 万余名跨境务工人员提供培训，澜湄职业教育合作取得六方面丰硕成果：留学交流模式不断创新、跨境职业技能培训成效卓著、师资国际化水平持续提升、对外合作交流高位推进、人文交流七彩纷呈、产业推进成果丰硕。③ 在媒体合作上，澜湄六国共话媒体新时代。媒体合作是社会人文合作的重要组成部分，从跨境联合采访到新闻资源共享，从人员互访交流到联合制作节目，近年来，澜湄国家媒体发挥各自作用，加强交流合作，共同讲述澜湄故事，弘扬澜湄文化，推进澜湄事业，奏响澜湄合作交响乐。④ 澜湄合作媒体峰会是澜湄六国在传媒合作上跨出的重要一步，自 2017 年以来，澜湄国家已经连续举办了三次媒体峰会，分别是 2017 年主题为"澜湄命运共同体，媒体合作新时代"的首届媒体峰会、2018 年主题为"民心相通、命运与共"的澜湄合作媒体峰会和 2020 年主题为"合作抗疫，振兴经济"的 2020 澜湄合作媒体云峰会。此外，"澜湄

---

① 卢光盛：《全方面推进澜湄国家命运共同体建设》，《中国社会科学报》2020 年 7 月 9 日第 8 版。
② 王毅：《奋楫五载结硕果，继往开来再扬帆》，《人民日报》2021 年 3 月 23 日第 6 版。
③ 《澜湄职业教育合作成果丰硕 已在云南边境建立 9 个培训基地》，中国新闻网，2020 年 10 月 21 日，http://www.chinanews.com/gn/2020/10-21/9319061.shtml，访问时间：2021 年 8 月 20 日。
④ 《发挥媒体作用 促进民心相通》，《人民日报》2020 年 11 月 26 日第 3 版。

光明行""澜湄青年领袖文化体验营""露天电影院"等一大批民生项目,为民众带来了实实在在的利益,促进了民众间的了解与信任。①

(二)"五个优先领域"下项目合作成果丰硕

澜湄合作的五个优先领域包括互联互通、产能、跨境经济、水资源、农业和减贫。五个优先领域之间是相互促进、相辅相成的。比如澜湄合作将互联互通和跨境经济合作视为优先事项,中老铁路和中泰铁路等基础设施项目的建设有助于促进跨境融合和商贸发展。同时,在六国的合力努力下,目前已经根据五大优先合作领域成立了相应的联合工作组。

1. 互联互通合作进展顺利

深化互联互通合作,是澜湄合作的重要优先方向。目前,澜湄流域的互联互通网络建设正在推进。铁路方面,中越铁路、中老泰铁路、中缅铁路通道进展顺利,中缅印铁路通道正开展前期工作;道路运输方面,至 2020 年 8 月,滇老、滇越共开通 29 条国际客货运输线路,基本建成以沿边重点城市为中心、边境口岸为节点,覆盖沿边地区并向周边国家辐射的国际道路运输网络;水路方面,已实现中老缅泰四国通航,其中国内段 259 公里为五级航道;② 电力方面,中国帮助缅甸、老挝、越南等加强电力输送基础设施建设,承揽电站、大坝等多项工程项目,建设跨境输电设施,实施"云电外送",帮助柬埔寨建成了国内最大的桑河二级水电站,缓解当地用电压力问题。③

这些互联互通项目具有重要的发展意义。中老铁路建设将使老挝由"陆锁国"变为"陆联国";中泰铁路将是泰国第一条标准轨高速

---

① 《携手推进澜湄合作,丰富中泰合作内涵》,外交部网站,2019 年 3 月 18 日,http://www.chinacommercialoffice.org/web/dszlsjt_ 673036/ds_ 673038/t1646617.sh_ml,访问时间:2021 年 8 月 20 日。

② 《共同命运 共创未来——澜湄合作第三次领导人会议成果解读》,新华网,2020 年 8 月 25 日,http://www.xinhuanet.com/asia/2020-08/25/c_ 1126407794.htm,访问时间:2021 年 8 月 20 日。

③ 张高原、翟崑:《从多点开花到健康重启》,人民画报网,2020 年 6 月 11 日,http://www.rmhb.com.cn/zt/ydyl/202006/t20200611_ 800209513.html?from=timeline&isappinstalled=0,访问时间:2021 年 8 月 20 日。

铁路；中国承建的雅万高铁将成为东南亚地区第一条高铁，连接印尼经济中心雅加达和文化中心万隆，造福雅加达和万隆两地及沿线民众。①柬埔寨金边至西哈努克港高速公路、老挝万象至万荣高速公路项目复工复产，助力地区国家经济复苏，柬埔寨政府批准暹粒新国际机场最终版总规划，一座现代化的新机场将为柬带来更多发展机会。②

2. 产能合作转型升级

产能合作既是澜湄合作的重要支柱，也是澜湄合作最初重点扩展的领域。在澜湄合作首次领导人会议上，就通过了《澜湄国家产能合作联合声明》。第二次领导人会议上提出深化产能合作，在《金边宣言》中指出要进一步升级深化产能合作，最终在各国间形成了建立澜湄流域经济带的倡议。截至2020年底，澜湄国家产能合作联合工作组已经召开了四次会议。

澜湄合作框架下的重大发展项目有序推进，打造了一批优质的产能合作项目。当前澜湄国家产能合作项目众多，其中包括中老铁路项目、中泰铁路项目等具有示范价值的基础设施示范项目；越南海阳燃煤电厂项目、中老南欧江流域梯级水电项目、南湃水电站项目等能源合作示范项目；中柬柏威夏糖厂项目、中缅水泥厂项目等制造业示范领域；中柬生态农业综合开发项目、中缅农业合作项目等农业合作示范项目。③

3. 跨境经济合作提速增质

跨境经济合作是澜湄合作5个优先领域之一，也是澜湄区域经济一体化的一把"金钥匙"。值得注意的是，2020年东盟首次超越欧盟，成为我国第一大贸易伙伴。具体到澜湄地区，澜湄六国经贸合作

---

① 张高原、翟崑：《从多点开花到健康重启》，人民画报网，2020年6月11日，http：//www.rmhb.com.cn/zt/ydyl/202006/t20200611_800209513.html? from = timeline&isappinstalled =0，访问时间：2021年8月20日。

② 《2020年度澜湄合作十大新闻》，澜沧江—湄公河合作中国秘书处，2021年2月11日，http：//www.lmcchina.org/2021 - 02/11/content_41470958.htm，访问时间：2021年8月20日。

③ 郭显龙、陈慧：《"一带一路"下中国与澜湄五国国际产能合作研究》，《宏观经济管理》2019年第11期。

持续向好。中国已经成为柬埔寨、缅甸、泰国、越南的第一大贸易伙伴和第一大进口来源国，是老挝的第二大贸易伙伴和第三大进口来源国；中国是缅甸的第一大出口市场，老挝和泰国的第二大出口市场，越南的第三大出口市场，柬埔寨的第六大出口市场。[①] 自2017年澜湄合作跨境经济合作联合工作组成立以来，至今已经召开了三次联合工作组会议（见表2-6）。

表2-6　　　　　　　澜湄合作跨境经济联合工作组会议

| 会议 | 时间 | 地点 | 达成共识 |
| --- | --- | --- | --- |
| 首次会议 | 2017年7月26日 | 云南昆明 | 标志着澜湄合作框架下跨境经济合作联合工作组机制正式成立并实质性运作。共同签署了《澜湄合作跨境经济联合工作组首次会议纪要》和《澜湄合作跨境经济合作联合工作组职责范围》 |
| 第二次会议 | 2018年6月19日 | 云南昆明 | 推动各国跨境经济合作迈向新台阶。提出了落实《澜湄国家关于加强跨境经济合作部长级联合声明》的有关方案和步骤，就编制《澜湄国家跨境经济合作五年发展规划》的框架安排以及《澜湄区域合作智能贸易网络倡议》交换了意见并原则达成共识 |
| 第三次会议 | 2019年10月9日 | 老挝万象 | 共同签署会议纪要。对中方编制的《澜湄国家跨境经济合作五年发展规划（草案）》进行了讨论研究并达成共识 |

资料来源：笔者根据相关新闻报道整理而成。

目前，中国与湄公河国家开展的中老、中缅、中越三大跨境经济合作区建设稳步推进。老挝万象赛色塔园区已建成并通过商务部境外园区考核，缅甸曼德勒缪达保山工业园区、密支那工业园区等境外园区建设进展顺利。[②] 中国在湄公河国家投资建设的越南龙江工业园、

---

① 《澜湄万花筒：澜湄合作优先领域——跨境经济》，澜沧江—湄公河合作中国秘书处网站，2019年11月18日，http://www.lmcchina.org/n3/2020/0904/c416224-9754063.html，访问时间：2021年8月20日。
② 《澜湄合作四周年　云南行动谱新篇》，云南网，2020年3月29日，https://m.yunnan.cn/system/2020/03/29/030630298.shtml，访问时间：2021年8月20日。

老挝赛色塔工业开发区、柬埔寨西哈努克港经济特区、泰国罗勇工业园等引进成为澜湄跨境经济合作的示范项目和企业投资兴业的成功范例。①

4. 水资源合作不断深化

澜湄合作因"水"而生，水资源合作具有重要的突出性，是一项非常重要的议题，水资源合作是澜湄合作的五大优先领域之一。水资源合作一直是每次澜湄合作领导人会议的重点。在第一次领导人会议上提出成立澜湄水资源合作中心；第二次领导人会议宣布制定澜湄水资源合作五年行动计划，随后举办了首届水资源合作论坛和首次水资源合作部长级会议；李克强总理在第三次领导人会议上宣布从2020年起中国与湄公河五国分享澜沧江全年水文信息，共建澜湄水资源合作信息共享平台。② 在三次领导人会议达成的共识基础上，澜湄合作框架下的水资源合作取得了诸多成效。

作为澜湄合作的一个优先领域，水资源合作在过去的五年里取得了丰硕的成果。其一，成立了水资源联合工作组。水资源联合工作组每年召开例行会议商讨具体合作事宜、协调解决相关问题。会议按澜湄六国的国家名称字母顺序轮流举行，各国工作组根据任务选派人员参会。其二，建立了澜湄水资源合作中心。2017年6月，澜湄水资源合作中心成立，该中心主要承担与澜湄合作机制相关的水资源合作战略研究、水资源领域的对外联络与协调工作、技术交流和人员培训、舆情分析和对外宣传，以及水资源合作项目建议和具体组织实施等。③ 2018年1月，各国领导人审议通过了《澜沧江—湄公河五年行动计划》，提出了要推进澜湄水资源合作中心建设，加强澜沧江—湄公河洪旱灾害应急管理等举措，进一步确定了澜湄水资源合作的努力

---

① 《澜湄合作五个"什么"》，中华人民共和国外交部网站，2016年3月17日，https://www.fmprc.gov.cn/web/zyxw/t1348356.shtml，访问时间：2021年8月20日。

② 《外交部就澜湄合作第三次领导人会议有关情况等答问》，中国政府网，2020年8月25日，http://www.gov.cn/xinwen/2020-08/25/content_5537374.htm，访问时间：2021年8月20日。

③ 任俊霖、彭梓倩、孙博文、李浩：《澜湄水资源合作机制》，《自然资源学报》2019年第2期。

方向。① 其三，与湄公河国家分享澜沧江全年水文信息。从 2020 年开始，中国与湄公河国家分享澜沧江全年水文信息。这一举措是在以往汛期向湄公河五国提供澜沧江水文资料的基础上，中方为深化澜湄水资源合作提供的又一公共产品。② 此外，还建设了澜湄水资源合作信息共享平台。2020 年 11 月 30 日，澜湄水资源合作信息共享平台网站正式开通。其四，水资源合作项目进展顺利。2020 年，中国与湄公河五国在应对气候变化、大坝安全、饮水安全、洪旱灾害管理等领域启动了 20 多个务实合作项目。③ 2019 年首届澜湄水资源合作部长级会议发布的 95 个项目建议清单也在谋划和落实之中。其五，本着确保共同安全的精神，在澜湄合作机制的协调下中国为下游国家实施应急补水。由于 2015 年末 2016 年初的严重干旱，越南、老挝和泰国的农业和渔业遭到破坏，越南湄公河三角洲附近的地下水面临海水入侵。应下游国家的要求，2016 年 3 月，中国从景洪向下游国家实施应急补水。这一努力及时地缓解了下游的干旱，展示了上游大坝建设的积极一面，也受到下游各国政府和人民的欢迎。

5. 农业和减贫合作成效明显

农业是湄公河下游国家最重要的经济活动。在一项调查中，73%的下游国家的家庭表示，农业是他们家庭中最重要的职业。④ 农业也是湄公河下游各国最大的就业部门，解决了越南、柬埔寨和老挝 65%—85% 的劳动力的就业问题。据农业农村部介绍，中国在湄公河国家农业投资存量 31.6 亿美元，占中国对东盟农业投资存量的 62.7%。⑤ 中国与

---

① 《歪曲事实挑拨澜湄合作是徒劳的》，海外网，2020 年 4 月 23 日，http：//opinion.haiwainet.cn/n/2020/0423/c353596 - 31774621.html? nojump = 1，访问时间：2021 年 8 月 20 日。

② 《共同命运 共创未来——澜湄合作第三次领导人会议成果解读》，新华网，2020 年 8 月 25 日，http：//www.xinhuanet.com/asia/2020 - 08/25/c_ 1126407794.htm，访问时间：2021 年 8 月 20 日。

③ 《为澜湄地区发展注入"源头活水"》，《人民日报》2020 年 11 月 29 日第 2 版。

④ Scott William David Pearse - Smith, "The Impact of Continued Mekong Basin Hydropower Development on Local Livelihoods", *Consilience*: *The Journal of Sustainable Development*, Vol. 7, No. 1, 2012, p. 79.

⑤ 《共同命运 共创未来——澜湄合作第三次领导人会议成果解读》，新华网，2020 年 8 月 25 日，http：//www.xinhuanet.com/asia/2020 - 08/25/c_ 1126407794.htm，访问时间：2021 年 8 月 20 日。

湄公河五国农产品贸易规模不断扩大，2019 年，中国与湄公河五国农产品贸易总额 212.77 亿美元，比上年增长 12.5%，比中国—东盟自贸区建立之初增长 10 倍。①

贫困问题一直是阻碍澜湄区域深化区域合作的最大问题，如何有效脱贫历来是沿岸六国最关心和最迫切需要解决的问题之一，而减贫合作直接惠及民生，且政治敏感度低，也是澜湄合作框架下最可能取得早期收获和突出成果的优先领域。② 2016 年 6 月 23 日，在中国广西桂林召开了澜湄合作减贫联合工作组首次会议，会上各国代表决定建立减贫合作联合工作组。中方还提议实施"东亚减贫合作倡议"，开展乡村减贫推进计划，建立东亚减贫合作示范点。③ 为了落实"东亚减贫合作倡议"，中国国际扶贫中心组织设计并推动了"东亚减贫示范合作技术援助项目"，选择柬老缅三国为试点国家，用 3 年的时间，在这三个国家 2 个项目村共计 6 个村开展实施。④ 分别于 2017 年 7 月 30 日启动了柬埔寨项目、2017 年 9 月 30 日启动了老挝项目、2018 年 1 月 23 日启动了缅甸项目，以基础设施建设、公共服务设施建设、生计改善、能力建设以及技术援助四方面为项目内容，在柬埔寨干丹省的斯瓦安普村和谢提尔普洛斯村、老挝琅勃拉邦市象龙村和万象市桑通县版索村、缅甸达贡镇埃羌达村和内比都市莱韦镇敏彬村开展减贫示范合作项目，取得了国内肯定、外方赞誉、群众满意、社会关注的积极影响。⑤

---

① 《深耕农业合作，共襄"丰收澜湄"》，新华丝路网，2020 年 9 月 21 日，https：// www.imsilkroad.com/news/p/426556.html，访问时间：2021 年 8 月 20 日。
② 罗圣荣：《澜湄次区域国际减贫合作的现状、问题与思考》，《深圳大学学报》（人文社会科学版）2017 年第 3 期。
③ 《中方提议实施"东亚减贫合作倡议"》，中国政府网，2014 年 11 月 13 日，http：//www.gov.cn/guowuyuan/2014 - 11/13/content_ 2778196.htm，访问时间：2021 年 8 月 20 日。
④ 《2020 年澜湄周 澜湄减贫合作阶段性成果》，澜沧江—湄公河合作中国秘书处网站，2020 年 4 月 7 日，http：//www.lmcchina.org/n3/2020/0904/c416243 - 9755034.html，访问时间：2021 年 8 月 20 日。
⑤ 《2020 年澜湄周 澜湄减贫合作阶段性成果》，澜沧江—湄公河合作中国秘书处网站，2020 年 4 月 7 日，http：//www.lmcchina.org/n3/2020/0904/c416243 - 9755034.html，访问时间：2021 年 8 月 20 日。

### （三）"X"领域日益拓展升级

2018年召开的第二次澜湄合作领导人会议将"3+5"合作框架升级为"3+5+X"合作框架，拓展了数字经济、环保、卫生、海关、青年等领域合作。自2018年以来，澜湄合作在"X"领域也取得了诸多进展。

一是数字经济合作方面。数字经济是中国与湄公河国家合作的一个重要内容，在中国与湄公河国家达成的共识中，也多次提出要加强双方的数字经济合作。如《万象宣言》中指出，加强数字经济、人工智能等新增长点合作。2020年11月12日第23次中国—东盟（10+1）领导人会议上，发表了《中国—东盟关于建立数字经济合作伙伴关系的倡议》。

二是环保合作方面。近年来，澜湄国家共同推进环境合作，包括成立澜湄环境合作中心，编制澜湄环境合作战略，促进环保产业及经济技术合作，有序开展绿色澜湄计划等，实施了一系列旗舰项目，成效显著。[①]

三是卫生合作方面。中方积极帮助澜湄国家改善医疗卫生条件，加强公共卫生安全合作成为澜湄合作新增长点。自澜湄合作启动以来，各国已在澜湄合作专项基金支持下开展了400多个卫生、减贫等领域民生项目。[②] 在新冠肺炎疫情肆虐全球的背景下，澜湄六国相互帮助，共同遏制疫情蔓延。中国在澜湄合作专项基金框架下设立了公共卫生专项基金，加强与湄公河国家的信息共享和交流，还派出医疗专家，力所能及地为澜湄国家提供抗疫物资和疫苗。六国还实施了"热带病防控行""健康心行动""本草惠澜湄"等项目，并通过视频会议和远程教学等方式开展了疟疾、心血管疾病和中医针灸方面的培训，共同加强公共卫生能力建设。

四是海关合作方面。自澜湄合作成立以来，中国海关与湄公河国

---

[①] 《澜湄流域绿色经济发展带：生物多样性与可持续基础设施圆桌对话顺利召开》，澜沧江—湄公河合作中国秘书处网站，2020年8月5日，http：//www.lmcchina.org/n3/2020/0907/c416224-9757652.html，访问时间：2021年8月20日。

[②] 《中泰携手推进澜湄卫生合作》，新华网，2020年12月7日，http：//www.xinhuanet.com/2020-12/07/c_1126832433.htm，访问时间：2021年8月20日。

家的海关密切对接合作，优化服务，简化手续，助力中国与湄公河国家的经贸往来。如昆明海关统筹开展了与相关各国海关会谈会商、互访交流、人文沟通等多渠道的联络沟通，先后组织参加了中老泰沿昆曼公路、澜沧江—湄公河沿线海关联络员会议以及中老双边边境海关工作会谈等，使各国海关合作进入机制化、常态化轨道。[①]

五是年合作方面。通过设立澜湄青年志愿者项目，成立澜湄青年交流合作中心等，加快了中国与湄公河国家的青年合作。澜湄青年志愿者项目是 2016 年中国在首届澜湄合作领导人会议上提议设立的，旨在推动澜沧江和湄公河沿岸六国合作，加强青年交流，以青年力量推动"一带一路"建设。2019 年 7 月，在上海复旦大学成立了澜湄青年交流合作中心，该中心以大学联盟形式运行，依托六国重要大学或机构，努力构建覆盖澜湄区域的高等教育和青年交流合作网络，推动澜湄六国教育和青年交流合作向更高层次、更高水平、更高质量方向发展。[②]

## 第三节 澜湄区域国际合作的动力机制

澜湄合作成立前，美、日、印、韩等区域大国积极参与澜湄区域开发的活动，使得澜湄区域的国际合作呈现出明显的"外部主导"的特点。澜湄合作与此前澜湄区域所有合作机制的最大不同之处，在于该机制的动力源为六个沿岸国家。澜湄合作并非"另起炉灶"，在与澜湄区域众多的合作机制的关系上，澜湄合作是现有地区合作机制的有益补充。因此，需要指明的是，本节分析的澜湄区域国际合作的动力机制，探讨的是"澜湄合作成立前"和"澜湄合作成立至今"

---

① 《昆明海关服务澜湄合作助力经贸往来 云南与澜湄 5 国去年贸易额逾 811 亿元》，昆明海关网，2018 年 1 月 24 日，http://www.customs.gov.cn/kunming_ customs/611304/611305/1668310/index.html，访问时间：2021 年 8 月 20 日。

② 《合作框架日益完善 合作中心加快运行》，澜沧江—湄公河合作中国秘书处网站，2020 年 4 月 8 日，http://www.lmcchina.org/n3/2020/0904/c416224 - 9754066.html，访问时间：2021 年 8 月 20 日。

澜湄区域所有合作机制的动力机制。虽然是以澜湄合作的成立为界，但是并非将澜湄合作单独割裂出来，而依旧是将澜湄合作作为该地区合作机制的一个组成部分进行分析，这也符合在澜湄合作顶层设计中多次提出的"对接"原则。澜湄合作的加入，试图引导该地区的"利益—责任—规范"向更加高效、公平、合理的方向发展。

## 一 澜湄合作成立前澜湄区域国际合作的动力机制

总的来说，澜湄合作成立前澜湄区域既有合作机制的动力源为美日等域外国家。在这些国家主导下的各个澜湄区域国际合作机制主要服务于域外国家的利益，合作责任主要由各机制主导国承担，地区规范也主要由域外国家主导构建，合作的成效并不明显。

### （一）基于不同的利益诉求进行开发合作

"利益驱动"是澜湄区域国际合作的根本动力。尤其是冷战结束后，澜湄区域实现"由战场向市场"的转变，基于不同的利益诉求，域内国家与域外国家相互配合在澜湄区域进行开发合作。对于域内国家而言，借助与域外国家的合作有利于推动澜湄区域经济和社会的快速发展。对于域外大国而言，积极介入大湄公河地区的开发，既有现实经济利益的考量，又有政治和安全利益的驱动。[①] 以美日参与澜湄区域国家合作的利益驱动为例，美国在亚太地区局势发展巨大变化的背景下，为了在军事上维护美国的超级大国地位和经济上获取更多的经济权益，[②] 从 2009 年"湄公河下游行动计划"到 2011 年的"湄公河下游之友"，再到 2020 年的"湄公河—美国伙伴关系"，积极开展与湄公河国家的多边合作。日本基于实现由经济大国向政治大国的转变、配合美国的全球战略、抢占区域合作制高点、制衡中美等国在湄公河地区日益增强的影响力等方面的利益诉求，以日本—湄公河合作

---

[①] 王庆忠：《大湄公河次区域合作：域外大国介入及中国的战略应对》，《太平洋学报》2011 年第 11 期。

[②] 毕世鸿等：《区域外大国参与湄公河地区合作策略的调整》，中国社会科学出版社 2019 年版，第 23—26 页。

（JMC）为重点，不断加强与湄公河国家的合作。①

但总体而言，"满足主导国利益"是澜湄合作成立前澜湄区域国际合作的主要利益驱动。澜湄合作成立前，澜湄区域既有的相互重叠和不协调的合作框架之间，不同的议程设置和合作重点反映了域外国家和国际机构的不同利益。这些域外国家和国际机构的利益有两种不同但互补的推动力：一种是把河流作为一种自然资源；另一种把河流作为经济活动中心，②但两种推动力都服务于域外国家的利益。把河流作为一种自然资源主要通过非政府组织（NGO）来实现，开发澜湄区域的国家和国际组织在开发澜湄区域自然资源的过程中通过增加大量 NGO 的议程，这些 NGO 使得域外国家的特殊利益通过一个全球非政府组织网络得到放大。如推动澜湄区域发展的域外国家关注的是能源、灌溉、贸易、交通和旅游发展带来的经济效益，而非政府组织关注的是这些开发对环境和人口的负面影响，这一定程度上掩盖了开发带来的负面效益。

河流作为经济活动中心则表现为，通过开发湄公河资源促进湄公河国家和域外国家经济的发展。这主要是因为这些国家深知，澜湄区域的潜力一旦被利用，就会成为现代化、工业化和社会变革的动力，而要实现将流域转变为市场经济活动中心的宏伟事业目标，第一个基本要素将是加强沿岸国家的合作。然而，每个国家在任何影响开发河流的计划以及在引导投资流动、基础设施发展和市场导向的政治、经济框架中都有至关重要的国家利益。最关键的问题是区域发展的普遍共同利益是否能够支持具体的项目和计划，而这些项目和计划在各个国家利益方面的分配上可能并不平等。如美国从其战略利益出发，在湄委会探讨老挝沙耶武里大坝建设时施加压力，并最终对湄委会决策产生了重要影响。③

---

① 毕世鸿等：《区域外大国参与湄公河地区合作策略的调整》，中国社会科学出版社 2019 年版，第 70—93 页。

② Donald E. Weatherbee, "Cooperation and Conflict in the Mekong River Basin", *Studies in Conflict and Terrorism*, Vol. 20, No. 2, 1997, p. 168.

③ 张励、卢光盛：《从应急补水看澜湄合作机制下的跨境水资源合作》，《国际展望》2016 年第 5 期。

参与澜湄区域合作机制的各种行为体，如国际组织、政府、非政府组织、国际投资者等行为体在不同的利益和关注点之间，也时常发生矛盾。① 具体而言，各沿岸国政府主要关注国家利益、发展优先权，世界银行、亚洲开发银行等国际组织注重贷款、人力资源开发及跨境基础设施项目建设，国际投资者和非政府组织则分别重视经济效益和环境保护方面的项目。因此，虽然澜湄区域已经建立了 MRC、AMBDC、GMS 等诸多机制，但大部分机制只是针对某一领域、某一问题，或者由域外国家或机构主导，该区域的许多问题仍旧未能得到有效协调和解决。以 GMS 为例，GMS 由亚洲开发银行主导，但沿岸六国想办的事情，亚洲开发银行不一定同意；而亚洲开发银行想办的事，却不一定能够符合六国的愿望。② 在 GMS 中，没有哪个国家行为者会将该地区的整体利益置于自身的国家利益之上。因此，GMS 国家在许多有关水资源、自然资源开发和发展的问题上，几乎没有达成一致意见，每个 GMS 国家都试图按照自己的国家利益行事。由于国家利益至上，GMS 国家倾向于抵制国际或地区机构的监管。③

对域内外国家而言，各自不同的利益需求使得其尽可能地在澜湄区域推动对自己有利的议程，这在一定程度上导致了澜湄区域的利益冲突。自 1992 年以来，澜湄区域国际合作的激增反映了参与国和国际机构不同的国家利益和发展战略，用一位泰国分析人士的话来说，这样的湄公河竞争"可能会以灾难性的利益冲突告终"。④

（二）合作责任主要由各机制主导国承担

区域合作的基本理论认为，区域合作中足够大的潜在收益、合作中要有意愿承担责任且具备相应的实力和领导能力的领导国是决定区

---

① 郭延军：《大湄公河水资源安全：多层治理及中国的政策选择》，《外交评论》2011 年第 2 期。
② 《澜湄六国合作进入新阶段》，《光明日报》2015 年 11 月 10 日第 12 版。
③ Suzanne Ogden, "Challenges Facing Cooperation and Sustainability on Water Security and Hydropower Development in the Mekong River Basin: The GMS Response", in *International Conference on GMS 2020: Balancing Economic Growth and Environmental Sustainability*, Royal Orchid Sheraton Hotel and Towers, February 20, 2012.
④ Donald E. Weatherbee, "Cooperation and Conflict in the Mekong River Basin" *Studies in Conflict and Terrorism*, Vol. 20, No. 2, 1997, p. 172.

域合作能否顺利推进的两大因素。① 在澜湄区域国际合作中，责任承担的主体可以分为三类，第一类是已经形成"东盟方式"和"东盟规范"的东盟，第二类是美日印等域外国家，第三类是同样作为域内国家的中国。澜湄合作成立前，澜湄区域国际合作主要由每个机制的主导国承担，且呈现出每个机制单独行动的特点。

虽然东盟已经成为东南亚地区乃至东亚区域合作中的领导力量，但从责任承担的角度而言，东盟并不具备这个实力。虽然在东亚区域合作中，东盟经过几十年的发展已经形成了独特的决策机制和区域管理的行为准则，即"东盟方式"和"东盟规范"，② 但近年来，东盟的领导能力已经越来越受到质疑，"东盟中心地位"日益受到挑战。③ 聚焦到澜湄区域国际合作中同样如此，"东盟方式"和"东盟规范"等决定了东盟是澜湄区域合作的中心，但在区域合作的责任承担问题上，东盟显然做得不到位。正如上文提到的，虽然东盟已经日渐意识到其在澜湄区域的缺失，但由于实力的限制以及东盟本身也存在着"主导缺失"的问题，所以一直以来，东盟在澜湄区域国际合作中所承担起的责任并不多。

美日等域外国家在澜湄区域国际合作中的责任承担问题上也呈现出单独行动、相互推诿的情况。虽然美、日、印等国都在澜湄区域建立了各自主导的地区合作框架，但没有一个国家成为澜湄区域国际合作中的主导国，相应地在责任承担问题上没有相应的大国责任。这主要是由于域外国家之间实际上也并不希望对方成为地区合作机制的主导者，因此往往倾向于不认可彼此提出的合作形式。④ 以澜湄区域国际合作的资金支持为例，澜湄合作成立之前，澜湄区域的各种项目，尤其是基础设施项目，需要捐助国通过双边赠款或世界银行、亚行或

---

① 刘少华：《论东盟在东亚区域合作中的领导能力》，《当代亚太》2007年第9期。
② 郑先武：《"东亚共同体"愿景的虚幻性析论》，《现代国际关系》2007年第4期。
③ 刘少华：《论东盟在东亚区域合作中的领导能力》，《当代亚太》2007年第9期；郑先武：《"东亚共同体"愿景的虚幻性析论》，《现代国际关系》2007年第4期；韦宗友：《印太视角下的"东盟中心地位"及美国—东盟关系挑战》，《南洋问题研究》2019年第3期。
④ 翟崑：《东盟对东亚合作主导权的波动规律（1997—2017）》，《教学与研究》2017年第6期。

开发计划署提供资金。比如湄委会（MRC）大多数运行资金来自欧盟国家、澳大利亚、日本等域外国家，① 大湄公河次区域经济合作（GMS）的主要出资方是亚洲开发银行和其他外国捐助者，日本—湄公河合作（JMC）则由日本绝对出资。其中，GMS 的预算高度依赖亚洲开发银行（ADB）和其他外国捐助者，而不是成员国。亚开行的主要出资方是日本和美国，对于亚洲开发银行赞助的 GMS 项目，亚洲开发银行提供了 40% 的资金（约 35 亿美元，包括 GMS 贷款、赠款项目以及技术援助），另外 35% 来自成员国，还有 25% 来自其他发展伙伴。②

然而，合作资金由域外国家提供也给澜湄区域国际合作带来了一系列问题。第一，资金短缺的问题。澜湄区域存在许多国际机制意味着，有形和具体的合作资金并不总是唾手可得的，该地区国家依旧需要寻找替代方案，以确保来源多样化。③ 湄委会（MRC）秘书处负责人张宏田（Truong Hong Tien）在 2016 年曾表示，"湄委会（MRC）的发展伙伴资金将从过去五年的约 1.15 亿美元大幅削减至 2016—2020 年的 5300 万美元。因此，MRC 将'下放权力'，裁减大约一半的 150 名工作人员，并将水位监测等职能下放给成员国"④。上文指出的 2017 年金边的 MRC 秘书处与万象的 MRC 秘书处合并，就是最典型的例证。第二，援助资金带有政治性，成为谈判的筹码。在所有权和利益相关者问题上，湄公河国家不想被动、消极地听取已完成项

---

① 张励、卢光盛：《从应急补水看澜湄合作机制下的跨境水资源合作》，《国际展望》2016 年第 5 期。

② Asian Development Bank, "Greater Mekong Subregion: Maturing and Moving Forward", February 2009, p. 1. https://www.adb.org/sites/default/files/evaluation-document/35742/files/lc-gms-maturing-moving-forward.pdf, 访问时间：2021 年 8 月 20 日。

③ Sim Vireak, "Mapping Mekong Cooperation Complementarities and Policy Implications", Asian Vision Institute (AVI) Perspective, No. 9, 2019, p. 7.

④ Igor Kossov, Lay Samean, "Donors slash funding for MRC", The Phnom Penh Post, January 14, 2016, https://www.phnompenhpost.com/national/donors-slash-funding-mrc?utm_source=The%20Phnom%20Penh%20Post%20News%20Brief&utm_campaign=fe6d5b87b1-atphga&utm_medium=email&utm_term=0_53e48d7faf-fe6d5b87b1-259359389, 访问时间：2021 年 8 月 20 日。

目的报告，而不参与项目的制定和交付过程。① 然而，由于资金对于项目的运转起着至关重要的作用，在谈判中不得不屈服于域外国家的利益需求。可以说，一旦域外国家掐断资金来源，澜湄区域的这些机制就难以运转，域外国家的态度与意向直接关乎着这些国际机制的发展方向。第三，澜湄区域发展的资金与单一国家、其他次区域合作等的发展资金之间存在着竞争关系。澜湄区域发展的资金与单一国家发展资金之间存在着竞争关系主要是指湄公河五国中单一国家资金分配多少的问题，每个国家分配额度之间存在着竞争。而澜湄区域的发展资金与其他次区域合作等的发展资金之间存在着竞争关系则是指，用于澜湄区域乃至东盟区域相关合作机制之间关于资金问题的竞争。例如，澜湄区域的发展项目与东盟的发展项目资金之间存在竞争。除了东盟自身在达成协议上的困难之外，如何让日本、韩国、国际金融机构以及已经承诺参与其他湄公河项目的非亚洲国家参与到东盟的计划中也是一个问题。② 也就是说，澜湄区域发展的资金将与国家和其他次区域增长战略的资金竞争。

（三）地区规范构建主要由域外国家主导

澜湄合作成立前澜湄区域国际合作的规范构建主要由域外国家主导。域外国家主导的合作机制会更多地体现域外国家的理念和意图，导致湄公河地区国家的实际需求会被忽视和弱化。尤其受外国资金和技术支持的合作机制，在关注领域、合作模式和项目内容等方面都受域外国家影响和限制。③ 以澜湄区域影响力较大的湄委会（MRC）为例，这个机制的合作议程一定程度上是由日本、亚行等国家和国际组织推动和操控的。

在湄委会（MRC）中，由于澳大利亚、日本等国及世行、亚行为湄委会（MRC）资金运作的主要捐助方，湄委会（MRC）主席一

---

① Sim Vireak, "Mapping Mekong Cooperation Complementarities and Policy Implications", *Asian Vision Institute（AVI）Perspective*, No. 9, 2019, p. 7.

② Donald E. Weatherbee, "Cooperation and Conflict in the Mekong River Basin", *Studies in Conflict and Terrorism*, Vol. 20, No. 2, 1997, p. 174.

③ 任俊霖、彭梓倩、孙博文、李浩：《澜湄水资源合作机制》，《自然资源学报》2019 年第 2 期。

般由西方人担任，当地国家难以主导湄委会（MRC）日常运作和项目规划。① 虽然湄委会（MRC）是在联合国的支持下成立的，但这一合作框架受到美国的很大影响，在湄委会运作至1975年的大部分时间里，湄委会的大多数成员国都与美国密切结盟（1970年以前的柬埔寨是一个中立国），美国是这些国家的依赖对象。② 湄委会（MRC）在很大程度上仍然是一个由捐赠者资助的组织，捐赠者对捐赠的资金将用于什么以及他们支持什么样的组织有自己的期望，从这个意义上说，MRC是一个"被治理"的组织，而不是一个"治理"组织。③

湄公河委员会（MRC）的大部分活动经费来自成员国和发展伙伴的资助和捐赠，其发展受到外部捐助者的强烈影响，该机制的运转是由捐助者推动的，它依赖捐助者提供资金，其增长和战略方向由捐助者指导、议程和方案主要由捐助者制定、倡议由捐助者审查。而且，域外国家的大多数捐助具有附加条件，这影响了湄委会的独立性以及全流域的整体利益和目标。④ 由于体制安排的资金主要来自外部捐助者，而不是管理委员会的湄公河国家，湄公河委员会在制定规则和影响与河流资源有关的决策的权力问题上，地缘政治紧张局势已经形成。⑤

东盟规范也日益受到域外国家的挑战。日美通过经济援助手段对东南亚地区实施政治介入，这在一定程度上制约了湄公河国家的主权利益和自主意愿。湄公河国家对资金没有所有权，有时甚至对基础设施发展项目的运营也没有所有权，这种合作形式将湄公河国家置于其发展伙伴的摆布之下，这反过来又使它们在维护自身的区域和国家利

---

① 秋千：《澜沧江—湄公河流域其他主要次区域合作机制有哪些》，《世界知识》2015年第22期。

② Philip Hirsch, "The Shifting Regional Geopolitics of Mekong Dams", *Political Geography*, No. 51, 2016, p. 67.

③ Gary Lee, Natalia Scurrah, *Power and Responsibility: The Mekong River Commission and Lower Mekong Mainstream Dams*, Sydney: Oxfam Australia and University of Sydney, 2009, p. 20.

④ 郭延军：《大湄公河水资源安全：多层治理及中国的政策选择》，《外交评论》2011年第2期。

⑤ Philip Hirsch, "The Shifting Regional Geopolitics of Mekong Dams", *Political Geography*, No. 51, 2016, p. 68.

益方面变得没有发言权和无能为力。① 虽然美国官方多次强调尊重东盟的中心地位，如在美国的印太战略强调"东盟中心地位"，但美国和东盟的"东盟中心地位"大异其趣，在出发点、关注点和实现目标的手段等方面，美国和东盟存在根本性不同，简言之，"支持东盟中心地位"是美国实现其战略目标的众多手段之一。②

## 二 澜湄合作的动力机制

域内国家驱动下的澜湄合作与域外国家驱动下的其他澜湄区域国际合作机制的一个重要区别，即中国与湄公河国家接壤，共同面临澜沧江—湄公河这一国际河流的开发与管理等诸多难题以及由此产生的共同利益与共同需求。③ 具体来说，澜湄合作的动力机制主要表现在以下几个方面。

（一）增进中国与湄公河国家的共同利益是澜湄合作的根本动力

澜湄合作由中国与湄公河国家共同创建，合作主体即澜湄六国，没有任何域外国家作为成员，集中体现澜湄六国的共同利益。这与 MRC 和 GMS 形成了鲜明对比。MRC 主要由西方捐助国提供资金，GMS 则是亚行的倡议，日本和美国在亚行拥有最大的投票权。MRC 由下游地区的四个成员国组成，上游国家中国和缅甸只是湄委会的对话伙伴国，这种成员资格的不完整破坏了 MRC 的合法性和能力。与 MRC 或 GMS 相比，澜湄合作是唯一一个包括湄公河沿岸所有六个国家的框架，并且所有国家都是平等的。正如一名泰国学者所言，"相比之下，在澜湄合作中，尽管在实践中中国和泰国拥有更大的话语权，所有六个国家都是'平等的'"。④

---

① Doung Bosba, "Dynamics of Cooperation Mechanisms in the Mekong", *Khmer Times*, October 23, 2018, https://www.khmertimeskh.com/543025/dynamics-of-cooperation-mechanisms-in-the-mekong/，访问时间：2021 年 8 月 20 日。

② 韦宗友：《印太视角下的"东盟中心地位"及美国—东盟关系挑战》，《南洋问题研究》2019 年第 3 期。

③ 卢光盛、金珍：《超越拥堵：澜湄合作机制的发展路径探析》，《世界经济与政治》2020 年第 7 期。

④ Carl Middleton, Jeremy Allouche, "Watershed or Powershed? Critical Hydropolitics, China and the 'Lancang-Mekong Cooperation Framework'", *The International Spectator*, Vol. 51, No. 3, 2016, p. 113.

澜湄合作由中国与湄公河国家共同创建是澜湄合作与此前澜湄区域所有国际机制最大的不同之处。其一，回归地理属性，澜湄合作机制的边界与自然地理的边界重合。只有回归到地理上的河流本身，才能更好地平衡河流资源开发与环境保护的关系。从地理位置来看，湄公河流域被定义为"所有流入湄公河的溪流和河流周围的陆地区域"。① 澜湄合作真正将湄公河视为一条统一的河流，将共享其水域的六个沿岸国家联系起来。其二，澜湄合作是第一个完全由澜湄六国创建和参与的国际机制。澜湄合作主要是由沿岸国家发起的，而非外部捐助者，它是专门为澜湄区域设计的。澜湄合作成立前，尽管大湄公河次区域经济合作（GMS）计划取得了成功，但来自亚行内部和外部利益相关者挑战依然存在。其三，根据澜湄合作的组织原则，澜湄六国之间的关系是平等的。澜湄合作机制为湄公河国家提供了最高级别的项目所有权，湄公河国家可以直接参与项目制定，直到最后交付的全过程。② 其四，澜湄合作关注整个流域的共同安全。澜湄合作机制强调整个流域的共同安全，涵盖所有沿岸大小国家，这有别于大湄公河次区域经济合作（GMS）、湄公河委员会（MRC）、东盟—湄公河流域开发合作（AMBDC）、中老缅泰经济四角合作机制（Quadri-partite Economic Cooperation，QEC）等该地区其他治理框架。③

由水相连的澜湄合作更能最大限度地反映机制内所有国家的利益，包括各国利益和共同利益。中国作为上游国家，"一荣俱荣，一损俱损"的意识更为强烈。澜湄合作成功的关键在于中国作为利益攸关方的积极参与，政府层面上中国政府提供了官方支持，并通过"一带一路"资助了多个联合流域开发项目，频繁举行高级别政治会

---

① Scott William David Pearse-Smith, "The Impact of Continued Mekong Basin Hydropower Development on Local Livelihoods", *Consilience: The Journal of Sustainable Development*, Vol. 7, No. 1, 2012, p. 74.

② Sim Vireak, "Mapping Mekong Cooperation Complementarities and Policy Implications", *Asian Vision Institute (AVI) Perspective*, No. 9, 2019, p. 3.

③ Xing Wei, "Lancang-Mekong River Cooperation and Trans-Boundary Water Governance: A Chinese Perspective", *China Quarterly of International Strategic Studies*, Vol. 3, No. 3, 2017, p. 385.

议，以及自动将所有沿岸国家纳入其中的灵活的制度体系中。① 作为流域的一员，中国更加注重平衡发展利益与环境保护之间的关系。澜湄合作是沿岸六国内部合作的成果，是建立在澜湄六国内部自愿合作基础上、没有外部组织或国家的机制，因此澜湄合作更能反映成员国的需求，并为其成员国带来更大的前景。同时，这一框架能够真正代表所有成员国的愿望，真正为成员国谋取利益，而不受外部各方的干预。

（二）"共同但有区别的责任"原则下中国成为澜湄合作的领导动力

在责任承担问题上，在"共同但有区别的责任"原则下中国成为澜湄合作的领导动力。澜湄合作是在中国具备了担当地区机制积极主导者的意愿和实力的基础上提出的，是中国国际责任发生变化后的产物。② 在澜湄合作中，中国作为大国，负有更大责任，尤其是承担着提供公共产品的责任。然而，仅中国承担责任是不够的，需要在澜湄合作进程中强调"共同但有区别的责任"，只有其他五国承诺并承担起相应的责任，并将澜湄合作的发展目标转化为其国内发展的战略与具体行动，才能更好、更快地实现合作目标，并使合作行稳致远。③

在资金方面，到目前为止，中国一直是澜湄合作成员国中最活跃的参与者。澜湄合作成立前，中国就一直在为澜湄区域国际合作提供资金支持。为支持澜湄区域国际合作，中国政府先后设立了中国—东盟公共卫生合作、海上合作、投资合作等基金。澜湄合作成立后，中国政府表示这些基金将用来支持澜湄合作。④ 事实上，中国对澜湄合作的资金支持也经历了一个逐步扩大的过程。澜湄合作成立初期，只有亚投行和澜湄合作专项基金是澜湄合作项目的主要资金支持机构。

---

① Richard Grünwald, "Lancang – Mekong Cooperation: Present and Future of the Mekong River Basin", *Politické vedy*, Vol. 23, No. 2, 2020, p. 87.

② 卢光盛、聂姣：《澜湄合作的动力机制——基于"利益—责任—规范"的分析》，《国际展望》2021 年第 1 期。

③ 卢光盛、聂姣：《澜湄合作的动力机制——基于"利益—责任—规范"的分析》，《国际展望》2021 年第 1 期。

④ 《澜湄六国合作进入新阶段》，《光明日报》2015 年 11 月 10 日第 12 版。

然而，在2018年的《金边宣言》和《澜湄合作五年计划》中，澜湄合作的资金支持范围有所扩大。在《金边宣言》中指出，"探索利用亚洲基础设施投资银行、亚洲开发银行、世界银行集团等国际金融机构和丝路基金等渠道，开展投融资合作，支持澜沧江—湄公河流域国家优质基础设施建设"。可以看出，除了澜湄合作专项基金外，澜湄合作还积极寻求亚投行、丝路基金和亚行等主要金融机构的支持，拓宽该合作的资金支持渠道。

在澜湄合作首次领导人会议上，中方宣布设立澜湄合作专项基金，在5年内提供3亿美元支持六国提出的中小型合作项目。经过几年的发展，从国别来看，澜湄专项基金已经为湄公河国家提供了诸多支持。缅甸获得澜湄专项基金2017年度10个项目240万美元，澜湄专项基金2018年度19个项目720万美元。[①] 2018年迄今，中方共资助缅方51个澜湄合作专项基金项目，总金额超1600万美元。[②] 在泰国，自澜湄合作成立以来到2020年11月，中方出资成立的澜湄合作专项基金已支持5个由泰方主导实施的商业项目，资助总额逾210万美元（约6500万泰铢），覆盖经济特区联合发展、区域物流系统升级、澜湄国家农村电子商务发展等领域。[③] 在柬埔寨，2019年该基金为柬埔寨19个项目提供了766万美元的资金支持。[④]

中国私营部门在东盟国家的投资也为该地区的发展提供强有力的资金保障。中国是澜湄区域最大的对外援助提供国和投资国，也是该

---

① "China Provides $ 6.7m for 22 Projects in Myanmar", *Myanmar Times*, March 26, 2020, https://www.mmtimes.com/news/china-provides-us67-million-22-projects-myanmar.html，访问时间：2021年8月20日。

② 《中缅签署澜湄合作2020年缅方项目合作协议》，科技部网站，2020年5月22日，http://www.most.gov.cn/gnwkjdt/202005/t20200522_154304.htm，访问时间：2021年8月20日。

③ 《中泰签署澜湄合作专项基金2020年度商业项目合作协议》，驻泰国大使馆网站，2020年11月23日，http://www.chinaembassy.or.th/chn/gdxw/t1834679.htm，访问时间：2021年8月20日。

④ 《中柬签署澜湄合作专项基金柬方新项目合作协议》，新华网，2020年6月23日，http://www.xinhuanet.com/world/2020-06/23/c_1126152525.htm，访问时间：2021年8月20日。

地区许多发展中国家最大的优惠贷款来源。另外，澜湄合作也鼓励其他五个沿岸国家提供资金和资源。美国等域外国家提供的资金确实受到湄公河下游国家的欢迎，因为这些资金可能会提高湄公河国家对抗中国的能力。然而，域外国家提供的资金与中国在澜湄合作下提供的资源相比，只是沧海一粟。

（三）在尊重东盟规范的前提下构建澜湄规范是澜湄合作的精神动力

在澜湄合作框架下，中国开始积极主动地去进行地区规范建设，倡导"共商、共建、共享"的"澜湄合作价值观"。① 澜湄合作展示了中国和东盟的共同目标。澜湄区域在东盟共同体建设进程中发挥着关键作用，为缩小发展差距、增加东盟内部贸易和投资，以及履行其政治和安全使命提供了机会。澜湄合作的开展有助于促进东盟国家中发展较为滞后的越、老、缅、柬四个湄公河流域国家的发展，补齐东盟共同体建设的"短板"，同时也为中国—东盟合作增添新的平台和内涵。② 澜湄合作致力于推动中国—东盟合作框架，使澜湄合作的三大支柱与东盟自身的三大支柱相互呼应。

澜湄合作"3+5"机制展示了其在澜湄区域的合作职能，涵盖了合作的方方面面。重要的是，这一机制符合东盟共同体三大支柱——政治—安全共同体（APSC）、经济共同体（AEC）和社会—文化共同体（ASCC），以及中国"一带一路"倡议下的"五通"——政策沟通、设施联通、贸易畅通、资金融通和民心相通，表明东盟和中国有着共同的目标（见图2-1）。可以看出，澜湄合作、东盟共同体和"一带一路"具有相似的机制，反映了中国和东盟正朝着同一个方向发展。澜湄合作在两个方面有助于加快东盟一体化进程，一是推动《东盟互联互通总体规划》，以基础设施建设和机构协调为重点；二是澜湄合作寻求缩小湄公河国家之间的发展差距，与"东盟一体

---

① 卢光盛、别梦婕：《"命运共同体"视角下的周边外交理论探索和实践创新：以澜湄合作为例》，《国际展望》2018年第1期。
② 刘稚：《澜湄合作的特点、趋势和路径》，载林文勋、郑永年《澜湄合作新机遇与中国：东盟关系新篇章》，社会科学文献出版社2017年版，第16页。

化倡议"(IAI)①的主要目标保持一致。②从国别来看,澜湄合作的合作内容和合作目标与湄公河国家的国家发展战略具有统一性。如澜湄合作的主要优先领域与柬埔寨的国家发展战略——"'矩形战略'和工业发展政策(2015—2025年)"(Rectangular Strategy and Industrial Development Policy 2015 – 2025)非常一致。③

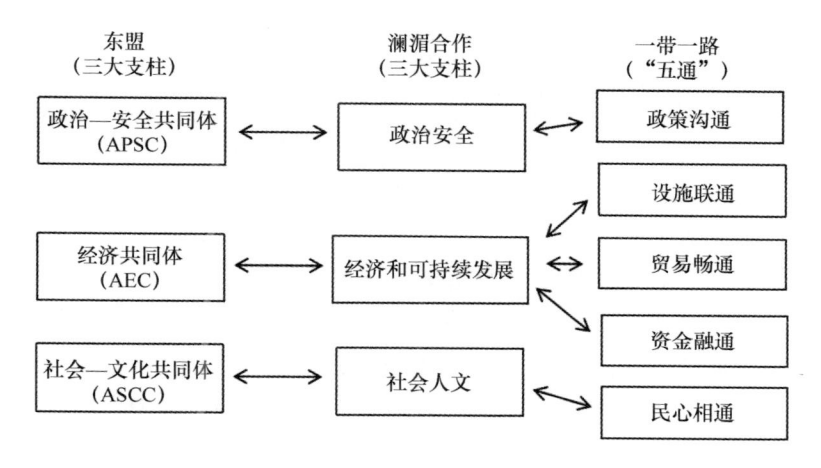

```
东盟                 澜湄合作              一带一路
(三大支柱)           (三大支柱)             ("五通")

政治—安全共同体  ↔   政治安全     ↔    政策沟通
   (APSC)
                                      设施联通
                                   ↗
经济共同体      ↔   经济和可持续发展  ↔  贸易畅通
   (AEC)                           ↘
                                      资金融通

社会—文化共同体  ↔   社会人文    ↔    民心相通
   (ASCC)
```

图 2 - 1　东盟、澜湄合作、"一带一路"的契合点图

资料来源:Kulnaree Nukitrangsan,"Chinese Implications on Lancang – Mekong Cooperation (LMC)",Institute of Asian Studies Chulalongkorn University,http://www.ias.chula.ac.th/article/th – chinese – implications – on – lancang – mekong – cooperation – lmc/,访问日期:2021年8月20日。

## 三　澜湄区域国际合作动力机制的变化

从上述分析可以看出,澜湄合作相较于此前澜湄区域的国际合作

---

① IAI于2000年提出,目的是使柬埔寨、老挝、缅甸和越南等东盟新成员国能够通过较发达的东盟成员国给予的特殊优惠待遇,更好地融入东盟。换言之,这些优惠待遇旨在缩小东盟新老成员国之间的发展差距。

② Thearith Leng,"Connectivity Initiatives in the Mekong Region:Too Many or Too Little?" in Christian Echle,*Responding to the Geopolitics of Connectivity:Asian and European Perspectives*,Singapore:the Konrad Adenauer Stiftung,2020,p.105.

③ Pich Charadine,"Cambodia in the Context of Mekong – Lancang Cooperation (MLC):Progress and Ways Forward",December 2018,p.4,https://www.kas.de/documents/264850/264899/PICHt = 1547520230286,访问时间:2021年8月20日。

机制，在动力机制方面存在着较多的不同。澜湄合作作为澜湄区域国际合作机制中的一员，致力于推动该地区的"利益—责任—规范"向更加高效、公平、合理的方向发展。

（一）利益驱动由"满足主导国利益"向"扩大共同利益"转变

从利益角度来看，澜湄合作成立前澜湄区域国际合作致力于满足域外各方利益，澜湄合作则在于通过共同发展扩大共同利益。澜湄合作成立前，澜湄区域国际合作机制主要由域外大国和国际机构主导，这些大国和机构主导下的相关规划制定和项目落实与澜湄区域国家的实际需求和期待并不完全匹配。[①] 对于域外国家而言，更倾向于将澜湄区域看作他们可以开发的"别人的土地"，但对于域内国家而言，澜湄区域是他们自己的"后院"，一个他们为了每个国家和该地区每个人民的利益，真正需要并想要保护的地方。对于域内国家而言，削弱该地区某一个国家的实力，都将阻碍整个地区的增长，进而削弱自身利益增长的空间。举个更为具体的例子，对域内国家——中国来说，东南亚大陆对中国的安全至关重要，随着新的交通网络和边境贸易区的建设，中国与东南亚地区的关系更加紧密；对域外国家——美国来说，湄公河地区乃至东南亚地区只是美国寻求抗衡中国崛起的众多偏远地区之一。[②]

澜湄合作机制坚持沿岸六国"共商、共建、共享"的核心理念，合作的相关规划制定和项目实施等全部由沿岸六国在平等协商的原则下共同决定，以最大化地满足沿岸六国的实际利益和需求。[③] 除了社会经济效益，中国给予下游国家的发展援助也有助于促进澜湄区域交通、电信、卫生、教育、人力资源开发和建设等领域的社会经济发展，从而促进区域合作。澜湄合作的最大优势就是由各国政府直接推动，这使得澜湄区域各国的地缘人文、基础设施、政策协调等得天独

---

① 刘稚：《澜湄合作的特点、趋势和路径》，载林文勋、郑永年《澜湄合作新机遇与中国：东盟关系新篇章》，社会科学文献出版社2017年版，第15—16页。

② Sebastian Strangio, "How Meaningful is the New US – Mekong Partnership?" *The Diplomat*, September 14, 2020, https://thediplomat.com/2020/09/how–meaningful–is–the–new–us–mekong–partnership/, 访问时间：2021年8月20日。

③ 刘稚：《澜湄合作的特点、趋势和路径》，载林文勋、郑永年《澜湄合作新机遇与中国：东盟关系新篇章》，社会科学文献出版社2017年版，第16页。

厚的优势得到更充分地发挥，也有利于将澜湄流域建设成为一个紧密相连的命运共同体。①

（二）责任承担由"大国责任"向"共同但有区别的责任"转变

一个大国只有承担国际责任才能够获得国际社会对其地位的认可，而供给公共产品是体现国际责任最主要的方式。② 由于内生要素的不足，澜湄区域内中小国家的公共产品供给能力有限，一些域外大国反而成为澜湄区域更重要的供给者。从区域公共产品供给的角度来看，域外力量的参与客观上有利于促进湄公河次区域中小国家的开发，但也造成了区域治理的"外部主导"突出的问题。③ 在澜湄合作中，澜湄区域国际合作的责任承担日益由"外生动力"向"内生动力"转变。在资金支持方面，从 2009 年到 2020 年，美国国务院和美国国际发展署（USAID）向湄公河流域的五个国家提供了近 35 亿美元援助，而中国仅在 2016 年一年，便承诺对湄公河国家提供 16 亿元美元贷款和 100 亿美元信贷优惠。④

从责任承担由"大国责任"向"共同但有区别的责任"转变的结果来看，越发强化了域内国家的"责任感"。对湄公河国家来说，美、日、印等域外国家主导下的国际合作机制增加了平衡的力量，澜湄区域可能成为域外势力的"角逐场"。这些域外大国与域内部分国家在中国问题上存在着"遏制"与"平衡"的相互需要——域内部分国家希望降低对中国的依赖，而域外国家则企图冲抵中国崛起带来的战略压力。⑤ 对于中国来说，作为一个新兴的"负责任的大国"和全球领导者，中国应该更加明确地认识到自己在澜湄区域的角色。与

---

① 刘稚：《澜湄合作的特点、趋势和路径》，载林文勋、郑永年《澜湄合作新机遇与中国：东盟关系新篇章》，社会科学文献出版社 2017 年版，第 16 页。

② 黄河、戴丽婷：《澜湄合作机制框架下的区域性公共产品供给研究》，《复旦国际关系评论》2019 年第 1 期。

③ 宋效峰：《湄公河次区域的地缘政治与公共产品供给》，《江南社会学院学报》2014 年第 4 期。

④ 《湄公河：美国启动伙伴计划会给流域资源之争带来什么》，BBC 新闻网，2020 年 9 月 24 日，https://www.bbc.com/zhongwen/simp/world-54264192，访问时间：2021 年 8 月 20 日。

⑤ 宋效峰：《湄公河次区域的地缘政治经济博弈与中国对策》，《世界经济与政治论坛》2013 年第 5 期。

湄公河国家毗邻以及由此产生的一系列重叠的区域互动，进一步提升了中国作为一个地区强国将自身嵌入澜湄区域的发展之中的责任感。每个澜湄国家在澜湄合作中都是一股重要力量，每个国家在澜湄合作机制中地位平等，秉持协商一致、平等互利等原则，根据实际情况和需求，共同规划合作。正因为如此，澜湄合作是各国共同的责任田，建设自家的责任田，谁会不上心？①

（三）规范构建由"地区规范不足"向"共同塑造规范"转变

总体而言，澜湄区域国际合作的规范构建是不成功的。澜湄区域的规范构建一定程度上由于东盟对澜湄区域的关注不足，可以说是缺失的。在此背景下，中国在接受东盟方式的前提下，积极参与并不断提出积极有效的建设性提案，推动了东盟地区规范和秩序的建构。②随着澜湄合作的推进，澜湄模式将成为适合发展中国家特点的区域一体化和命运共同体构建的全新平台。③

从区域规范构建来看，通过大国协调构建"澜湄规范"将是澜湄区域规范构建的重要方向。李克强总理在澜湄合作第二次领导人会议上的讲话中指出的，澜湄合作"不搞封闭排他的'小圈子'，对有利于地区发展的倡议和机制都持开放态度"。澜湄合作不分域内和域外国家，进行共同合作开发，中国提出"对接"就是最典型的表现。中国提倡竞合对接的主要原因是，中国将澜湄合作视为"补充者"而非"竞争者"。④随着澜湄区域国际合作机制框架的不断演变，每个机制的独特性开始显现，它们通过提供各自的特色和附加值而相辅相成。澜湄区域这些机制之间的互补性也是推动澜湄区域蓬勃发展的重要因素，一些区域倡议可以相互补充，或补充其

---

① 《澜湄合作五个"什么"》，中华人民共和国外交部网站，2016年3月17日，https：//www.fmprc.gov.cn/web/zyxw/t1348356.shtml，访问时间：2021年8月20日。

② 肖欢容、朱虹：《参与、接受与建构——以1997—2005年中国参与东盟地区论坛的规范建构为例》，《东南亚研究》2009年第4期。

③ 王玉主：《澜湄合作：以区域合作新模式打造命运共同体》，人民网，2018年1月10日，http：//opinion.people.com.cn/n1/2018/0110/c1003-29757430.html，访问时间：2021年8月20日。

④ 卢光盛、金珍：《超越拥堵：澜湄合作机制的发展路径探析》，《世界经济与政治》2020年第7期。

他现有的区域一体化倡议。例如，湄公河委员会（MRC）显然是最好的水资源数据中心，而 GMS 是连接湄公河国家贸易、投资、旅游、能源和卫生等领域全面经济合作的最佳桥梁。没有任何机制可以取代 MRC 在提供的水资源数据方面的技术专长，也没有任何其他机制能够更好地利用 GMS 经济走廊的优势。① 在将澜湄合作视为"补充者"的认知下，中国主导下的澜湄合作提倡"对接"，鼓励"竞合"。

## 小　结

综上对澜湄区域国际合作历史演进的梳理和分析可以发现，鉴于澜湄区域"地缘经济—地缘政治"的特点，澜湄区域已成为全球主要大国战略的重点地区。随着澜湄区域战略重要性的日益上升，世界大国纷纷制定具体战略，来增强在该地区的存在。不仅域内国家与其他东南亚国家展开合作建立了一系列合作机制，美日印等域外大国也纷纷介入，牵头组建了诸多合作机制。澜湄区域现有的域外大国主导下成立的国际制度和域内国家成立的国际制度的两种制度类型，在促进澜湄区域全面发展的同时，也在一定程度上导致了澜湄区域日益突出"外部主导"问题，澜湄区域国际合作的形势日益复杂。

有学者将澜沧江—湄公河的历史和未来概括为——"分歧的过去，汇聚的未来"②。澜湄合作成立前，澜湄区域国际合作机制的动力源来自域外国家，各项合作倡议、议程和资金主要靠域外国家以及国际组织提供支持并推动，湄公河国家更多是配合与跟进。③ 澜湄合

---

① Sim Vireak, "Mapping Mekong Cooperation Complementarities and Policy Implications", *Asian Vision Institute （AVI） Perspective*, No. 9, 2019, p. 7.

② Yong Zhonga, Fuqiang Tiana, Heping Hua, David Greyb, Michael Gilmon, "Rivers and Reciprocity: Perceptions and Policy on International Watercourses", *Water Policy*, Vol. 18, No. 4, 2016, p. 819.

③ 卢光盛、金珍：《超越拥堵：澜湄合作机制的发展路径探析》，《世界经济与政治》2020 年第 7 期。

作成立后进展迅速,与其强劲的内生动力密切相关,它从一开始便得到东盟的认可和支持,是区域经济一体化的必然结果。① 澜湄合作的加入,将会引导该地区的"利益—责任—规范"向更加高效、公平、合理的方向发展。

---

① 刘卿:《澜湄合作进展与未来发展方向》,《国际问题研究》2018 年第 2 期。

# 第三章

# 澜湄国家命运共同体建设的现实基础与发展评估

在2016年3月标志着澜湄合作机制运行的首次澜湄国家领导人会议上，六国领导人通过《三亚宣言》确立了构建澜湄国家命运共同体作为澜湄合作的目标和宗旨，澜湄合作因此成为关乎澜湄国家命运共同体建设成败的基础。经过澜湄合作5年多的建设，中国同湄公河五国已具备更良好的共同发展基础，已经形成了利益紧密交融的"命运共同体"。因此，中国与湄公河次区域国家应在现有的优势与基础条件上，为了共同发展愿望和共同利益，继续深化澜湄合作，从政治、经济、安全、文化、社会、生态等领域探索建设澜湄国家命运共同体，共同应对挑战，缩小地区发展差距，促进澜湄次区域可持续发展与繁荣，为亚洲命运共同体乃至人类命运共同体在更广范围的构建奠定基础。

本章第一节将从提出背景、重大意义两方面对澜湄国家命运共同体的概念内涵进行进一步的阐释和明确；第二节通过分析"一带一路"在澜湄地区的推进、双边命运共同体以及澜湄合作从快速拓展期到全面发展期的建设，总结和分析澜湄次区域形成了哪些构建澜湄国家命运共同体的进展与成效，从而在第三节通过澜湄次区域文化理念相通、"一带一路"的经济推动力、次区域的广阔发展前景、大国地区合作的新变化等方面来探讨澜湄国家命运共同体建设的发展机遇，通过分析澜湄次区域复杂的地缘环境、国家利益的冲突性、国际责任的分化性、地区矛盾的结构性、意识形态的差异性和地区制度的失效性来系统评估澜湄国家命运共同体的推进风险和障碍，进而探究澜湄国家命运共同体建设的关键路径。

## 第一节　澜湄国家命运共同体的意义与内涵

"澜湄国家命运共同体"是"人类命运共同体"理念在地区层面的具体实践和重要探索。随着澜湄国家构建命运共同体实践的推进，当前迫切需要在准确把握"人类命运共同体"思想内容的基础上，明确澜湄国家命运共同体的概念内涵。本部分将从人类命运共同体的核心理念和价值目标出发，在准确把握人类命运共同体理论体系的精髓和要义的基础上，界定和阐释"澜湄国家命运共同体"的科学概念、基本内涵。

### 一　澜湄国家命运共同体的提出背景

"这个世界，各国相互联系、相互依存的程度空前加深，人类生活在同一个地球村里，生活在历史和现实交汇的同一个时空里，越来越成为你中有我、我中有你的命运共同体。"[①] 和平与发展是当今世界大发展、大变革、大调整时期的时代主题，习近平总书记在十九大报告中指出，没有哪个国家能够独自应对人类面临的各种挑战，也没有哪个国家能够退回到自我封闭的孤岛。我们呼吁，各国人民同心协力，构建人类命运共同体，建设持久和平、普遍安全、共同繁荣、开放包容、清洁美丽的世界。[②] 构建人类命运共同体，是新时代中国特色社会主义思想和基本方略的重要组成部分，也是下一步我国外交与国际战略的重要工作方向。作为人类大发展、大变革、大调整时期全球治理的中国方案，人类命运共同体正逐步具体化、实践化和项目化。人类命运共同体的实现需要循序渐进、由近及远。中国始终将周边置于外交全局的首要位置，视促进周边和平、稳定、发展为己任。中国推动建设人类命运共同体是从周边先行起步。澜沧江—湄公河次

---

① 《习近平谈治国理政》第 1 卷，外文出版社 2018 年版，第 272 页。
② 习近平：《决胜全面建成小康社会　夺取新时代中国特色社会主义伟大胜利——在中国共产党第十九次全国代表大会上的报告》，人民出版社 2017 年版，第 58—59 页。

区域地处中南半岛,"肩挑两洋",位于"一带"和"一路"交汇的枢纽位置,是中国周边外交的重要战略支点。澜湄次区域国家相比中国周边其他区域,与中国保持着强劲的合作需求和较低的系统性风险,澜湄合作自运行以来因为政府引导、多方参与、项目为本的模式体现出"澜湄效率",为澜湄国家命运共同体的建设奠定了坚实基础。因此,可以说,在中国的外交布局里,人类命运共同体建设从周边起步,澜湄国家命运共同体将是其中的关键一步。

在2016年3月23日发布的《澜沧江—湄公河合作首次领导人会议三亚宣言——打造面向和平与繁荣的澜湄国家命运共同体》中,澜湄六国第一次正式提出了"澜湄国家命运共同体"的概念:"我们一致认为澜湄合作将在'领导人引领、全方位覆盖、各部门参与'的架构下,按照政府引导、多方参与、项目为本的模式运作,旨在建设面向和平与繁荣的澜湄国家命运共同体,树立为以合作共赢为特征的新型国际关系典范"①。2017年3月23日,外交部部长王毅在澜湄合作启动一周年的讲话中指出澜湄六国"本着平等协商的精神,致力于维护地区和平稳定,缩小发展差距,携手打造团结互助、平等协商、互惠互利、合作共赢的澜湄国家命运共同体"②。2018年1月10日,澜湄合作第二次领导人会议发表了旨在促进经济发展、缩小经济发展差距的《澜沧江—湄公河合作五年行动计划(2018—2022)》,再次为建设澜湄国家命运共同体指明方向③。2020年2月20日,在澜湄合作第五次外长会上,外长们再次重申了澜湄合作将在协商一致、平等相待、相互协商和协调、自愿参与、共建、共享的基础上,尊重《联合国宪章》和国际法,建设面向和平与繁荣的澜湄国家命

---

① 《澜沧江—湄公河合作首次领导人会议三亚宣言》,新华网,2016年3月23日,http://news.xinhuanet.com/world/2016-03/23/c_1118422397.htm,访问时间:2021年1月12日。

② 王毅:《大力推进澜湄合作,构建澜湄国家命运共同体》,中华人民共和国外交部网站,2017年3月23日,http://www.fmprc.gov.cn/web/wjbzhd/t1448115.shtml,访问时间:2021年1月12日。

③ 《澜沧江—湄公河合作五年行动计划(2018—2022)》,《人民日报》2018年1月11日第9版。

运共同体，树立新型国际关系典范。① 面对新冠肺炎疫情，2020 年 8 月 24 日，在澜湄合作第三次领导人会议上，澜湄国家宣布在新冠疫情挑战下强化公共卫生合作，密切成员国疾控中心及地区相关机构之间的交流合作，共同维护成员国人民健康、生命安全和经济社会发展，共建人类卫生健康共同体。②

从第一次正式提出"澜湄国家命运共同体"的概念至今，澜湄国家命运共同体的建设在不断推进和深化。中国一直在认真贯彻落实党的十九大精神，按照习近平总书记确定的亲诚惠容理念和与邻为善、以邻为伴的周边外交方针，同湄公河国家一道，努力推动构建澜湄国家命运共同体，并将其打造成为人类命运共同体建设的先行先试样板。

## 二 澜湄国家命运共同体的重大意义

（一）丰富人类命运共同体的理论内涵

"这是一个需要理论而且一定能够产生理论的时代，这是一个需要思想而且一定能够产生思想的时代。"③ 习近平总书记在总结党的十八大以来的实践经验的基础上，提出的一系列新思想新理念新论断，取得了一系列重大理论创新成果，人类命运共同体就是其中之一。人类命运共同体是具有鲜明中国特色的外交概念，是我国深化区域合作和推进周边外交的重大战略，同时，人类命运共同体还蕴含着全人类的共同价值，对中国和国际关系的发展具有重要的引领作用。在中国从地区大国向世界大国转型的特殊历史阶段，构建既有鲜明中国特色、体现中国理念又符合国际话语体系的命运共同体思想和理论，将为更好地推进人类命运共同体建设提供理论支持。

---

① 《澜湄合作第五次外长会联合新闻公报》，中华人民共和国外交部网站，2020 年 2 月 21 日，http：//www.fmprc.gov.cn/web/wjbzhd/t1748082.shtml，访问时间：2021 年 1 月 12 日。

② 《澜沧江—湄公河合作第三次领导人会议万象宣言》，中华人民共和国政府网，2020 年 8 月 24 日，http：//www.gov.cn/xinwen/2020 – 08/24/content_ 5537090.htm，访问时间：2021 年 1 月 12 日。

③ 《习近平在哲学社会科学工作座谈会上的讲话》，《人民日报》2016 年 5 月 19 日第 2 版。

澜湄国家命运共同体是经澜湄六国正式认可的国家间命运共同体,是构建人类命运共同体的重要一步。在人类命运共同体理念的指导下,澜湄国家命运共同体建设将扮演试验田、示范点的角色,在建设过程中,其所取得的经验将进一步丰富人类命运共同体的理论内涵,为人类命运共同体理念在其他地区的实践提供理论指导。由于中国发展已经进入新的历史阶段,在新的时代条件下发展澜湄合作面临许多新形势、新要求和新挑战。构建澜湄国家命运共同体正是在新时代下对澜湄合作进程和发展前景深入思考和判断的产物。澜湄国家命运共同体赋予了澜湄合作以新的时代内涵,提出了一系列新理念新思想新举措,引发了新型国际关系的理论创新,这些理论上的创新、突破和发展,为人类命运共同体的理论发展做出了重要贡献,具有重大的理论价值和创新意义。

(二) 建设人类命运共同体的先行先试

习近平主席指出,人类命运共同体的构建是需要代际接力的美好目标。① 构建人类命运共同体是一个系统且长远的工程,也是一个宏大且具体的方案。在构建人类命运共同体的过程中,循序渐进、先易后难、由近及远是一个合理的选择。湄公河地区与中国周边其他区域相比,存在市场需求强劲、合作基础良好、领土争端和恐怖袭击等区域风险较少等各方面优势,并且湄公河国家都与中国建立了全面战略合作伙伴关系,彼此间合作进程受其他因素影响而中断、逆转的可能性小。因此,无论从历史和现实还是从基础和条件,抑或是从障碍及其突破的可能等方面来看,湄公河地区是中国最有基础和条件去推动构建人类命运共同体以及最有可能取得实质成果的地区,因此建设澜湄国家命运共同体也成为人类命运共同体从理论到实践的最佳选择。

2017 年 12 月,在澜沧江—湄公河合作第三次外长会召开前夕,中方曾明确提出,将认真贯彻落实党的十九大精神,按照习近平总书记确定的亲诚惠容理念和与邻为善、以邻为伴周边外交方针,同湄公河国家一道,努力推动构建澜湄国家命运共同体,并将其打造成为人

---

① 习近平:《共同构建人类命运共同体——在联合国日内瓦总部的演讲》,《人民日报》2017 年 1 月 20 日第 2 版。

类命运共同体建设的先行先试样板。① 这就从战略高度和全局意义上赋予了澜湄国家命运共同体十分重要的探索和实践价值，可以说，澜湄国家命运共同体建设是构建人类命运共同体的先手棋、奠基石和试验田。澜湄国家命运共同体建设将为构建人类命运共同体提供实践经验，积累合作成果，扩大影响面和认知面，提升参与度和认可度起到示范带动作用，并将进一步夯实人类命运共同体建设的实践基础。

（三）推进"一带一路"建设的关键支撑

澜湄地区地处"丝绸之路经济带"和"21世纪海上丝绸之路"的交叉结合区域，具有独特的地理优势，经济发展潜力巨大，是衔接"一带一路"的重要门户和首要区域，是推进"一带一路"的重要一环。澜湄国家命运共同体的构建将突出澜湄地区的交汇连接作用，助推"一带一路"建设。构建澜湄国家命运共同体有利于将澜湄合作、中国—中南半岛经济走廊等合作全面对接起来，把中国的发展同湄公河国家的发展有机结合起来，打通澜湄合作的"3+5+X框架"② 与"一带一路"的"五通"③ 以及人类命运共同体的"五个支柱"④，发挥好澜湄地区作为"一带"和"一路"紧密衔接的地缘交会枢纽作用。在此基础上，澜湄国家命运共同体的建设将进一步平衡地区发展、强化发展动力，为"一带一路"在东南亚的突破性建设取得关键支撑，同时进一步增加对其他国家和地区参与"一带一路"建设的吸引力。

（四）推进与塑造周边外交的重要举措

周边是中国安身立命之所，发展繁荣之基。周边好，中国才能发展好；中国发展好，周边会变得更好。中国与湄公河国家地缘相近，人文相亲，经济互补，合作基础良好，深化合作的潜力巨大。澜湄区

---

① 《澜沧江—湄公河合作第三次外长会将在云南举行》，人民网，2017年12月7日，http://world.people.com.cn/n1/2017/1207/c1002-29692948.html，访问时间：2021年1月12日。

② "3"指政治—安全、经济和可持续发展、社会—人文三大合作支柱；"5"指互联互通、产能、跨境经济、水资源、农业和减贫五个优先合作领域；"X"指进一步拓展的合作领域。

③ 即政策沟通、设施联通、贸易畅通、资金融通、民心相通。

④ 即持久和平、普遍安全、共同繁荣、开放包容、清洁美丽。

域总体上不存在重大的政治风险和安全动荡，拥有比较完善的区域合作机制，是当前中国周边外交中政治互信基础最好、综合风险最低的周边地带。澜湄国家命运共同体建设是中国塑造周边外交的生动实践，可以成为周边外交的亮点。澜湄国家命运共同体是中国与周边发展相互融合、互补理念与胸怀的显著体现，彰显了中国作为大国引领地区合作、维护地区和平的责任与担当，积极贡献地区治理的中国方案与智慧，为周边外交发展注入新的动力。建设澜湄国家命运共同体将有利于突出政治—安全合作首要支柱，强化地缘战略相互依托的重要性，从政治、经济、文化等多维度提升合作的整体性，并能有效对冲域外介入，化解外部围堵，增强域内协同，夯实安全基石，推动实现共同发展和稳定，塑造良好的周边环境。

### 三　澜湄国家命运共同体的概念内涵

在党的十九大报告中，习近平总书记明确提出了建设"持久和平、普遍安全、共同繁荣、开放包容、清洁美丽"世界的人类命运共同体的目标。而澜湄国家命运共同体则是人类命运共同体理念在地区实践和探索的具体体现。因此，这一命运共同体实践就是要在澜湄合作"3+5+X"合作框架的基础上，建立伙伴关系，营造安全格局，谋求经济发展，促进文明交流，构筑生态体系，构建持久和平、普遍安全、共同繁荣、开放包容、清洁美丽的澜湄国家命运共同体。

持久和平的澜湄国家命运共同体即参与各方要建立对话不对抗、结伴不结盟的伙伴关系。澜湄各国相互尊重、平等相待、互商互谅，摒弃冷战思维和强权政治，尊重主权和领土完整不容侵犯、内政不容干涉，不搞唯我独尊、强买强卖的霸道，深化彼此间战略合作伙伴关系，走对话而不对抗、结伴而不结盟的国与国交往新路。推动高层往来和对话合作，鼓励澜湄国家之间在议会、政府防务、执法人员、政党和民间团体间强化交流，通过举办澜湄合作政策对话和官员互访等活动，提升次区域国家间的互信水平，从而促进澜湄次区域乃至世界的和平与稳定。

普遍安全的澜湄国家命运共同体即参与各方要营造公平正义、共建共享的安全格局。树立共同、综合、合作、可持续的安全观。通过信息交换、能力建设和联合行动协调等加强澜湄执法安全合作，建立执法合作机构，推进有关合作，应对共同关心的非传统安全事务。强化在应对跨国犯罪、恐怖主义等非传统安全威胁的合作，提升气候变化、人道主义合作等各方面的应对能力和水平，确保次区域能源、粮食和水安全。提升公共卫生合作，开展重大突发公共卫生事件信息通报和联合处置协作，加强传染病早期预警合作，共同维护成员国人民健康、生命安全和经济社会发展，共建人类卫生健康共同体。尊重和保障每一个澜湄国家的安全，实现共同安全和普遍安全。

共同繁荣的澜湄国家命运共同体即参与各方要谋求开放创新、包容互惠的经济发展。坚持合作共赢的多边贸易体制，反对贸易保护主义。推动区域经济一体化深入发展，促进澜湄国家全面互联互通，提升澜湄国家贸易和投资便利化水平，进一步降低非关税贸易壁垒，举办国际贸易展销会、博览会和招商会等加强澜湄国家间贸易促进活动，构建更为密切的澜湄次区域共同市场。根据《澜沧江—湄公河国家产能合作联合声明》，通过拓展机械设备、建材、工程以及可再生能源等方面的产能合作，构建完善区域产业链，应对成员国共同的经济挑战与风险。通过建设完善边境产业园区、科技园区等强化澜湄经济与技术合作。加强澜湄国家金融主管部门合作与交流，防范金融风险，增加和拓展供应商数量和渠道，推动产品与服务发展，促进次区域普惠金融和经济可持续发展。以互惠互利、合作共赢为宗旨，共商、共建、共享，构建相互依存、高度一体、共同发展的经济关系，真正长久地惠及澜湄流域各国人民，真正建成一个共同繁荣的"澜湄世界"。

开放包容的澜湄国家命运共同体即参与各方要促进和而不同、兼收并蓄的文明交流。做到外交上和平合作、心态上兼收并蓄、文明上互学互鉴、经贸上互利共赢、机制上协调对接。在澜湄区域内与其他对话合作机制相互联系、互相协调补充，以开放包容的心态推进区域内各国的发展共赢。相互取长补短、共同进步，让文明互鉴成为推动各方社会进步的动力、维护地区和平的纽带。开展形式多样的人文交流与往来，举办澜湄文化交流活动以培育澜湄文化；改善旅游环境，强化旅游管理与合作，提升区域旅游便利化水平；加强澜湄职业教育合作，拓展澜湄国家高等教育交流与合作；通过举办各种民间活动，加强澜湄合作品牌建设，增进澜湄国家间人民的友好情谊，促进民心相通和澜湄国家命运共同体意识在次区域生根发芽。

清洁美丽的澜湄国家命运共同体即参与各方要构筑尊崇自然、绿色发展的生态体系。坚持绿色、低碳、循环、永续发展之路，平衡推进联合国《2030年可持续发展议程》，共同推动《巴黎协定》实施。[1] 共享水文信息，共建澜湄水资源合作信息共享平台，加强技术、人才和信息交流与合作，更好应对气候变化和洪旱灾害。加强澜湄森林资源保护和利用，强化湄公河沿岸植被恢复和造林护林工作，促进澜湄次区域森林生态综合治理体系建设；加强澜湄环保和自然资源管理，推动大气、水污染防治和生态系统管理合作，可持续和有效地开发和利用清洁能源，建设区域电力市场，加强清洁能源技术交流与转让；加强澜湄环境保护能力建设和宣传教育合作，提高民众环保意识，实现绿色、协调、可持续发展。

## 第二节　澜湄国家命运共同体建设的进展与成效

以澜湄合作机制推动澜湄国家命运共同体建设自提出以来取得了许多进展和成效。澜湄地区发展优势突出，"一带一路"在澜湄地区稳定有序地推进，澜湄国家命运共同体得到澜湄国家正式认可且已进入建设议程，中国与湄公河国家间的双边命运共同体建设在逐步推进，"命运共同体"意识逐渐在澜湄地区"落地生根"，澜湄合作从快速拓展期进入了全面发展期。澜湄地区成了中国推动构建周边命运共同体取得实质性成效最突出的地区之一，是人类命运共同体建设从纸面落到地面最佳选项之一。

---

[1] 杨洁篪：《推动构建人类命运共同体共同建设更加美好的世界》，《求是》2021年第1期。

## 一 共同体理念得到澜湄国家的正式认可

人类命运共同体作为命运共同体建设的最终目标,在除澜湄国家命运共同体之外,包含着亚洲命运共同体、周边命运共同体、中国—东盟命运共同体等"命运共同体"建设的目标。然而,相比其他命运共同体依旧停留于提出倡议而缺乏正式建设协议的阶段,澜湄国家命运共同体已经得到相关国家的正式认可。2016年3月23日,在澜沧江—湄公河合作首次领导人会议上,澜湄六国通过发表描绘六国发展未来蓝图的《澜湄合作首次领导人会议三亚宣言》,提出了构建澜湄国家命运共同体的目标,这是第一个经有关国家正式同意、认可并签署的关于命运共同体建设的官方文件,向外界展示了澜湄六国加强合作的决心。因此,澜湄合作之初就把澜湄国家命运共同体作为建设目标并列入合作议程。澜湄合作自运行以来,澜湄国家命运共同体便作为澜湄各国的共同合作发展方向。在六国的共同努力下,澜湄合作取得了超出预期的成效,命运共同体意识也逐渐在六国落地生根,为澜湄国家命运共同体建设打下了扎实的基础。

## 二 "一带一路"建设在澜湄地区稳定推进

"一带一路"是实现命运共同体的重要路径,"一带一路"倡议在澜湄地区取得的进展和成效就是澜湄国家命运共同体建设的进展和成效。澜湄次区域是"丝绸之路经济带"和"21世纪海上丝绸之路"交汇的地缘枢纽,同时中国与湄公河国家在城镇化、工业化等领域优势互补,存在天然合作优势。"一带一路"倡议自提出以来,中国在发展与湄公河国家的关系中始终秉持和平合作、开放包容、互学互鉴、互利共赢的丝路精神,通过共商、共建、共享的原则结合双边发展优势资源,以"一带一路"倡议的政策沟通、设施联通、贸易畅通、资金融通和民心相通的"五通"为指引,强化基础设施建设和政策、标准等领域的"软硬联通",平衡地区发展、增强发展动力,取得了显著成果。

中国设立了100亿美元信贷额度和100亿元人民币优惠贷款,用于支持澜湄地区产能合作项目和基础设施建设。在亚洲基础设施投资银行、丝路基金、澜湄合作专项基金等的支持下，澜湄六国通过实施数十个基础设施合作项目和惠及民生的上百个中小型项目，贡献澜湄流域经济发展。六国间互联互通建设的步伐不断加快，滇老、滇越共开通了 29 条国际客货运输线路，基本建成以沿边重点城市为中心、边境口岸为节点，覆盖沿边地区并向周边国家辐射的国际道路运输网络，出境公路国内段基本高速化，昆明—河口、昆明—腾冲、昆明—瑞丽、昆明—磨憨实现了全程高速；玉溪—临沧—清水河口岸公路正在加快建设。中越铁路通道境内段已实现全线准轨电气化，中老泰铁路、中缅铁路通道进展顺利，中缅印铁路通道正开展前期工作。由中企负责实施建设的暹粒新机场将于 2023 年竣工，建成后的暹粒新国际机场，比金边机场大 300 公顷，将成为柬埔寨最大的机场。六国间出境国际航运网络逐步完善，已经形成了澜沧江—湄公河水运通道、中越红河水运通道和中缅水运通道"三出境"国际大通道格局。六国围绕电力、装备制造、冶金、化工、建材、轻工、农业及物流等重点领域，积极推动与湄公河国家的产能合作。2020 年初，皎漂特别经济区深水港项目协议交换仪式举行，标志着"一带一路"框架下的中缅经济走廊从概念转入实质规划建设阶段。中企承建的越南永新燃煤电厂是中国企业在越南投资规模最大的电力项目，正式投产后将有效弥补越南南方电力供应缺口，对推动越南的经济发展有着积极作用。此外，澜湄六国间的人文交流蓬勃发展，已呈现出大发展大繁荣的态势。首届澜湄国际电影周、澜湄艺术节、第二届"澜沧江—湄公河之约"流域治理与发展青年创新设计大赛、澜湄流域妇女论坛等活动都成功举办，推进了六国间的民心相通。①

"一带一路"倡议是要充分依靠中国与沿线国家之间的双边或多边合作发展机制，在借助已有区域合作平台的基础上，以和平发展为导向，积极主动地发展与沿线国家的经济合作，构建中国与周边国家

---

① 林徽东：《澜湄六国的"一带一路"情谊，总理在这个会议上这样说》 中国一带一路网，2020 年 8 月 25 日，https://www.yidaiyilu.gov.cn/xwzx/gnxw/144701.htm，访问时间：2021 年 1 月 12 日。

的命运共同体。① 由"一带一路"倡议所带来的互联互通建设的提升有利于促进澜湄六国间的利益交融，夯实六国合作的共同利益基础。中国在"一带一路"框架下发展澜湄合作，能够强化湄公河五国与中国的合作意愿，为澜湄国家命运共同体建设提供了强大的动力和坚实的基础。"一带一路"在澜湄地区的稳定推进，能让中国与湄公河国家将彼此在国家经济开发上的需求转变为区域合作潜力，以互利共赢为共同目标，以澜湄合作机制为建设突破口，通过更高效的合作方式和提供更大的支持来推进开放合作，不断深化政治互信，推动区域经济融合，与湄公河国家形成更加紧密的命运共同体。

### 三 澜湄双边命运共同体建设在逐步推进

中国与湄公河五国都建立了全面战略合作伙伴关系，与老挝、柬埔寨和缅甸这三个域内国家分别明确了要构建国与国双边的命运共同体，并进入了具体落实阶段，取得了实质的发展，是澜湄国家命运共同体建设的重要进展和成效。

（一）中老命运共同体

中老两国作为山水相连的社会主义体制的友好邻邦，两党两国关系源远流长，并随着近年来不断拓展和深化，中老关系已步入历史最好时期。特别是从 2013 年开始，中老两国通过高层领导人互访，不断深化两国战略关系合作，推进"中老命运共同体"从纸面走向地面。在 2018 年 5 月，本扬总书记访华期间，两国在双方最高领导人的见证下启动了《构建中老命运共同体行动计划》，为两国关系发展的原则和方向进行了深入谋划。2019 年 4 月，在本扬总书记访华期间，中国共产党和老挝人民革命党一致同意签订并实施《构建中老命运共同体行动计划》，中老命运共同体进入实质实施阶段。② 面对新冠肺炎疫情，2020 年 4 月 3 日，中共中央总书记、国家主席习近平应

---

① 刘稚、徐秀良：《"一带一路"背景下澜湄合作的定位及发展》，《云南大学学报》（社会科学版）2017 年第 5 期。

② 《中国共产党和老挝人民革命党关于构建中老命运共同体行动计划》，新华网，2019 年 5 月 1 日，http：//www.xinhuanet.com/2019 - 05/01/c_ 1124440753.htm，访问时间：2021 年 1 月 12 日。

约同本扬总书记通电话，双方表示将抓紧落实中老命运共同体行动计划，促进各领域务实合作，推动中老命运共同体建设不断走深走实，更好造福两国人民。① 2021 年 1 月，老挝党十一大胜利召开，通伦当选老挝人民革命党中央总书记，在新形势下，中老双方表示将继续挂进中老命运共同体行动计划的落实工作，并宣布正式启动中老友好年，举办系列庆祝活动，推动中老友好深入人心，不断丰富中老命运共同体人文内涵。②

在《构建中老命运共同体行动计划》和两党总书记重要通话共识的指引下，中老命运共同体建设克服疫情影响，迈上高速路、驶入快车道。高层互动方面，党的十八大以来，中老两国高层领导人频繁会晤，双方以"走亲戚"式的交往态势，定期加强战略沟通，为两党两国关系做好顶层设计，深化政治互信，指明了前进方向。在中老两党两国最高领导人的关心和推动下，中老关系步入了历史最好时期。此外，中老两党中央政府各职能部门也在多领域开展了务实的对口交流与合作，并定期召开理论研讨会，就本国社会主义现代化建设面临的一些相同或相似的课题开展研讨交流、学习互鉴，提高各自管党治党、治国理政的能力和水平。③

经贸合作方面，中老两国业已开通人员往来"快捷通道"，正在积极搭建货物流通"绿色通道"。两国贸易加快复苏，中方对老投资逆势上扬，2020 年前 10 个月达 11.63 亿美元、同比增长逾 20%。万象—万荣高速公路正式通车，中老铁路隧道全线贯通、铺轨已经过半、综合开发提上日程，建成通车为期不远、顺利运营前景可期。中方"援老八大工程"有序推进，减贫示范村完成建设。双方圆满履行澜湄合作共同主席国职责，推动通过《万象宣言》，及时发表关于

---

① 《习近平同老挝人民革命党中央总书记、国家主席本扬通电话》，新华网，2020 年 4 月 3 日，http：//www.xinhuanet.com/world/2020-04/03/c_1125811728.htm，访问时间：2021 年 1 月 12 日。
② 《习近平同老挝人民革命党中央总书记通伦通电话》，新华网，2021 年 1 月 21 日，http：//www.xinhuanet.com/world/2021-01/21/c_1127010666.htm，访问时间：2021 年 2 月 7 日。
③ 任珂瑶、钮菊生、艾伦：《共建中老命运共同体路径探析》，《和平与发展》2020 年第 4 期。

澜湄合作与陆海新通道对接合作声明。① 其中，云南抓住疫情后全球产业链重构的窗口期，在新兴产业和绿色能源领域拓展与深化与老挝的经贸合作；围绕云南的生产力新布局和产业链集群的打造，利用滇老资源结构和产业结构的差异互补性，拓展对外开放合作空间，形成集贸易、投资、农业和加工等领域的国内国际合作、对内对外开放的发展格局，促进中老在疫情后的地区合作实现进一步突破性进展。②

疫情防控方面，中老两国秉持命运共同体精神携手应对疫情，呈现高层直接推动、民众守望相助、部门协作紧密、成效及时显著的突出特点。在中国抗击疫情的关键时刻，老挝社会各界尽已所能，提供包括 70 万美元现汇在内的多批防疫物资。老方宣布首个确诊病例并请求中方援助不到 5 天，首批中方专家组飞抵万象，第二批专家组随后抵达。中方从部委到省市都积极向老方捐赠物资、分享经验，因地制宜协助老方形成从外防输入内防扩散的一整套方案，有效提升老方防控科学化、规范化水平。中方援建的新冠病毒核酸检测实验室已移交启用，全面提升老方病毒检测能力。随着疫情防控步入常态化，两国积极统筹疫情防控和经济发展，共同开展远端检测，用好"快捷通道"，加快复工复产。③ 中老两国不断加强务实合作，推动中老命运共同体建设走深走实，更好地造福两国人民，使中老命运共同体落地生根、开花结果。

### （二）中柬命运共同体

中柬两国有着悠久的传统友谊，双方政治上高度互信，经贸合作成果丰硕，人文交往日益密切，中柬关系已成为国与国之间交往的典范。2016 年 10 月，习近平主席在对柬埔寨进行国事访问时强调，中方始终珍视中柬传统友谊，愿同柬方一道，让两国继续做高度互信、

---

① 《中国驻老挝大使：推动中老命运共同体建设走深走实》，中央广电总台国际在线网，2020 年 12 月 31 日，http：//news.cri.cn/20201231/46d3a68e－183e－e4ca－bed4－6e818dcfe5fc.html，访问时间：2021 年 1 月 12 日。
② 吕琼梅：《推动构建中老命运共同体走深走实》，《社会主义论坛》2020 年第 6 期。
③ 《中国驻老挝大使：推动中老命运共同体建设走深走实》，中央广电总台国际在线网，2020 年 12 月 31 日，http：//news.cri.cn/20201231/46d3a68e－183e－e4ca－bed4－6e818dcfe5fc.html，访问时间：2021 年 1 月 12 日。

休戚相关的命运共同体。① 2018年1月，李克强总理在访问柬埔寨期间提出了中国愿同柬埔寨通过密切高层交往、深化各领域合作、促进人文交流，来推动柬埔寨经济发展，携手打造中柬命运共同体。双方达成了19项合作文件，并发表了联合公报，宣布携手打造中柬具有战略意义的命运共同体。② 2019年1月，柬埔寨首相洪森访华期间，双方同意尽快制定中柬命运共同体行动计划。2019年4月28日，《中华人民共和国政府和柬埔寨王国政府关于构建中柬命运共同体行动计划（2019—2023）》在北京正式签署。该行动计划作为首份中国与不同社会制度国家签署的命运共同体行动计划，是指导中柬关系发展、推动人类命运共同体构建的纲领性文件和重要实践，表明中柬全面战略合作伙伴关系达到了历史新高度，标志着两国构建命运共同体由愿景计划迈入全面落实阶段，有助于进一步推动命运共同体意识在周边落地生根、开花结果。③ 2020年11月6日，习近平主席在北京会见柬埔寨国王西哈莫尼和太后莫尼列时表示，中柬建交62年来，双方始终相互支持、相互帮助，结下牢不可破的"铁杆"友情，成为具有战略意义的命运共同体。两国关系经受各种考验，堪称国与国交往的典范。④

中柬双方积极落实两国领导人达成的重要共识，全面推进务实合作和命运共同体建设，在中柬两国政府和人民的共同努力下，中柬命运共同体建设取得了重要的阶段性成果。一是中柬高层往来频繁，战略互信持续加深。中国支持柬埔寨的发展走符合本国国情的道路，柬埔寨在事关中方核心利益和重大关切上照顾中国关切。面对疫情，中柬双方践行命运共同体理念，始终保持密切沟通协调。2020年2月

---

① 《外交部长王毅谈习近平主席访问柬埔寨、孟加拉国并出席金砖国家领导人第八次会晤》，中华人民共和国外交部网站，2016年10月18日，https://www.fmprc.gov.cn/web/zyxw/t1406584.shtml，访问时间：2021年1月12日。

② 《携手打造中柬具有战略意义的命运共同体》，《人民日报》2018年1月12日第1版。

③ 王文天：《共同构建牢不可破的中柬命运共同体》，新华网，2019年5月15日，http://www.xinhuanet.com/globe/2019-05/15/c_138054870.htm，访问时间：2021年1月12日。

④ 《习近平：让中柬关系在新的历史时期焕发新的生机活力》，《人民日报》（海外版）2020年11月7日第1版。

初柬埔寨洪森首相"逆行"访华，表达了对中国的坚定支持。2020年4月，王毅国务委员兼外长同布拉索昆副首相兼外交大臣通电话，就双边关系和加强疫情防控深入交流。2020年6月，中柬政府间协调委员会第五次会议通过视频方式举办，这是新冠肺炎疫情发生以来，中国同周边国家举办的第一个副总理级双边机制会议，取得圆满成功。两国领导人始终保持及时有效的沟通，就双边关系中共同关心议题交换意见看法，为两国关系发展进一步指明了方向。①

二是中柬互利合作提质增量，经贸关系加深融合。中方同柬方携手努力，落实好命运共同体行动计划，统筹推进疫情防控和复工复产，进一步加强贸易投资等领域交流合作，推动两国务实合作取得更大更快发展。疫情初期，中方克服自身困难，全力协助解决柬服装企业原材料短缺问题。为推动疫情下的务实合作，双方同意为复工复产的人员开通"快捷通道"，为货物运输开通"绿色通道"。此外，中方投资西港华电燃煤电站项目已于2020年4月实现融资"云签约"，电站主体工程已于日前正式开工。西哈努克港经济特区二期、金边—西港高速公路、乡村供水二期、援柬体育场等重点项目和惠民项目也在扎实推进。2020年10月12日，《中华人民共和国政府和柬埔寨王国政府自由贸易协定》正式签署，为两国构建中柬命运共同体注入了新动力。

三是中柬执法合作更加密切，捍卫共同利益能力增强。中柬两国近年来在联合打击诈骗犯罪、网络赌博等方面取得突破进展。柬埔寨有力支持了中国"猎狐行动"等境外追逃项目，使得一批重点犯罪嫌疑人被绳之以法。两国突破疫情限制如期举办了疫情防控和练兵备战两不误的"金龙—2020"中柬军事联训，进一步体现中柬两国军队的战略互信和友好情谊。

四是中柬民心相通深入推进。2019年，中柬两国通过举办文化旅游年等文化活动，开展"光明行""爱心行"医疗援助项目以及通过中国和平发展基金会、中国扶贫基金会等开展扶贫示范项目，进一

---

① 《专访王文天大使：中柬务实合作和命运共同体建设全面推进》，中国新闻网，2020年9月12日，http://www.chinanews.com/gn/2020/09-12/9289262.shtml，访问时间：2021年1月12日。

步深化了两国友好合作。2020年，两国克服疫情影响，推动恢复文化团体交流、吴哥古迹修复、运动员培训等人文项目，同时鼓励两国智库、媒体、青年和社会组织开展交流，进一步加深了彼此间的了解与友谊。2021年2月，中柬友好扶贫示范村项目正式启动，项目为期3年，由中国和平发展基金会出资1000万元人民币，帮助建设乡村道路，为村民提供清洁饮用水，改善教育和医疗条件，发展养殖、畜牧业等民生项目，开展技能培训，改善村庄公共环境等，利用中国经验助柬减贫脱贫，受到民众欢迎。① 新冠肺炎疫情发生以来，中柬"患难与共"，诠释了命运共同体的核心要义。柬埔寨首相洪森在中国抗疫最艰难的时刻"逆行"访华，中方则向柬派出了周边首个政府抗疫医疗专家组和全球首个军事抗疫医疗专家组，提供抗疫物资并分享诊疗经验。携手抗疫让中柬对构建命运共同体的重要性、必要性有了更加深刻的认识和理解，让中柬传统友谊在新时期得到了升华，使构建中柬命运共同体的理念更加深入人心。②

（三）中缅命运共同体

中缅是山水相连的友好邻邦，两国人民胞波情谊深厚。2020年1月17—18日，在习近平主席对缅甸进行国事访问期间，中缅两国发表了联合声明，同意在弘扬两国传统"胞波"情谊和战略伙伴关系深化的基础上，打造中缅命运共同体。③ 因此，继中老、中柬命运共同体之后，中缅命运共同体成为中国与湄公河国家构建的第三个双边命运共同体。在此基础上，中缅两国领导人对命运共同体构建共识的达成，也更加诠释了中缅唇齿相依的特殊关系内涵。④

构建中缅命运共同体的共识推动了以中缅经济走廊为代表的合作项目取得重要进展。皎漂经济特区深水港项目合资公司正式注册成立，仰光新城工业园及配套项目开始步入实质性建设。中缅边境经济

---

① 《中柬友好扶贫示范村项目正式启动》，《人民日报》2021年2月3日第15版。
② 毛鹏飞：《中柬命运共同体建设取得成果——访中国驻柬埔寨大使王文天》，《人民日报》（海外版）2020年5月5日第10版。
③ 《中华人民共和国和缅甸联邦共和国联合声明》，《人民日报》2020年1月19日第2版。
④ 任寰宇：《携手构建中缅命运共同体》，《人民日报》2020年1月19日第2版。

合作区通过召开选址规划的地方工作组会议推进项目建设。此外，中缅围绕疫情防控双方也展开了一系列合作，诠释命运共同体精神。疫情初期，缅甸政府捐赠 200 吨大米支持中国抗击疫情。中国也在缅甸防疫困难时期捐赠大批防疫物资并派出医疗组支援缅甸，联合加强边境防控，促进中缅产业链和供应链的持续稳定。中缅在疫情防控严峻时期，通过建立中国与邻国的第一条、全球第三条快捷通道来极力保障双方人员必要往来。"快捷通道"实现了中方涉及在电力、通信、金融、矿业等领域的管理人员和职工特批进入缅甸，有力保障了中缅重要合作项目的安全建设和运营。特别是诸如中国能建等电力能源企业在疫情期间更保障了在旱季电力紧张的情况下复工复产的电力供应。以上情况说明，中缅能够共克时艰，共同推动构建中缅命运共同体的目标逐步实现。[1]

### 四　澜湄合作从快速拓展期进入全面发展期

澜湄合作是澜湄国家命运共同体的重要组成部分，随着澜湄国家命运共同体建设的推进，澜湄合作也取得了积极的进展和成效，澜湄合作取得的进展和成效也就是澜湄国家命运共同体建设的进展和成效。2020 年 8 月 24 日，李克强总理在澜湄合作第三次领导人会议上指出，澜湄合作已从快速拓展期到全面发展期，实现机制建设、战略规划、资金支持与务实合作方面的显著进展，为澜湄国家命运共同体建设以及地区发展注入了新的"源头活水"，给各国人民带来了实实在在的利益。[2]

（一）机制建设日益完善

次区域经济合作作为一定地理空间内的经济合作结构，其产生、发展的关键动力来自机制的形成、演化与创新。[3] 因此，合作机制化

---

[1] 《驻缅甸大使陈海在〈中国投资〉杂志发表署名文章》，中华人民共和国驻缅甸联邦共和国大使馆网站，2020 年 12 月 22 日，http://mm.china-embassy.org/chn/xwdt/t1842149.htm，访问时间：2021 年 1 月 12 日。

[2] 李克强：《在澜沧江—湄公河合作第三次领导人会议上的讲话》，《人民日报》2020 年 8 月 25 日第 3 版。

[3] 卢光盛、邓涵：《经济走廊的理论溯源及其对孟中印缅经济走廊建设的启示》，《南亚研究》2015 年第 2 期。

的增强是澜湄合作从快速拓展期进入全面发展期的重要标志。随着机制建设的日益成熟，澜湄合作自成立以来，合作框架从"3＋5"拓展为"3＋5＋X"，并赋予了"X"灵活的调适与补充功能属性。《澜沧江—湄公河合作五年行动计划（2018—2022）》经由澜湄六国共同编制与发布，以区域整体发展角度明确了澜湄合作的指导原则、组织架构和合作领域等方面的具体准则，有利于澜湄各国合作发展过程中的实际收益的落实和次区域共同繁荣愿景的实现。与此同时，各领域合作机制的相关人员、机构、活动均得到落实，开始发挥功能。澜湄六国在已建立的领导人会议、外长会、高官会、工作组会四级会议机制的前提下，又具体成立了澜湄合作国家秘书处（协调机构）及其联络机构，建立互联互通、产能、跨境经济、水资源、农业和减贫合作领域的六个联合工作组，设立水资源中心、环境合作中心、全球湄公河研究中心等机构，进一步为澜湄国家间的政策对话、人员培训、联合研究等方面提供智力支撑和机制保障，尤其是水资源合作实现了快速推进。2016年首次澜湄合作领导人会议，中方提出与湄公河国家设立澜湄水资源合作中心；2018年第二次澜湄合作领导人会议，六国针对水资源可持续利用制定"水资源合作五年行动计划"，以强化旱涝灾害管理，并通过水资源合作论坛、水资源合作部长级会议等形式强化政策对话和信息、学术交流；2020年第三次领导人会议，中国宣布从2020年开始与湄公河五国分享澜沧江全年水文信息，建立水资源信息共享平台，六国明确了《澜湄水资源合作五年行动计划（2018—2022）》落实措施，推动实施大坝安全、洪水预警等项目合作，提升流域综合治理和水资源管理的能力。可见，水资源合作作为澜湄合作的重要内容进入快车道，成为澜湄合作全面发展的重要标志之一。

（二）战略规划亮点突出

澜湄六国面对疫情肆虐，以及单边主义、保护主义抬头的发展风险，积极发挥经济关联性、互补性突出的优势。在2018年1月举行的澜湄合作第二次领导人会议上，李克强总理指出，中方愿与湄公河国家一道，打造澜湄流域经济发展带，建设澜湄国家命运共同体。① 澜湄流域经济发展带依托于澜沧江—湄公河黄金水道，布局沿线产业发展重镇和基础设施枢纽，有利于实现对流域经济发展的辐射带动与增效升级。在同年12月的澜沧江—湄公河合作第四次外长会上，六国外长一致同意积极对接发展战略，充分发挥资源禀赋和比较优势，促进生产要素合理流动和优化配置，开始讨论和启动共同构建澜湄流域经济发展带的具体方案，实现互惠互利和共同繁荣。② 打造澜湄流域经济发展带将促进六国发展战略的对接，推动优势互补、合作共赢，构建更完善的次区域产业链和价值链，实现协调发展。

澜湄合作对有利于地区发展的倡议和机制持开放包容态度。澜湄合作在发展过程中不仅强化与澜湄各国发展战略对接，与东盟共同体愿景2025、伊洛瓦底江—湄南河—湄公河三河流域经济合作战略（ACMECS）总体规划（2019—2023）等域内发展规划对接协调，更同东盟、湄公河委员会（MRC）、大湄公河次区域经济合作（GMS）等域内既有合作机制协调发展、相互补充。此外，第三次澜湄合作领导人会议也提出，推动澜湄合作与"国际陆海贸易通道"对接发展，依托澜湄合作优先领域合作联合工作组、"陆海新通道"建设高官会等现有机制平台，推动澜湄合作与"陆海新通道"建设顺利对接；指示全球湄公河研究中心（GCMS）就澜湄合作与"陆海新通道"对接合作的广阔市场潜力开展深入研究；以澜湄合作与"陆海新通道"建设对接为契机，深化"一带一路"倡议框架下澜湄国家合作水平，助力东盟共同体建设。③ "国际陆海贸易新通道"因纵贯中国西部地

---

① 李克强：《在澜沧江—湄公河合作第二次领导人会议上的讲话》，《人民日报》2018年1月11日第2版。

② 《澜湄合作第四次外长会联合新闻公报》，新华网，2018年12月17日，http：//www.xinhuanet.com/world/2018-12/17/c_1123866664.htm，访问时间：2021年1月12日。

③ 《澜沧江—湄公河合作第三次领导人会议关于澜湄合作与"国际陆海贸易新通道"对接合作的共同主席声明》，中华人民共和国外交部网站，2020年8月25日，https：//www.fmprc.gov.cn/web/ziliao_674904/1179_674909/t1808928.shtml，访问时间：2021年1月12日。

区，陆海集聚，联通东南亚与欧亚大陆，从而区位联动效应显著。①湄公河国家通过参与通道贸易，可实现农产品等优势产品国际销路的扩展，拉动贸易产值。特别是在各国关注疫情后经济复苏和产业链供应畅通的背景下，澜湄合作与"国际陆海贸易新通道"的对接将进一步发掘惠及数亿人的市场潜力，畅通次区域对外贸易渠道，从而带动次区域基础设施、产能和跨境经济的合作，推动澜湄国家疫情后的经济复苏。②

（三）资金支持强劲有力

由于澜湄流域大部分地区发展水平较低，作为负责任的区域大国，中国一直不遗余力地为澜湄合作的机制建设、项目推进提供政策和资金支持。澜湄合作成立以来，中国为各项目提供了强有力的资金支持，保证了各项目的有序实施和顺利开展，对促进澜湄各国经济社会发展发挥了重要作用，给六国人民带来了福祉。在澜湄合作首次领导人会议上，中国通过设立了优惠贷款额度和产能优惠专项贷款额度，支持次区域基础设施和产能合作项目建设。同时针对融资合作、金融稳定和跨境结算等领域提出相关倡议和举措。比如在湄公河国家优先使用2亿美元南南合作援助基金，帮助五国落实联合国《2030年可持续发展议程》设定的各项目标；设立了澜湄合作专项基金，在2016—2021年间提供3亿美元支持澜湄六国提出的中小型合作项目；在2016—2019年间提供1.8万人年政府奖学金和5000名来华培训名额，用于支持澜湄国家间加强合作。③ 澜湄合作第二次领导人会议时，中国进一步提出了贷款优惠措施，设立第二批国际产能等领域专项贷款。④ 通过专项贷款等渠道支持暹粒新国际机场、皎漂深水

---

① 李克强：《在澜沧江—湄公河合作第三次领导人会议上的讲话》，《人民日报》2020年8月25日第3版。

② 《外交部就澜湄合作第三次领导人会议有关情况等答问》，中华人民共和国外交部网站，2020年8月25日，http://www.gov.cn/xinwen/2020-08/25/content_5537374.htm，访问时间：2021年1月12日。

③ 李克强：《在澜沧江—湄公河合作首次领导人会议上的讲话》，《人民日报》2016年3月23日第2版。

④ 李克强：《在澜沧江—湄公河合作第二次领导人会议上的讲话》，《人民日报》2018年1月11日第2版。

港、永新燃煤电厂等40多个重大项目,创造当地新的税收和就业,有力带动经济增长。通过澜湄合作专项基金在教育、卫生等领域开展项目合作、人员培训,促进本地人力资源释放。特别是在新冠肺炎疫情下,中国通过在澜湄合作专项基金下设立公共卫生专项资金,实现对湄公河国家的物质与技术支持。①

(四)务实合作成果丰硕

澜湄合作从运行以来,以项目说话,减少繁文缛节,必要时特事特办,以"行动派"而非"清谈馆"的形象推动地区合作进程。澜湄合作首次领导人会议确定了以政治—安全、经济和可持续发展、社会—人文三大合作支柱,和以互联互通、产能、跨境经济、水资源、农业和减贫五大领域组成的合作框架,并提出近百个早期收获项目,目前绝大部分已完成或取得实质进展,达到了超出预期的成效。在巩固"3+5"合作框架的基础上,澜湄合作拓展数字经济、环保、卫生、海关、青年等领域合作,逐步形成了"3+5+X"合作框架。之后,《澜湄合作五年行动计划(2018—2022)》对政治安全、经济与可持续发展以及社会人文合作进行了详细的规划,确立了推进澜湄六国务实合作的具体措施。澜湄六国按照《五年行动计划(2018—2022)》的要求,加强了高层交往、政党交流、政治对话与合作以及非传统安全领域合作,深化了彼此政治互信,不断加快落实五大优先领域的合作项目,取得了丰硕的成果,在积极推进基础设施与互联互通建设的同时,加强了产能合作(详见表3-1),深化了文化、教育、旅游、卫生以及媒体等民间交流与合作,构建了一个开放包容的次区域合作大格局。

面对自2020年初暴发的新冠肺炎疫情,澜湄六国通过共同抗击疫情,推动地区经济活力的恢复。疫情暴发以来,中国与湄公河国家之间贸易额、投资额逆势上涨,湄公河国家对华出口获得增长。中老铁路即将全线铺轨通车,金边—西哈努克港高速公路等主要基础设施项目也在陆续复工复产。同时,中国也对湄公河国家实现了新冠疫苗

---

① 李克强:《在澜沧江—湄公河合作第三次领导人会议上的讲话》,《人民日报》2020年8月25日第3版。

的优先供给,进一步对澜湄各国抗疫物资和技术实现保障。这些都为地区国家经济社会发展重回正轨提供了助力,增进了六国的命运共同体意识,推动了澜湄国家民心相通,以看得见的成果与实实在在的收益为更广泛的区域合作凝聚强大信心、注入强劲动力。①

表3-1　　　　中国与澜湄五国产能合作部分示范项目

| 合作领域 | 国别 | 产能合作项目 | 项目建设及成果 |
| --- | --- | --- | --- |
| 基础设施 | 老挝 | 南欧梯级电站 | 带动中国电力设计设备制造监理施工等国内企业出海,拉动3.1亿人民币的电力设备出口 |
| | 老挝 | 北部电网工程 | 合同金额3.02亿美元使老挝北电网提级到230千伏 |
| | 泰国 | 泰国电信项目 | 华为技术有限公司承建泰国电信项目 |
| | 越南 | 永新一期BOT煤电项目 | 中国南方电网控股投资17.55亿美元 |
| 工业合作 | 缅甸 | 水泥厂项目 | 中国海螺集团投资建设,年产能超1200万吨 |
| | 泰国 | EA太阳能项目 | 中国水电集团投资建设EA太阳能90MW EPC项目 |
| | 柬埔寨 | 柏威夏糖厂 | 广东恒福糖业集团投资3.6亿美元提供7000个岗位 |
| 资源开发 | 老挝 | 南塔河一号水电站 | 中国南方电网投资27亿人民币,装机15.8万千瓦 |
| | 柬埔寨 | 达岱水电站 | 中国重型机械有限公司投资5.4亿美元 |
| | 越南 | 沿海二期燃煤电厂 | 中国华电科工集团有限公司 |
| 农业合作 | 柬埔寨 | 中柬热带生态农业合作示范项目 | 海南顶益绿洲生态农业有限公司,已经开发了1万公顷农业用地,建成了500多公里的道路和生态水库 |
| | 缅甸 | 中缅农业合作项目 | 云南金鑫大农业有限公司以及德宏州贸易商会驻缅甸腊戍商务代表处投资种植面积1200亩 |

资料来源:笔者根据网络资料整理。

---

① 李克强:《在澜沧江—湄公河合作第三次领导人会议上的讲话》,《人民日报》2020年8月25日第3版。

## 第三节 澜湄国家命运共同体建设的机遇与阻碍

作为超越澜湄次区域不同民族和国家界限的政治理想，澜湄国家命运共同体具有丰富的理论内涵和坚实的现实基础。当前，新冠肺炎疫情肆虐全球，单边主义、保护主义上升，世界经济衰退压力巨大，气候变化带来的环境挑战和自然灾害风险持续上升。随着中国与湄公河国家合作领域的深化与伙伴关系的进一步增强，以及共同应对新冠疫情和经济复苏的挑战，命运共同体的理念更加深入人心。推进建设澜湄国家命运共同体，是对人类命运共同体和新型国际关系价值和理念在地区层面实践的重要支撑。

因此，本节尝试对澜湄国家命运共同体建设的机遇与阻碍进行评估，第一部分通过从"命运共同体"等区域文化理念相通相近、"一带一路"成果和经济推动力提供的必要支撑、澜湄地区政治经济合作基础以及大国在次区域的合作变化探讨当前澜湄国家命运共同体构建的发展机遇，在此基础上第二部分围绕澜湄次区域地缘环境复杂化、国家利益冲突、地区矛盾结构、国际责任差异、意识形态对立以及制度规范设计六个方面，探讨澜湄合作与澜湄国家命运共同体构建面临的问题和阻碍。

### 一 澜湄国家命运共同体的发展机遇

王毅外长曾在2017年3月纪念澜湄合作启动一周年的文章中指出，"中国将以习近平总书记倡导的人类命运共同体为目标，根据李克强总理与湄公河五国领导人共同勾画的蓝图，努力推动澜湄合作走深走实"。[①] 如前文第一节所述，中国在与湄公河五国已建立战略合

---

① 王毅：《大力推进澜湄合作构建澜湄国家命运共同体》，中国新闻网，2017年3月23日，http：//news.cri.cn/baidunews－eco/20170323/3aa24a74－5c62－f5e6－10c0－cc7fa1ff8384.html，访问时间：2021年1月21日。

作伙伴关系的基础上,与老挝、缅甸、柬埔寨等国已明确建立双边国家间的命运共同体。因此,澜湄次区域具备推动构建周边命运共同体取得实质性成效的基础,也是人类命运共同体建设从纸面到地面的最佳选项之一。基于前文分析的坚实基础,澜湄国家命运共同体的构建面临着重要的发展机遇。

(一)文化理念认同相通相近

澜湄六国长期以来地缘相近、山水相连、人文相亲的优势条件得天独厚,这为澜湄国家命运共同体的构建创造了基本条件,具体表现在"命运共同体"理念相通和澜湄次区域深厚的文化认同基础两方面。

1. "命运共同体"理念相通

中共十八大以后,习近平主席提出并在多个重要场合论述了"命运共同体""亚洲命运共同体""人类命运共同体"等概念,并且随着"一带一路"倡议的实施以及澜湄合作等区域合作机制的创立运行,周边外交首要地位不断凸显,中国与周边国家的政治、经济和安全合作都不同程度提升,构建人类命运共同体的基础也不断夯实。此后分别在 2013 年和 2015 年,"中国—东盟命运共同体"和"人类命运共同体"的提出进一步确立了中国与东南亚国家合作的愿景蓝图,成为中国发展与东南亚国家间战略伙伴关系的重要理念部署。① 而作为陆上东盟国家,湄公河国家也已经接纳"共同体"概念并将其作为地区合作的主要目标。

东盟国家领导人早在 2003 年就在巴厘岛峰会上宣布确立了经济共同体、安全共同体、社会文化共同体作为东盟的三大共同体组成部分,并被 2007 年 11 月通过的《东盟宪章》收入文本。东盟国家基于促进区域一体化发展和以合作求发展、以和平解决争端的共识,实现了不同发展路径下集体认同感的形成。基于此,针对中国提出的相关命运共同体理念,东盟国家也有不同的解读。泰国皇太后大学副校长 Romyen Kosaikanont 认为,中国的发展为周边国家提供了机遇,同时命运共同体也为各国带来共同发展的机会和利益。老挝外交研究所

---

① 陆建人等:《中国—东盟合作发展报告(2014—2015)》,中国社会科学出版社 2015 年版,第 4 页。

副所长 Lattana Thavonsouk 基于中老两国间地理、历史和文化的密切程度，提出两国进一步在命运共同体视角下深化各领域合作关系的观点。老挝外交部长进一步认为，中老两国对命运共同体理念认识一致，两党两国和人民间发展紧密关系能为两国发展带来实惠。[①] 缅甸学者 Khin Zaw Win 也认为命运共同体能够为地区合作提供更加灵活机制的环境，从而保障各国地位平等。泰国前副总理素拉杰认同命运共同体概念意味着共赢合作和发展，它的提出能够让亚洲国家产生共鸣。[②] 越南社科院学者杜进森认为，中国与东盟应该致力于双边的民心相通、战略对接和经贸投资合作，从而进一步推进和平稳定。缅甸工商联主席貌貌雷针对中国区域合作倡议表示，因为澜湄国家有着彼此了解对方需求以及共同发展愿望的基础，澜湄合作的推进能够增进地区发展动力。[③] 根据以上东南亚各国学者、官员和商界人士的观点可知，中国提出的命运共同体作为对中国对东盟建设共同体的支持，东南亚国家积极看待这一理念在推动地区合作的意义与价值。因此，"命运共同体"理念在东南亚国家间具有一定的共识基础，这也为澜湄国家命运共同体的构建提供了积极条件。

而就政治、经济、安全和文化发展领域的理念来讲，培育澜湄共同体意识的既有积极因素与条件包括：（1）澜湄国家历史文化特征与记忆相近。首先，澜湄人民对澜沧江—湄公河的情感是相通的。其次，中国的文学、哲学思想、传统习俗、治国理念等文化要素在中国与湄公河国家之间的长久交流中已经对湄公河国家的历史文化体系有明显塑造作用。再次，澜湄国家的一些神话和文学有相近性。最后，澜湄国家在近代都历经西方列强的殖民半殖民统治、二战炮火洗礼以及战后争取民族独立和解放的斗争。（2）澜湄国家都有寻求持久和平的愿望。缅甸和越南、老挝、柬埔寨在二战后刚摆脱英法殖民主义

---

① 邢伟：《水资源治理与澜湄命运共同体建设》，《太平洋学报》2016 年第 6 期。
② 《中国对中国—东盟关系有何设想？外交部回应》，网易新闻，2017 年 5 月 16 日，http：//3g.163.com/news/article_cambrian/DCCDLT7N0001899N.html，访问时间：2021 年 1 月 21 日。
③ 《访泰国前副总理：迈向共同体这一共同未来》，人民网，2015 年 3 月 27 日，http：//politics.people.com.cn/n/2015/0327/c70731-26761810.html，访问时间：2021 年 1 月 21 日。

的统治，又在冷战中成为美苏对抗的阵地。直至20世纪90年代初冷战结束，地区政治局势才实现稳定。当前，构筑一个和平与繁荣的次区域发展环境是澜湄各国的共同愿望。（3）澜湄国家利益追求相似。湄公河国家都处在城镇化、工业化的关键阶段，对基础设施建设、资金、技术、管理理念等经济发展要素需求紧迫。（4）澜湄国家风险挑战相同。首先，澜湄六国在经济发展转型升级的关键阶段都面临着逆全球化的风险，因此在推动地区生产要素聚合与配置、提升经济发展水平、维护自由化贸易进程中也面临共同的挑战；其次，气候变化、跨境犯罪、走私等非传统安全挑战以及协调经济发展与环境保护的可持续发展也是共同面临的紧要议题。

2. 区域文化认同基础深厚

塞缪尔·亨廷顿曾经对亚洲经济合作提出看法，他认为东亚经济合作需要在共同的东亚文化背景下才能彰显活力与意义，因此澜湄国家命运共同体需要以相似乃至共同的文化渊源作为构建基础。中国与周边特别是湄公河国家地缘相邻、人文相亲，又同属儒家文化圈，双方历史文化交往作为客观而不容否定的存在，[①]为澜湄国家间推动区域文化认同，促进地区经济合作创造了积极条件，即使澜湄各国社会制度、语言、习俗与经济发展模式及经济发展水平各有差异。从历史宗教方面看，中国与湄公河国家之间经过长期文化交流形成了共同的佛教宗教文化、华人文化等。中、老、柬、缅、泰等国家民众大多信仰佛教，这些国家华人又占有一定比例，在社会经济、政治生活中扮演着重要角色，一定程度上华人传播了中国的汉语文化、饮食、传统习俗等中国文化，加深了当地民众对中国文化的认同感，因此中国与湄公河国家既有着密切的宗教文化渊源，也在现代人文交往中不断加深彼此认同。此外，中国与湄公河国家相继经历近代以来的西方殖民、日本侵略的惨痛，以及战后争取民族解放和国家独立的艰辛，都有着以和平稳定环境发展经济、改善民生的强烈愿望。中国与湄公河国家同处儒家文化圈，文化属性开放包容，深厚的区域文化认同因此

---

① 于红丽、王雅莉：《中国周边安全问题的困境与突破：一种构建主义的思考》，《黑龙江社会科学》2016年第5期。

为澜湄国家命运共同体的构建提供了历史与现实的基础。

(二)"一带一路"经济推动力

"一带一路"倡议提出以来,合作领域和范围不断拓展,合作模式不断创新,已成为国际合作和资源互补的重要纽带。湄公河地区作为沿线最重要的地区之一,经济发展活跃、市场前景广阔,"一带一路"倡议的成果以及经济推动力能够为澜湄国家命运共同体的构建提供重要机遇。

1. "一带一路"成为国际合作的重要纽带

自"一带一路"倡议自2013年提出以来,至今已形成覆盖150多个国家和地区,囊括政治、经贸和文化领域合作的重要国际合作纽带。通过2017年、2019年连续举办两届"一带一路"国际合作高峰论坛,签署了整体涵盖政策规划和战略对接、基础设施建设、产能合作、金融投资和文化民生等多个领域多达279项成果协议,由此搭建了中国有史以来举办的最高层次、最多成员的多边合作交流平台。同时在基础设施建设领域近年来推进了中老、中泰铁路,以及中缅、中俄油气管道的建设,并打造了中欧班列作为实现中国同沿线国家贸易互联互通的重要方式,推进了中国同沿线各国货物进出量和投资量的持续增长。① 据统计,在2018年前10个月,中国同"一带一路"沿线各国实现了货物进出口总量6.84万亿元、同比增速14.8%的快速增长。② 同时在沿线建立了超过80个经济合作园区,提供多达20余万个工作岗位。③ 2020年全球因新冠肺炎疫情投资水平显著下滑的情况下,中国对"一带一路"沿线国家投资仍然增加18.3%,占同期总额比重达16.2%,其中新加坡、印尼、越南、老挝、马来西亚、柬埔寨、泰国等东南亚国家是主要投资对象国。④

---

① 王厚双、张霄翔:《"一带一路"框架下中日加强在东盟第三方市场合作的对策思考》,《日本问题研究》2019年第1期。
② 《前10个月我国外贸进出口增长11.3%》,商务部中心网站商务数据,2018年11月8日,http://data.mofcom.gov.cn/article/zxtj/201811/44983.html,访问时间:2020年1月15日。
③ 参见世界银行公开数据,https://data.worldbank.org.cn。
④ 《2020年我国对"一带一路"沿线国家投资合作情况》,中华人民共和国商务部网站,2021年1月22日,http://www.mofcom.gov.cn/article/tongjiziliao/dgzz/202101/20210103033292.shtml,访问时间:2021年2月23日。

基于此，共建"一带一路"取得的丰硕成果和其经济推动力足以在全球经济严重衰退的当下，吸引日本等发达国家对"一带一路"倡议合作态度的转变。事实上，比如日本的综合商社、机械、化工等行业企业也长期活跃在"一带一路"沿线特别是湄公河国家开展相关业务，日本国际协力银行等金融机构也长期为日本海外企业提供稳定的金融服务。中日等国虽然在"一带一路"沿线的道路交通、电力基础设施领域竞争激烈，但双方企业也已经出现利用技术互补、资源网络对接等优势，共同推进相关项目建设的案例。对于日本来说，安倍政府提出，日本旨在扩大基础设施出口的"高质量基础设施伙伴关系"计划可以和中国"一带一路"倡议"有条件"部分对接，并在基于开放性、透明性、经济性和东道国财政透明性等规则"条件成熟后"，① 推动两者之间的战略合作，实现两国企业在除基础设施建设领域外更多元、多层次的国际合作。因此，作为共建"一带一路"的新路径，中国与日本等发达国家在湄公河地区的合作能够契合日本以及湄公河地区国家提升海外市场利益，促进国内经济增长的现实需求。可以说，"一带一路"在湄公河地区建设推进和合作模式的创新为澜湄国家命运共同体的构建提供了重大机遇。

2. 第三方合作在湄公河地区的探索与推进

作为国际合作模式的有益补充和探索，第三方市场合作为中国和参与国家的企业务实合作搭建了平台并提供公共服务。在全球动荡源和风险点增多的当前，第三方市场合作更有利于搭建起企业为主体的海外利益保护，完善共建"一带一路"安全保障体系。而地缘上毗邻中国的湄公河地区，更因为其地缘位置关键，资源能源富集，人口红利凸显，国家现代化发展需求显著，经济发展前景和市场潜力巨大，成为"一带一路"建设和推进周边外交布局的首要地区。同时基于以上优势，该地区也日益成为各方力量所重视的重要地缘板块。而相比美国、欧盟、韩国等国对湄公河地区的有限分散投入，中日两

---

① 于蓉蓉：《日本媒体对"一带一路"的评价日渐积极》，光明网—理论频道，2019年5月16日，http://theory.gmw.cn/2019-05/16/content_32839800.htm，访问时间：2021年3月15日。

国在湄公河地区存在广泛而深厚的参与和合作基础。中日两国目前已是湄公河国家最大的外资来源地和进口来源地，两国倡导推进的合作机制都在该地区的政治安全、经济可持续发展、人文社会等方面发挥着重要作用。

2018 年 5 月，中华人民共和国国务院总理李克强访问日本并签署了《关于中日第三方市场合作的备忘录》，同月底，泰国东部经济走廊中国—日本第三方市场合作研讨会在曼谷举行，成为中日两国从官方层面上将第三方市场合作率先落地泰国的重要标志。2019 年 4 月，由中国贸促会与日本贸易振兴机构在泰国曼谷共同主办的中日第三方（泰国）市场合作研讨会，① 更细化了中国、日本、泰国三方企业开展第三方市场及交通物流、能源环境和智慧城市等重点合作领域和路径。当前，基于中日两国在东南亚地区基础设施建设竞争激烈②，在泰国既有的产业互补模式和市场占有率，加之泰国东部经济走廊具备的地缘政治经济利益，以及泰国政府对经济走廊建设的高度支持等成熟条件，中日两国企业可率先推进在泰国基础设施建设领域的合作。中国可凭借自身在基建设备的优势产能，企业投资和"一带一路"专项投资基金支持，与日本的高端精细设备、技术研发和先进项目管理方式相结合，加之泰国所提供的政策、物流、人力、土地等要素支撑，依托中国中信集团、中国进出口银行、日本国际协力银行、日本伊藤忠商社、泰国正大集团等代表性企业和金融机构，通过联合融资以及总分包、联合竞标的形式合力推进基础设施项目建设。③ 虽然日本伊藤忠商社在 2018 年底退出了中日泰三方共建泰国高铁的项目计划，但泰国东部经济走廊建设依旧是推动中日泰三国工

---

① 《中日第三方市场合作研讨会在曼谷举行》，新华网，2019 年 4 月 2 日，http://www.xinhuanet.com/2019-04/02/c_1124318579.htm，访问时间：2021 年 3 月 5 日。

② 中日两国长期在东南亚国家铁路建设领域竞争激烈，印尼的雅万高铁、早前的新（新加坡）马（马来西亚）高铁，以及泰国的铁路规划中都有两国企业投标竞争。

③ 孙广勇：《泰国"东部经济走廊"促进产业升级》，《人民日报》2019 年 1 月 25 日第 16 版；《泰国东部经济走廊连接三机场高速铁路项目签约仪式在曼谷举行》，人民网，2019 年 10 月 25 日，http://world.people.com.cn/n1/2019/1025/c1002-31419617.html，访问时间：2020 年 4 月 3 日。中日在之前以"中日泰"三方合作的形式取得了进展，虽然最后日本并未直接参与该项目，但此次签约仪式上日本驻泰大使依旧出席了。

商界深化合作的重要契机，有利于营造三国"共商、共建、共享"的合作环境和信息交流与共享的平台，在充分发挥贸促机构作用的同时形成"产业＋技术＋资本＋市场"的合作模式，将泰国东部经济走廊打造成中日第三方市场合作在湄公河国家的示范区。①

（三）澜湄地区发展潜力巨大

2019 年底暴发的新冠肺炎疫情为全球经济发展蒙上了一层阴影，湄公河地区在此轮全球经济政治的深刻变革中，能够凭借背靠中国与东盟两大市场的优越投资条件、巨大的城镇化市场需求等要素凸显重要经济战略地位，同时湄公河地区作为"印太战略"和"一带一路"的地缘交汇点，地缘位置显要。在此基础上，中国与湄公河国家保持总体稳定的政治关系，经济贸易联系日益密切，共同为澜湄国家命运共同体的推进构建提供了重大机遇。

1. 湄公河地区地缘重要性日益凸显

随着当前世界经济的下行压力逐渐增大，全球化面临着深刻的变革，湄公河地区国家的经济增长速度也出现不同程度的波动乃至逐渐降低。但如图 3-1 所示，相比全球整体经济增长平均水平，除了泰国经济增长出现较为明显的波动，湄公河地区国家总体上依然保持着较高的经济增长率，其中柬埔寨和越南在 2019 年全球经济增长普遍下滑的趋势下，更是分别以 7.05%、7.02% 的 GDP 增长率逆势创下了高速增长率。因此湄公河地区成为全球经济增长最为活跃的地区之一，市场发展潜力巨大。主要表现为以下几方面的优势。

一是背靠中国和东盟，有相对稳定良好的投资条件。湄公河地区所在的东盟整体拥有中国近 1/2 的人口数量，并在近十年连续保持 5% 左右的经济年均增长率。② 根据中国出口信用保险公司发布的《"一带一路"国家基础设施发展指数（2019）》统计数据，东南亚凭借庞大的人口基数、快速的经济增长，在"一带一路"沿线国家和地区中排名发展指数第一。同时东盟目前已跃升为中国的第一大贸

---

① 付志刚：《中日第三方市场合作在东南亚大有可为》，《光明日报》2019 年 4 月 6 日第 4 版。

② 数据来自"ASEAN Stats Data Portal"，https：//cdn. aseanstats. org/public/data/statics/ASEAN_ Selected_ basic_ indicators. xls。

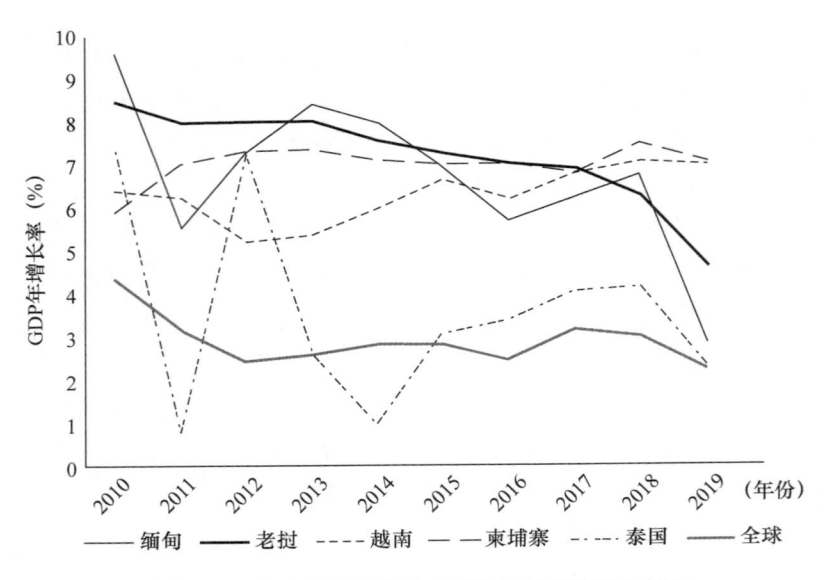

图 3-1　中南半岛 5 国及全球近年的经济增长概况

资料来源：中华人民共和国国家统计局；世界银行。

易伙伴，在世界经济舞台中扮演着重要角色，成为具有较大投资吸引力的重要经济体。此外，基于国际货币基金组织的统计预测，东盟到 2030 年将拥有接近 4 亿占总人口数量达 55% 的中产阶级群体，将会带来巨大的消费潜力。这意味着东盟作为囊括湄公河地区的区域一体化组织，也是湄公河地区经济发展的强大"后盾"。

二是湄公河国家市场环境总体稳定。湄公河地区正快速推进工业化和城市化进程，基础设施领域市场需求旺盛。同时湄公河五国已实现整体代议制民主的转变，政治动荡风险减小，国家治理能力不断提升，总人口中占比显著的年轻人口能更以开放包容的观念推进国家治理体系建设，营造稳定的国内市场环境。另外随着中美贸易冲突和中国经济结构的调整，湄公河地区从中国承接了部分跨国企业主导的产业链，能够凭借更充足和低廉的人力、土地和更宽松的政策进一步吸引国际投资。

三是湄公河地区是共建"一带一路"的重要地缘枢纽。作为中国开展周边外交的优先首要地区，湄公河地区同时有"一带一路"

互联互通规划的中国—中南半岛经济走廊和孟中印缅经济走廊在该地区交汇，同时有序对接"东盟2025"基础设施互联互通的愿景规划，将进一步推动湄公河地区各国同中日等参与国之间的政策沟通，优化地区营商环境；通过跨境投资合作的主要形式创新双多边的合作模式，充分释放基建市场发展活力；作为"带路经济"的持续增长点，保持广阔的经济发展前景。

2. 湄公河地区城镇化发展需求紧迫

湄公河地区（中南半岛）作为东南亚区域的重要地缘组成部分，连接中国和东南亚马来半岛和马来群岛，涵盖缅甸、越南、老挝、泰国、柬埔寨5个中小国家，2.4亿人口。① 该地区经济基础总体薄弱，国家之间因为资源禀赋、人口数量、经济结构不同而呈现社会和经济发展水平及进程的显著差异，但也同样面临在工业化和城镇化发展阶段，因交通、能源、电力、邮电通信等基础设施落后而难以满足投资者需求，限制了自身经济发展的现实难题。在世界经济论坛发布的《2019全球竞争力报告》中，湄公河国家的基础设施指标在全球141个经济体中整体偏中后，道路连通、运输效率、电力和水源供应等方面存在较大的提升空间（见表3-2）。以道路基础设施为例，虽然在此前东盟和大湄公河次区域经济合作的相关倡议推动下，跨境交通运输网络得到一定改善，但在缅甸和老挝国内及彼此之间仍然存在公路线路严重不足和薄弱的问题。② 由于陆路交通基础设施质量和维护水平不佳，湄公河地区的进出口贸易大多通过水路运输，增加了货物运输距离和成本。尤其在缅甸国内，50%的货运量依靠水运，窄轨铁路运力和公路网覆盖严重不足，③ 从而阻碍了国家经济发展。此外，该地区电力、供水基础设施的落后也导致电力、水源供应可靠性的不足，大量民众因接触不安全卫生的饮用水而威胁自身健康。可见，对

---

① 数据来自中华人民共和国国家统计局：http://data.stats.gov.cn/easyquery.htm?cn=G0104。

② 参见世界银行研究报告《一带一路经济学：交通走廊的机遇与风险》，https://www.shihang.org/zh/topic/regional-integration/publication/belt-and-road-economics-opportunities-and-risks-of-transport-corridors，访问时间：2020年3月15日。

③ 《缅甸基础设施行业研究》，缅华网，2015年11月16日，http://www.mhwmm.com/Ch/NewsView.asp?ID=13828，访问时间：2021年3月15日。

于作为发展中经济体的湄公河地区各国而言，完善基础设施建设将是推动工业化城镇化发展的最紧迫需求。

表 3-2　　2019 年湄公河国家基础设施指标全球排名①

| 指标成分 | 柬埔寨 | 老挝 | 泰国 | 越南 |
| --- | --- | --- | --- | --- |
| 基础设施 | 106 | 93 | 71 | 77 |
| 1 交通基础设施 | 96 | 87 | 53 | 66 |
| 1.1 道路连通性 | 107 | 126 | 54 | 104 |
| 1.2 道路质量 | 97 | 89 | 55 | 103 |
| 1.3 铁路密度 | — | — | 55 | 58 |
| 1.4 列车服务效率 |  |  | 75 | 54 |
| 1.5 机场连通性 | 58 | 88 | 9 | 22 |
| 1.6 空运服务效率 | 113 | 104 | 48 | 103 |
| 1.7 班轮连通性 | 93 |  | 35 | 19 |
| 1.8 海港服务效率 | 91 | 115 | 73 | 83 |
| 2 公共基础设施 | 107 | 97 | 90 | 87 |
| 2.1 通电人口所占百分比 | 115 | 96 | 2 | 84 |
| 2.2 电力供应总量百分比 | 89 | — | 31 | 62 |
| 2.3 接触不安全饮用水人口百分比 | 99 | 108 | 107 | 95 |
| 2.4 供水可靠性 | 86 | 93 | 60 | 81 |

资料来源：世界经济论坛《2019 全球竞争力报告》。

围绕改善招商引资环境、完善拓展基础设施建设等内容，近年来缅甸、越南、老挝、泰国分别提出了《国家全面发展 20 年规划》《至 2020 年融入国际社会总体战略和 2030 年愿景》《10 年社会经济发展战略（2016—2025）》，以及"泰国 4.0 战略"等战略发展规划。加上柬埔寨早期提出的"四角战略"和在东盟提出的《东盟互联互

---

① 《2019 全球竞争力报告》共纳入 141 个经济体，缅甸最近一次的数据是在《2014—2015 全球竞争力报告》中，当时缅甸基础设施整体质量在 144 个经济体中排在第 138 位。

通总体规划 2025》引导下，对接参与中国共建"一带一路"倡议，湄公河地区形成了推进现代化国家层面"战略共识"。基于此，在各国工业化和城镇化的集中驱动下，湄公河地区在铁路、公路、机场、港口、发电站等交通和能源基础设施项目的需求快速上升。同时，面对提升货物运输效率、扩大对外贸易的市场竞争压力，各国对项目建设的周期、成本以及技术创新也提出了新的要求。此外，已有的由各国开发性、政策性和国际多边金融机构以及主权基金组成的多元融资体系，也已经满足不了各国基础设施建设的巨大资金需求。① 总体来看，湄公河地区的基础设施现代化建设面临着规模、技术、资金及质优价廉的设备等方面的巨大缺口，对于外来投资的需求强烈。因此，对于长期在湄公河地区基建、投资领域相互竞争的中日两国来说，该地区对工业化、城镇化的迫切发展需求是推动实现两者'强强联合"的直接动力。

3. 中国与湄公河国家经济联系紧密

近年来，中国与湄公河国家的经济互补性和关联度进一步增强。通过澜湄合作框架下的"经济与可持续发展"支柱领域的合作开展，中国与湄公河国家近年来在基础设施、产能、跨境经济、贸易等领域往来愈加密切，经济互补性进一步凸显。中国与湄公河国家在 2017 年和 2018 年的双边贸易总额分别为 2200 亿美元、2614.86 亿美元，同比增长分别为 16%、18.86%，2019 年前十个月的贸易总额更是以 2294 亿美元超过 2017 年的全年贸易总额。② 目前，中国同为湄公河越、缅、柬三国的第一大贸易伙伴，是老挝仅次于越南的第二大贸易伙伴。按照湄公河地区单一整体单位计算，湄公河地区已是中国的第五大贸易伙伴。这显示出中国与湄公河国家的经贸关联的逐步增长，

---

① 中国出口信用保险公司：《"一带一路"国家基础设施发展指数（2019）》，中国对外承包工程商会，2019 年 5 月 29 日，http：//www.china.org/upload/file/20190529/bri-di2019cn.pdf，访问时间：2021 年 3 月 5 日。

② 《2018 年 12 月进出口商品国别（地区）总值表（美元值）》，中国海关总署网站，2019 年 1 月 23 日，http：//www.customs.gov.cn/customs/302249/302274/302277/302276/2278978/index.html；《2019 年 10 月进出口商品国别（地区）总值表（美元值）》，中国海关总署网站，2019 年 11 月 23 日，http：//www.customs.gov.cn//customs/302249/302274/302277/302276/2709048/index.html，访问时间：2021 年 3 月 3 日。

也足以显示湄公河地区强劲的经济发展潜力。与此同时，湄公河国家经济增长中中国投资的重要性也不断凸显。中国目前是柬埔寨、缅甸和老挝的投资存量上的第一大外资来源国、越南的第二大外资来源国。① 此外，随着澜湄合作专项基金的设立，澜湄次区域经济可持续发展项目也在不断推进。中国在 2019 年分别和缅甸、柬埔寨和老挝分别签订了澜湄合作专项基金项目协议，资助三国在开展农村发展与减贫、农业技术与鱼类加工、食品卫生安全和环保、教育等领域项目的发展。其中，缅甸获批的数量和金额有较大提升，柬埔寨是目前获批专项基金项目最多的国家，老挝共有 7 个部委申报的 21 个项目获批。② 湄公河国家中小项目的落地实施使得国家生产要素禀赋、自身优势得到进一步利用和发挥，在打造国家和项目示范的同时调动了湄公河国家整体参与的积极性，为澜湄国家命运共同体的构建不断注入经济活力。

（四）大国地区合作的新变化

日本长期作为在东南亚尤其是湄公河地区有重要影响力的域外大国，与中国在湄公河地区的基础设施、机电等领域存在广泛重叠与竞争。自 2018 年中日政治关系转圜以来，两国围绕在东南亚的第三方市场合作签署了规模巨大、数量品类繁多的合作协议，标志着两国在湄公河地区从竞争转向协调。因此，以第三方市场合作为标志的中日大国关系的变化，能够进一步充分发挥中国和湄公河国家的比较优势，拓展次区域国际市场，实现国家间的互利共赢，成为实现高质量推进"一带一路"的国际合作新模式。这是适应当前国际形势推动构建澜湄国家命运共同体的具体策略。以中日主导的湄公河地区第三

---

① 《以经贸合作擦亮澜湄合作"金字招牌"》，中华人民共和国商务部网站，2017 年 12 月 16 日，http：//finance.people.com.cn/n1/2017/1216/c1004 - 29711130.html，访问时间：2021 年 3 月 3 日。

② 《中缅签署澜湄合作专项基金 2018 年项目协议》，中国驻缅甸大使馆，2019 年 1 月 23 日，http：//mm.china - embassy.org/chn/sgxw/t1631770.htm；《澜湄合作专项基金柬埔寨新项目签约》，新华网，2019 年 2 月 14 日，http：//www.xinhuanet.com/world/2019 - 02/14/c_1124115330.htm；《中老签署澜湄合作专项基金 2018 年项目协议》，中国驻老挝大使馆，2019 年 2 月 15 日，http：//la.china - embassy.org/chn/gdxw/t1638264.htm，访问时间：2021 年 3 月 3 日。

方市场合作既以两国政治关系转圜，缓解域内、外大国竞争为现实挂动，更有中日对创新湄公河地区合作模式需求为基础，以及降低近年来的单边主义、保护主义等"逆全球化"风险的共同目的。

1. 中日政治关系转圜推动在湄公河地区合作

政治关系作为全局性的社会关系，在国际关系领域是两国关系交往的首要维度。对于中日而言，两国长期政治互信的缺失导致政治关系波折起伏。但往往随着政治关系的提升，中日两国关系也能迅速改善。中日政治关系自 2012 年日本野田佳彦政府以来跌入"低谷"，两国政府之间原有的多领域对话合作机制也保持长时间停滞。同时两国基于历史观念的差异和现实地缘利益的对抗性也导致中日政治关系波折起伏。随着当前国际政治经济局势的深刻变革以及世界权力中心体系的转移趋势日趋显著，中日两国审慎结合自身国内外的利益需求，重新转变双边关系发展思路，两国关系开始从"竞争转向协调"。

2018 年 5 月，中华人民共和国国务院总理李克强访问日本，成为时隔 6 年首位访日的中国国家领导人。作为回访，日本首相安倍晋三于同年 10 月对中国进行国事访问，也是日本首相时隔 7 年后的首次访华。此次双边互访作为两国互谅互让，进入以协调为主基调的双边关系发展的开端，也为下一步两国更高层次的政治交往打下了基础。而作为此次"开端"的重要标志，中日之间签署迄今为止种类最多、规模最大的第三方市场合作协议，既是两国政治关系转圜的结果，也是推进两国政治互信、经贸合作的"中介"驱动力。中日通过开展第三方市场合作，能够充分发挥两国的差异化比较优势，实现两国优质资源的创新融合，以强强联合的形式推动凝聚两国经济增长的新动力，进而以一种跳出两国单纯竞争的合作模式，着眼于不同的市场需求，在协调中实现竞争与合作，促进中日关系的良性发展。

2. 中日对在湄公河地区合作模式的需求

（1）中国深化国内供给侧改革和对外投资的需求

中国自改革开放以来经历了 40 多年的经济高速发展，随着全球经济形势的调整变革，中国既面临着自身由于经济高速长期发展带来的资源禀赋和要素结构调整，具体表现为进入新一轮的产能过剩和发达国家对中国贸易模式的长期质疑"污名化",从而设置国际贸易限制措施阻碍中国经济发展。同时又面临发达国家由于自金融危机后国内产业空心化、海外需求疲软,而导致中国自身的贸易模式开始主要由出口驱动向消费市场驱动转变。基于此,中国在 2013 年提出共建"一带一路"倡议,从而在深化国内供给侧改革的同时,对外通过"一带一路"倡议与沿线国家及其他发达经济体实现政策战略对接、产业协调与资源互补,推动自身产业结构和贸易模式的优化升级。随着 2018 年中国经济开始进入新常态阶段,① 推动共建"一带一路"成为促进国内供给侧改革和深化新一轮对外开放的有效应对举措。第三方市场合作作为"一带一路"框架下国际合作新模式的有益补充,同时也是推动共建"一带一路"倡议的新路径。

湄公河地区处于"一带一路"的重要枢纽位置,"一带一路"规划的 6 条经济走廊中有中国—中南半岛经济走廊和孟中印缅经济走廊② 2 条交会于此,同时由于经济发展活跃和拥有广阔的市场发展潜力,长期吸引了中国、日本等国家在该地区深入而广泛的合作。中国以国有企业为主体承接了湄公河地区交通和能源基础设施领域的工程建设、金融投资和设备供应等重要环节,并在中国政府外交、商务及金融支持下,在施工规模、建设周期、运营效率和设备供给等方面占据优势。而日本形形色色的综合商社等以民营性质为主的企业长期作为日本海外利益的载体,通过参与电力、供水、电子信息等领域的投资建设,深化了日本在该地区的社会效益,树立了积极的企业形象。基于此,中日开展湄公河地区的第三方市场合作,有利于将中国的中低端设备制造优势产能、充足资金与日本在该地区长期拥有的先进管理理念、先进技术研发和其他社会资源相互整合,培育优质的资源融合,避免中日两国个体缺陷,在实现经济合理对接湄公河国家基础设施、城市化建设等领域需求的同时,提升中国优势过剩产能和冗余资金的利用效率,进而推动国内新一轮供给侧改革,实现产业结构和国

---

① 王厚双、张霄翔:《"一带一路"框架下中日加强在东盟第三方市场合作的对策思考》,《日本问题研究》2019 年第 1 期。

② 在 2019 年 4 月召开的第二届"一带一路"高峰论坛发布的公报中,孟加拉国—中国—印度—缅甸经济走廊被称为孟中印缅经济走廊。

际贸易结构的优化升级。

（2）日本摆脱经济低迷和扩大海外利益需要

日本经济由于长期政策刺激和经济周期红利的推动，自2017以来出现了缓慢复苏的迹象。但由于其国内长达20余年的经济发展停滞和国内金融机构购债能力的持续降低，安倍政府依靠政策工具刺激国内经济发展的动力难以长期持续，在极易陷入"流动性陷阱"的同时国内内生增长动力的不足也为日本经济带来新一轮通缩和发展下滑的风险。① 基于此，日本政府在提出旨在实现经济增长的"复兴战略"的基础上，又细化出了"产业复兴""战略市场创造计划""国际拓展战略"三项行动计划。② 其中，"国际拓展战略"是日本拓展国际市场和扩大对内直接投资目标的具体体现，以提升日本人才、资金吸引力，构建国际通商战略性关系，进而为提升海外市场占有率而采取战略性措施。③ 简单来说，日本需要依靠继续维护并扩大海外市场利益来摆脱国内经济低迷的困境。

东南亚自20世纪70年代以来一直是日本国家利益优先延伸和国家战略重点布局的交汇区，④ 而作为日本重要的海外原料产地和商品市场，湄公河地区的产业链和国际分工体系长期受到日本主导。但随着中国近年来的经济增长，并依靠自身地缘优势和同为发展中国家的经验技术优势，通过"一带一路"倡议的推动，在同湄公河国家产业对接和资源互补的过程中相比日本优势日益明显。因此，在对中国和日本都具有重要地缘经济利益的湄公河地区，围绕中国发起的"一带一路"倡议与日本的"国际拓展战略"具有的重叠竞争关系，长期经济发展低迷的日本更需要同中国开展合作，通过推动日本企业在遵循商业规范流程，提升核心竞争力以确保核心利益的同时，实现

---

① 王宇哲：《2018：日本经济缺乏后劲》，《第一财经日报》2017年10月31日第A11版。
② 宫笠俐：《中日第三方市场合作：机遇、挑战与应对方略》，《现代日本经济》2019年第5期。
③ 《新增长战略——日本复兴战略：日本归来》，日本首相官邸，2013年6月14日，http://www.kantei.go.jp/cn/96_abe/policy/2013/1200419_9052_html，访问时间：2021年1月5日。
④ 杨达：《日本在东南亚的海外利益保护论析》，《世界经济与政治》2020年第4期。

自身高端设备研发生产技术、先进管理理念同中国的产能、充足资金和装备制造等优势领域整合，弥补自身产业空心化、产能不足的缺陷，共同开发湄公河地区第三方国家市场，进而提升自身资金和技术优势的利用效率，维持并扩大海外市场占有率，不断优化自身的产业机构和生产布局，提升国内经济发展活力。

3. 抵御美国因素下"逆全球化"风险的共同需要

随着 2008 年国际金融危机以来世界经济发展缓慢，经济下行压力逐渐增大，而发展中国家经济发展日益活跃，部分发达经济体开始在国际贸易中设置贸易壁垒和限制政策阻碍全球自由主义和多边主义的经贸合作，从而引发从发达国家内部出现的单边主义、保护主义、民粹主义逐渐蔓延，形成日益显著的"逆全球化"思潮。基于此，中国提出的共建"一带一路"倡议起初被部分美欧日等西方国家和地区怀疑、揣测乃至抵制。而随着"一带一路"在实现各参与国之间产业优势和资源互补，特别是在湄公河国家凝聚经济增长力的效果日益显现，部分发达国家开始直接或者间接参与到共建"一带一路"的倡议中。但美国作为经济总量占比全球经济总量近 1/4 的经济体，宣扬"美国优先"的单边主义思想，从全球经济治理体系中损害了各国共同的经济利益。因此，第三方市场合作依存于全球化产业价值链上各国差异化的比较优势，在实现参与国产能和资源要素结构互补的同时，成为共建"一带一路"框架下推进多边经济合作、共同抵御经济风险的重要方式。

如图 3-2 所示，作为亚洲最大的两个经济体，互为重要贸易合作伙伴的中日两国，随着近年来双边进出口总额逐步增长，经贸关系日益紧密。因此，两国在面对"逆全球化"思潮时抵御经济风险的需求也更加迫切。同时，根据表 3-3 对 2017 年中日在湄公河地区各国进出口贸易中所占比重的数据对比可知，中日两国在湄公河地区的贸易结构中优势互补性强，合作潜力巨大。表现在相比日本，中国对湄公河国家贸易总量虽占据优势，但主要集中在基础设施、装备制造、矿石开采等基础工业领域；而日本因长期在湄公河地区的市场资源耕耘，在汽车机械、电子信息等高新技术贸易和服务业方面占优。因此，中日在湄公河地区开展不同领域的第三方市场合作，足以形成应对全球化变革发展下产业互补、主体多元的合作态势，对接湄公河国家市场经济的现实需求，在推动区域经济一体化的同时抵御由美国等发达国家主导的"逆全球化"思潮，以多边主义合作促进湄公河地区经济的稳定增长。

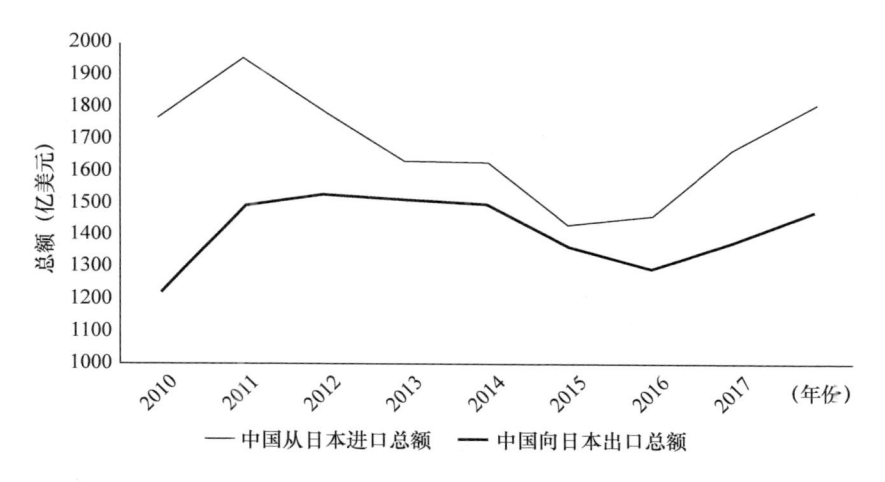

图 3-2　中日近年来的双边进出口总额概况

资料来源：中华人民共和国国家统计局。

表 3-3　2017 年中日在湄公河地区各国进出口贸易中所占比重（%）

| 湄公河国家 | | 缅甸 | 老挝 | 泰国 | 越南 | 柬埔寨 |
|---|---|---|---|---|---|---|
| 中国 | 进口 | 31.8 | 21.4 | 19.9 | 27.6 | — |
| | 出口 | 38.9 | 27.0 | 12.4 | 16.6 | — |
| 日本 | 进口 | 5.5 | 1.8 | 14.4 | 7.9 | — |
| | 出口 | 6.5 | 3.3 | 9.4 | 7.9 | — |

资料来源：日本贸易振兴机构（JETRO）《ジェトロ世界贸易投资报告》2017 年版。

**二　澜湄国家命运共同体的推进障碍**

如上文所述，基于澜湄次区域文化理念的相近，"一带一路"经济推动力、中国与湄公河国家间政治经济关系的良性基础，以及中日作为大国在湄公河地区合作关系的新动向，澜湄国家命运共同体在当前拥有明显的发展机遇。但结合历史和现实来看澜湄次区域的整体发展现状，在政治、经济、安全、文化和生态文明领域构建澜湄国家命运共同体仍然面临诸多风险和挑战。具体而言，澜湄国家命运共同体的构建需要面临次区域地缘环境复杂性、国家利益冲突性、国际责任差异性、地区矛盾结构性、意识形态对立性以及制度规范失效性等方面的阻碍。

（一）地缘环境的复杂性

"一带一路"沿线地区长期是大国利益博弈的重要地带，作为其中最重要的地区之一，湄公河地区所在的东南亚地缘政治环境高度复杂化，中美战略博弈背景下美国在湄公河地区的资源投入增加，以及长期存在的域外大国在澜湄次区域的政治竞争，这些都为澜湄国家命运共同体的构建形成了现实阻碍。

1. 东南亚地区区域地缘政治环境高度复杂化

作为连接太平洋与印度洋的"十字路口"，东南亚拥有东亚、南亚次大陆和亚太地区沿岸三大边缘地带的三角集散的地缘属性，基于该地区重要的地缘战略意义，命运共同体的构建面临着内部主权争议问题、美国强势介入以及其他域外大国政治竞争等使得东南亚地缘环境日趋复杂的挑战。

2. 中美在湄公河地区的战略博弈

美国长期以来持续重视东南亚国家对于遏制中国崛起的前沿作用，在经济整体欠发达的中南半岛国家缺乏明确的政策投入。进入 21 世纪以来，随着中国综合国力的显著提升，以及湄公河国家经济发展活跃度的增强，提升对湄公河国家地缘战略的重视程度，以及从东南亚海上和陆上两个方向限制中国在东南亚的影响力增长，成了美国对外区域政策的重要选项。奥巴马政府推出的"亚太再平衡"战略，在强化美国同新加坡、菲律宾、马来西亚等传统安全合作伙伴的合作关系的同时，进一步强化在湄公河地区的政策资源投放力度，以捆绑机制使得湄公河地区成为美国重返亚太和遏制中国影响力的重要支点。

（二）国家利益的冲突性

作为主权国家的基本价值取向，国家利益是主权国家关乎国家生存与发展的对外交往的最高原则。① 以澜湄六国为主体,澜湄国家命运共同体的构建在推动政治、经济、安全、文化、社会和生态建设等方面共同体构建的过程中,需要面临主权国家的利益冲突性带来的风险和挑战,从理论与实践的双重维度上主要体现在国家利益具备的阶级性、民族性、独立性和至高无上性等方面,以及澜湄国家经济发展水平的参差不齐。

1. 国家利益的本质特性决定利益冲突

第一,国家利益是掌握国家政权的统治阶级的利益的本质体现,决定了澜湄国家统治阶级利益排他性和利益冲突的发生。按照列宁对国家的论断,澜湄国家作为现代主权国家,是阶级矛盾不可调和的产物,这一方面决定了本质上澜湄各国的国家利益是一定统治阶级利益和一定阶级的利益表现。另一方面也说明澜湄各国通过占统治地位的阶级把自己的政治和意识形态作为国家利益的组成,从而形成国内外政策制定的出发点。基于此,澜湄各国不同统治阶级具备排他性的价值取向能够深刻影响共同利益基础上的命运共同体构建。

第二,国家利益包含着民族利益,澜湄各国国家民族利益的独特性阻碍共同体的利益融合。澜湄各国作为民族国家,无论是统治阶级还是被统治阶级都因为普遍拥有自身独特的传统、信仰和价值追求,从而维护国家主权和领土完整,防止外来侵略,所以对于澜湄各国统治阶级利益与被统治阶级利益在对外关系中具有一致性,在历史上不同统治阶级都有为维护民族尊严和独立反对外来控制、干涉的努力等等。因此,澜湄各国不同的民族利益在历史和现实中的集中体现为不同的国家行为和意识形态,进而难以实现"你中有我,我中有你"。

第三,国家利益是一个国家的最高利益,至高无上性决定了共同体中超越国家价值形态的更高利益的形成。澜湄各国的国家利益从理论上说,作为多种利益集合体因而就代表了所有国民利益,拥有压倒其他个人利益和团体利益的逻辑优越性。同时国家利益在逻辑上作为国家最高利益,那么其他任何个人和团体利益与国家利益相抵触时都

---

① 孙西辉:《论构建"中国—东盟利益共同体"的外交战略》,《国际关系研究》2013年第1期。

要服从国家利益。因此在澜湄国家间开展合作乃至构建命运共同体的决定因素在乎国家利益，国家间个人与团体之间的交往以及利益融合对国家利益之间的相通有限。

第四，国家利益的实际内容是不断变化的，内涵的拓展和延伸能够阻碍国家议程的深化。澜湄各国利益实际内容的差异受不同政治寻求和政治环境的影响，统治阶级变化必然会导致政治环境的变化，从而影响到国家利益的变化。澜湄国家统治阶级的变化因此受到各自不同政治制度和意识形态的影响。在澜湄国家中，存在中国、越南、老挝等国的社会主义政体，以及其余议会制政体，不同统治阶级的发展变化都将对国家利益的内涵产生影响。同时，国家内外政策的议程设置优先级别也依据国家利益内涵的变化，命运共同体的构建始于澜湄各国政治、经济、安全、文化、社会、生态等方面的全方位、宽领域、高层次的合作，国家利益内涵的变化进而会影响共同体建设的深层次推进。

### 2. 澜湄国家经济社会发展水平的分化

基于国家利益满足或能够满足国家以生存发展为基础的各方面需要并且对国家在整体上具有好处，经济利益因此对于同属发展中国家的澜湄各国来说占据首要位置。澜湄国家对澜湄合作的参与与获取的利益势必存在差异和分化，也因为整体经济发展水平不高，各自的顾虑也就更加显著。湄公河国家中缅甸、柬埔寨、老挝三国还处于世界最不发达国家之列，中国云南省作为澜湄合作的主体省份因为集结少数民族、西南边疆、内陆山区为一体，缺乏经济发展有利要素配置，面临持续的发展和减贫压力。湄公河国家中经济发展态势良好的泰国也因为政局长期动荡而经济复苏乏力。澜湄次区域总体上消费水平不高，产品和产业趋同、附加值低，难以形成上下游互补的产业链型体系。同时也因为湄公河国家相比大国，存在国内市场规模小，抵御风险能力低以及参与国际分工和双多边合作能力弱等天然劣势，① 随着美国、日本以及印度等域外国家在次区域各领域投入的增加，湄公河国家被动降低了对中国的需求。因此，各国利益在次区域相互竞争的

---

① 李向阳：《区域经济合作中的小国战略》，《当代亚太》2008 年第 3 期。

复杂性,决定了湄公河国家对于主权让渡的坚守,抵制带有强制性制度的安排。①

结合湄公河五国的发展现状来说,老挝致力于从"陆锁国"变为"陆联国",缅甸要摆脱长期动荡落后的局面,柬埔寨发展"四角战略",越南提出在2030年建成现代化工业强国的目标,泰国致力于摆脱经济低迷的长期颓态。从中国与次区域国家合作项目的推进现实来看,合作经常面临着各国不同利益集团的诉求和博弈,表现为资源、环境等民族主义和域外大国介入和国际非政府组织的干扰。对于基础设施联通合作来说,既适应并满足了湄公河国家对经济社会发展的需求,但也因为跨境基础设施本身的属性引发地缘政治方面的担忧。中南半岛南北向的铁路建设规划已经使得国际舆论担忧东南亚区域陆上和海上的分离。因此可以预见,次区域合作的进一步深化会触及利益博弈和协调的激化阈值,阻碍命运共同体在澜湄次区域的建设。

表3-4　澜湄国家近年来的人均国民收入统计(美元)

| 年份 | 柬埔寨 | 老挝 | 泰国 | 越南 | 缅甸 |
| --- | --- | --- | --- | --- | --- |
| 2010 | 785 | 1140 | 5076 | 1317 | 979 |
| 2011 | 882 | 1378 | 5492 | 1525 | 1176 |
| 2012 | 950 | 1581 | 5860 | 1735 | 1156 |
| 2013 | 1013 | 1825 | 6168 | 1886 | 1162 |
| 2014 | 1093 | 1998 | 5951 | 2030 | 1252 |
| 2015 | 1162 | 2134 | 5840 | 2085 | 1287 |
| 2016 | 1269 | 2308 | 5994 | 2192 | 1267 |
| 2017 | 1385 | 2423 | 6592 | 2365 | 1292 |
| 2018 | 1512 | 2542 | 7295 | 2566 | 1418 |
| 2019 | 1643 | 2534 | 7806 | 2715 | 1408 |

资料来源:中华人民共和国国家统计局;世界银行。

---

① 刘稚主编:《大湄公河次区域合作发展报告(2016)》,社会科学文献出版社2016年版,第62—63页。

(三) 国际责任的差异性

国际责任包含一个国家是否在国际上承担责任，承担多大责任，为谁承担以及如何承担责任等方面，是国家对自身在国际社会中履行责任义务的看法和观念。澜湄国家在推进构建澜湄国家命运共同体的过程中，由于根据不同的国情和国家实力，拥有不同的身份认知，从而存在不同的国际责任观。在此基础上，通过不同的身份认同建构国际责任划分，也是澜湄国家命运共同体面临的现实问题。

1. 澜湄国家国际责任的不同动力因素

从产生的角度看，国际责任产生的本质是国际社会行为体基于外界压力被动产生、国际权力地位、自身国际道义责任三个动力因素产生，这三个因素也构成了划分国际责任类型的依据。[①] 澜湄国家在对这三个因素的不同认知过程中，各个国家在合作推进澜湄国家命运共同体构建过程中产生了不同的国际责任观。同时，澜湄六国以对自身不同国情及国家身份的清醒认识为前提，划分不同的国际责任。基于此，澜湄各国无论是基于地区国家之间责任的相互构建，还是对于合作成员国的期待与压力，抑或是出于成员国自身对于地区态势感知和道义价值的判断，澜湄国家都不能忽略自身国家身份因素。然而，正是由于澜湄国家身份的相互构建以及在价值判断基础上对自身身份的认知，都使得综合国力远远大于其他五国的中国在构建命运共同体过程中承担主要的国际责任，形成国际责任划分的严重失衡和主导国承担责任的成本压力。例如，澜湄合作是中国发起和主导的新型周边次区域合作机制，中国在该合作机制中扮演着至关重要的角色。与中国相比，域内国家由于经济发展处于较低水平，在澜湄合作建设过程中发挥作用明显不足。域内国家甚至存在着"将自身经济社会发展责任转嫁给中方"的心理，这不仅不利于澜湄合作机制的长期健康发展，也加重了中方的融资压力。

2. 澜湄国家的身份认同决定责任差异

身份作为区分自我与他者的特性，常常被用来指代除地位外的行

---

① 倪世雄等：《当代西方国际关系理论》，复旦大学出版社2001年版，第224页。

为体角色和形象。① 对于澜湄国家行为体而言，中国有"特色大国外交"的说法，湄公河国家有"大国平衡"的外交谋略，实际上既包含了澜湄国家自身相对于其他行为体和国际社会的角色定位，同时又包含着其他行为体和国际社会对在国际上扮演某种角色的期望。② 因此，澜湄国家不同的身份认同，决定了在构建命运共同体中不同的责任归属，主要包括以下三个方面内容。

一是行为体包括对个体和团体的自我认同。这种认同包含对自我身份和特征的认定，表明主体内部各部分之间关系，在体现行为体区别于其他行为体的特征。③ 换句话说，对于澜湄国家行为体而言，各个国家对自身在国际社会中实力大小的对比、地位与作用以及自身社会性质、文化特点等自我认知属于身份认同的过程，中国的大国属性和湄公河的小国特征，都是自我身份认同的结果。在命运共同体的构建过程中，澜湄国家基于不同的身份认同，中国往往凭借在身份认同中具有较强客观性的实力优势主导政治、经济、安全、文化与生态建设各领域的合作议程，继而导致湄公河国家对待澜湄国家命运共同体的参与感与责任感逐渐降低。

二是行为体与另一行为体即他者的身份认同。虽然身份首先作为一种自我认同，是主体和单位层次的特征，但由于国家在国际社会上的主体性使得国家不仅需要根植于自我身份认定，还需要其他行为体对这个国家的再现以及与该国家的自我界定相同。因此，澜湄六国组成的构建澜湄国家命运共同体的单元层次，最终构建的标准不仅依赖于六国自身对于作为命运共同体成员国的身份界定，还需要其他成员国对该国身份自我认同的认可，这样的认同只能存在于该成员体系中，即当澜湄六国彼此眼中的自身相一致时，澜湄国家命运共同体的整体身份才能形成。而结合现实来看，澜湄六国间

---

① Rupert Brown, "Social Identity Theory: Past Achievements, Current Problems and Future Challenges", *European Journal Social Psychology*, Vol. 30, No. 2, 2000, pp. 745 – 778.
② 秦亚青：《国家身份、战略文化和安全利益——关于中国与国际社会关系的三个假设》，《世界经济与政治》2003年第1期。
③ Rupert Brown, "Social Identity Theory: Past Achievements, Current Problems and Future Challenges", *European Journal Social Psychology*, Vol. 30, No. 2, 2000, pp. 745 – 778.

还不存在彼此认同澜湄国家命运共同体成员身份的基础，甚至彼此间依旧存在着情感上的排斥，因此也导致六国在命运共同体构建中的责任差异问题。

三是行为体与某一群体（多个他者）之间的认同。这种认同表明"我"与群体之间是"我们"还是"他们"的归属关系，归属关系的特征取决于"我"与该群体的其他成员是否拥有同样的特征、经历分享和对价值规范的同样认可、心理上的群体亲近感。因此，澜湄国家是否完全归属于澜湄国家命运共同体的自我意识是有责任推动命运共同体构建的重要因素之一，但澜湄国家整体是否能够将命运共同体置于能够容纳任何彼此有利益对立的地区主体，才是共同体构建的决定性因素。另一方面，作为东盟国家的湄公河五国参与构建澜湄国家命运共同体，需要面临东盟的认同与接受度问题。当前，澜湄国家命运共同体的构建领域主要集中在中南半岛，虽然"中国—东盟命运共同体"在澜湄国家命运共同体之前被正式提出，但作为中国主导下的共同体建设，澜湄国家命运共同体仍然容易引发东盟国家对中国强势主导东南亚地区合作进程导致小国利益受损的疑虑。同时，东盟作为该地区的主导性的国际合作组织，更关注自身成员国参与外来合作模式的过程中是否动摇自身主导地位和整体团结稳定状态的问题。① 基于此，如何在平衡澜湄国家在构建命运共同体自我认同与群体认同的基础上，推动澜湄国家命运共同体获取地区国家和东盟的信任支持，以此提升澜湄国家命运共同体在东南亚地区的吸引力与关注度是需要面临的突出问题。

（四）地区矛盾的结构性

国家间的矛盾与分歧能够决定彼此更高层次的国际合作难以继续深化，因此命运共同体的构建更可能或者已经面临当前次区域存在的多种风险，主要体现在澜湄合作本身存在的客观局限及相关经济、政治和安全矛盾点以及该地区非传统安全问题带来的合作风险两个方面。

---

① 卢光盛：《大湄公河次地区合作的国际政治经济学分析》，《东南亚研究》2006 年第 2 期。

1. 澜湄合作本身存在的客观局限及相关经济、政治和安全矛盾点

中国以澜湄合作为重要载体推动构建澜湄国家命运共同体。自冷战结束以来，中国在主动塑造和经营东南亚等周边地区的关系过程中逐渐发展出"亲诚惠容"的周边外交政策以及构建澜湄国家命运共同体的理念倡议，强化了中国与湄公河国家间的互动和互补。当前，澜湄合作作为"高阶"的次区域主义，① 是澜湄国家命运共同体构建当中涵盖了制度因素在内的高层次区域合作机制。但是机制和制度带来共同利益同时也约束了各成员主体的权利。② 因此，作为澜湄合作基于共商共建共享的本质特征，在除功能性合作的内容外，还有规则性内容合作。③ 在澜湄国家命运共同体的构建过程中，澜湄合作承担了以制度保证去把国家认同的思想理念共识转化为具体国家行动的主要标志。④ 基于此，自 2016 年澜湄合作机制运行以来，需要面临如何保持合作的互信、稳定与可靠，协调和平衡利益差距与分化，疏解次区域机制拥堵的局限，提升成员国的进一步参与和投入等现实问题。⑤

2. 次区域突出的非传统安全问题

由于湄公河国家政府治理水平普遍低下，湄公河地区长期社会治安紊乱，存在形式和内容多样复杂的非传统安全隐患，位于缅甸、老挝、泰国三国交界的"金三角"地区是毒品、人口、野生动物、军事武器贩卖和非法走私、跨境赌博等犯罪行为猖獗之地，也是整个中南半岛社会治安的隐患，以及个别湄公河国家存在的民族地方武装、极端主义问题，还有普遍存在的水资源争端和环境治理、公共卫生防

---

① 卢光盛、别梦婕：《澜湄合作机制：一种"高阶"的次区域主义》，《亚太经济》2016 年第 2 期。
② 孙茹：《亚太"命运共同体"蓄势待发》，《世界知识》2015 年第 2 期。
③ 刘均胜：《澜湄合作：示范亚洲命运共同体建设》，《中国经济周刊》2016 年 4 月 4 日，第 79 页。
④ ［美］戴维·阿拉斯著，许丽丽译：《中国—东盟非传统安全合作——区域安全合作的制度化与东亚地区主义的演变》，《南洋资料译丛》2011 年第 3 期。
⑤ Yoshimatsu, "Hide Collective Action Problems and Regional Integration in ASEAN", *Contemporary Southeast Asia*, Vol. 28, No. 1, 2006, pp. 122 – 136.

治的问题,都随时威胁着外来投资者的生命财产安全。由于湄公河地区不同国家所面临的非传统安全问题的类型及威胁程度有所差异,各国政府所重视程度也不一致,① 所以该地区非传统安全治理的国际合作通常难以实现,也成为澜湄国家开展高层次国际合作所直面的难题。比如在生态环境安全敏感度高的国家,类似需要大规模征用土地资源的基础设施建设项目,从规划、施工到运营都将面临当地政府更为严苛的环评监管和行政阻碍。另外,特别是新冠肺炎(COVID – 19)疫情更为应对突发公共卫生危机机制不够健全的湄公河国家带来严峻的疫情防控压力,导致相关产业停摆,项目停工,成为当前湄公河地区经济发展有效推进的显性挑战。因此,经过此次暴发的疫情公共卫生危机,湄公河国家面对突发危机的政府治理能力低下与市场经济的波动更将成为构建澜湄国家命运共同体的阻碍。

(五) 意识形态的差异性

命运共同体理念是马克思主义与中国文化和发展理念相结合的中国特色理念产物,在澜湄国家命运共同体推进构建的过程中,面临着澜湄地区多元意识形态、西方主导下的话语曲解对于理念传播和实践探索的制约与挑战。

1. 不同意识形态相互排斥制约共同体意识

基于意识形态源自社会存在,澜湄国家差异分化的生产力水平、社会物质基础等社会存在因素必然产生不同的意识形态。换言之,只要澜湄国家多元民族、宗教和文化结构的存在,次区域必然拥有多元化的意识形态。意识形态的存在本身在于意识的差异,这样的意识形态无法从根本上消除,哪怕命运共同体的构建如何深入推进。同时,澜湄国家意识形态对应的阶级差异也会造成次区域国家民族文化与国家文化的差异,导致不同澜湄国家利益主体与其他阶层在追求利益过程中产生冲突。澜湄各国作为国家主体去维护本阶层和本国利益的同时会着力维护本国意识形态,从而加剧意识形

---

① 潘一宁:《非传统安全与中国—东南亚国家的安全关系——以澜沧江—湄公河次区域水资源开发问题为例》,《东南亚研究》2011 年第 4 期。

态之间差异。① 对于存在多种政治制度、民族结构的澜湄国家来说，这种差异依旧显著，进而严重制约共同体意识在澜湄各国间进一步"生根发芽"。

然而必须看到，澜湄国家命运共同体在次区域的推进过程中会带动一体化进程，促进不同国家和民族的文化融合和互动频率。虽然中国与湄公河国家自首次澜湄合作领导人会议提出共同构建澜湄国家命运共同体的倡议，既是中国经略周边、主动塑造湄公河地区和平稳定发展环境的理念价值，也是中国作为地区大国话语权的集中体现。但随着次区域文化互动的不断深化，尤其是中国作为域内大国综合国力不断提升所加剧湄公河国家自身国家忧患意识的主导，意识形态之间随着差异性逐渐显露，对立性乃至敌对性局面也会出现。因此，澜湄国家命运共同体在全球意识形态差异与互斥的背景下，较难在次区域国家间获得真正和完全的认同、支持。

2. 在西方优势话语攻势下，湄公河国家部分媒体被诱导选择性解读中国

随着中国综合国力的提升伴随着对世界经济特别是湄公河地区发展具有重要影响，中国以理念、价值等表现的话语传播和国际话语权获得提升。基于此，长期以来在国际主流话语体系中占据主导地位的西方国家为了维护意识形态霸权和国家利益从而批判乃至恶意曲解中国理念与声音。随之而来的便是西方主流媒体涉华报道中对于中国在澜湄次区域涉及经济、政治、安全、教育文化与卫生、能源等领域的议题进行故意污蔑和抹黑，进而试图将中国描述成霸凌周边小国的强权国家。尤其是在湄公河地区，更是炒作湄公河水资源安全化议题、"债务陷阱"论等进一步渲染"中国威胁"。在西方话语主导"攻势"下，湄公河国家部分媒体的相关涉华报道会将命运共同体理念扭曲为"民族主义"和"理想主义"乃至"中国主义"等充满了傲慢和偏见的称谓。基于此，人类命运共同体理念由于被曲解而遭受不同程度的质疑，乃至质疑中国参与国际事务的大国能力，阻碍人类命

---

① 赵可金、马钰：《全球意识形态大变局中的人类命运共同体》，《国际论坛》2020年第2期。

运共同体理念被写入国际公约等并付诸实践之中。① 因此，澜湄国家命运共同体理念在西方话语占主导的湄公河国家社会中同样存在被误解的情况。

(六) 制度规范的失效性

作为澜湄次区域超越国家和民族界限的政治理想，澜湄国家命运共同体需要长期脚踏实地的实践路径，从制度与机制上设计目标定位，规避机制风险。基于次区域错综复杂的制度矛盾乃至失效性，推动澜湄国家命运共同体构建，将面临以下挑战。

1. 供应不足与制度过剩的错位

国际社会对有效治理的需求与国际制度公共产品供给不足之间的矛盾是当今全球治理赤字挑战的主要表现。② 在澜湄次区域，随着澜湄各国对于区域国际制度有效需求的增强，次区域制度设置的功能性导向的专业化精细化不断提高，机制存量在过去三十年来持续增加，导致如今在次区域出现多方参与的合作模式与机制长期并存的局面。例如，大湄公河次区域经济合作（GMS）、澜湄合作（LMC）、湄公河委员会（MRC）以及其他由美国、日本发起主导的机制长期在湄公河地区并行发挥着不同的功能，满足了多层次的需求和各方利益，但都存在着不同程度的局限性。表现在缺乏统筹湄公河地区合作的机制框架的有效构建，比如澜湄合作过程中呈现出"弱制度性"与"软约束"的特点，③ 执行监督机制的缺失难以有效应对湄公河地区存在的复杂议题，特别是水资源开发、互联互通与非法移民等敏感问题。④ 另外，各机制间在经济合作目标、合作领域、项目规划等方面存在交叉和重叠，⑤ 同时在功能性重叠的领域存在相互竞争和排斥，

---

① Angela Poh and Mingjiang Li, "A China in Transition: The Rhetoric and Substance of Chinese Foreign Policy under Xi Jinping", *Asian Security*, Vol. 13, No. 2, 2017, pp. 1 – 14.
② 秦亚青：《世界格局、国际制度与全球秩序》，《现代国际关系》2010 年第 1 期。
③ 王睿：《澜湄合作与"国际陆海贸易新通道"对接：基础、挑战与路径》，《国际问题研究》2020 年第 6 期。
④ 国务院发展研究中心国际合作局：《"一带一路"国际合作机制研究》，中国发展出版社 2017 年版，第 138 页。
⑤ 卢光盛、雷著宁：《澜湄机制是中国—东盟合作新纽带》，《世界知识》2016 年第 16 期。

在湄公河地区出现了明显的"机制拥堵"以及嵌套制度增多的现象。① 地区国际制度复杂化在一定程度上改善了地区治理环境，满足了次区域国家的局部需求，加快了单一和各自发挥作用的地区问题解决。但澜湄次区域国际制度的复杂化往往伴随着地区制度博弈。这固然可以推动不同领域国际机制在次区域的大量叠加涌现，但也在湄公河国家选择参与适合机制的过程中增加了难度和成本，分散了国家资源投入，降低国家对不直接关切机制的参与度；另外澜湄次区域部分重叠和拥堵的机制规则存在矛盾与冲突，不利于区域治理效率的提升，稀释了机制的规范化协调、对话属性。因此，推动澜湄国家命运共同体建设，就必须面临地区内后起的 LMC 如何与 GMS、MRC 等其他相对成熟、各具特色的合作机制协调对接和功能性互补，从而避免机制间恶性竞争与排斥，在充分发挥自身优势的基础上，共同提升湄公河地区机制资源活力的显性问题。

2. 制度民主与制度霸权的较量

国际制度的设立存在着注重权力博弈导向和规则博弈导向两种不同的倾向。② 在澜湄次区域，由泰国倡议、中国主导的澜湄合作于 2016 年成立，成了澜湄国家共商共建的对话合作机制。2015 年，湄公河五国相继签署了《亚洲基础设施投资银行协定》，成了亚投行的意向创始成员国。此外，围绕澜湄次区域互联互通、水资源、跨界经济、农业和减贫等具体领域的合作议题，澜湄国家积极创建了新的对话机制、主动参与制定议事规则、传达发展诉求。对于后特朗普时代的美国而言，基于相对实力衰落的现实和自我身份的认同，以及对于重塑世界和地区软实力领导力的需求所带来的焦虑，美国会通过基于所谓开放、包容的国际规则来更强力塑造对其有利的地区秩序，从而应对维持在东南亚特别是中南半岛霸权地位所面临的困难。因此，从现实来看，基于国际规则的路径依赖，进一步推动次区域国际制度的民主化，保障澜湄国家的充分自主权，从而构建澜湄国家命运共同体，将面临美国制度霸权下国际制度和规则设计的巨大成本和阻力。

---

① 王明国：《国际制度复杂性与东亚一体化进程》，《当代亚太》2013 年第 1 期。
② 赵庆寺：《试论构建人类命运共同体的制度化路径》，《探索》2019 年第 2 期。

## 小　结

　　作为"人类命运共同体"理念在地区层面的具体实践和重要探索，澜湄国家命运共同体是新时代下对澜湄合作进程和发展前景深入思考和判断的必然产物，具备丰富的理论内涵和重大时代意义。近年来随着澜湄合作的深入推进以及澜湄国家经济融合度的加深，中老、中柬、中缅等双边命运共同体建设加快，澜湄国家命运共同体不断取得进展和成效。同时，在新冠肺炎疫情防控压力下，中国与湄公河国家守望相助、强化合作，"命运共同体"理念在澜湄地区进一步深入人心。此外，"一带一路"建设经济推动力持续增强，澜湄地区地缘重要性显著增强、城镇化需求更加紧迫，地区发展潜力巨大，以及中日等大国在湄公河地区合作的新变化等因素，为澜湄国家命运共同体的建设提供了重要的条件和机遇。

　　但与此同时，澜湄国家命运共同体的建设也面临着次区域地缘环境的复杂化，尤其是中美在湄公河地区的战略博弈提升了大国竞争的风险。澜湄国家利益由于不同统治阶级、民族和国情表现出的排他性、独特性、运动性等本质特性和澜湄国家的经济社会发展水平的分化进一步加剧了国家利益的冲突性。其次，澜湄国家基于自我认同、他者认同和群体认同三个层次表现出的不同国家身份认同和国际责任的划分进而导致构建命运共同体国家责任的显著差异，乃至形成国际责任划分的严重失衡。另外，澜湄地区存在的中国与湄公河国家之间、湄公河国家内部与地区非传统安全等结构性矛盾，以及澜湄地区多元意识形态差异、西方主导下的话语曲解对澜湄国家命运共同体理念传播和实践探索的制约作用也较为显著。同时，地区国际制度规范设计因存在制度供应不足与过剩的错位、制度民主与霸权较量等方面因素，也为澜湄国家命运共同体的构建提出了新的挑战。

# 第 四 章

## 相关国家与行为体对"一带一路"与澜湄国家命运共同体建设的态度

中国"一带一路"倡议的提出,以及澜湄合作机制的成立及运行引起了国际社会的广泛关注,区域内外国家及主要行为体对此的态度表达、认知构成及应对政策都各不相同。鉴于此,本章将专题探讨湄公河五国、区域外大国以及区域内其他行为体对澜湄次区域"一带一路"建设和澜湄国家命运共同体的认知,试图从"他方"的视角去探讨相关国家与行为体对"一带一路"与澜湄国家命运共同体建设的态度及其应对。

为提升调查效果,课题组针对不同类型主体采用不同的调查方法。其中,对于湄公河五国学术界,课题组运用了问卷调查法来探究该群体对"一带一路"倡议及澜湄国家命运共同体的认知,得到以量化为主、定性研究相结合的结果,并通过结合云南大学"一带一路"沿线国家综合调查项目之"海外中国企业与员工调查"(OCEES)数据库(后文简称 OCEES 数据库)① 中的有关数据,对湄公河国家中企员工"一带一路"认知数据进行分析,以完成对湄公河个人行为体相关认知的研究;对于区域外大国及东盟等主要域内外行为体,课题组以公开政策等文本材料作为研究对象,运用文本分析

---

① "海外中国企业与员工调查"(Overseas Chinese Enterprise and Employee Survey,OCEES)旨在通过搜集关于"一带一路"沿线 20 个国家的中国企业与东道国员工的雇主—雇员匹配的微观数据,反映我国企业"走出去"现状及其对东道国带来的经济、政治和社会影响。推动"一带一路"领域的相关研究工作,为我国"一带一路"国际合作的顺利实施提供数据支持。该调查由云南大学组织实施,采用 CAPI(计算机辅助面访调查)开展访问。2018 年 9 月在泰国开展第一波预调查;2018 年 10 月在中缅边境德宏开展第二波预调查;2018 年 11 月开始正式调查。

的方法分析其认知与态度；对于其余类型的主体，则以其在舆论界公开发表的媒体材料作为分析对象来探究这一类型主体的相关认知。

## 第一节　湄公河国家受访者的认知

探究"一带一路"倡议及澜湄国家命运共同体合作各方对合作建设的过程、阶段性成果，以及对项目实施所在当地的影响等合作事实、客观成效以及主观影响上的认知，对本课题的问题研究具有重要参考价值。

### 一　问卷内容与结果分析

本研究通过发放问卷、分析已有数据库调查数据、搜集公开学术讨论等方式，对湄公河国家学术界群体对区域内"一带一路"倡议以及澜湄国家命运共同体的认知现状进行探究与梳理，并对认知内容进行量化分析。由于目前已有的调查与研究成果不能完全满足课题组的研究需求，因此课题组针对湄公河国家的学界研究者群体，设计发放了一组更具针对性的提问，并邀请湄公河五国从事区域合作研究的学者进行回答。由于该群体人群数量较少导致问卷样本量较小，调查虽具有一定深度但广度有限。为弥补这一不足，课题组结合使用云南大学"一带一路"沿线国家综合调查项目之"海外中国企业与员工调查"（OCEES）数据库的数据，以期在更大范围内探究湄公河国家个人行为体的认知与态度。

（一）调查问卷内容

课题组设置的问卷含三个部分，分别是他方行为体对"一带一路"倡议及澜湄国家命运共同体的总体认知情况、对各项合作现状及其成效的评价，以及对合作未来发展的评估。其中，每一部分包括5—14组设问，形式包括客观描述评分和主观简答两种。总体认知情况部分主要考察受访者对澜湄区域以本课题研究对象为主的各合作机制的了解程度；现状评价部分，受访者需要对澜湄区域中国主导合作机制的表现、重要性、面临的挑战等合作现状及成效进行主观评价；

未来发展部分主要由受访者对澜湄区域各项合作机制在未来发展可能取得的进展趋势进行预测，提出其担忧顾虑，以及对相应的措施进行评价。我们将问卷内容附于本章结尾。

相对一般性的区域合作而言，本课题研究的主题更加具有专业性，知识领域较窄，因此课题组对受访对象群体需要进行针对性筛选。鉴于此，课题组将问卷发放给湄公河五国研究澜沧江—湄公河流域国际合作机制的高校及智库机构，将受访者控制在已经具有相关专业知识与观点的群体当中，以期提升问卷的质量与效率。在2020年5月至8月三个月时间内，课题组通过线上发放与回收的形式，共计收回72份问卷，其中有效问卷70份，部分问卷未完整回答全部问题，在结果统计中已经对无效回答做剔除处理，以确保空白等无效数据未对调查结果造成影响。为突破课题组问卷在样本量上的有限性，课题组还使用了云南大学OCEES数据库的数据成果，对该数据库中所包含的5157份湄公河国家中资企业员工的个人调查数据展开分析，借此扩大本研究的规模范围，以增强研究结论的说服力。

需要说明两点。一是，由于对受访群体进行筛选以及新冠肺炎疫情期间不能开展境外田野调查等现实条件的限制，本次课题组发放回收的调查样本量相对不足，覆盖范围也相对受限。虽然针对专业领域研究人员开展调查，可以在一定程度上反映湄公河国家相关认知程度较高人员的观点与看法，但是并没有足够证据表明，此次调查结果可以反映出湄公河国家对于澜湄次区域合作机制的全部客观认知与事实，且OCEES数据库调查结果只能反映出普通人群的一般性观点，因此本调查的结果仅供参考。二是，调查结果不代表课题组的观点和立场。

1. 总体认知情况

在问卷调查第一部分中，课题组通过考察访问对象对"一带一路"倡议、澜沧江—湄公河合作、澜湄国家命运共同体（下文简称本研究主体）的概念、地理分布、内容、工作相关性等内容的了解，初步分析调查对象对本研究主体的认知程度，掌握访问对象的认知深度。根据课题组回收到的问卷结果，问卷以湄公河五国的学界研究者为访问对象，其国籍构成比例如图4-1。其中，国籍为"其他"国家的受访者包括 1 名日本受访者、1 名美国受访者。

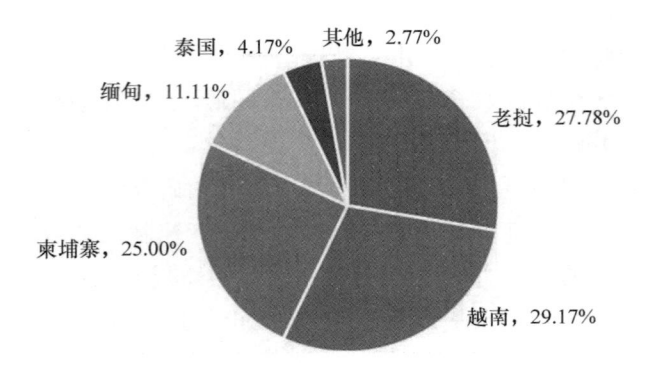

图 4-1 课题组调查问卷受访者国籍构成

课题组使用云南大学"一带一路"沿线国家综合调查项目之"海外中国企业与员工调查"（OCEES）数据库的有关数据，以 5157 位湄公河国家中资企业员工为访问对象开展调查。OCEES 数据库受访者国籍构成如图 4-2 所示。

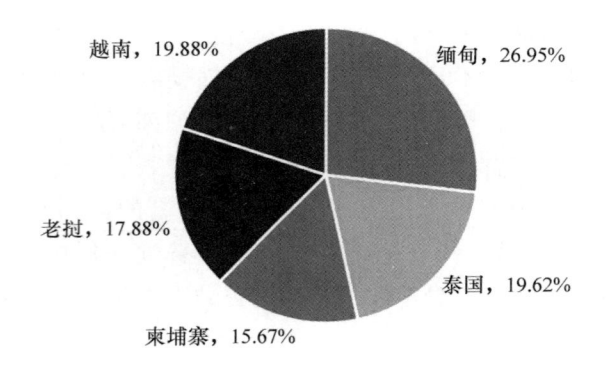

图 4-2 OCEES 数据库受访者国籍构成

2. 现状评价

问卷的第二部分由访问对象就本研究主体在访问对象所在国家或地区的表现作出评价，涉及基础设施建设、经济、民生、其他等领域内的表现，并对本研究主体在区域内所面临的挑战开展详细调查，并针对澜湄次区域合作为域内行为体带来的影响进行详细的评估。此外，本部分问卷还包括调查对象对所属国参与有关合作的角色、内涵进行调查与分析。

课题组从 OCEES 数据库中提取的问题与中国在当地的影响力认知及发展形象认知相关。我们提取了受访对象关于获取中国信息的渠道、选择对本国影响力最大的国家、选择本国最佳的发展借鉴对象国等相关问题的调查结果，用以补充本课题组自主调查问卷的研究结果。

3. 未来发展

课题组自主问卷的最后部分就受访对象对澜湄次区域合作的前景、担忧、影响领域、改善措施、未来总体影响等话题的评估进行调查，从而充分了解访谈对象对该区域内国际合作的未来趋势，为课题组对相关趋势及倾向提供研判依据。

（二）问卷结果分析

由于问卷的客观题部分以评分形式展开，因此问卷结果主要以分数统计的方式呈现。此外，主观回答部分通过文本分析与总结得到调查结果。

1. 总体认知情况

如图 4-3 所示，受访者对"一带一路"、澜沧江—湄公河合作、

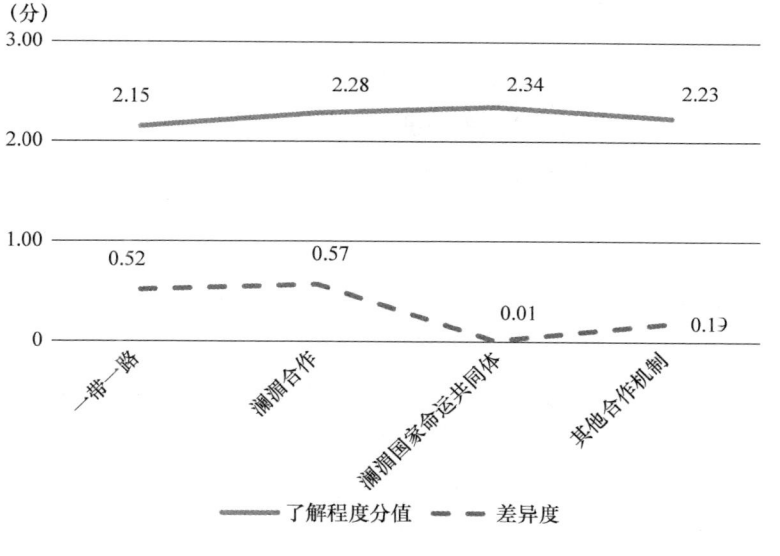

（分）

| | 一带一路 | 澜湄合作 | 澜湄国家命运共同体 | 其他合作机制 |
|---|---|---|---|---|
| 了解程度分值 | 2.15 | 2.28 | 2.34 | 2.23 |
| 差异度 | 0.52 | 0.57 | 0.01 | 0.13 |

图 4-3  总体认知状况

澜湄国家命运共同体以及澜湄地区其他域内国际合作机制的认知了解程度大致相似，分值较高（满分3分）。以打分为了解程度，各项倡议或合作机制的得分值相近，差异较小。

从了解程度评分的得分（平均值）和差异度（方差值）来看，受访者对"一带一路"倡议、澜湄合作、澜湄国家命运共同体、区域内其他合作机制四者的了解程度总体相近，且各受访者个体间了解程度差异较小，在四者之中对澜湄合作的了解程度差异最大。形成这一调查结果的原因有两种可能：第一，受访者对各项合作及倡议的了解程度较高，了解程度差异小；第二，受访者并不能清晰辨认部分合作及倡议之间的区别，因此从问卷中得到了解程度分值接近的结果。

根据统计结果，受访者对澜湄国家命运共同体的了解程度总体最高，差异度最小。考虑到澜湄国家命运共同体的提出时间在调查客体中提出时间最晚，且具有良好的前期合作铺垫，本研究认为较短暂的提出时间和已有的前期认知基础可能是受访对象对这一合作认知程度最高的原因。

2. 现状评价

经调查，本研究主体在受访者所在国家的表现总体而言得分较高，得到主要受访者的一致认可。对"一带一路"倡议在不同领域表现的评价中（见图4-4），受访者给"项目带动经济增长"一项的打分最高，反映出该倡议对对象国经济的拉动作用较为明显与突出；此后各项满意度依次为"基础设施完善""投资产业发展"和"民生改善"；"其他影响"一项得分显著低于其他选项。

在对澜湄合作各领域的成效评价中（见图4-5），除"水资源开发利用"一项评分低于3分（对应态度评价为"一般"）以外，调查对象对澜湄合作在各领域发挥的作用均偏向于满意，其中"区域互联互通"满意度得分最高。

澜湄国家命运共同体倡议在所在国的表现总体较好（见图4-6），其中"提升六国友好伙伴关系"成效排名最高，其后依次为"加强六国文化往来交流""促进地区经济水平发展""维持区域环境和平稳定"，而"维护生态环境可持续"排名最后，得分略高于3分（"一般"），总体成效间评分差异不明显。

(分)

| 基础设施完善 | 项目带动经济增长 | 投资产业发展 | 民生改善 | 其他影响 |
|---|---|---|---|---|
| 3.47 | 3.56 | 3.37 | 3.35 | 2.98 |

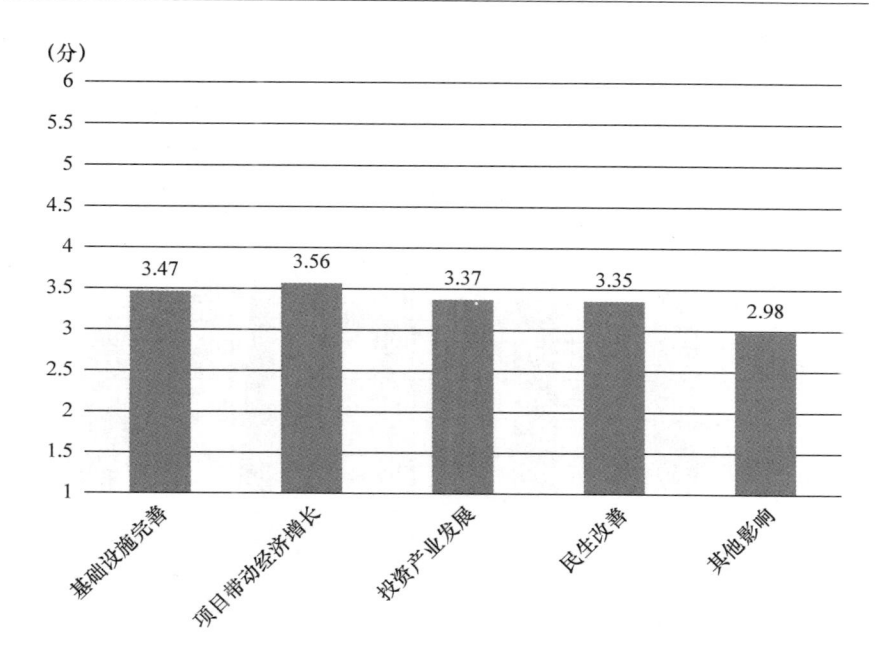

图 4-4 "一带一路"倡议的成效评价

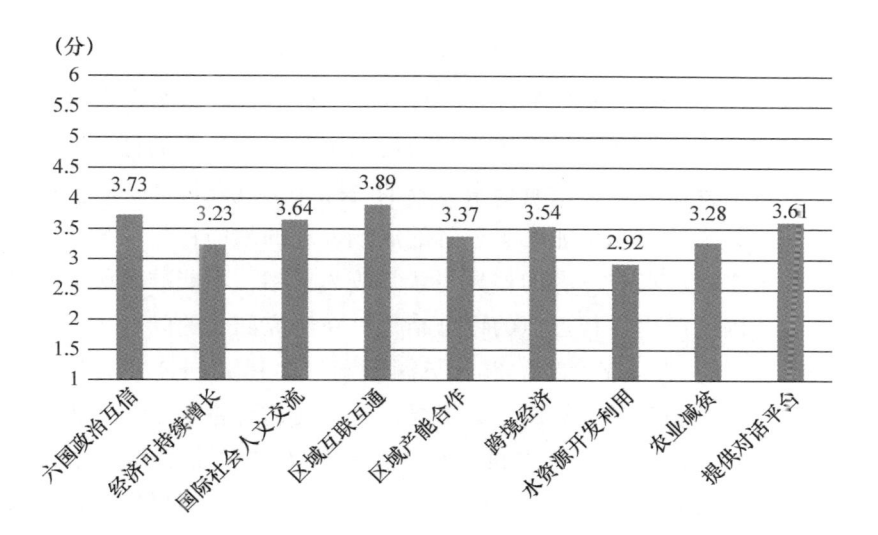

(分)

| 六国政治互信 | 经济可持续增长 | 国际社会人文交流 | 区域互联互通 | 区域产能合作 | 跨境经济 | 水资源开发利用 | 农业减贫 | 提供对话平台 |
|---|---|---|---|---|---|---|---|---|
| 3.73 | 3.23 | 3.64 | 3.89 | 3.37 | 3.54 | 2.92 | 3.28 | 3.61 |

图 4-5 澜湄合作各领域的成效评价

(分)
6
5.5
5
4.5
4    3.84
3.5        3.55    3.63    3.66
3                                    3.20
2.5
2
1.5
1

提升六国友好伙伴关系　维持区域环境和平稳定　促进地区经济水平发展　加强六国文化往来交流　维护生态环境可持续

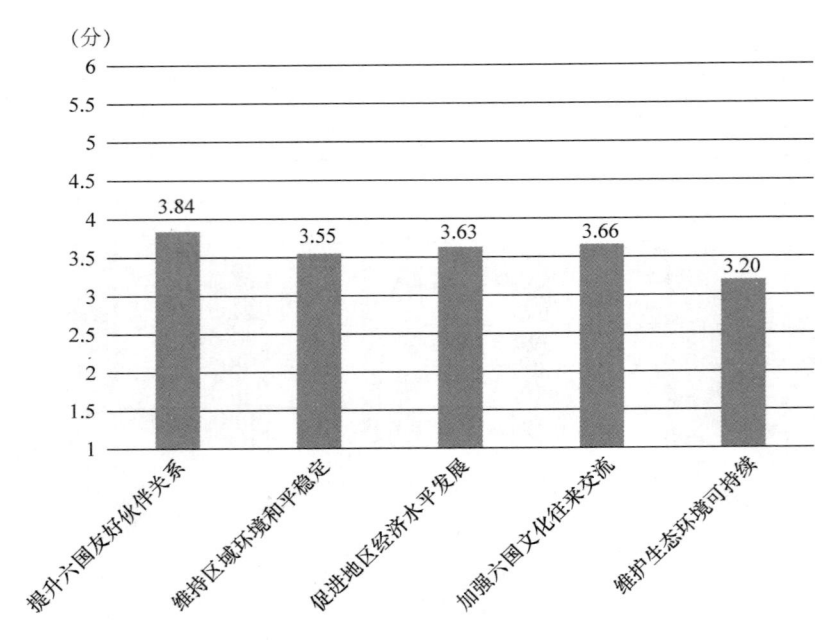

图4-6　澜湄国家命运共同体的成效评价

综合看来，本次调查受访者对"一带一路"倡议、澜湄合作机制和澜湄国家命运共同体的评价均较为正面，且三项得分差距波动较小，可知从本次调查结果看来，湄公河五国对以上三者的评价差距较小，评价差异不明显，没有极端差异的特殊评价（见图4-7）。一方面，这一结果的出现可能由于三者的成效表现的趋同；另一方面，也有可能由于受访者对三者的差异与认知较为模糊，不能准确区分三者间差异，因此产生了相近似的评分结果。在研究回收的问卷中，屡次出现受访者将"一带一路"倡议与澜湄国家命运共同体二者，甚至与澜湄合作机制三者同等而论的情况，另有受访者将澜湄合作机制误认为是集中经济发展的合作机制，并将其作为"一带一路"倡议的一部分。考虑到以上情况，本研究倾向于认为，问卷结果出现以上所示分数相近的结果，有可能缘于受访者对上述不同倡议与合作机制的认知不明晰。

当被问及广义上的澜湄地区合作对本地生活带来的影响时，本次

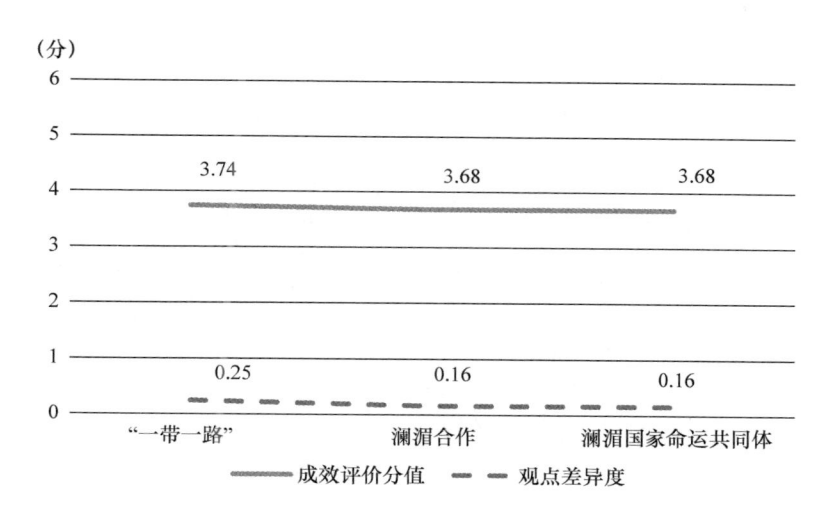

图4-7 "一带一路"倡议、澜湄合作、澜湄国家命运共同体评价对比

受访者给出了以下回答（见图4-8）。综合考量澜湄地区合作产生的较明显的影响，包括改善生活环境安全、增加当地就业机会、符合并促进六国共同利益、提高家庭经济收入水平，受访者对澜湄地区合作持较为信任的态度。与此同时，受访者认为澜湄地区合作下教育水平的提高并不显著，且澜湄地区六国的合作有可能对东盟共同体的一体化进程带来偏负面的影响。但总体而言，受访者对澜湄地区合作持欢迎的态度。

3. 未来发展

问卷第三部分主要内容为请受访者对本研究对象未来的发展趋势进行预判，从而探究湄公河五国受访者对研究对象总体发展和具体领域未来方向的认知，以及受访者对有效提升倡议机制成效的各项举措所做出的自主判断。在"一带一路"倡议和澜湄国家命运共同体的背景下，受访者认为未来可能发生最大变化的领域，从大到小依次是经济、环境、政治和文化，而受访者最关心的领域也依照同样的顺序排列。图4-9中，内环为受访者最关心未来是否发生变化的领域比例，外环表示受访者判断未来可能发生最大变化的领域。

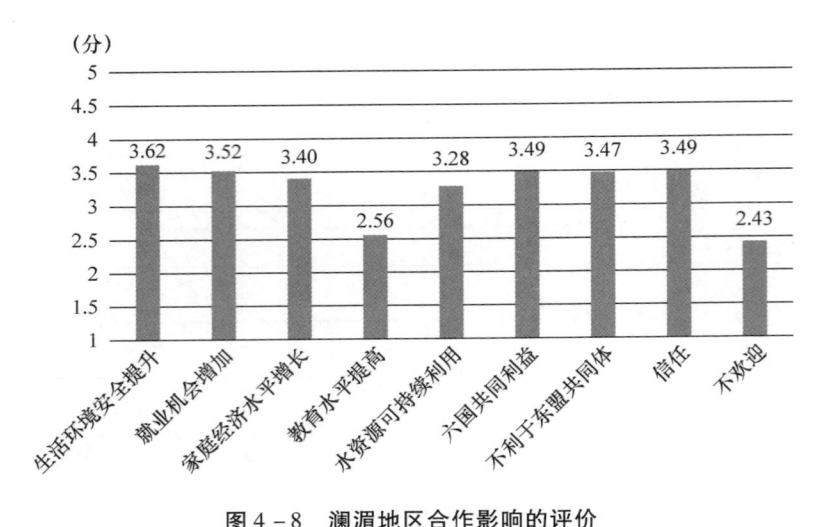

204　"一带一路"与澜湄国家命运共同体构建研究

图4-8　澜湄地区合作影响的评价

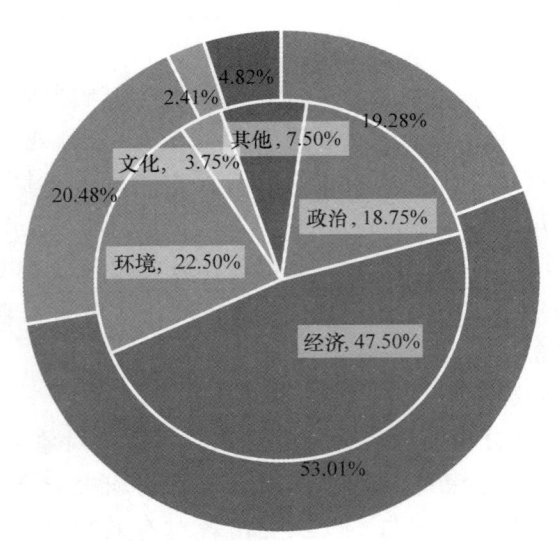

图4-9　澜湄地区国际合作背景下各领域发生变化可能的
预测及最关心的领域

如图4-9所示，受访者的主要关切仍然集中在经济领域，同时其也是被超过半数的（53.01%）受访者判断为未来发生变化最大的合作领域。其次，环境领域的议题受到第二多关注，超过关注政治领域的受访者人数。最后，关注文化领域的受访者人数最少，比例小于关心除以上提及四项以外的"其他"分类人群。

在"其他"分类中，受访者提出，认为未来可能发生最大变化的领域还包括社会、生活方式、科技教育、经济发展（而非简单的增长）、大众减贫以及资源环境保护。而在合作开展的过程中，受访者最关心的领域还包括了以地区各国利益为中心开展合作、发展与和平、科教、水资源利用，以及社会—经济的协同发展。

为实现提升澜湄合作质量的目标，受访者对问卷给出的各具体举措的紧急程度和重要程度进行打分（见图4-10），具体分值结果显示在表4-1中。图4-10结果根据两个选项所得分数均值之差排列，也即图例中各项举措按"短期更紧急—长期更重要"的顺序进行排列。

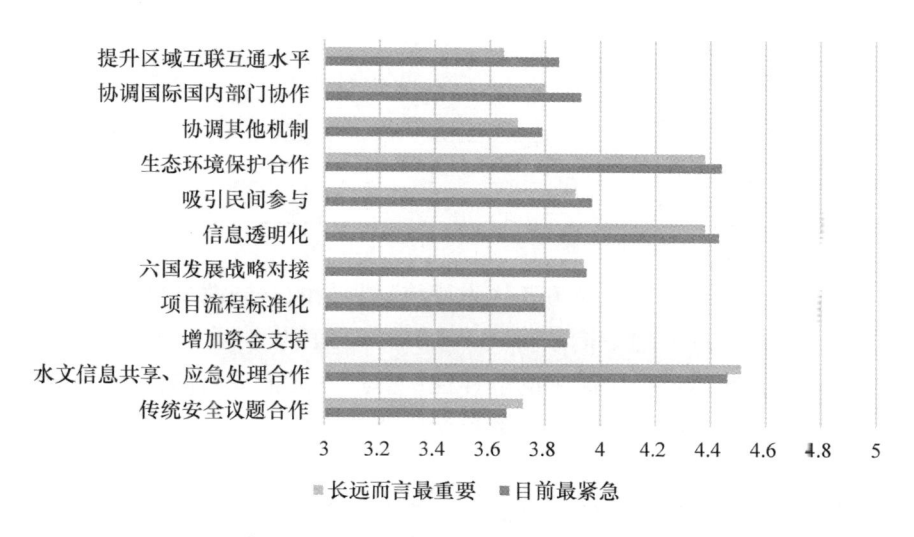

图4-10 提升澜湄合作质量具体举措的紧急程度与重要程度

可以发现，受访者认为提升澜湄地区合作质量需要尽快实施的举措包括提升区域互联互通水平、协调国内外部门协作、与地区内其他合作机制相互协调、开展生态环境保护合作、吸引民间参与、对合作倡议与机制进行信息公开等透明化处理、对接六国发展战略。在

"项目流程标准化"举措一项,紧急程度和重要程度得分相同,意即受访者认为该项举措在长短期层面上具有同等重要性。在此之后,受访者认为增加资金支持、水文信息共享和应急合作等水资源合作、传统安全议题合作三项举措的重要性大于紧急性,长远而言有益于合作质量的提升。

表4-1 提升澜湄合作质量具体举措的紧急程度与重要程度

| 项目 | 目前最紧急(分值) | 长远而言最重要(分值) |
| --- | --- | --- |
| 提升区域互联互通水平 | 3.85 | 3.65 |
| 增加资金支持 | 3.88 | 3.89 |
| 水文信息共享、应急处理合作 | 4.46 | 4.51 |
| 生态环境保护合作 | 4.44 | 4.38 |
| 传统安全议题合作 | 3.66 | 3.72 |
| 信息透明化 | 4.43 | 4.38 |
| 吸引民间参与 | 3.97 | 3.91 |
| 项目流程标准化 | 3.80 | 3.80 |
| 六国战略对接 | 3.95 | 3.94 |
| 协调国际国内部门协作 | 3.93 | 3.80 |
| 协调其他机制 | 3.79 | 3.70 |

就以上结果而言,受访者认为目前更紧急的举措数量(7项)大于长远而言更重要的举措数量(3项),一方面说明受访者对于提升澜湄地区合作质量手段需求的多样性;另一方面体现出湄公河五国受访者总体上对于提升合作质量的迫切愿望。

## 二 湄公河国家对澜湄地区"一带一路"建设的认知

在问卷结果中,受访者在对"一带一路"倡议"了解程度"一项的平均分较低,但波动较大。这一结果表明,受访者对这一合作倡议的认知程度,平均而言不如其他研究主体。但从分数的高低有别,以及部分受访者明确指出自己对该倡议的不了解可以发现,"一带一路"倡议在受访群体中的概念较明晰,与其他合作倡议及机制混淆的情况较少。

(一) 湄公河国家对"一带一路"建设的初步认知与利益关切

对"一带一路"倡议的具体成效评价中，因项目投资而带来的当地经济增长得分位居第一，对倡议带来的经济效益评价显著。已有诸多理论和实证研究证明，项目投资和当地经济增长繁荣之间是互为正相关的关系。通过"一带一路"倡议推动澜湄地区的市场联合与优势互补，形成一个统一的市场，从而实现共同发展，是湄公河五国受访者对于区域内合作的统一期望。从问卷结果看，对"一带一路"的成效评价良好。其次，受访者对"一带一路"倡议对于推动地区内各国互联互通，尤其在基础设施建设方面的成效评价排名第二，肯定了"一带一路"倡议对该地区发展不可忽视的贡献。这一观点在老挝、柬埔寨等基建水平较低、对国家进出口方面具有一定规划和目标的国家中尤其明显。通过基础设施建设，"一带一路"倡议在澜湄次区域为六国共享发展利益、维护区域发展和平稳定繁荣的局面所提供的基本保障得到了湄公河国家的一致好评。第三，受访者对于"一带一路"倡议在其本国通过投资带动产业发展、改善民生状况两项上的评分几乎持平，认为总体情况令人满意，同时也具有一定发展空间。

就短期而言，湄公河国家受访者对于"一带一路"倡议的利益关切主要集中在以下两个方面。第一，加强人力资源培训。本研究收回的访谈回答中，在肯定了中国通过投资与贸易推动本国经济和产业的增长之后，相当多的受访者均表示，希望中国为本地带来投资之余，可以同时帮助当地建设人力资源培训、开展经验和专业知识的交流促进，培养当地行业发展所需要的专业人力资源。第二，增加财政资源投入。湄公河国家受访者认为，当前"一带一路"倡议的财政资源支持仍然存在缺口，需要增加澜湄区域项目建设的援助或优惠贷款。在受访者的回答中，以日本提供的低息甚至无偿援助为代表的外来财政支持频繁出现，这一现象从援助接收国的角度而言是可以理解的，因为更多的资金支持意味着本国更大的收益。

就长期而言，湄公河五国受访者对于"一带一路"倡议提出四项主要关切。第一，区域机制协调。湄公河地区合作机制数量众多，"意大利面碗"效应显著。在这样的地区环境下，湄公河五国如何应对繁杂重叠的合作机制，在其中保障本国各部门的平衡发展，成了就长期而言一项十分重要的诉求。第二，政府部门协调。地区跨国合作涉及多国家多部门的交叉往来对接，同时还存在各国内部自身的部门协调。在前述背景下，如何在地区合作中简化流程、提高效率成了湄公河国家在地区合作实践中的重要考量。第三，高新产业合作。包括中国云南省在内，澜湄地区各行为体的经济产业类型总体仍然处在初级阶段，在当前时代背景下，对于高新产业的合作发展具有较大的诉求。第四，生态环境保护。澜湄地区自然生态资源丰富，但脆弱性也相对较显著，生态环境安全诉求关乎域内各国的长远稳定发展。澜湄六国是"搬不走的邻居"，与经济发展同步的生态环境保护，应当成为一个不应被忽视的议题。

（二）湄公河国家对"一带一路"建设的担忧顾虑

部分受访者对于西方大国在湄公河流域国家开展控制性开发的举动存在不满，在受访时表达了对中国在"一带一路"倡议实践过程中类似的担忧。与此同时，湄公河国家对自身发展模式的选择也存在"彻底西方化"的忧虑，强调流域国家发展模式不仅要符合新时代潮流、融入世界规则，同时也应妥善保存国家文化传统。这一顾虑在全球化发展至今，逆全球化思潮翻涌而起的背景下具有相当的合理性。

诸多合作机制在湄公河流域造成的"机制拥堵"现象也同样引起了湄公河国家受访者的担忧，尤其是如老挝、柬埔寨等体量较小的国家。机制重叠与拥堵的现状使部分湄公河国家政府出现了重复工作、政策混淆的现象，对于该国内部行政工作的实施造成一定程度上的困扰。此外，有老挝受访学者提及，中国通过"一带一路"为沿线国家提供的资金支持可能出现重复，尤其在项目较为集中的亚洲地区更甚。这种情况不但造成了资金与合作资源的浪费，也为项目落地国带来机构与人员职能上的重复和混乱。除本次调查问卷以外，在本研究相关的其他访谈中，这一问题也被多国学者提及。

对一个地区或某一单独国家而言，由同一国家主导、作用领域不甚明确的几个合作机制之间的区别与联系并不是显而易见的。尤其对于湄公河五国而言，其国家体量较小，投入在外交以及国内相关效力部门的人力、物力有限，因此在面对容易造成混淆的国际合作机制时难以分辨和配合，有限的国内部门规模同样容易导致部门内部及部门间协调困难程度增加。

### 三 湄公河国家对澜湄国家命运共同体的认知

研究回收的问卷中，湄公河国家对澜湄国家命运共同体的认知程度平均得分最高，且结果方差较小。这一数据结果表示，在本次研究中，湄公河国家的受访者对于澜湄国家命运共同体的认知程度普遍较高。

*（一）湄公河国家对澜湄国家命运共同体的初步认知与反应*

总体而言，湄公河国家对澜湄国家命运共同体具有积极的评介，但对具体概念的界定较为模糊。当提及澜湄国家命运共同体时，受访者大多对其执行的区域互利合作，追求共同稳定与繁荣的价值观给予较高的评价，具体评价可以用"真诚互信""互利共赢"等关键词进行概括，被使用最多的形容词是"切实可行的"（tangible），体现出澜湄国家命运共同体对中国"亲诚惠容"外交理念的充分诠释。

在澜湄合作机制的实践前提下，湄公河国家受访者对澜湄国家命运共同体具有较高的评价。多位受访者在回答中提及，澜湄合作机制为成员国量身定制的制度以及其所具有的"3+5+X"合作框架有利于成员国应对国际范围内的挑战，符合六个成员国的自身利益。此外，澜湄合作项目以成员国自主提案的方式进行项目筛选，使得项目切实符合项目落地国的需求，与其他非成员国自主主导的合作机制相比具有优越性。

有受访者提出，共同体建设的核心必须包括满足域内民众的基本生活需求，这一目标与其他经济及社会层面的目标具有同样的重要性。澜湄国家命运共同体的参与及受益群体必然也必须包括六国的普通民众，否则其"命运共同体"的核心便很难成立。因此，使普通阶层的民众从中受益，仍是湄公河国家积极接受及参与澜湄国家命运共同体建设的重要前提。

澜湄国家命运共同体的建设及未来规划同时体现出合作共赢优于争端冲突的认知。在共同体机制下的区域合作，可以在更大的区域范围内为成员国提供单个国家所缺乏的自然资源与人力资源。通过构建澜湄地区的命运共同体，从而使该地区在和平稳定的区域环境中共同发展是湄公河国家的普遍观点。

通过澜湄国家命运共同体建设，从而缩小国家间发展差距也是受访者提及的关键因素之一。澜湄国家命运共同体的建设通过促进区域稳定及各国经济、社会发展水平，不仅使各国普通民众提升民生水平，更在缩小各国间发展差距方面做出不可忽视的贡献。

(二) 湄公河国家对澜湄国家命运共同体的利益关切

一是澜湄合作专项项目流程的改善。本次研究访问的结果以及相关学者的讨论，均对澜湄合作机制以及澜湄国家命运共同体长久持续发展提出了制度改进方面的建议。通过五年多的切实运转，澜湄合作以项目为本的运转方式极大提升了合作机制的切实落地和有效运转，尤其在项目落地国中间得到了高度评价。与此同时，也有学者提出，目前机制项目在参与流程上仍有改善空间，分为项目提案时间和项目信息披露两方面。在项目提案周期上，有受访者提出澜湄合作项目提案时间较短，各国没有充分的时间完善本国方案，若延长专项基金接受提案的时间段，各国可能得以作出更为充分的讨论和准备，从而提升澜湄专项项目给落地国带来的有利影响。项目信息披露方面，部分学者提出目前澜湄合作项目开展的各流程信息对外披露较少，容易造成合作机制认知度低以及外界对项目产生疑虑的不良影响。对澜湄合作项目流程与开放度进行改善，是湄公河国家关注较高的议题之一。

二是自然生态环境保护。湄公河国家学术及社会观念近年来普遍受到西方价值观的影响，对自然资源及环境保护极为重视和强调。有多位受访者提及，在当地的国际发展合作机制中对其最有吸引力的是日本模式，原因为日本的发展模式更为关注自然环境安全。此外值得注意的是，少量受访者对澜湄国家命运共同体建设的相关项目有偏颇认知，原因是其认为相关项目对当地自然环境、民生水平带来的影响全为负面影响，因此对澜湄国家命运共同体的未来持极为消极的态度。

三是资源分享水平。湄公河五国对于外国在本国行为成效的期待不仅限于基础设施互联互通、外国投资提升产业经济表现等基础，同时还包括人力资源培训、产能提升与经贸畅通等偏向于"软实力"

的领域。在本次研究回收的问卷中,有相当多受访者均提及,在外来投资企业中,日本企业由于注重对当地工人的培训及雇用,并表现出对当地资源环境保护的重视,展现出了较高的对项目接收国的企业社会责任感,获得了当地较大的好感。

四是根据各国实际需求及发展议程制定个性化合作模式。澜湄六国虽然同流而居,族群类似,历史文化具有高度联动性,但在国家发展模式、社会结构等方面依然存在较高的差异性。在这一情况下,发展及合作模式有必要根据合作各方而作出相应调整,针对各国有所强调或更为急切的需求进行调整,在外交往来中培养发展出特色化的合作模式,满足各国的需求,以"一国一策"的方式细化推动地区合作工作的开展。

五是民间交流。澜湄六国地缘相近,人缘相亲,亲密相邻的地理位置和长久以来相互往来的交往历史,使六国之间的民间交流成了必需和必然。必需,是指民间交流是命运共同体建设的关键步骤。必然,是指澜湄六国相邻而居,彼此都是无法搬走的友好亲邻,六国民众在这一地缘环境背景下存在着不可能避免的相互交往,边民群体中频繁的经济、文化以及日常往来就是一个明显的实例。地缘关系如此紧密的六国之间需要通过形成普通民众人对人的友好关系,从而培养六国间植根于底层、发枝于社会、最终在政府高层交往层面开花结果。

(三)湄公河国家对澜湄国家命运共同体的担忧顾虑

水安全是湄公河国家最为关切的一项长期利益,包括水资源保护与利用、相关河流资源的分配等。湄公河国家对位处河流上游位置的中国存在一定疑虑和担忧,对修建水坝等问题有较大关注,认为类似行为将对沿岸居民的居住与渔业捕捞以及河流中鱼类的迁徙及繁衍造成生态环境层面的影响。但也有受访者认为,正因为中国与下游湄公河国家之间一衣带水的关系,为中国和湄公河五国间开展经济、政治、社会和文化等多层面的合作,以及为河流上下游间的经济发展提供了基本条件。此外,受访者在气候变化、自然灾害、贫困等区域性甚至全球性的非传统安全议题上也同样表达了深度的关切及寻求合作的态度,并表达了对经济发展同自然环境与资源保护之间张力的关注。

澜湄六国之间发展程度差异也是湄公河国家受访者提及较多的担忧之一。目前，六国间发展程度各异，其中部分国家经济结构较为低级，第二产业发展落后，科技、人力、服务水平等各方面均存在较大不足。但与此同时，受访者均认为合作机制的项目计划应照顾到六个发展程度各异国家各自的需求。在受访者的回答中，成员国之间的多边协调谈判及真诚互信目前较为缺乏，这一不足被认为是澜湄国家命运共同体建设的重要障碍。成员国在澜湄国家命运共同体的建设过程中，如何保证各国所得的公平，及本来存在的差异不再进一步扩大，也是各国受访者关注的问题之一。显然，能否制定出符合六国发展阶段的合作计划和具体项目，是对澜湄合作以及澜湄命运共同体实践智慧的一项现实考验。

来自湄公河国家的受访者较为关注的问题还包括各国在澜湄国家命运共同体的建设与合作过程中，各国尤其是各国家领导人能否在合作中不以本国利益为绝对优先，为合作而在一定程度上让渡本国利益。这种为达成合作而做出一定让步的价值观导向在经贸往来过程中的实现尤其受到受访者的关注。除国家行政、经贸等层面的自利排他倾向以外，种族（族群）、政治体制、社会阶层等层面的自利倾向也将危及合作的稳定。

有受访者对澜湄国家命运共同体相关合作机制的长久性表达了一定程度的担忧。目前对机制存在不足的回答包括以下几种类型：由于机制所需资金而导致的对合作持久性的担忧；希望中国对湄公河国家贷款利率再降低；因合作项目对自然环境可能的破坏而导致的对合作机制持续性的担忧等。

## 四 湄公河国家在区域合作中的角色认知及原因

在六国共商、共建、共享的澜湄地区合作进程中，各国出于相互间的共同利益，对于在区域合作中"自我"与"对方"的角色认知具有重要的意义。合作各方如何看待对方，一定程度上在认知层面决定了地区合作发展的方向将趋向合作或是走向冲突。而与此同时，了解中国在湄公河五国认知中的角色，也能帮助中国理解五国对于合作存在的期望和诉求。

（一）湄公河国家对中国角色的认知

在澜湄次区域内，中国在消除贫困、经济与社会同步协调发展上具有显著的先进优势。过去几十年来，中国所展现出的经济迅速增长、社会长足稳定的态势，使湄公河国家对中国发展经验具有高度的好奇及学习借鉴的欲望。可以从问卷结果中发现，湄公河国家受访者普遍期望通过自身经济社会等综合国家能力的增强，加强其对全球化进程的参与和应对。经历亚洲金融危机后，区域经济合作环境较之从前更具复杂与不确定性，投资前景不明晰，态度相对不乐观。由此，东盟成员国家间对携手合作，吸引国际投资的认知尤为强烈。在这样的背景下，中国作为湄公河五国最大的双边贸易伙伴，受到了五匡普遍重视和关注。如图4-11所示，仅有13.08%的OCEES调查受访者认为中国对本国并无太大影响力，而共计86.92%的受访者认为中国对本国具有影响力，其中44.50%受访者更是认为中国的影响力很大。这其中，83.86%受访者认为中国对其国家具有正面影响，有5.42%受访者认为中国造成的影响"非常负面"（见图4-12）。

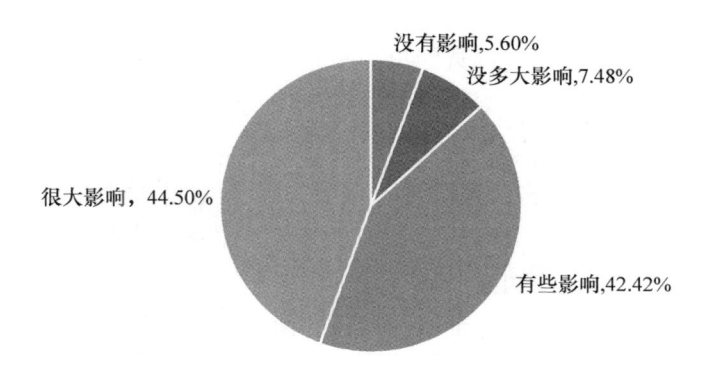

图4-11 受访者对中国影响力评估

在本次研究受访者的认知中，作为世界第二大经济体及第一大外汇储备国，中国已经成了一个不可忽视的重要的国家行为体。但与此同时，中国还是世界第二大的温室气体排放国，在全球变暖问题上"负有责任"。中国此前提出的和平崛起口号及其所带来的影响也为

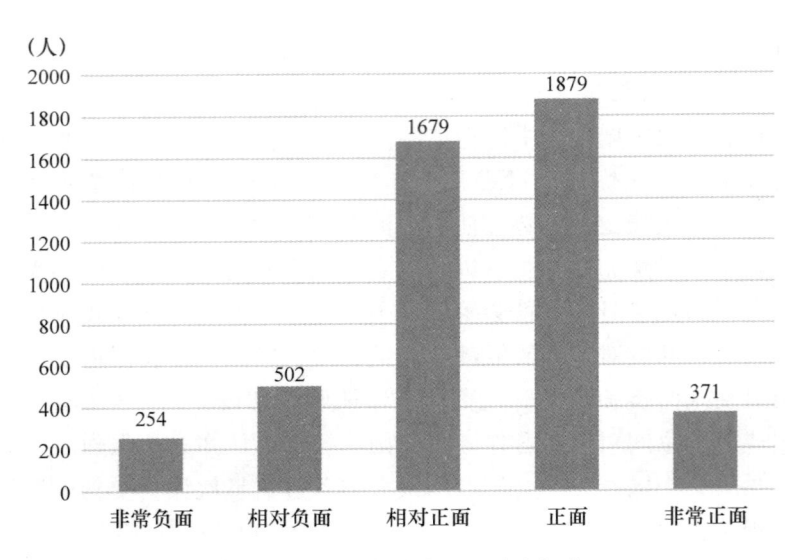

```
(人)
2000
1800                                    1879
1600                    1679
1400
1200
1000
 800
 600           502
 400   254                                      371
 200
   0
      非常负面  相对负面  相对正面   正面    非常正面
```

图4-12 受访者对中国影响力评价

世界其他国家所关注，具体而言，包括国际竞争格局、国际金融局面及汇率稳定、军事局势安全、全球性公共产品、国际发展合作等诸多方面，中国都是国际舞台上举足轻重的一员。因此，湄公河受访者对中国在区域内承担角色的认知出现了较为极端的两极分化，包括高度赞扬中国引领区域发展和极为警惕中国在域内的行为"破坏域内国家的社会及自然环境"两种迥异的态度。

首先，中国40多的经济飞速发展，以及与此同时依然保持和谐稳定的社会秩序给湄公河国家带来了深刻的印象。若干调查问卷的答案中均提及，湄公河国家受访者对中国并非完全西方化发展的经验具有较高的评价。中国在保证社会秩序的前提下消除贫困，建设完善的基础设施，发展成为世界领先的经济体，为湄公河国家提供了系统性、多维度的发展经验。可以发现，相比在发展中借中国发展态势的"搭便车"，湄公河国家受访者更为重视的是在知识、经验上向中国借鉴学习，从而提升本国发展的水平。

其次，有受访者认为，中国是澜湄次区域发展的引擎，对区域内周边各国的发展需求、社会现实及国家利益具有较强理解。通过中国经济社会的发展，澜湄次区域其他国家可在合作机制的框架下，通过积极展开双边、多边的经贸、金融、产业、人力等各方面的交流合作，从而完成整个地区的资源能力整合，实现区域共同繁荣，达成澜湄国家命运共同体建设的目的。

在研究收回的问卷中，有受访者提出，中国在合作过程中对湄公河国家及普通民众的需求表现出了相当程度的重视，获得了受访者的积极评价及期许。此外，研究受访者对于中国在澜湄地区积极行动的目的也有部分分析。湄公河国家受访者认为，中国在地区内采取积极的外交策略，目的是拉动区域发展、扩大本国在经济、政治、安全等方面的影响力。对于后者，持此观点的受访者们在描述中并未展现出明显的负面评价。

OCEES数据库对受访者的调查结果（见图4-13）同样显示出，认为其本国应当将中国作为国家发展借鉴对象的人群数量最多，在5073人中占48.67%，比排名第二的人群多将近1000人。这一结果同样显示出湄公河国家的个体对于中国发展成效的普遍认可。

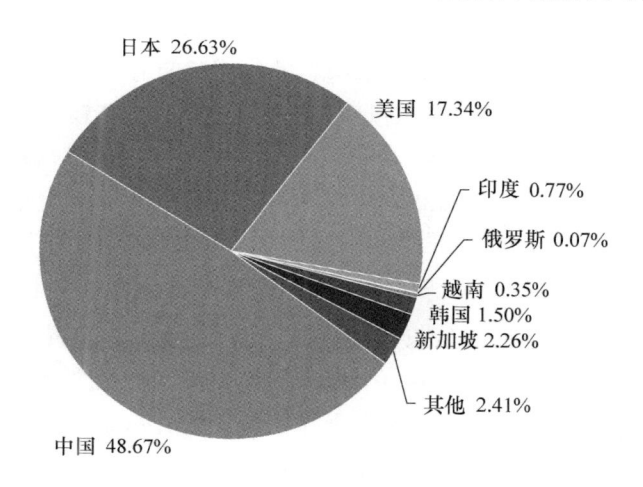

图4-13 OCEES数据库受访者对本国发展借鉴对象国认知

（二）湄公河国家对自我角色的认知

为明确湄公河国家在合作中对自身角色与作用的认知，问卷请各国受访者从自身感受与认知的角度出发，对其国家在澜湄合作及澜湄国家命运共同体中的角色进行总结与说明。

柬埔寨："合作的支持者"。柬埔寨对澜湄国家命运共同体表现出的关注与热情在五国中居于前位，较关心的议题集中在水资源问题及经济发展问题上。对于柬埔寨而言，由于澜湄合作第二次领导人会议、第二次外长会、第四次高官会、第五次外交工作组会、首次外交与优先领域联合工作组联席会议、澜湄合作成果展等一系列大小会议均由柬埔寨主办召开，因此柬埔寨受访者及媒体都对澜湄合作以及澜湄国家命运共同体的建设表现出了极高的参与感。

老挝："有限的参与者"。在该国受访者看来，老挝对于地区合作的参与较为有限，仅在部分与其自身相关度较高的议题有所参与，如水资源管理、农业发展、减贫等。有受访者提出，由于与中国的政治体制相似，所以由中国主导的地区合作倡议与机制在老挝的接受度更高。由此或可大致认为，特定国家在参与由其他国家主导的地区事务时，除本国经济产业类型外，政治与文化意识形态对于所在国的认知具有一定影响力。

缅甸："积极的合作者"。在本研究收回的问卷中，缅甸受访者关于其国家在地区合作机制中所起到的作用具有较为积极的评价。作为历史上的地区性大国，缅甸对于参与地区事务具有较其他国家更强的认知和强调。许多受访者提及，缅甸在可持续发展、减轻气候变化、减少灾难损失、提供世界粮食产量、保护延续亚洲文化与价值观等方面都做出了贡献。

泰国："一定程度上被边缘化"。泰国作为澜湄地区内经济发展程度较高的国家，对于参与该地区内合作具有较高的责任感与期待值。如前文所述，泰国是第一个提出加强澜沧江—湄公河区域合作设想的国家，但实际上在此后澜湄合作的发展进程里泰国并没有发挥主导的作用。相较于其在湄公河地区内较强的经济实力而言，泰国在参与地区事务的过程中并未发挥出相应的作用、得到相应的主导地位，因此在本研究收回的调查问卷中，泰国存在的反对声音较多，有对国家被边缘化的不满。

越南："合作的参与者"。如前文所述，越南相对于老挝、柬埔寨等国，越南对于中国积极推动的澜湄国家命运共同体抱有较大的观望态度。但与此同时，由于地理位置原因，越南对湄公河水资源的水文信息分享、水资源管理、达成水合作等科技经验手段等方面尤为关注，在本研究收回的越南问卷中也存在对水资源合作现状不满的声音。

（三）认知现状形成原因分析

总体而言，湄公河国家受访者对澜湄地区合作的认知更偏向于正面的合作认知。本研究认为导致这一现状的原因在于，澜湄六国具有天然的历史、文化与地理的联系，已经具有良好的身份认同基础。再者，澜湄地区合作迄今为止已经取得一部分进展，六国合作带来的互利共赢局面加强了各国对于"澜湄国家命运共同体成员"这一身份的认同。此外，作为积极响应建立澜湄合作倡议、在合作机制内扮演了共同主导角色的各国，对澜湄地区合作抱有较为强烈的合作意愿。出于以上原因，五国的认知情况反映出了其对澜湄地区合作的积极态度。

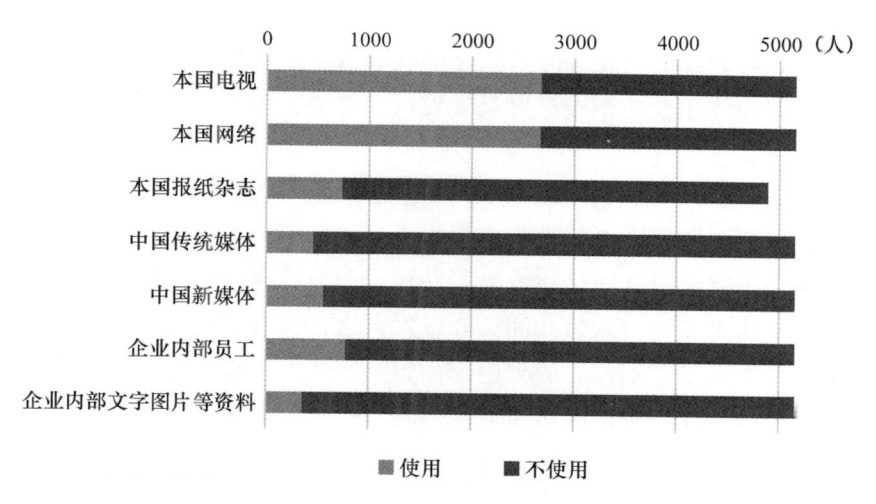

图4-14 OCEES数据库受访者获取关于中国信息的渠道（人数）

然而，在本研究的调查过程中，也发现有对澜湄合作消极的意见。本书认为，出现类似消极认知的原因之一为湄公河国家与中国间存在交流不平衡等现实问题。中国对湄公河五国间的贸易顺差持续存在，文化上也同样有较为不平等的观念存在，因此产生的对中国的警惕情绪是有其来源的。其中既有相互了解不够、沟通不充分的原因，也不排除部分国家存在刻意引导和人为塑造的原因。

通过 OCEES 数据库对中企员工获取有关中国信息渠道的调查，可以发现湄公河国家受访者的主要信息来源是以本国电视和网络渠道为主，少量人群通过与企业内部其他员工的交往中获得与中国相关的信息。可见，受访者本国信息来源渠道对其认知具有相当大的影响力，当地国家电视及网络中的信息能够较大程度地塑造当地行为体的认知。在本章第三节中，本研究将对各方媒体对中国在澜湄区域外交行为的认知做进一步讨论。

### 五 湄公河国家对澜湄国家命运共同体建设的期望

从本次研究的受访结果看来，湄公河国家对澜湄国家命运共同体的未来前景总体持乐观态度。其中，60%的受访者对澜湄次区域合作及澜湄国家命运共同体的未来发展持乐观态度，同时只有15.72%的受访者持明确的悲观判断。乐观的判断占主要比例，体现了澜湄国家命运共同体建设的积极进展及其发展的趋势，而悲观的判断有参考借鉴作用。

#### （一）提升机制的开放、包容和透明度

在当前澜湄地区机制重叠现象明显的背景下，湄公河国家受访者对于澜湄国家命运共同体普遍抱有开放、包容、透明的期许。对本次研究的受访者而言，东盟共同体建设在众多地区合作机制中拥有绝对自主权并占据主导地位。澜湄国家命运共同体的建设应当与东盟共同体建设进程全面对接，同时与地区内其他合作机制相互补充、协调发展，在地区发展进程中突出自身优势，推进区域总体的共同发展。在合作机制实践中，澜湄国家命运共同体应在合作项目流程等环节增加信息透明度，通过吸收容纳更为多样化的行为主体（如私人企业、非营利组织、个人等）扩大这一共同体的涵盖范围，从而实现更加广泛群体的高效协作、互利共赢。

#### （二）推进澜湄水资源对话合作

正如前文提到的，湄公河国家对澜沧江—湄公河的水资源利用与保护具有高度的利益关切。就本研究收回的问卷而言，受访者对于澜

沧江—湄公河水资源开发的未来发展具有乐观的预估，对于澜湄水资源合作中心等已经展开的举措持有良好的评价。由于澜湄合作机制是目前唯一一个河流沿岸六国共同参与的水资源对话机制，且水资源的共同开发和利用是人类命运共同体理念的主要展现，因此水资源议题应当成为澜湄国家命运共同体的重点议题。

（三）根据各国需求实施差异化方案

除泰国外，湄公河各国的总体经济发展水平在东盟共同体中处于相对欠发达的阶段，且各国资源禀赋、产业基础、发展战略各有差别。在本次研究中，受访者对于澜湄国家命运共同体表达出了一个重要诉求，即希望通过澜湄国家命运共同体促进本国发展，从而缩小湄公河五国和其他东盟各国的发展差距。具体到合作实践中，受访者希望中国在制定项目时充分了解各国的具体诉求，根据各国需求制定项目方案，并在项目提案、申请、实施等环节与流程上着手改善，从而持续实现"澜湄效率"下的地区共同发展。

（四）保障传统和非传统安全

就六国过去已有的合作基础看来，传统安全合作态势良好。同时部分突出的非传统安全问题，如恐怖主义、跨国犯罪、非法毒品人口贸易等问题目前已经受到六国的重视和共同应对。但随着国际政治与自然环境的变化，气候变化、粮食与水安全等非传统安全领域议题的影响开始凸显，同时受意识形态方面的影响，湄公河五国对于自然生态环境保护的强调也开始逐渐增加。在传统及非传统共同安全领域的共同合作，能够加强六国抵御灾害风险的能力。此外，湄公河五国受访者对于项目实施过程中附带的环境影响也发出了提示，在风险防御的同时也应当注重现有合作项目所具有的环境影响外溢效应。

## 第二节　其他行为体的认知

自"一带一路"倡议正式提出以来，东南亚地区作为推进"一带一路"合作的主要区域之一，其对中国经济、外交和安全利益的关键性迅速提升。近年来，湄公河五国在"一带一路"倡议引导下积极同中国稳步开展澜湄合作的同时，一方面，在面对"如何应对多个区域外大国在该地区的战略博弈""如何在中国与区域外大国竞争中取得合作平衡"等问题的处理上十分谨慎；另一方面，湄公河五国在面对区域内已有的合作组织及其余合作机制的背景下，也在不断力求对内团结与平衡，并尝试通过利用好各类"成员身份"为国家自身发展谋取实利与安全保障。然而，对于中国在澜湄地区推进"一带一路"建设以及澜湄国家命运共同体的构建，美国、日本以及印度等区域外大国对中国的动机产生了明显的认知差异。这种因国家行为体对彼此战略认知的差异而产生的竞争甚至对抗的关系，也使得澜湄次区域"一带一路"建设的落实以及澜湄合作的推进与发展都受到了不同程度的制约与影响。

由此，本节将主要使用文献研究法，通过对现有相关文献、数据及资料的梳理，就域外大国及东盟对澜湄地区"一带一路"建设及澜湄国家命运共同体的认知进行进一步分析。

## 一 区域外大国对澜湄地区"一带一路"建设及澜湄国家命运共同体的认知分析

下文将美国、日本、印度等国家作为主要分析的区域外大国，并从以上各国政府的态度及其转变、政策应对与政策转变、学术界和战略界的认知与共识三个层次来综合分析与探讨其对澜湄地区"一带一路"建设及澜湄国家命运共同体的认知。

（一）区域外大国的态度及其转变

1. 美国

自美国奥巴马政府在 2009 年提出"重返亚太"及之后的"亚太再平衡"战略以来，美国政府对东南亚地区的战略从小布什时期的"选择性再接触"改为"全方位介入"，在与日本、澳大利亚、韩国等盟友国的统筹配合下，美国与包括湄公河五国在内的东南亚各国关系取得了突破性变化。2012 年 7 月，时任美国国务卿的希拉里·克林顿宣布了《亚太战略参与计划》，并明确了将把"加深美国在湄公河下游地区的参与度"提高至该计划重点支持的六大领域之一。①2013年4月11日,美国国家安全顾问的汤姆·多尼伦(Tom Donilon)在纽约亚洲协会发表了"2013年美国和亚太地区"的主题讲话,明确了"建立全面的多维战略、加强联盟、深化伙伴关系、与中国建立更稳定的关系、赋予东盟等区域机构权力以及建立能够维持区域繁荣的区域经济架构"等议程将构成了美国推进"亚太再平衡"战略所依赖的"六个基本支柱",并同时强调中国与美国的关系将仍然是"合作与竞争并存的"。②随后,在中国正式提出"一带一路"倡议的初期,美国政府似乎并没有给予其足够的关注度。直到2014年下半年中国发起成立亚洲基础设施投资银行,美国的亚欧盟友纷纷打算加入时,奥巴马政府才"醒悟"过来,认为中国的"一带一路"倡议可能会对美国在欧亚大陆及印太沿海地区的经济与战略利益构成挑战,特别是亚投行的成立将对美国主导的国际货币基金组织等既有国际金融制度构成威胁。③

一方面来看,奥巴马政府时期,美国并未对"一带一路"倡议有过明显的认知表态,奥巴马政府对外主要传达了"既不支持也不参与"的观望态度。美国政府持有这一态度的主要原因是,奥巴马政府在这一时期积极推行的"亚太再平衡"战略极大提升了东南亚地区的地缘战略地位,使得美国在该时期与东南亚"一带一路"沿线国家的合作取得了突破性的进展,也为美国在东南亚地区巩固其战略影响力奠定了重要基础,所以其并未对中国的新战略表现出较大忧虑。但另一方面,自2010年开始,美国的相关非政府组织以及国务院已经在反对密松大坝、湄公河大坝修建以及2016年的湄公河干旱

---

① U. S Department of States, "Asia – Pacific Strategic Engagement Initiative", 2012 – 6 – 13, https://2009 – 2017. state. gov/r/pa/prs/ps/2012/07/194960. htm, 访问时间:2020年5月12日。

② Tom Donilon, "The United States and the Asia – Pacific in 2013", speech deLvered to the Asia Society, New York, 2013 – 3 – 11, 访问时间:2020年7月3日;https://obamawhitehouse. archives. gov/the – press – office/2013/03/11/remarks – tom – donilon – national – security – advisor – president – united – states – an, 访问时间:2020年7月3日。

③ 韦宗友:《战略焦虑与美国对"一带一路"倡议的认知及政策变化》,《南洋问题研究》2018年第4期。

等问题上开始"大做文章",通过指责相关项目对生态环境保护的破坏进而对中国在澜湄次区域推进的重要项目不断施压。同时,美国在2016年也对《湄公河下游倡议》做了针对性调整,将"水资源"提高至最优先关注领域,并试图通过散播"中国水坝威胁论""湄公河渔业农业威胁论"来试图主导该地区的"湄公河水规则"。但基于美国在这一时期"成功重返亚太"后积累的地区影响力及"自信",使其并未将中国的"一带一路"合作倡议及澜湄合作机制的设立视为"重要威胁",其主要目的除巩固澜湄次区域作为美国新亚太战略的重要"侧翼"地位以外,同时压制中国以获得该地区事务主导权,从而对中国表现出"施压为主"、"竞争"与"合作"相并存的态度。

2017年,从特朗普政府执政直至当前,美国对"一带一路"合作倡议的态度发生了极大转变,其对澜湄地区"一带一路"建设以及澜湄国家命运共同体构建的态度也转向了质疑、公开反对甚至抹黑。2017年8月,在华盛顿举行的东亚峰会部长级会议期间,时任美国国务卿雷克斯·蒂勒森(Rex Tillerson)发表了"定义下个世纪我们与印度的关系"的主题演讲,并在与东南亚其他国家外长举行会谈时抨击中国"一带一路"倡议的债务陷阱问题,同时积极与各东南亚国家外长商讨如何建立替代性的基础设施融资机制。① 随后在2017年12月,特朗普政府发布的首份《国家安全战略》报告将中国定义为"修正主义国家",并将中国和俄罗斯同时视为"大国竞争时代"的最主要"战略竞争者",② 同时指出"中国寻求取代美国在印太地区的地位,在更大地区领域拓展中国驱动经济模式的影响,以便中国重新安排有利于其发展的地区秩序。"③ 此外,该报告还通过认

---

① CSIS, "Defining Our Relationship with India for the Next Century: An Address by U. S. Secretary of State Rex Tillerson", 2017 - 11 - 18, https://www.csis.org/events/defining - our - relationship - india - next - century - address - us - secretary - state - rex - tillerson, 访问时间:2020年7月3日。

② The White House, "National Security Strategy of the United States of America", 2017, pp. 2 - 25.

③ The White House, "National Security Strategy of the United States of America", 2017, p. 25.

定"中国试图通过政府主导的投资和贷款，将亚洲拉入自己的轨道"，① 影射出对中国推进的"一带一路"建设模式的质疑与批评。

虽然美国从2017年特朗普政府执政以来，开始对中国在澜湄次区域的"一带一路"建设以及澜湄国家命运共同体构建进程等议题上采取了更加负面的对抗和打压态度，但特朗普政府并未完全延续奥巴马政府时期对澜湄次区域实质性的政策及资源投入战略，而是通过操纵媒介资源以及利用信息不对称等手段，开始频繁对华发起低成本的"水舆论战"，并在外交层面将原"湄公河下游倡议"进一步升级为美国—湄公河伙伴关系，美湄合作走向定期化、机制化，成为东盟外长系列会议的固定议程②。例如，在2017—2020年特朗普政府执政期间，其多次利用湄公河水域干旱问题进一步大肆渲染"中国水坝威胁论"，并通过联合盟友国、国家智库、非政府组织和其国内主要媒体公开指责与反对中国与澜湄合作及澜湄国家命运共同体构建相关的项目。特朗普政府一改以前美国与中国在湄公河水资源问题上的"暗中博弈"模式，而是对中国在澜湄次区域的"一带一路"建设及澜湄国家命运共同体构建等进程上采取了一种"为了反对而反对"的方式，同时其也呈现出更加具有针对性的公开对抗、制裁、打压等一系列极为负面的态度。自拜登政府执政以来，全球性基建计划"重返更好世界倡议"（Build Back Better World，B3W）在2021年6月召开的G7峰会上发布，旨在抗衡中国"一带一路"倡议，2021年8月召开的第二届美湄伙伴关系部长级会议也如期举行，与此同时，特朗普时期的环保议题炒作也被延续。可以发现，美国在湄公河地区为抗衡和反对中国所使用的外交和舆论手段还在不断铺开。

2. 日本

除美国以外，在2013年中国提出"一带一路"合作倡议的最初阶段，一方面日本紧跟奥巴马政府的"亚太再平衡"战略，对中国"一带一路"倡议主要持谨慎的"观望态度"。另一方面，由于日本

---

① The White House, "National Security Strategy of the United States of America", 2017, p.56.

② 彭念：《警惕美打湄公河"生态牌"》，环球网，https://opinion.huanqiu.com/article/3zudASVTnxM，访问时间：2021年7月24日。

长期在亚太地区战略制定过程中将中国视为东亚及东北亚地区的战略主要竞争者,加之日本也是二战后美日联盟、美韩联盟的东亚地区秩序的既得利益者,日本在"一带一路"所涉地区深耕多年,投入极大,并在某些地区占据了主导地位,自然不愿意失去这些成果,① 由此,日本一开始对"一带一路"倡议也持有质疑与抵制的态度。直至 2018 年 4 月,伴随着中日经济高层对话重新启动,随后日本与中国的关系有了积极回暖迹象,加之特朗普政府一直积极实行的贸易保护主义政策,以及突然退出 TTP 等行为对美日关系的紧密发展造成了一定的割裂,多方原因的结合致使日本从 2018 年至今转向对"一带一路"倡议持"积极且谨慎合作的态度"。

另外,作为长期参与澜湄次区域发展合作的国家之一,日本从 20 世纪 90 年代至今一直以多种形式参与澜湄地区的制度互动。日本主导成立了日本—湄公河合作,通过亚洲开发银行在大湄公河地区经济合作中发挥重要影响,通过发展伙伴身份对湄公河委员会提供资金,并向柬老越发展三角、柬老缅越合作提供援助。② 自 2015 年中国正式提出澜湄合作机制以来,日本一方面配合美国继续推出了制衡中国澜湄合作机制发展的日本—美国湄公河能源伙伴关系。另一方面,日本又与中国在澜湄次区域积极开展第三方市场合作,总体对中国在澜湄次区域的"一带一路"建设与澜湄国家命运共同体构建进程呈现出"保持质疑与制衡"的同时又在"竞争中寻求合作"的复杂态度。

3. 印度

作为南亚地区的核心国家,印度一直被中国视为在南亚地区推动"一带一路"发展进程的关键合作对象国。在 2013 年中国提出"一带一路"合作倡议的初期阶段,尽管"一带一路"倡议在印度社会以及周边南亚国家的主流社会都引起了较大反响,但莫迪政府一直未对中方的"一带一路"倡议进行过任何表态,该时期印度政府对其

---

① 张利华、胡芳欣:《日本对"一带一路"倡议态度转变及其机遇》,《人民论坛:学术前沿》2019 年第 3 期。

② 邓涵:《"峰会年"看澜湄地区制度竞合》,《当代亚太》2019 年第 6 期。

主要持谨慎的权衡和观望态度。直至 2016 年，印度政府认为中国挂进的中巴经济走廊合作触及了印度和巴基斯坦长期的领土争端地区，即克什米尔地区，鉴于此，印度政府才首次公开委婉拒绝参加 "一带一路" 合作。

有学者认为，印度社会对于 "一带一路" 的态度与认知处于发展变化之中，但一直是疑虑谨慎的态度占据主流，亦不乏理性思考和正面支持的声音①。一方面，印度政府一直将 "一带一路" 倡议视为中国宏观战略的核心部分，由于中美博弈不断升级，以及来自世界秩序重新建构所带来的未知效应，印度一直试图谨慎避免过多涉入中美两国在亚太地区的战略博弈，以免被当作所谓 "中美博弈" 之间的 "棋子"，加之中印双方长期在中巴经济走廊合作问题上产生的认同差异，以及中印边境问题上的冲突，进而使印度政府对中国 "一带一路" 倡议持 "谨慎且质疑" 的态度。另一方面，尽管印度政府对 "一带一路" 合作持保留态度，但在看到该倡议对印度国内经济发展的推动优势，以及双方在经济领域合作可能拓展的利益契合点之后，印度于 2016 年正式加入了亚洲基础设施投资银行，"截至 2018 年 5 月印度获得贷款占比约 30%，成为贷款占比最大国"。② 即综合来看，印度目前对 "一带一路" 倡议仍旧持 "质疑与谨慎" 但希望 "有限度利用" 的态度，表现出 "两面性" 的态度特点。

基于印度在冷战过后提出的 "东向战略"，印度政府于 2000 年在老挝万象正式发起了湄公河—恒河合作倡议（Mekong - Ganga Cooperation，MGC），其倡议旨在强调与湄公河五国在旅游、文化、教育、交通和其他领域加深交流与合作，进一步体现出印度政府将湄公河地区视为其实施和推动 "东向战略" 实施的重要区域。回顾 MGC 合作的 20 年，尽管印度与湄公河五国在多个领域的合作都取得了一定成效，但总体由于合作组织力不足、资金供给不到位、项目推进缓

---

① 王延中、方素梅、吴晓黎、李晨升：《印度对 "一带一路" 倡议态度的调查与分析》，《世界民族》2019 年第 5 期。
② 张兴军：《专访：印度已成为亚投行最大获益者——访亚投行副行长丹尼·亚历山大》，新华社，2018 年 5 月 15 日，http：//www.xinhuanet.com/2018 - 05/15/c_ 122837105.htm，访问时间：2020 年 6 月 2 日。

慢以及与成员国合作发展平衡等问题得不到有效解决，导致 MGC 合作发展至今仍呈松散的状态。但印度政府自实施"东向战略"以来，一直与缅甸和越南保持紧密的合作关系，并在中国提出"一带一路"倡议以及澜湄合作之后，"印度东进政策的重心已从'分享中国经济繁荣'转向'防范中国势力扩张'"①，并不断发展与缅甸、越南的关系，将其视为制衡中国发展的重要地区力量。这也体现出印度对中国在澜湄次区域的"一带一路"建设与澜湄命运共同体构建的"竞争与防备"态度。

（二）区域外大国的战略、合作机制、政策应对及其转变

基于对东南亚地区以及澜湄次区域重要战略地位的认知，奥巴马政府自 2009 年提出湄公河下游倡议（Lower Mekong Initiative）以来，美国围绕经济发展、军事合作、环境治理、文教交流、基础设施建设以及医疗卫生援助等领域对湄公河五国展开了"硬实力"加"软实力"相结合的全方位战略合作，日本、韩国以及澳大利亚等美国重要亚太战略盟友国同时积极配合奥巴马政府"亚太再平衡"战略，协助美国在澜湄次区域积极推动与湄公河五国各类合作机制的运行，并使其主导搭建更多元的对话与合作平台。

根据表 4 - 2 中有关于区域外大国在澜湄次区域开展的合作机制与合作项目的内容梳理与对区域外大国宏观亚太战略的转变，并结合中国在澜湄次区域的"一带一路"建设核心内容与澜湄国家命运共同体的建设路径来看，以美国为主导，日本、澳大利亚、韩国为联盟的区域外大国在对澜湄次区域"一带一路"建设及澜湄国家命运共同体的战略、政策、机制的应对与转变方面主要体现出以下几个特征。

第一，区域外大国的宏观战略转变更具有"直接针对、制衡中国"的特点。从"亚太再平衡"战略强调重新建立美国的亚太地区影响力到"印太战略"强调与地区成员"共同对抗中国"的明显转变，反映出美国将治理"中国崛起威胁"作为亚太战略的优先目标，

---

① 毕世鸿：《机制拥堵还是大国协调——区域外大国与湄公河地区开发合作》，《国际安全研究》2013 年第 2 期。

第四章 相关国家与行为体对"一带一路"与澜湄国家命运共同体建设的态度

表 4-2 区域外大国在澜湄次区域开展的合作机制与合作项目

| 时间区间 | 合作机制/平台 | 主导国 | 参与国 | 优先合作领域与主要内容 |
|---|---|---|---|---|
| 2000 年 | 湄公河—恒河合作倡议 Mekong – Ganga Cooperation | 印度 | 老挝、柬埔寨、泰国、越南、缅甸 | 优先合作领域：旅游、文化、教育、交通和其他领域重要合作项目："印度—缅甸—泰国高速公路"的建设；"印度—湄公河经济走廊"研究；快速影响项目 QIPs 等 |
| 2005 年至今 | 澳大利亚的东盟和湄公河区域计划 Australia's regional ASEAN and Mekong Program | 澳大利亚 | 老挝、柬埔寨、泰国、越南、缅甸 | 1. 优先合作领域：贸易、互联互通、跨国界水资源管理、人口贩运和安全移民<br>2. 具体合作项目：<br>湄公河商业倡议（MBI）(2013—2019)；<br>大湄公河地区贸易和运输便利化计划（GMSTTF）(2011—2019) |
| 2009 年至 2020 年 | 湄公河下游倡议 Lower Mekong Initiative | 美国 | 老挝、柬埔寨、泰国、越南、缅甸 | 1. 通过促进互联互通，携手应对区域跨界发展和政策挑战，实现公平、可持续、包容的经济增长；<br>2. 倡议主要在两个跨学科支柱之间开展（环境、能源、水和粮食）和人类发展和连通性支柱（包括经济一体化、教育、卫生和性别问题）；<br>3. 在 2018 年与各成员国签署《2016—2020 年湄公河下游倡议总体行动计划》 |
| 2009 年 | 日本—湄公河合作 Japan – Mekong Cooperation | 日本 | 老挝、柬埔寨、泰国、越南、缅甸 | 1. 湄公河区域的全面开发；2. 建设一个重人权的社会；3. 扩大合作与交流；4. 加强与亚太地区其他框架合作；5. 日湄合作相关会议（具体内容：加强区域内综合基础设施建设，促进公私合作，支持跨区域经济规则和制度的发展，巩固人文交流，关注环境与气候变化并提出"绿色湄公河十年"倡议，区域脱贫，提升旅游合作，加强文化遗产保护） |

续表

| 时间区间 | 合作机制/平台 | 主导国 | 参与国 | 优先合作领域与主要内容 |
|---|---|---|---|---|
| 2011年至今 | 湄公河—韩国伙伴关系 Mekong–ROK Partnership | 韩国 | 老挝、柬埔寨、泰国、越南、缅甸 | 优先合作领域包括：文化与旅游合作、人力资源发展、农业与乡村发展、基础设施建设、信息与传播技术发展、环境保护与非传统安全挑战 |
| 2012年至2015年 | 亚太战略参与计划 Asia Pacific Strategic Engagement Initiative | 美国 | 老挝、柬埔寨、泰国、越南、缅甸 | 1. 区域安全合作；2. 经济一体化与贸易；3. 湄公河下游地区的合作；4. 民主发展；5. 解决战争遗留问题 |
| 2012年至2015年 | 连接湄公 Connect Mekong | 美国 | 老挝、柬埔寨、泰国、越南、缅甸 | 1. 目标：将气候变化、水文和渔业联系起来，促进湄公河流域的能源和粮食安全；<br>2. 是一个为期三年的项目，由美国国际开发署（USAID）资助，亚洲理工学院（AIT）、斯德哥尔摩环境研究所（SEI）和内陆渔业发展研究所（IFReDI）实施 |
| 2016年至2021年 | 美国国际开发署清洁能源亚洲计划 USAID Clean Power Asia | 美国 | 老挝、柬埔寨、泰国、越南、缅甸 | 1. 鼓励和帮助湄公河五国在清洁、可持续能源的智能投资发展，巩固美国政府在亚太地区的能源市场可持续发展；<br>2. 主要项目：美国国际开发署支持东盟互联总体规划研究（AIMS），整合资源与弹性计划（IRRP） |
| 2015年至2022年 | 基础设施可持续发展伙伴关系 Sustainable Infrastructure Partnership | 美国 | 老挝、柬埔寨、泰国、越南、缅甸 | 1. 通过促进可持续基础设施，帮助湄公河下游国家促进经济发展、环境保护和气候适应能力；<br>2. 三个主要目标：提高政府官员在基础设施规划、设计和运营方面的能力；改善LMI国家间的联合基础设施规划和协调，并为湄公河地区的可持续基础设施部署新技术、新方式和新方法 |

续表

| 时间区间 | 合作机制/平台 | 主导国 | 参与国 | 优先合作领域与主要内容 |
|---|---|---|---|---|
| 2018年至今 | 印度—太平洋地区透明度倡议 Indo-Pacific Transparency Initiative | 美国 | 老挝、柬埔寨、泰国、越南、缅甸 | 合作优先领域：反腐败和财政透明、民主援助、青年及新兴领袖发展、媒体与互联网自由、基本自由与人权 |
| 2018年至今 | 美国—东盟智慧城市伙伴关系 US-ASEAN Smart Cities Partnership | 美国 | 老挝、柬埔寨、泰国、越南、缅甸 | 通过促进美国公共和私营部门与东盟智慧城市网络（ASCN）的26个试点城市的合作，并通过快速城市化带来的各种挑战，帮助改善该地区人民的生活 |
| 2018年至今 | 数字连接和网络安全伙伴关系 Digital Connectivity and Cybersecurity Partnership | 美国 | 老挝、柬埔寨、泰国、越南、缅甸 | 1. 建立连接：在目标新兴市场扩大和增加安全的互联网接入；2. 推进互联网开放：与伙伴国家合作，采取促进和鼓励开放、互操作、可靠和安全的互联网的政策和监管立场；3. 全球市场增长：促进美国ICT产品和服务的出口，增加美国公司在目标市场的市场份额；4. 加强网络安全：与伙伴国家合作，建设网络安全能力并采用最佳做法 |
| 2018年至今 | 亚洲能源促进与发展 Asia Enhancing Development and Growth through Energy（Asia EDGE） | 美国 | 老挝、柬埔寨、泰国、越南、缅甸 | 四个主要合作目标包括：1. 加强美盟友和合作伙伴的能源安全；2. 创建开放、有规则、透明和高效的能源市场；3. 改善能源贸易关系；4. 扩大可负担得起和可靠的能源供应 |

续表

| 时间区间 | 合作机制/平台 | 主导国 | 参与国 | 优先合作领域与主要内容 |
|---|---|---|---|---|
| 2018年至今 | 湄公河智能基础设施 Smart Infrastructure for the Mekong | 美国 | 老挝、柬埔寨、泰国、越南、缅甸 | 该项目主要通过利用美国的科学和工程专业知识帮助湄公河国家保护环境免受水电大坝和其他基础设施的影响 |
| 2019年至今 | 日本—美国湄公河能源伙伴关系 Japan–US Mekong Power Partnership | 美国、日本 | 老挝、柬埔寨、泰国、越南、缅甸 | 1. 通过发展高质量基础设施,建立一个更安全、可负担、可靠和可持续的能源区域。<br>2. 工作重点是完善制度和监管框架,吸引私营部门对电力部门的投资,支持区域电和为跨境电力贸易建立开放的电力市场;<br>3. JUMPP是日美战略能源伙伴关系的重要构成部分 |
| 2020年至今 | 湄公河—美国伙伴关系 Mekong–U. S. Partnership | 美国 | 老挝、柬埔寨、泰国、越南、缅甸 | 1. 通过开展区域能力建设活动、交流专业知识和最佳实践,提高本地区的透明度、良政、互联互通和可持续发展;<br>2. 通过在湄公河地区机构、公共和私营部门以及人民之间建立联系,加强区域互联互通;<br>3. 与湄公河地区国家和国际合作伙伴合作,确定并实施应对主要地区挑战的解决方案 |

资料来源:笔者根据美国、日本、韩国、印度以及澳大利亚政府部门公开信息自制。Australian Department of Foreign Affairs and Trade, "Australia's ASEAN and Mekong Programs", https://www.dfat.gov.au/international-relations/regional-architecture/asean/asean-and-mekong-programs,访问时间:2020年12月20日;United States Agency for International Development, "Lower Mekong Initiative (LMI)", https://www.usaid.gov/vietnam/lower-mekong-initiative-lmi,访问时间:2020年10月8日;Ministry of Foreign Affairs of Japan, "Japan–Mekong Cooperation", https://www.mofa.go.jp/region/asia-paci/mekong/cooperation.html,访问时间:2020年11月13日;The Office of Website Management, Bureau of Public Affairs, manages this site as a portal for information from the U. S. State Department, "Asia–Pacific Strategic Engagement Initiative", https://2009-2017.state.gov/r/pa/prs/ps/2012/07/194960.htm,访问时间:2020年12月20日;Connect Mekong, https://connect-chf.com/,访问时间:2020年12月27日;Mekong–U. S. Partnership, https://mekonguspartnership.org/,访问时间:2020年12月20日;Indo–Pacific Transparency Initiative, "U. S. Mission to ASEAN", https://asean.usmission.gov/indo-pacific-transparency-initiative-2/,访问时间:2020年11月6日。

并力图通过进一步拉拢日本、澳大利亚、韩国以及印度等区域外大国在澜湄次区域实现更加紧密的联盟关系，以求进一步通过集体制衡模式，对抗甚至压制中国在澜湄次区域推动的"一带一路"建设议程以及澜湄命运共同体的构建进程。2020 年 9 月 11 日，美国政府正式启动美国—湄公河伙伴关系（Mekong – U. S. Partnership），并明确强调其将作为"印太战略"的核心内容以代替《湄公河下游倡议》。2020 年 9 月 24 日，印度选择越南湄公河三角洲四个省为主要资助对象，与越南政府签订了 7 个水资源管理项目的谅解备忘录，同时强调推进以上项目旨在帮助越南湄公河流经的三角洲区域完成灌溉和供水项目，以缓解干旱对该区域造成的农业损失。随后，2020 年 11 月 5 日至 6 日，印度在与湄公河五国庆祝"湄公河—恒河合作倡议"（Mekong – Ganga Cooperation，MGC）20 周年之际，印度政府提出将在原有基础上扩大"合作"范围，并强调将着重转向在水力发电项目、数字互联互通、输电网络、农村电气化等领域与湄公河五国的合作，并为其提供 5.8 亿美元贷款，① 也体现出印度有意在水资源合作领域与中国竞争并施压。综上所述，区域外大国的宏观战略转变进一步体现了更具有"直接针对、制衡中国"的特点。

第二，区域外大国在澜湄次区域开展的各类区域合作机制对中国具有明显的"排他性"特点。结合表 4 – 2 所梳理的内容来看，虽然中国一直以来都是澜湄次区域的重要国家之一，但美国、日本、印度、韩国及澳大利亚在澜湄次区域推进实施的各类合作机制都有意将中国排除在外。2009 年美国同老挝、柬埔寨、泰国、越南启动"湄公河下游倡议"，单方面将中国与缅甸排除在外。但在 2010 年缅甸民主化改革开始后，美国也开始将缅甸纳入该计划之中。2011 年美国邀请了缅甸代表团以观察员的身份参与"湄公河下游之友"行动计划。2012 年，湄公河下游倡议扩员，缅甸正式被纳入其中，只将中国排除在外。② 由此看出，以美国、日本为主的区域外大国在澜湄

---

① 《湄澜合作 20 周年，印度决定扩大湄澜合作倡议范围》，见道网，2020 年 11 月 30 日，https://www.seetao.com/details/47223/zh.html，访问时间：2020 年 12 月 3 日。
② 张励：《美国"湄公河手牌"几时休》，《世界知识》2019 年第 17 期。

次区域开展的机制是有意将排除中国,以达到反对与抵制中国"一带一路"合作倡议以及澜湄合作等机制的目的。

第三,区域外大国在澜湄次区域开展的各类合作机制中的优先合作领域与"一带一路"合作倡议、澜湄合作机制有较高重叠性,对中国具有明显的"机制替代竞争性"与"机制针对性"特点。自2016年中国正式推动澜湄合作机制的实施开始,美国有意将湄公河水资源问题安全化,并在2018年将水资源调整为"湄公河下游倡议"支柱的第一位。与此同时,美国及其盟友日本、韩国等国,针对澜湄合作的3大支柱和5个优先合作领域,以及澜湄命运共同体构建的主要路径,设立了亚洲能源促进与发展项目(Asia EDGE)、美国—东盟智慧城市伙伴关系(US – ASEAN Smart Cities Partnership)、数字连接和网络安全伙伴关系(Digital Connectivity and Cybersecurity)、湄公河智能基础设施(Smart Infrastructure for the Mekong Partnership)、日本—美国湄公河能源伙伴关系(Japan – US Mekong Power Partnership)等一系列新的合作机制及平台,其主要合作内容与优先合作领域与澜湄合作机制高度重叠,以此进一步利用澜湄次区域机制拥堵重叠的客观事实,为湄公河五国提供更多的机制替代选择,进一步与中国在该区域形成机制竞争与对冲,以达到制衡"一带一路"建设以及削弱澜湄国家命运共同体构建的区域影响力等目的。

第四,如表4-2所示,区域外大国的机制建设不仅体现出对澜湄次区域合作内容的全覆盖趋势,同时还呈现出对中国在澜湄次区域"一带一路"建设与澜湄国家命运共同体构建进程实施全方位"强力围攻"的特点。在2019年"湄公河下游倡议"部长级会议上,美国声称将主办印度—太平洋会议以进一步支持对湄公河采取透明、有规可循的管理方式。[①] 2020年9月11日,美国政府正式启动美国—湄公河伙伴关系(Mekong – U. S. Partnership),并明确强调其将作为"印太战略"的核心内容以代替"湄公河下游倡议",标志着美国与澜湄次区域的合作进入全新时代。因此,美国—湄公河伙伴关系将区域合作机制进一步升级,同时扩大了与湄公河五国的合作领域,并强

---

① 张励:《美国"湄公河手牌"几时休》,《世界知识》2019年第17期。

调与其现有的机制之间的关联以及与日本等盟友国现行机制的互补，旨在进一步体现美国—湄公河伙伴关系在"印太战略"中重要地位的同时，充分利用其亚太盟友国的地缘战略优势，通过加强机制全覆盖，以达到机制"共振效应"，对中国在澜湄次区域推进"一带一路"建设以及澜湄国家命运共同体构建进程实施全方位的"围堵"。

（三）区域外大国学界及战略界的认知与共识

自2013年中国正式提出"一带一路"倡议以来，并随着澜湄合作的重点项目在中国周边及沿线各国的不断落地实施，引起区域外大国学界及战略界诸多激烈的讨论。因此，探讨美国、日本、印度等区域外大国的学界及战略界对澜湄地区"一带一路"建设及澜湄国家命运共同体的认知、共识及分歧，也能更加全面地了解到其对中国的战略客观认知，并同时分析其可能对中国采取的潜在应对战略。

综合来看，目前以美国、日本及印度为主的区域外大国的学界及战略界对澜湄地区"一带一路"建设及澜湄国家命运共同体的认知在获得一定程度共识的基础上，仍存在较大的认知差异与分歧，其主要体现在以下几个方面。

第一，基于美国战略界及学界对"一带一路"倡议消极判断及认知，其学界对澜湄地区"一带一路"建设及澜湄国家命运共同体倡议也达成了同样的负面认知。自2015年美国对华政策大辩论以来，美国学术界及战略界在对华政策及态度达成大致共识，认为中国推行的大战略试图取代美国的霸权地位，对美国的既有利益构成了直接挑战[1]。2018年以来，美国国内围绕"一带一路"的智库研究和政策争论显著升温，美国行政和立法部门在制衡"一带一路"方面取得

---

[1] Michael Pillsbury, *The Hundred - Year Marathon：China's Secret Strategy to Replace America as the Global Superpower*, New York：Henry Holt and Company, 2015, pp. 30 - 31；The White House, *National Security Strategy of the United States of America*, 2017, pp. 2 - 25；Thomas P. Cavanna, "What Does China's Belt and Road Initiative Mean for US Grand Strategy?", The Diplomat, 2018 - 6 - 5；韦宗友：《美国对"一带一路"倡议的认知与中美竞合》，《美国问题研究》2018年第1期。

较大共识。① 美国重要高级政府官员，如前任国务卿雷克斯·蒂勒森（Rex Tillerson）、迈克·蓬佩奥（Mike Pompeo）以及国防部长詹姆斯·马蒂斯（James Mattis）等也多次在公开场合有意针对"一带一路"倡议发表质疑及批评言论。而澜湄地区"一带一路"建设也被美国战略界和学术界视为中国扩大周边地缘政治利益的关键手段，其认为中国通过筹建亚投行，以及对湄公河五国等周边国家提供经济发展优惠合作等方式，意在使周边及沿线国家落入中国的"债务陷阱"，同时挑战并抗衡美国多年以来发展的金融霸权模式。2020 年 9 月 14 日，美国前任国务卿蓬佩奥在发表声明中谈及湄公河—美国伙伴关系合作目的时，公开抹黑并抨击中国在澜湄地区推进"一带一路"的建设，并强调湄美合作旨在联合湄公河五国"抵御来自中国共产党的挑战，以及中国共产党对湄公河自然环境和经济自治造成的威胁"。② 目前，美国学术界及战略界也普遍认为，中国所提出与周边及沿线国家构建的"人类命运共同体"与"澜湄国家命运共同体"，意在通过推行"中国观"，加强与湄公河五国构建文化认同及合作价值观认同，通过增强中国在该区域的"锐实力"（sharp power）③ 以削弱"美国观"的影响力及美国地区事务主导权地位。因此，美国政府也针对湄公河地区战略合作议题，在公开场合对中国在澜湄地区的"一带一路"建设及澜湄合作倡议等采取了更具明显"进攻性"的举措。

第二，日本学界与战略界对"一带一路"倡议达成一定程度认同的同时，对澜湄地区"一带一路"建设及澜湄国家命运共同体构建等议题仍存有很大程度的疑虑、警惕与担忧。尽管日本政府在"一带一路"倡议提出的初期对其主要持观望和质疑态度，但日本学界针对"一带一路"倡议对相关国家经济发展带来的机遇做了大量

---

① 赵明昊：《大国竞争背景下美国对"一带一路"的制衡态势论析》，《世界经济政治》2018 年第 4 期。

② 参见《美国—湄公河伙伴关系》，美国驻华大使馆和领事馆网站，https://china.usembassy‐china.org.cn/zh/the‐mekong‐u‐s‐partnership‐the‐mekong‐region‐deserves‐good‐partners‐zh/to，访问时间：2020 年 9 月 15 日。

③ Juan Cardenal, *Sharp Power: Rising Authoritarian Influence*, Washington, D. C.: National Endowment for Democracy, 2017, pp. 13 – 17.

的研究与探讨，并且十分关注日本能如何通过参与"一带一路"倡议，从而在该区域相关的经济发展与合作领域取得有效收益。日本学者对于"一带一路"倡议可以为相关国家经济发展提供难得契机的认识是较为一致的。[1] 但由于日本战略界对中美两国在湄公河地区不断升级的博弈十分谨慎，并基于美日同盟利益，日本战略界在对待澜湄地区"一带一路"建设及澜湄国家命运共同体等问题上仍然与美国在态度上保持一致，以尽可能避免在该区域的合作发展问题上与美国产生矛盾。鉴于此，尽管在2018年至2020年间，中日关系有所转圜，且日本学界及国内企业界对支持日本参与"一带一路"倡议以及加强与中国在湄公河地区的第三方市场合作的呼声越来越高，但日本战略界仍对此存有很大的警惕与疑虑，日本学界及战略界的对以上议题的认知，与日本政府在对待澜湄地区"一带一路"建设问题上所呈现出的"保持质疑与制衡"的同时又在"竞争中寻求合作"的态度相呼应。

第三，印度学界与战略界对"一带一路"倡议的认知存在较多分歧，使其对中国在澜湄地区"一带一路"建设及澜湄国家命运共同体构建等议题存在复杂的认知及态度。学者左拉瓦·辛格（Zorawar Daulet Singh）关于印度学界及战略界对"一带一路"倡议认知的研究认为，印度学界及战略界对相关问题的研究及结论差异较大，该名学者发现印度学界及战略界目前主要从新自由主义、新现实主义、地缘政治和马汉主义四个主要角度对中国"一带一路"倡议展开了探讨与研究，且在结论共识方面所达成一致性较低。[2] 印度学界目前既有看重经济发展机遇，鼓励印度加入"一带一路"倡议的呼声，也有"逢中必反""为了反对而反对"的对于与中国合作的抵制。印度学界及战略界所呈现出的分歧，从一定程度上与印度在面对中国崛起以及是否加入"一带一路"倡议时表现出的复杂态度与矛盾认知相对应。尽管印度至今对中国对待周边国家的方式依旧存在明

---

[1] 张晓刚：《近年来日本学术界关于"一带一路"研究概述》，《黑河学院学报》2019年第10期。

[2] Zorawar Daulet Singh, "Indian Perceptions of China's Maritime Silk Road Idea", *Journal of Defense Study*, Vol. 8, No. 4, 2014, pp. 133–148.

显的不认同倾向，但从印度政府在 2020 年 11 月 5—6 日声明要扩大恒河—湄公河合作领域的动机来看，其战略界至少在制衡中国在湄公河地区"一带一路"发展的问题上达成了一致，这也意味着印度未来极可能通过加大对恒河—湄公河合作倡议"运营筹码"的方式，更加频繁地加入湄公河地区机制竞争与博弈之中。

（四）区域外大国的认知的影响

区域外大国的认知及态度将对澜湄地区"一带一路"建设及澜湄国家命运共同体的构建带来以下几方面的影响。

第一，中国在澜湄地区"一带一路"建设及推进澜湄合作过程中将面对更多的外部环境压力。以美国为主的区域外大国的宏观战略转变将会进一步体现"制衡中国"的特点，进而使中国在澜湄地区的"一带一路"建设及澜湄国家命运共同体构建面对更多外部环境阻力。美国可能进一步通过美国—湄公河伙伴关系拉拢湄公河地区国家，并在湄公河地区合作机制竞争过程中，随着美国与中国在宏观层面的战略对抗的持续加强，会使得湄公河地区国家在面对与中国、美国等大国的多边不对称合作过程中感受到因强国间博弈对抗升级而造成的更紧张的外部环境。美国也会进一步从宏观战略层面结合其区域权力结构中的优势，进而通过"一边施压一边拉拢"的方式增加湄公河地区国家在区域合作问题上"选边站"的压力，进一步通过宏观战略对抗使中国在湄公河地区推进澜湄合作面对更大的外部环境阻力。

第二，中国在澜湄地区"一带一路"建设及推进澜湄合作过程中将面对更多的区域内部机制拥堵所带来的发展压力。以美国为主的区域外大国可能将通过"合作领域重叠化""机制替代针对化"的方式，推动以美国—湄公河伙伴关系为主的合作的同时，开展对中国具有明显的"排他性"的次区域合作，进而通过机制竞争与替代与中国推动的澜湄合作形成机制对抗，削弱中国在澜湄地区"一带一路"建设的影响力以及澜湄合作机制推进成效。此外，美国将持续强调美湄合作与其现有机制之间的关联以及与日本、韩国、澳洲等盟国现行机制的互补，使之在进一步体现美国—湄公河伙伴关系在"印太战略"中重要地位的同时，充分利用其亚太盟友国的地缘战略优势，通过机制叠加以及加强机制的全覆盖,以达到机制"共振效应",对中国在澜湄次区域推进"一带一路"建设以及澜湄国家命运共同体构建进程形成全方位的机制竞争与合作对抗。

第三,中国澜湄合作以及在澜湄地区"一带一路"的水资源领域的项目发展或将持续受到域外国家强力的舆论攻击。以美国为主的区域外国家将持续通过其"水外交"手段建立话语影响力,并通过利用信息不对称等手段对中国在湄公河地区的能源合作与发展来制造持续的舆论攻击,进而使中国在澜湄地区"一带一路"建设发展过程中持续受到来自美国等域外大国的所制造的更加复杂且负面的国际舆论环境。而这些关于中国在湄公河地区开展水资源合作的负面舆论将进一步对中国国家形象造成负面影响,这一现状与影响也使得中国未来需要投入更多的战略合作成本,以维护并加深与湄公河地区国家间的政治互信。

第四,中国在澜湄地区推动的澜湄合作以及澜湄国家命运共同体的构建将持续受到多方阻力。由于区域外大国学术界及战略界对中国在湄公河地区推动的澜湄国家命运共同体构建倡议主要持消极判断及认知,并随着近年来美国不断通过强化意识形态差异来增强对中国国家对外战略的竞争与对抗,不断将中国对外推动国家软实力的构建议题扭曲描述为"锐实力"扩张。因此,大国间紧张的意识形态竞争与对抗将削弱湄公河地区国家对大国非物质性权力构建倡议的信任,进而导致中国在推动并深化与湄公河地区国家的非物质性权力或软实力的构建过程中,面对更加复杂的发展困境。

## 二 东盟对澜湄地区"一带一路"建设及澜湄国家命运共同体的认知

由于长期以来面对来自美国等区域外大国的地缘战略压力,东盟一直谨慎处理与美、日、印、澳等区域外大国的合作关系,以避免因中美两国博弈升级而落入被迫"选边站"的窘境。因此,东盟近年来在面对中国在湄公河地区所开展"一带一路"建设以及澜湄国家命运共同体构建议程时,表现出了"选择性积极合作"与"谨慎认同"并存的矛盾态度与认知。本节笔者主要通过文献研究的方法并从经济合作、政治合作以及区域发展理念等几个方面就东盟对澜湄地区"一带一路"建设及澜湄国家命运共同体的认知进行具体分析。

（一）经济发展与合作领域

在经济合作领域，东盟对澜湄地区"一带一路"建设形成了一致的支持态度与积极认知。尽管东盟自1967年建成以来有效带动了东南亚区域经济的可持续发展，但基于柬埔寨、老挝、缅甸和越南等所处的中南半岛与马来西亚、印度尼西亚以及新加坡等所处的东南亚岛屿区域之间所存在的明显经济发展差距的现实，东盟也一直将缩小东盟中南半岛与东南亚岛屿国家之间的发展差距视为重要目标。因此，自"一带一路"倡议、"中国—东盟命运共同体"以及澜湄合作提出以来，东盟一直积极把握中国带来的战略机遇，尤其是中国在经济领域所提出的合作议题，都得到了东盟积极响应。例如，2015年，东盟积极响应了中国—东盟自由贸易区升级谈判并签署协议。随后，在2015年底亚投行正式成立之时，所有东盟成员国都积极加入，成为亚投行57个创始成员国之一，并一致表示希望在基础设施建设方面获得更多中国的融资与建设支持。2018年11月，中国与东盟领导人共同发表《中国—东盟战略伙伴关系2030年愿景》，即以政治—安全合作、经济合作、人文—交流为三大支柱，进一步深化双方多领域全面合作关系。2020年11月，东盟十国也发挥重要带头作用，积极响应并签署了《区域全面经济伙伴关系协定》。

结合东盟在面对中国主导的经济合作议题时所呈现的一系列积极态度，可以看出，在经济发展与合作领域，东盟对澜湄地区"一带一路"建设形成了一致的积极认知。尽管带有一定的机会主义色彩，但东盟通过灵活把握中国的战略机遇，充分在经济合作领域与中国开展紧密合作，并希望借助"一带一路"建设以及澜湄合作，推动该次区域更大的陆海连接和基础设施建设与发展，将湄公河地区打造成促进中国—东盟互联互通的重要枢纽，在提升东盟成员国之间贸易畅通的同时，更有效地帮助东盟融入未来亚太地区经济繁荣发展的蓝图之中，进一步使其内外部的经济协作与发展更加顺畅。

（二）政治合作领域

相比在经济合作领域的积极态度，在政治合作领域，东盟对中国

"一带一路"倡议下的"中国—东盟命运共同体"以及"澜湄命运共同体"构建议题持"既不积极接受，但也不拒绝"的模糊且谨慎态度。尽管从上述倡议中都可以看出，中国一直将东盟视为周边最优先战略伙伴，但面对中国的迅速崛起，东盟一方面看到亚太地区秩序调整与重塑可能使其成为大国博弈的前沿区域；另一方面从历史客观发展角度，东盟成员国也清楚地意识到各自与中国在物质权利上的不对称性，有可能使其在与中国的持续深入合作中加深他们对中国愈加严重的不对称依赖。并且值得注意的是，在2013年东盟和日本共同发表的《东盟—日本友好合作愿景声明》，以及2018年东盟—印度25周年纪念峰会主题也都分别强调了东盟与日本、印度等区域外大国"共享未来"（Shared Future）和"共同命运"（Common Destiny）的区域合作发展理念，这也体现出东盟在政治合作领域更加倾向于不结盟的多边多元合作模式。

另外，基于《东南亚友好合作条约》中提倡的合作原则，东盟似乎一直避免被区域外其他大国视为与中国结成排他性的政治联盟，因此在面对中国"一带一路"倡议下的"中国—东盟命运共同体"以及"澜湄国家命运共同体"构建议题时，东盟从一定程度上将其视为对中国政治联盟的一种"邀约"，并对该"邀约"展现出较为消极的回应与逃避态度。这也造成了尽管东盟与中国在经济合作取得了长足的发展与互利，但在政治合作领域，东盟对中国依旧缺乏信任。根据《东南亚国家：2019年调查报告》分析结果显示，中国在东盟构建的经济合作影响力并没有有效提升东盟成员国对中国的信任与信心，在对十五个国家进行调查排名以后，东盟对中国的信任程度排名最低（19.6%），而日本则是最受信任的国家（65.9%）。[①] 基于以上几点，也可以更好地解释为何东盟自20世纪90年代逐步恢复与中国的区域合作以来，一直积极响应中国能带来经济发展和地区建设的实际利益的倡议，同时采取一种"软平衡"认知策略，对其始终持

---

[①] Tang, Siew Mun, Thuzar, Moe, Hoang, Thi Ha, Chalermpalanupap, Termsak, Pham, Thi Phuong Thao, Saelaow, Anuthida Qian, "The State of Southeast Asia: 2019 Survey Report", ISEAS – Yusof Ishak Institute, 2019.

"既不积极接受,但也不拒绝"的模糊态度。

除此之外,对于中国与澜湄五国推进澜湄合作,东盟也一直抱有十分担忧且矛盾的态度。目前,东盟国家加入澜湄合作的成员国中,除泰国为东盟创始国外,缅甸、越南、柬埔寨、老挝四国均在20世纪80年代后才陆续加入东盟。尽管东盟一直以来积极推行大国平衡战略,并持鼓励实行地区合作多边框架,以进一步推动东盟一体化进程,但直至今天,缅甸、越南、柬埔寨及老挝等四个"后来成员国"在国家经济发展水平方面与东盟5个创始国依旧存在着巨大的鸿沟。加之目前,面对东盟成员国间政治结构的差异性、地区多边开放主义的"脆弱性",以及对区域外大国博弈敏感问题的态度分歧与认知差异,东盟也愈加担忧中国持续与澜湄五国推动澜湄合作可能会减弱东盟成员国间集体利益的一致性,并一定程度上削弱了东盟的凝聚力。

(三) 区域发展理念

在区域发展理念方面,东盟对澜湄地区"一带一路"建设及澜湄国家命运共同体的构建议题主要持"开放、包容"的态度。通过看到近年来中美两国在湄公河地区不断升级的战略博弈,东盟也一直在寻找有效解决湄公河问题的方式以助于湄公河国家避免因大国博弈落入窘境。因此,东盟及其大多数成员国近年来在继续深化与中国的合作与往来的同时,同时积极坚持奉行多边开放的地区主义,保持东南亚地区的持续开放与包容。

此外,通过近年来中美两国在湄公河地区不断升级的战略博弈,东盟也更加清楚地意识到湄公河地区对于未来亚太地区秩序调整与重塑的重要角色与地位。因此,东盟一方面对中国"一带一路"倡议、澜湄合作、澜湄国家命运共同体建设以及美国的印太战略、美湄合作都持"开放、包容"的态度。另外,东盟近年来也愈加关注湄公河地区的发展问题,并将相关议题纳入东盟发展进程的优先领域,并希望通过谨慎妥善处理湄公河地区的发展问题和地区发展主导权问题,增加东盟与中国以及美国等在水资源安全领域讨价还价的能力。

综上所述,东盟一方面基于经济发展的现实需要,通过灵活把握中国战略所带来的经济发展机遇,对澜湄地区"一带一路"建设形成了一致的支持态度与积极认知。伴随中国的迅速崛起以及长期以来所面对来自美国等区域外大国的地缘战略压力等因素,使得东盟对中国"一带一路"倡议下的"中国—东盟命运共同体"以及"澜湄国家命运共同体"构建议题则呈现出模糊且谨慎的态度。而东盟一直以来积极坚持奉行的多边开放的地区主义,使其在对澜湄地区"一带一路"建设及澜湄国家命运共同体议题保持"开放、包容"的同时,对外坚持呈现出"即使东盟越来越接近中国,东盟也将努力保持该地区'门户持久开放'"的多边主义政策。这也更好地解释了为何东盟近年来在面对中国在湄公河地区所开展"一带一路"建设以及澜湄国家命运共同体构建议程时,在经济合作领域表现出"积极合作",在政治合作领域则选择"谨慎认同",而在区域发展理念呈现出"包容、开放"的矛盾态度与认知。

(四)东盟的认知影响

东盟对澜湄地区"一带一路"建设及澜湄国家命运共同体认知的影响主要体现在以下两个方面。

第一,以澜湄合作主导的澜湄地区的"一带一路"经济合作与建设项目将持续获得来自东盟的积极配合与参与。基于东盟在经济发展合作领域一向坚持的机会主义原则,以及中国与湄公河地区国家人文相亲的地缘政治关系,东盟将会持续支持湄公河地区国家借助中国对外战略带来的经济合作与发展机遇,进一步加深与中国在经济发展上的相互依赖性。通过中国主导的经济合作与基础建设发展来推动东南亚更大的陆海连接和基础设施建设与发展,以实现将湄公河地区打造成为促进中国—东盟互联互通的重要枢纽。在东盟的积极支持与湄公河地区国家的积极参与下,中国与东南亚国家间的经济合作与贸易往来发展将更加深入,也将有助于中国与东南亚构建新型的区域经济关系结构,进一步使东盟内部与外部的经济协作与发展更加顺畅。澜湄合作以及澜湄地区的"一带一路"基础建设项目也将得到更高效的发展。

第二,东盟对中国所采取的政治合作"软平衡"策略可能会导致东盟与中国在澜湄地区的"一带一路"建设及澜湄国家命运共同体的构建等方面的合作难以持续深入。基于东盟在政治合作领域更加倾向于不结盟的多边多元合作模式,以及其在对待中国"人类命运共同体""澜湄国家命运共同体"构建倡议中模糊且谨慎的态度,显示出东盟依旧对中国缺乏相互信任。随着中美两国在东南亚地区的竞争与博弈持续升级,美国不断通过渲染意识形态差异来加深与中国的竞争与对抗,东盟可能会继续选择更加灵活的多边合作理念。在构建政治认同时,东盟面对两个大国也都会十分谨慎。政治认同与互信是推动中国在湄公河地区国家构建非物质性权力的重要基础,缺乏与东盟国家深入的政治认同与互信基础,将导致中国在推动构建澜湄国家命运共同体过程中难以展开与湄公河地区国家的深入合作。此外,在区域发展理念方面,东盟一直积极坚持奉行多边开放的地区主义,以保持东南亚地区的持续开放与包容。但基于湄公河地区对东盟未来发展战略的重要意义,并伴随中国的迅速崛起,以及长期以来东盟所面对来自美国等区域外大国的战略压力等因素,东盟将持续不断深入探索如何通过在与中美等国家的多边不对称合作中,寻找能有效帮助湄公河地区国家在大国博弈环境下持续平稳发展的合作方式以及生存空间,避免湄公河地区国家因大国博弈落入发展窘境。因此这也意味着,东盟未来可能将继续支持湄公河地区成员国家在对外合作方面持软性地区制度主义,导致中国在该次区域的软实力的构建与发展在面对这种软性地区制度主义时难以有效深化,其合作效用以及合作预期将面临持续挑战。

## 第三节 各方媒体对澜湄合作的报道与认知

考虑到"一带一路"倡议在澜湄区域的合作行为以澜沧江—湄公河合作机制为重要实践平台,本节以澜湄合作为主要关键词,对除中国媒体外的其他媒体报道进行了广泛的搜索与分析。对媒体报道类的舆论内容进行分析的优势在于,相比学界研究和政界报告,该类材料更具时效性和细节性,能够更为全面地反映外界对于相关倡议及合作机制的观点。尤其在社交媒体和网络通信科技发达的当今,以媒体报道作为研究文本分析对象,能够在更大限度和层面上探知他方各阶层、各群体的真实态度。而通过本章第一节对湄公河国家中企员工的

第四章 相关国家与行为体对"一带一路"与澜湄国家命运共同体建设的态度 243

调查数据可以发现，普通民众对于中国相关的信息来源渠道多以其本国电视和网络为主，当地传统媒体对于普通民众认知具有较大塑造和影响的能力。因此，对各方媒体报道予以关注，能够在一定程度上探知更多面向上湄公河国家对澜湄合作的认知。

**一 湄公河五国媒体报道**

根据本次调查，湄公河五国的媒体对澜沧江—湄公河合作高度关注，并发表了相关的报道与评论。其中，不同媒体报道的频次和数量，以及讨论的主题和评论内容等，都反映了各国对澜湄合作认知的差异。

**（一）五国媒体报道深度及支持程度各异**

为了解湄公河五国媒体对澜湄合作的报道情况，笔者分别在五国的谷歌搜索引擎主页（Google.com）内，以澜湄合作的英文及法语表述为关键词进行大范围检索（英文表述为"Lancang - Mekong Cooperation"，法语表述为"la Coopération Lancang - Mékong"）。考虑到部分国家还有使用"Mekong - Lancang Cooperation"、"la Coopération Mékong - Lancang"的情况，因此检索过程中将关键词精确度设置为"模糊"，以涵盖以上提及的情况。检索结果如图4-14所示。

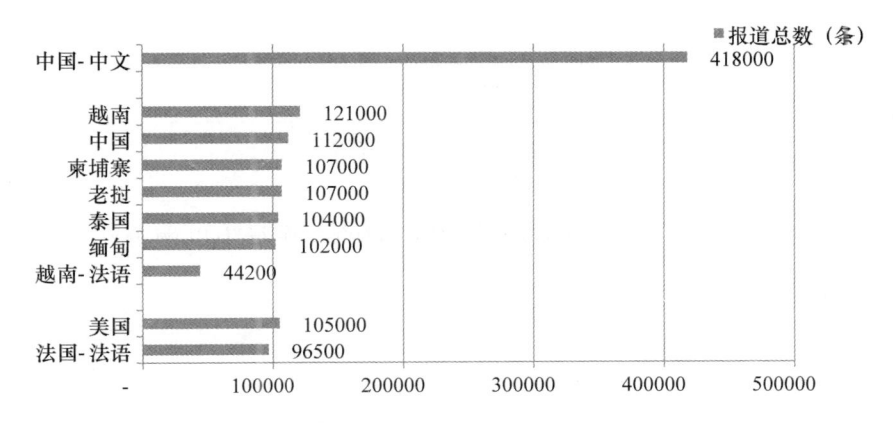

| 国家/语言 | 报道总数（条） |
| --- | --- |
| 中国-中文 | 418000 |
| 越南 | 121000 |
| 中国 | 112000 |
| 柬埔寨 | 107000 |
| 老挝 | 107000 |
| 泰国 | 104000 |
| 缅甸 | 102000 |
| 越南-法语 | 44200 |
| 美国 | 105000 |
| 法国-法语 | 96500 |

**图4-14 各国"澜湄合作"关键词检索结果数量对比**

资料来源：笔者根据检索结果制作，搜索引擎：Google.com。检索时间：2020年11月8日。除特别标明外，使用英语为检索语言。

检索结果显示，在谷歌中国以中文展开的澜湄合作相关报道有约41.8万条检索结果，英文约11.2万条，数量上是排名第二的越南双语结果的3.2倍。考虑到越南媒体的报道语言多为法语，其官方媒体中这一现象尤甚，因此在谷歌越南检索时使用了英法双语，结果如图4-14所示，两种语言共有16.5万条结果，在湄公河五国中数量最多。同时，笔者在谷歌美国使用英语、在谷歌法国使用法语进行相同关键词的检索，结果一并列出以作参考。

表4-3　　　　　　　网站检索结果前5项结果来源网站

| 国家 | 来源网站 |
| --- | --- |
| 柬埔寨 | 南华早报（scmp.com）<br>澜湄合作中国秘书处（lmcchina.org）<br>柬埔寨日报（cambodiadily.com）<br>外交学人（thediplomat.com） |
| 老挝 | 澜湄合作中国秘书处（lmcchina.org）<br>南华早报（scmp.com）<br>外交学人（thediplomat.com）<br>湄公河委员会（mrcmekong.org） |
| 缅甸 | 澜湄合作中国秘书处（lmcchina.org）<br>南华早报（scmp.com）<br>外交学人（thediplomat.com）<br>新加坡东南亚研究所（iseas.edu.sg） |
| 泰国 | 澜湄合作中国秘书处（lmcchina.org）<br>南华早报（scmp.com）<br>外交学人（thediplomat.com）<br>湄公河委员会（mrcmekong.org） |
| 越南 | 澜湄合作中国秘书处（lmcchina.org）<br>南华早报（scmp.com）<br>外交学人（thediplomat.com）<br>东盟邮报（theaseanpost.com） |

注：检索时间为2020年11月8日。
资料来源：笔者自制。

需要特别说明的是，在某一特定国家谷歌主页开展检索，所得的结果并不仅限于该国媒体的报道内容，而是读者在这一国家范围内使用谷歌进行检索时所能够看到的结果。举例而言，南华早报关于澜湄合作的一篇报道①在笔者进行的几次检索里都出现在前五项结果之中（见表4-3）。根据搜索引擎对检索结果推荐的算法，说明在湄公河五国范围内，这篇中国媒体的报道具有较大的点击量及影响力。与此同时，澜湄合作中国秘书处的权威网址（lmcchina.org）在五国检索结果的排名均列前位，表现出了一定的对外宣传及话语引导能力。

除门户网站如澜湄合作中国秘书处主页，以及使用英语写作、内容较基础详尽的南华早报外，知名国际关系评论网站外交学人（The-Diplomat.com）的相关内容也拥有较大的影响力。此外，澜湄次区域以至东南亚区域内的知名国际组织、智库、媒体的主页，如新加坡东南亚研究所（iseas.edu.sg）、湄公河委员会（mrcmekong.org）、东盟邮报（theaseanpost.com）也是相关信息的重要来源。通过对比分析，湄公河五国媒体对澜湄合作的报道特征包括：

1. 柬埔寨媒体表现出更强程度的关注与支持

观察检索结果，柬埔寨媒体对澜沧江—湄公河合作的报道和社论数量排名第一，显示了该国对发展对华外交活动的兴趣。其中典型的案例是柬埔寨的官方媒体《高棉时报》（*Khmer Times*）。自柬埔寨主办第二届澜湄合作领导人会议以来，该媒体对这一合作机制进行了大量报道并发表了意见。② 此外，该时报除原文转载新华社的相关报道外，③ 还不

---

① Laura Zhou, "Five Things to Know about the Lancang – Mekong Cooperation Summit", South China Morning Post, 2018 – 1 – 9, https：//www.scmp.com/news/china/diplomacy – defence/article/2127387/five – things – know – about – lancang – mekong – cooperation，访问时间：2020年12月3日。

② Vannarith Chheang, "Lancang – Mekong Summit", KhmerTimes, 2017 – 12 – 18, https：//www.khmertimeskh.com/5096476/lancang – mekong – summit/，访问时间：2020年6月2日。

③ "Mekong Countries to Have More Pragmatic Cooperation", KhmerTimes, 2017 – 12 – 16, Xinhua, China, https：//www.khmertimeskh.com/5096242/china – mekong – countries – pragmatic – cooperation/; Xinhua, "Premier Li's Visit to Cambodia to boost Lancang – Mekong cooperation", Khmer Times, 2018 – 01 – 05, https：//www.khmertimeskh.com/50100348/premier – lis – visit – cambodia – boost – lancang – mekong – cooperation/，访问时间：2020年6月2日。

断更新和关注合作的相关事件新闻，如报道第二次领导人会议日程并给予积极评价、①澜湄合作在柬光明行②等。可以看出，柬媒对中国的态度非常友好，在外交上表达了对"一带一路"和澜湄合作的支持。③

可以发现，以主流媒体为主的柬埔寨媒体对澜湄合作表现出非常欢迎和充分的合作态度，但与此同时也应指出，柬媒虽然报道量最大，但其内容出现了明显的同质化，关注议题的多样性明显不如泰、越两国。

2. 老挝以主流媒体为报道主体，以事实报道为主

在本次研究所获得的全部调查材料中，可以发现老挝媒体的报道以简单的事件通讯新闻为主，几乎不含对事件的评论。在老媒报道内容中，即使出现了含有主观情感的评论，也通常是援引参与活动的人物的发言。④ 此外，在检索结果中，老挝政府网站和老挝通讯社（Lao News Agency）的报道结果占绝大多数，如民间媒体等其他媒体类型几乎不存在。

3. 缅甸报道数量五国最少

笔者在缅甸网站内使用英文搜索"澜湄合作"关键词，结果仅有极少量媒体报道。为避免由于语言导致的结果偏差，笔者委托缅甸当地国际关系专业的学生使用缅甸语帮助搜索，然而这一结论依然不

---

① Chheang Vannarith, "Lancang–Mekong Cooperation Summit: The Key Agenda", Khmer Times, 2018-01-11, https://www.khmertimeskh.com/50101327/lancang-mekong-cooperation-summit-key-agenda/, 访问时间：2020年6月2日。

② Pav Suy, "China Eyes Students' Vision", Khmer Times, 2018-05-09, https://www.khmertimeskh.com/50487669/china-eyes-students-vision/, 访问时间：2020年6月2日。

③ 例如，该媒体刊发的一篇社论中明确写道，中国在社会经济发展、国防和安全合作等许多领域真诚支持柬埔寨，作为回报，柬埔寨支持中国领导的"一带一路"与澜湄合作等多边倡议。参见 Editorial Report, "Cambodia–China Ties Advance Further", Khmer Times, 2018-01-22, https://www.khmertimeskh.com/50503622/cambodia-china-ties-advance-further/, 访问时间：2020年6月2日。

④ 这一现象在老挝通讯社发布关于澜湄新闻官员及媒体记者培训项目的新闻中尤其明显，在介绍完此次事件后，记者引用了6位与会人员的发言表达自身立场，却没有给出任何评论。参见 "Lancang–Mekong Media Strengthen Cooperation", LaoNewsAgency, 2018-06-13, http://kpl.gov.la/En/Detail.aspx?id=35387, 访问时间：2020年9月7日。

变。这一现象反映出，缅甸媒体对于澜湄合作的关注程度大大低于其他四国。

4. 泰国民间媒体关注度低于主流媒体

与其他国家媒体相比，泰国媒体对澜湄合作的报道整体较少。在泰国媒体的检索结果中，由相关政府机构发布的新闻稿相对较多。这一现象可能有两个原因，第一，泰国媒体可能使用泰语进行报道，因此用英语的检索结果较少；第二，泰国媒体对澜湄合作的关注度实际上低于其他湄公河国家。但同时需要特别指出的是，在可查范围内，泰媒对澜湄合作持大力支持的态度，检索得到的评论报道主要以正面认知为主。

5. 越南媒体关注范围较广

本书按国家分类检索媒体报道时发现，越南媒体关注的合作议题最为广泛。一般地，某国媒体通常更多地关注与其本国事件或利益密切相关的新闻与事件，例如前文提及的柬埔寨媒体的案例。然而，越南媒体连续报道了中老两国商定澜湄合作专项基金事项[①]、中泰两国在合作框架内开展人文交流[②]等与越南无关的双边合作细节。这一现象表明，越南媒体对澜湄合作机制的关注程度较高，对于澜湄合作能够给越南带来的积极影响抱有一定程度的期待。

（二）媒体报道重点议题反映利益诉求

出于各自国情的差异，各国对澜湄合作的利益诉求自然也存在相应区别。下文通过归纳选取各国媒体报道中出现频度较高的议题，引用其中较有代表性的文章，以期在一定程度上反映出五国在澜湄合作中的利益诉求。

1. 柬埔寨：减贫与经济发展

《金边邮报》（*Phnom Penh Post*）援引柬埔寨外交与国际合作部

---

[①] "Laos, China Ink Deal on Mekong – Lancang Cooperation Fund", LongAnOnline, 2018 – 01 – 05, http：//baolongan. vn/laos – china – ink – deal – on – mekong – lancang – cooperation – fund – a48934. html，访问时间：2020 年 3 月 15 日。

[②] "La Chine Renforcera la Coopération avec la Thaïlande dans le Cadre de la LMC", Vietnam +，2019 – 3 – 18, https：//fr. vietnamplus. vn/la – chine – renforcera – la – cooperation – avec – la – thailande – dans – le – cadre – de – la – lmc/118375. vnp，访问时间：2020 年 6 月 2 日。

部长普拉索昆（Prak Sokhonn）的声明，对柬埔寨澜湄合作专项基金进行报道，认为专项基金虽然没有投资于该国的大型基础设施项目，但小型项目的优势在于可在改善柬埔寨民生水平方面产生切实效用。① 《高棉时报》对专项基金也给予关注报道，引用中国外交部长王毅的发言，对澜湄合作的重点展开介绍，认为澜湄合作的重点是合作和推动成员国家的发展战略。②

2. 老挝：水资源开发利用合作

位于老挝的非政府环保组织 WLE（Water, Land and Ecosystems Global）在网站上发布评论，介绍中国因旱季水位低而两次打开水坝向下游排水的行为，认为未来水电开发和运营将成为澜湄流域水资源合作的核心，从而极大地促进该地区的可持续用水，加强水资源的公平和可持续利用。③

3. 缅甸：外国投资与经济发展

缅甸国家门户网站（Myanmar National Portal）在对澜湄合作第四次外长会议展开报道时，重点关注澜湄合作专项基金，指出部长级会议批准的基金项目清单中有 19 个由缅甸提议的项目。④ 《密兹玛》（*Mizzima*）引述环球时报关于澜湄合作中国秘书处成立的报道⑤和澜

---

① Soth Koemsoeun, "LMC Gives ＄7M in Funds to Government for 19 Projects", ThePhnomPenhPost, 2019 – 2 – 15, https：//www. phnompenhpost. com/national/lmc – gives – 7m – funds – government – 19 – projects，访问时间：2020 年 1 月 22 日。

② Ven Rathavong, "LMC Approves 19 New Projects for Cambodia", KhmerTimers, 2018 – 12 – 19, https：//www. khmertimeskh. com/50560847/lmc – approves – 19 – new – projects – for – cambodia/，访问时间：2020 年 1 月 22 日。

③ Xuezhong Yu, "Transboundary Hydropower Operation Calls for Long – term Mechanism in the Lancang – Mekong Basin", 2016 – 4 – 19, https：//wle – mekong. cgiar. org/transboundary – hydropower – operation – calls – for – long – term – mechanism/，访问时间：2020 年 3 月 15 日。

④ MFA, "Union Minister U Kyaw Tin Attends 4th MLC Foreign Ministers' Meeting held in Luang Prabang", MyanmarNationalPortal, 2018 – 12 – 17, https：//myanmar. gov. mm/en/news – media/news/latest – news/ – /asset_ publisher/idasset354/content/union – minister – u – kyaw – tin – attends – 4th – mlc – foreign – ministers – meeting – held – in – luang – prabang，访问时间：2020 年 3 月 15 日。

⑤ Mizzima, "Lancang – Mekong Cooperation Secretariat Opens", 2017 – 3 – 11, http：//www. mizzima. com/news – regional/lancang – mekong – cooperation – secretariat – opens，访问时间：2020 年 3 月 15 日。

湄合作第四次外长会的报道,① 聚焦于介绍澜湄合作开放包容的精神，及其维持以世界贸易组织为核心的多边贸易体系。《缅甸商业日报》（*Myanmar Business Today*）刊文报道了澜湄合作宣布的合作项目中的 10 个涉缅项目，并强调澜湄合作将与东盟紧密对接，提升东盟的合作效能。②

4. 泰国：人文交流与水资源管理

一是人文学术交流。泰国教育部网站③转载泰国《国家报》（*The Nation*）对大理大学和天津中德应用科技大学泰国留学生的采访,④对在澜湄合作机制框架下开展的跨国职业技术教育交流展开了详细报道。一篇来自越南通讯社的报道⑤中亦提到，中泰计划在澜湄合作平台拓展合作领域，包括农业、职业就业教育培训、医疗卫生、青年交流和环境保护等。《清迈新闻》（*Chiang Mai News*）报道了一次在清迈召开的中泰学术会议，主题为"一带一路与澜湄合作：新时代，新起点"，与会学者就互联互通、经贸投资、旅游业、文化遗产保护及信息技术等主题开展学术交流。⑥ 除此以外，泰国还举办了多次澜

---

① Mizzima, "Lancang – Mekong Cooperation Countries Voice Support for Open World Economy, Multilateral Trading System", 2018 – 12 – 18, http：//www. mizzima. com/article/lancang – mekong – cooperation – countries – voice – support – open – world – economy – multilateral – trading, 访问时间：2020 年 3 月 15 日。

② Zin Thu Tun, "Lancang – Mekong Cooperation Agrees to Implement 10 Projects in Myanmar", MyanmarBusinessToday, 2018 – 1 – 15, https：//www. mmbiztoday. com/articles/lancang – mekong – cooperation – agrees – implement – 10 – projects – myanmar, 访问时间：2020 年 3 月 15 日。

③ See http：//www. en. moe. go. th/enMoe2017/index. php/articles/77 – thai – students – seek – educational – opportunities – at – chinese – universities – under – lmc – scheme.

④ Supalak Ganjanakhundee, "Thai Students Seek Educational Opportunities at Chinese Universities under LMC Scheme", The Nation, 2017 – 12 – 26, http：//www. nationmultimedia. com/detail/asean – plus/30334785, 访问时间：2020 年 3 月 15 日。

⑤ "La Chine Renforcera la Coopération avec la Thaïlande dans le Cadre de la LMC", Vietnam +, 2019 – 3 – 18, https：//fr. vietnamplus. vn/la – chine – renforcera – la – cooperation – avec – la – thailande – dans – le – cadre – de – la – lmc/118375. vnp, 访问时间：2020 年 6 月 12 日。

⑥ "International Conference Belt and Road Initiative Lancang – Mekong Cooperation：New Era and New Start", ChiangMaiNews, 2018 – 9 – 21, https：//www. chiangmainews. co. th/page/archives/807267, 访问时间：2020 年 3 月 15 日。

湄合作研究学术会议交流，例如东盟战略与国际关系研究院（ASEAN ISIS）2016 年举办的"澜湄合作：挑战、机遇与前景"研讨会，① 社会发展研究中心（CSDS）2018 年举办的"澜湄合作框架下中国在湄公河角色研究"② 等会议。

　　二是水资源管理。泰王国外交部就澜沧江—湄公河合作第三次外长会议发布新闻稿，称会议将通过合作专项基金资助项目，其中包括泰国的五个关于水资源管理及商贸的项目。③《东盟新闻》（ASEAN News）详细转录刊载了中国学者在"澜湄合作：挑战、机遇与前景"会议上的发言，指出中国愿意同下游国家合作解决水资源问题的意愿，提出共同建设澜湄和河流监测点水文信息共享平台，促进科学管理，保护跨境水资源。④ 泰国《国家报》报道称，中国尚未成为湄委会的正式成员，但将在澜湄合作水资源合作框架下与湄委会形成合作与补充。⑤ 此后，该报援引中华人民共和国国务院总理李克强在第二次领导人会议上的发言，强调六国应当相互信任、理解、支持，密切开展水文合作，从而帮助下游国家避免受到季节性洪旱灾的影响。⑥

---

　　① "The Lancang - Mekong Cooperation: Challenges, Opportunities and Ways Forward", I-SIS, 2016 - 04 - 28, http: //www. isisthailand. org/article - detail/112/, 访问时间：2020 年 3 月 15 日。
　　② CSDS, UPCOMING PUBLIC SEMINAR: "Understanding the Lancang - Mekong Cooperation Framework and China's Role in the Mekong Region", 2018 - 9 - 3, CSDS, 2018 - 8 - 17, http: //www. csds - chula. org/announcement/2018/8/14/mekong - china - forum - 3 - september - 2018, 访问时间：2020 年 3 月 15 日。
　　③ MFA, "Press Release: 3rd Mekong - Lanchang Cooperation Foreign Ministers' Meeting", MFA, 2017 - 12 - 7, http: //www. mfa. go. th/main/en/news3/6886/84424 - 3rd - Mekong - %E2%80%93 - Lanchang - Cooperation - Foreign - Minister. html, 访问时间：2020 年 3 月 15 日。
　　④ Candida Ng, "China on the Lancang/Mekong: 'We Share the Water, We Share the River'", AseanNews, 2016 - 04 - 28, http: //www. aseannews. net/china - lancangmekong - share - water - share - river/, 访问时间：2019 年 3 月 15 日。
　　⑤ Supalak Ganjanakhundee, "China Offers Assurance on Mekong's use", TheNation, 2017 - 12 - 23, http: //www. nationmultimedia. com/detail/asean - plus/30334574, 访问时间：2020 年 3 月 15 日。
　　⑥ Lyu Jian, "Increase Cooperation 'Will Benefit Lancang - Mekong Inhabitants'", TheNation, 2018 - 2 - 2, http: //www. nationmultimedia. com/detail/opinion/30337771, 访问时间：2020 年 3 月 15 日。

5. 越南：水资源、跨境经济与旅游业合作

越南媒体在对澜沧江—湄公河合作的报道中反映的利益诉求同其特殊的地理位置和国家发展阶段相适应。该国媒体报道重点关注水资源可持续管理和利用，以及越南同其他合作成员国的经贸和人员往来等议题上。越南主流媒体越南通讯社在澜湄合作正式成立时发出的报道就已经提及该国对水资源合作的需求。报道称，越南关于建立水资源和经济合作机制的建议得到了其他国家的高度评价。① 其后类似的报道内容与重点也出现在越南政府网站上发表的报道中。②

一是水资源管理与利用。《越南信使报》（Le Courrier du Vietnam）援引越南总理阮春福在第二次领导人会议上的讲话，认为澜湄合作的优先领域应包含水资源合作。③ 六国应加强水文气象数据和资料的交流，开展联合科研活动，当前合作议题的首要任务是制定沿岸水库湖泊的利用与管理规则。④ 在澜湄合作第四次外长会议召开期间，《越南通讯社》提到，越南代表在会上强调，改进湄公河在跨境水资源管理以及可持续利用合作的思路与方法，是澜湄次区域国家面临的共同挑战。⑤ 越南主流媒体《共产党机关报》（DangCongSan.vn）特别报道了全球湄公河研究中心（GCMS）的成立，并引用中国驻柬政治参赞的发言，认为该研究中心将为合作提供智力支持。⑥

---

① "Contributions Actives du Vietnam à la Coopération Mékong – Lancang", VNA, 2016 – 03 – 10, https：//fr. vietnamplus. vn/contributions – actives – du – vietnam – a – la – cooperation – mekonglancang/73562. vnp，访问时间：2020 年 3 月 15 日。

② "VN Calls for Inclusive Mekong – Lancang Cooperation", Chinhphu, 2018 – 12 – 18, http：//news. chinhphu. vn/Home/VN – calls – for – inclusive – Mekong – – Lancang – cooperation/201812/35462. vgp，访问时间：2020 年 3 月 15 日。

③ "Le Premier ministre au 2e Sommet de coopération Mékong – Lancang", LeCourrierDuVietnam, 2018 – 01 – 11, https：//lecourrier. vn/le – premier – ministre – au – 2e – sommet – de – cooperation – mekong – lancang/453203. html，访问时间：2020 年 3 月 15 日。

④ "Le Premier ministre au 2e Sommet de coopération Mékong – Lancang", LeCourrierDuVietnam, 2018 – 01 – 11, https：//lecourrier. vn/le – premier – ministre – au – 2e – sommet – de – cooperation – mekong – lancang/453203. html，访问时间：2020 年 3 月 15 日。

⑤ "Vietnam Calls for Inclusive Mekong – Lancang cooperation", Vietnam +, 2018 – 12 – 17, https：//en. vietnamplus. vn/vietnam – calls – for – inclusive – mekong – lancang – cooperation/143700. vnp#，访问时间：2020 年 3 月 15 日。

⑥ "Fondation du Centre Mondial pour les Etudes sur le Mékong（GCMS）au Cambodge", PartiCommunisteDuVietnam, 2017 – 9 – 29, http：//fr. dangcongsan. vn/monde/fondation – du – centre – mondial – pour – les – etudes – sur – le – mekong – gcms – au – cambodge – 455932. html，访问时间：2020 年 3 月 15 日。

二是跨境经济贸易往来。越南贸易部网站引用《越南之声》(*The Voice of Vietnam*)的报道,表示,越南将与其他成员国家合作完成新技术应用、生产力提高、价值链形成,促进越南与其他国家的合作关系。①《亚洲新闻》(*News Asia*)在报道澜湄合作第四次外长会时聚焦于经济领域,引用越南副总理兼外交部长范平明(Pham Binh Minh)发言,强调越南积极参与澜湄合作,期待与其他国家和邻国达成良好共识,在经济领域建立凝聚力与信任。此外,该媒体还发表评论,强调中国与湄公河流域其他国家在农产品进出口开放、经济作物及替代作物种植、加强职业教育培训等方面的进一步沟通合作。②

三是促进旅游业。《越南信使报》就澜湄六国旅游产业合作主题发表报道,关注澜湄次区域旅游业发展潜力,强调旅游业对各国经济结构调整及总量增长的有益影响,并建议六国加强密切合作,共同推动旅游业的发展。③《越南之声》于2018年澜湄合作媒体峰会期间发布报道,同样指出旅游业的建设发展将有助于次区域内普通人民之间的了解往来,通过可持续旅游业发展和产业经验传播可实现各国繁荣和可持续发展。④

6. 流域内已有合作机制对澜湄合作持欢迎态度

澜湄次区域内合作机制众多,澜湄合作与现有合作机制的关系同样是学术研究的重点。然而就本次研究所见到的资料,现有机制大多欢迎澜沧江—湄公河合作机制的成立,同时也表现出愿意通过在各个

---

① "Mekong – Lancang Cooperation for Peace, Sustainable Development", ASEM, 2018 – 01 – 11, http://asemconnectvietnam.gov.vn/default.aspx?ID1 = 2&ZID1 = 4&ID8 = 72567, 访问时间:2020 年 3 月 15 日。

② Nicolas, "Conférence Ministérielle sur la Coopération Mékong – Lancang", NewsAsia, 2018 – 12 – 18, https://news – asia.fr/conference – ministerielle – sur – la – cooperation – mekong – lancang/24905/, 访问时间:2020 年 3 月 15 日。

③ VNA/CVN, "Coopération de Communication Appelée à Stimuler le Tourisme dans la Région Mékong – Lancang", LeCourrierDuVietnam, 2018 – 03 – 07, https://lecourrier.vn/cooperation – de – communication – appelee – a – stimuler – le – tourisme – dans – la – region – mekong – lancang/504694.html, 访问时间:2020 年 3 月 15 日。

④ VNA, "Communication Cooperation Urged to Boost Tourism in Mekong – Lancang Region", TheVoiceOfVietnam, 2018 – 3 – 7, https://english.vov.vn/society/communication – cooperation – urged – to – boost – tourism – in – mekonglancang – region – 378237.vov, 访问时间:2020 年 3 月 15 日。

领域交叉互补，从而对区域发展产生促进与推动的良好愿望。本书选取三个典型案例如下。

湄公河委员会（MRC）就首届澜沧江—湄公河合作领导人会议发表欢迎的友好文章，认为澜湄合作作为区域合作的一项新举措，将促进次区域可持续发展议程的推进，并推动湄委会目标的加快实现。① 在另一篇报道中，双方代表均表达了期望与对方合作的友好意愿。② 泰国澜湄商务论坛网站发布报道，称湄公河研究所（MI）与澜湄合作专项基金项目签署合作谅解备忘录，合作领域主要集中在跨境经济贸易、物流、商业及农村电子商务发展等方面。③

全球水伙伴（Global Water Partnership，GWP）通过与中国水利部及相关国际组织之间的合作，与澜沧江—湄公河水资源合作中心等组织举行会晤，支持澜湄跨境水资源合作。④

（三）五国媒体报道的共同特征

五国媒体在内容方面具有共同的关注点，例如重视水资源的开发利用。但除内容方面的重合之外，五国媒体报道还有两个明显的共同特点。

1. 强即时性

本研究通过追踪相关媒体报道，发现五国关于澜湄合作的主题报道具有明显的时间关联特征，即媒体报道通常与相关事件同时出现，其余时间的关注则相对较少。例如，2018年1月10日，澜沧江—湄

---

① Mekong River Commission, "Lancang – Mekong Cooperation: MRC Welcomes the New Initiative for Regional Cooperation by Six Countries in the Mekong River Basin, MekongRiverCommission", 2016 – 3 – 31, http://www.mrcmekong.org/news – and – events/news/lancang – mekong – cooperation – mrc – welcomes – the – new – initiative – for – regional – cooperation – by – six – countries – in – the – mekong – river – basin/, 访问时间：2020年3月15日。

② Alessandro M. Sassoon, "China's Sway Clear at Mekong Summit", ThePhnomPenhPost, 2018 – 3 – 3, https://www.phnompenhpost.com/national/chinas – sway – clear – mekong – summit, 访问时间：2020年3月15日。

③ "Lancang – Mekong Forum, Lancang – Mekong Cooperation Special Fund Projects", Lancang – MekongForum, 2018 – 11 – 27, http://lancangmekongforum.com/lmc – special – funds – projects/, 访问时间：2020年3月15日。

④ Delia Paul, "GWP Supports Transboundary Cooperation on Lancang – Mekong", IISD, 2017 – 12 – 21, http://sdg.iisd.org/news/gwp – supports – transboundary – cooperation – on – lancang – mekong/, 访问时间：2020年3月15日。

公河合作第二次领导人会议在柬埔寨金边举行，柬埔寨媒体于 1 月 10—13 日对此次会议以及澜沧江—湄公河合作的报道和介绍屡见报端。2017 年 12 月 20 日在中国北京举行的 2017 澜湄合作媒体峰会，以及在老挝万象举行的 2018 年峰会，在这两个时段内老挝媒体也对峰会相关内容进行了集中报道。

该特征与媒体报道的强时效性相关。在未发生相关突发新闻事件的时期，五国媒体对澜湄合作的长期追踪报道甚少，集中报道通常发生在短期内的焦点时段。长期的关注更多出现在专业学术研究团体，如高校、智库机构等。然而，在相关研究和传播实践中，并不应将快速短暂的媒体关注归于劣势。在新时期的信息通信技术作用下，在澜湄合作活动期间发布的热点事件报道，不仅体现出湄公河五国对该合作机制的关注，更能利用事件发生的良好时机，将合作相关信息通过媒体的集中报道传递给普通民众，提高其认知的程度和范围。

2. 主题单一

研究发现，澜湄五国媒体对于澜沧江—湄公河合作的报道暴露出选题相对单一的缺陷。根据传播学的研究，技术发展为普通民众参与媒体活动提供了更加简便的途径，因此媒体对某一特定新闻事件的报道呈现出多元的选题内容。然而，本次研究所获取的五国媒体对澜湄合作的报道却呈现出相反的特征。如上文提及的案例，不同的柬埔寨媒体对于澜湄合作第二次领导人会议的报道都集中于会议的主题、内容和有关国家领导人的讲话内容上，同质性较强。其他事件报道也呈现出类似的特征，例如 2017 年 3 月，澜湄合作中国秘书处成立，五国媒体对这一事件的报道大多提及或直接引用了新华社、环球时报等中国媒体的报道，并于结尾处增加少量与其本国相关的评论，形成针对其本国读者的报道。[①]

---

[①] 这一类型报道可参照缅甸媒体"密兹玛"（Mizzima）对环球时报直接转引的报道，see："Lancang - Mekong Cooperation Secretariat Opens", Mizzima, 2017 - 3 - 11, http://www.mizzima.com/news - regional/lancang - mekong - cooperation - secretariat - opens, 访问时间：2020 年 3 月 15 日；《环球时报》报道请见 Bai Tiantian, "Lancang - Mekong Cooperation's Chinese Secretariat Opens in Beijing", GlobalTimes, 2017 - 3 - 10, http://www.globaltimes.cn/content/1037123. shtml, 访问时间：2020 年 3 月 15 日。

## 二 他方媒体对澜湄合作的认知①

媒体尤其是网络渠道发布信息的媒体具有强时效性，在澜湄六国宣布正式成立澜湄合作机制后，各国媒体迅速作出反应，纷纷发表报道与评论。随着澜湄合作的顺利推进，一系列外交、经济和人文等方面成果的取得，各方媒体对该合作的关注程度也不断提升。以澜湄次区域内外的所有媒体为主体，对澜湄合作的认知可以区分为两类：具有合作倾向的积极认知，以及具有冲突倾向的消极认知。

### （一）他方媒体对澜湄合作的积极认知

#### 1. 澜湄合作对构建次区域格局具有积极意义

2016年3月，中国响应越南要求，打开云南景洪水电站大门，对下游进行应急补水。《外交学人》对此立刻进行了跟进报道，引用中国外交部发言人陆慷的发言，②认为此次事件将有利于中国与有关国家的沟通与协调，体现出外界关注以及澜湄合作在水外交进程中所具有的功能。

网络媒体《第三极》（The Third Pole）通常关注亚洲水文危机。在其一篇关于澜湄合作的报道中，指出澜湄合作为缓和和化解地区内各国紧张局势提供了新的多边渠道，并引用李克强在《高棉时报》发表的署名文章，指出在逆全球化逆流涌动及东亚合作动力不足的背景下，澜湄合作有助于缩小东盟发展差距，加快东盟一体化发展进程，并促进南南合作和开放、包容、平等、供应的全球化进程。③

---

① 本部分针对国际媒体就澜湄合作的报道与认知进行总体层面的分类评析，因此将不再对文本来源媒体的所属区域做湄公河域内或域外的区分。为免造成误解，特此说明。

② Shannon Tiezzi, "Facing Facing Mekong Drought, China to Release Water From Yunnan Dam", TheDiplomat, 2016-3-16, https：//thediplomat.com/2016/03/facing-mekong-drought-china-to-release-water-from-yunnan-dam/，访问时间：2020年3月15日。

③ Wang Yan, "Can the Countries of the Mekong Pioneer A New Model of Cooperation?", TheThirdPole, 2018-3-15, https：//www.thethirdpole.net/en/2018/03/15/can-the-countries-of-the-mekong-pioneer-a-new-model-of-cooperation/，访问时间：2020年3月15日。

## 2. 澜湄合作前景乐观

新加坡国立大学水资源政策研究所学者维克托·费尔南德兹（Victor Fernandez）发表评论，认为"中国正在努力平衡次区域经济和政治格局……这一新的合作框架在未来十年内可能将取得积极的成果"。① 网媒《第三极》在上文提及的评论中指出，澜湄合作的"推土机"效应是高效的表现，能够以实际行动推进解决该地区系列久久未决的问题，并引用湄委会官员的观点，承认澜湄合作可以巩固未来六国间的合作，有助于实现湄委会的目标。②《今日东盟》（ASEAN Today）发表评论认为，澜湄合作通过推动社会发展项目、开展医疗合作、举办流域治理与发展为主题的青年创新设计大赛，该行为的出发点在于促进区域整体的发展水平。③

## 3. 澜湄合作是中国周边外交政策的晴雨表

《缅甸时报》（Myanmar Times）发表评论称，中国推动建立澜湄合作的动力是促进与湄公河国家间关系、建立区域治理秩序、与东盟对话等。评论认为，湄公河五国资源禀赋类似，因此澜湄合作将成为中国周边外交政策在东南亚方向的晴雨表，该机制运行过程中所产生的合作红利和不良表现都将受到密切关注，世界各国将通过澜湄合作了解中国在"一带一路"倡议上的观点与立场。④

## 4. 他方媒体的建议

部分媒体在报道澜湄合作时，加入了部分颇具建设性的建议，有

---

① Victor Fernandez, "The Lancang – Mekong Cooperation Framework: China's real motivation", MekongEye, 2017 – 11 – 11, https://www.mekongeye.com/2017/10/11/the – lancang – mekong – cooperation – framework – chinas – real – motivation/，访问时间：2020 年 3 月 15 日。

② Wang Yan, "Can the countries of the Mekong pioneer A New Model of Cooperation", TheThirdPole, 2018 – 3 – 15, https://www.thethirdpole.net/en/2018/03/15/can – the – countries – of – the – mekong – pioneer – a – new – model – of – cooperation/，访问时间：2020 年 3 月 15 日。

③ Yasmin Rasidi, "Industrial Development Meets Environmental Risk at the Lancang Mekong Cooperation Summit", ASEANToday, 2018 – 2 – 21, https://www.aseantoday.com/2018/02/industrial – development – meets – environmental – risk – at – the – lancang – mekong – cooperation – summit/，访问时间：2020 年 3 月 15 日。

④ Kavi Chongkittavorn, "Mekong: Riding Dragon or Hugging Panda?", MyanmarTimes, 2018 – 1 – 8, https://www.mmtimes.com/news/mekong – riding – dragon – or – hugging – panda.html，访问时间：2020 年 3 月 15 日。

一定参考价值。

新加坡南洋理工大学 RSIS 研究员吴尚苏（Shang-su Wu）认为，"澜湄合作面临的最终挑战是中国在多大程度上愿意受到澜湄合作的约束。如果澜湄合作的收益无法弥补中国在自治权方面做出的让渡，那么中国对澜湄合作态度的转冷将最终削弱甚至破坏合作的进程，如此一来该合作对其他沿岸国家的意义也将不复存在。"①

柬媒《高棉时报》在澜湄合作相关报道的最后提出，澜湄合作的未来发展方向应当包括提高国家治理、加强机构能力建设、建立同已有机制间的良好协作关系。对于湄公河五国而言，目前区域内合作机制重叠，功能交叉，相互间关系复杂，对"新来的"合作机制自然持先入为主的审慎态度，这应当成为五国妥善对待与解决的问题。此外，该报道还提出，澜湄合作的首要原则应为"以人为本"，对建设宜居城市、建立高级职业培训、医疗卫生与基建等项目开展重点投资。②

网络讯息集合平台《东南偏东》（East by Southeast）的评论员指出，湄公河水位变化极大程度地影响着当地居民的农耕、生活及旅游业，而中国作为上游国家，对河流的严格把控使其掌握了这条母亲河的命脉，因此呼吁六国政府提升国际河流治理的公众参与，避免六国间的水冲突。③

虽然他方媒体给出的建议大多较为模糊，不一定具有明确的可操作性或正确的立论逻辑，但以上建议也可视为当地行为体（包括国家、社区等）通过他方媒体平台发出的信号，有助于识别下游国家与行为体的利益诉求。

---

① Shang-su Wu, "The Trouble with the Lancang Mekong Cooperation Forum", 2018-12-19, https://thediplomat.com/2018/12/the-trouble-with-the-lancang-mekong-cooperation-forum/, 访问时间：2020 年 3 月 15 日。

② Chheang Vannarith, "Lancang-Mekong Cooperation Summit: The Key Agenda", Khmer Times, 2018-1-11, https://www.khmertimeskh.com/50101327/lancang-mekong-cooperation-summit-key-agenda/, 访问时间：2020 年 3 月 15 日。

③ Areeya Tivasuradej, "Lancang-Mekong Cooperation Overlooks the Real Key to Peace and Prosperity: Mekong People", EastbySoutheast, 2016-5-19, http://www.eastbysoutheast.com/lancang-mekong-cooperation/, 访问时间：2020 年 3 月 15 日。

## (二) 他方媒体对澜湄合作的消极认知

与积极认知同时存在的也有他方媒体对于澜湄合作的消极认知，可以发现，其内容具有相当的片面性与偏见。其消极评价主要体现在以下几个方面。

一是欧美媒体揣测所谓中国意图通过澜湄合作建立所谓"区域主导霸权"。例如，美国《外交学者》的一篇评论将中国在澜沧江上建造的水坝谬称为"权力之阀"，并认为中国为湄公河沿岸国家提供水利基础设施建设优惠贷款，目的是推动人民币的国际化进程。① 美国之声高棉频道（VOA Khmer）恶意指责中国通过向柬埔寨提供19个澜湄合作专项基金项目，并联想这些项目将会使柬埔寨与西方的关系日益衰落，并导致柬埔寨对中国产生所谓不平等的"过度依赖"，引发柬埔寨担忧内政可能受到干扰。② 事实与西方媒体的污染与炒作大相径庭。比如，时任缅甸国务资政昂山素季在2016年8月出访中国时表示，"缅甸历届政府都尽力奉行不结盟政策，这届政府也不例外"，③ 反映出缅甸坚持独立的外交政策。中国对此予以尊重。中国站在反对霸权主义的前沿，中国对外一直是这样说的，也是这样做的。二是认为河流中上游国家建造水利设施，有可能"破坏澜湄流域生态环境"。特别是当下游国家洪旱灾害发生时，无论类似的指控是否成立，中上游水利设施总是成为被指责的原因。三是认为对河流的开发可能"造成域内国家关系紧张"。四是欧美批评澜湄合作"以政府机构为中心"的行为方式。

从对他方媒体的报道文本分析结果来看，外界对澜湄合作的认可度以及支持度正在增加，但也存在一些认知上的消极和抵触情绪，更

---

① Cal Wong, "China and the Mekong: The Floodgates of Power", TheDiplomat, 2016 - 05 - 25, https://thediplomat.com/2016/05/china - and - the - mekong - the - floodgates - of - power/，访问时间：2020年3月15日。

② Aun Chhengpor, "Chinese PM Wraps Up Cambodia Visit, Promising Huge Aid Package", VOA Khmer, 2018 - 1 - 12, https://www.voacambodia.com/a/chinese - pm - wraps - up - cambodia - visit - promising - huge - aid - package/4203509.html，访问时间：2020年3月15日。

③ 新华社：《昂山素季：我的最大愿望是缅甸实现国内和平》，新华网，2016年8月20日，http://www.xinhuanet.com//world/2016 - 08/20/c_ 1119425003.htm，访问时间：2020年5月12日。

存在一些需要澄清的误解。湄公河五国媒体报道主要从积极评价合作成果的观点出发，结合自身体验和本国经验对合作的未来方向提出报道和评价，对今后推进合作的方向具有一定参考价值。与此同时，澜湄区域以外的部分媒体中存在部分对澜湄合作的负面认知。在这些消极的认知中，部分源自对中国政策的误读，部分由于利益冲突，不排除出于特定原因而刻意误导的可能性。

网络媒体时代下，虽然媒体报道内容的书写已经从精英阶层极大地扩大到更大范围的底层普通民众，但包括澜湄合作在内的国际新闻报道与时评，其文本书写和发布的来源依然集中在利益相关的非底层人群中。相较而言，同传统媒介以"影响受众对该事件认知"的态度，运用其话语权传递意见及态度，服务于其所代表的新闻立场①更为相似。在湄公河五国内部，媒体一方面在一定程度上反映了公众的观点与意见；另一方面也对普通民众的普遍认知具有较大影响。同时，本研究通过调查分析得到的域外负面认知，则反映了当前特定群体同澜湄合作，甚至是同中国之间的利益冲突现状。针对这一现象，应客观考虑进一步的应对策略。

## 小　结

本章针对湄公河五国、澜湄域外主要大国及相关行为体对"一带一路"倡议与澜湄国家命运共同体建设的认知与态度开展调查，课题组通过发放问卷调查、分析公开政策文件及舆论文本等不同研究方法，探究澜湄次区域内外学术界、战略界、舆论界等多类相关行为体的观点与认知。

调查发现，湄公河五国个人行为体对于"一带一路"倡议及澜湄国家命运共同体的评价总体较高且较为正向，对于中国在澜湄次区域发展合作中的作用持积极肯定态度。除了对于目前已经开展的

---

① 郭榕：《网络媒体作为消息来源的认知度——以 CNN 为例》，《新闻前哨》2010 年第 8 期。

"一带一路"倡议及澜湄合作在经济、政治、基建等方面表现的肯定之外，研究受访者对于澜湄六国未来在水资源开发利用、民生改善、各国民间交流、生态提升及改善合作机制运行效率等方面的表现也具有进一步的期许。域外大国及东盟等主要行为体对于"一带一路"倡议及澜湄国家命运共同体的认知和态度表现为，美、日、印的对抗与质疑，以及东盟选择性与有限度合作的表现，这一部分的行为体认知以对抗竞争、有限利用、谨慎认同的冲突性认知为主。通过分析各行为体在舆论界发布的内容可以看到，他方媒体对"一带一路"倡议及澜湄国家命运共同体的认知和态度具有极大的二元化评价差异。考虑到时政评论类的内容多追求立场鲜明、引领意见的舆论效果，且服务于其所代表的新闻立场，因此在研究过程中应谨慎接纳其发布的内容。

　　本章研究着眼于相关国家与行为体对中国主导的几项澜湄地区合作倡议的态度。结合态度认知与持该态度主体的身份进行分析，可以发现，对于本研究主体的认知大多来自其自身利益诉求及其在域内国际合作进程中所得到的利益获得感。就湄公河五国而言，由于澜湄地区各国具有良好的地区身份认同基础与实践，因此湄公河五国对于"一带一路"倡议及澜湄国家命运共同体持积极态度，对地区合作的未来发展抱有乐观的预期。但与此同时，在国家经济体量与规模的视角下，中国是绝对意义上的地区内大国，因此在湄公河国家域内出现了部分警惕、质疑、担忧的声音。在区域以外，由于历届美国政府在东南亚区域的外交政策与中国逐渐形成竞争之势，而日本受到与中国关系回暖、在TTP协议上与美国发生一定程度的割裂，印度国内对中国的态度呈极复杂的分歧及其可能在未来加大对澜湄区域的机制竞争与博弈，东盟外交战略的平衡性及该地区多边开放主义的脆弱性和敏感性，湄公河国家对相关合作倡议持包容与谨慎并行的态度。出于以上原因和极为复杂的利益合作与冲突，澜湄域外大国及相关行为体对于中国在澜湄地区的外交事务，也相应地呈现出谨慎、冲突、合作并存的复杂认知表现。

第 五 章

# "一带一路"背景下澜湄国家命运共同体构建的总体思路、建设内容和对策建议

"一带一路"倡议和构建人类命运共同体，是百年大变局下中国应时代新变化提出的全球治理方案。共建"一带一路"倡议，目的是聚焦互联互通，深化务实合作，携手应对人类面临的各种风险挑战，实现互利共赢、共同发展。① 人类命运共同体则是推动国际关系民主化的全球治理方案，是着眼于全人类的共同利益和福祉的全球治理方案，代表着全球治理变革和新型国际关系建设的前进方向。人类命运共同体的建设，在领域上覆盖政治、经济、文化、社会和生态等多方面，在建设过程中按照国家、地区、全球的层次稳步推进，"一带一路"倡议则致力实现世界各个国家和地区之间政策沟通、设施联通、贸易畅通、资金融通、民心相通。"一带一路"倡议的建设与人类命运共同体的构建具有同向性，"一带一路"倡议是当前人类命运共同体构建的重要平台。

澜湄国家命运共同体是地区层次的人类命运共同体，是人类命运共同体在地区层面的先行先试，澜湄合作是其构建的重要依托平台。澜湄合作从启动之日起就提出致力打造澜湄国家命运共同体，同时澜湄合作也被定性为"一带一路"倡议建设的重要平台。因此可以说，"一带一路"背景下推进澜湄国家命运共同体的构建，就是在大力推进澜湄合作的基础上促成澜湄区域率先实现"持久和平、普遍安全、

---

① 习近平：《齐心开创共建"一带一路"美好未来》，《人民日报》2019 年 4 月 27 日第 3 版。

共同繁荣、开放包容、清洁美丽"。本章基于人类命运共同体构建和共建"一带一路"倡议的相关理论，根据澜湄区域的区域合作的历史、现状及澜湄国家命运共同体构建的现实基础，联系澜湄合作这一构建澜湄国家命运共同体和"一带一路"倡议建设的重要平台，尝试提出"一带一路"背景下澜湄国家命运共同体构建的总体思路和建设内容，并根据澜湄国家命运共同体构建过程中存在的障碍和相关问题，结合他方对"一带一路"倡议、澜湄合作及澜湄国家命运共同体的认知，提出相应的对策建议。

# 第一节 "一带一路"背景下澜湄国家命运共同体构建的总体思路

澜湄国家命运共同体是人类命运共同体建设的关键一步。[①] 澜湄国家命运共同体的构建将有效地验证人类命运共同体理论，进而推动人类命运共同体理论的深化，实现"实践、认识、再实践、再认识"的循环。[②] "一带一路"背景下澜湄国家命运共同体的构建应着眼于人类命运共同体的全局，密切联系"一带一路"倡议，遵循人类命运共同体建设及"一带一路"倡议的整体布局和基本原则，坚持共商共建共享，紧密依托澜湄合作推动澜湄国家率先实现"五通"，将澜湄国家命运共同体打造成为"持久和平、普遍安全、共同繁荣、开放包容、清洁美丽"的地区命运共同体。

## 一 指导思想

以习近平新时代中国特色社会主义思想为引领，全面贯彻习近平外交思想，深入贯彻党的十八大以来历次中央全会精神和习近平总书记系列重要讲话精神，贯彻落实历次澜沧江—湄公河合作领导人会议

---

[①] 卢光盛、黎亚洲：《从周边起步推动人类命运共同体建设》，《学习时报》2017年12月18日第2版。

[②] 卢光盛：《全方面推进澜湄国家命运共同体建设》，《中国社会科学报》2020年7月9日第8版。

及会议宣言精神，坚持以维护地区和平、促进共同发展为宗旨推动构建澜湄国家命运共同体，坚持以共商共建共享为原则推进澜湄合作，坚持以公平正义为理念引领澜湄区域及全球治理体系改革，坚持和平合作、开放包容、互学互鉴、互利共赢的丝路精神，统筹推进"五通"建设，推动澜湄国家安全共同体构建、澜湄国家经济共同体构建、澜湄国家社会文化共同体构建、澜湄国家生态环境共同体构建，将澜湄国家命运共同体打造成为"持久和平、普遍安全、共同繁荣、开放包容、清洁美丽"的地区命运共同体，为实现构建人类命运共同体的宏伟目标奠定更加坚实的基础。

**二 基本原则**

"利益"是国家间合作和命运共同体构建的前提条件，"共同利益"是前命运共同体阶段国家间合作和全球及区域治理的基础支撑；"责任"和"规范"则是国家间合作、全球及区域治理和命运共同体构建的重要保障，"利益—责任—规范"三者互为条件，任何国家都不能只索取"利益"而不承担"责任"、不遵守"规范"。①"一带一路"建设背景下，澜湄国家命运共同体的构建应在共商共建共享的原则下，各国共担责任、共享利益、共建规范。

（一）共担责任是构建澜湄国家命运共同体的基本前提

命运共同体的构建需要各国共同参与建设，携手应对面临的挑战，合力化解存在的威胁，共同承担产生的责任。②基于各国国情与国家实力的差异，共担责任应遵循"共同但有区别的责任"（Common but Differentiated Responsibilities）的原则，在"共同但有区别的责任"的原则下协商分配承担的责任。"共同但有区别的责任"包含两方面内容，即"共同的责任"和"有区别的责任"，前者指地区内各国都承担相应的责任，后者指地区内国家应根据不同情况承担有区别的责任，在推进澜湄国家命运共同体建设的过程中，地区大国发挥

---

① 卢光盛、别梦婕：《"命运共同体"视角下的周边外交理论探索和实践创新——以澜湄合作为例》，《国际展望》2018年第1期。
② 尚虎平：《"一带一路"关键词》，中国香港三联书店有限公司2018年版，第104页。

着至关重要的作用，也承担着更重大的责任。① "一带一路"背景下澜湄国家命运共同体的构建，在具体实践中应根据具体实际，依托澜湄合作框架设立相应的共同责任的划分与承担制度，厘清各国责任层级，明确具体建设的责任主体，细化具体建设项目的责任。在推进澜湄国家命运共同体构建、推进澜湄合作及澜湄区域"一带一路"倡议相关项目建设中，应事先在共商的基础上制定科学、具体、精细的责任分担方案。明确责任，完善监督，维护团结，保证"一带一路"倡议、澜湄合作和澜湄国家命运共同体构建的各项内容在具体实践中得到贯彻落实，在具体实践过程中不断探索，在过程中磨合，最终结成和谐高效的"责任共同体"。

（二）共享利益是构建澜湄国家命运共同体的核心要素

习近平主席指出："我提出'一带一路'倡议，就是要实现共赢共享发展。"② "共赢共享"是"一带一路"倡议和构建人类命运共同体的最终目的，同时"互利共赢"是丝路精神的核心之一。利益共享是人类命运共同体方向性原则，是"一带一路"倡议的基础性原则之一，是构建人类命运共同体与"一带一路"倡议建设的必然要求，共享利益是"一带一路"背景下澜湄国家命运共同体构建的核心要义。应坚持以澜湄国家人民为中心，致力使澜湄各国人民在共建澜湄国家命运共同体中得到扎扎实实的获得感、幸福感和安全感。应注意建立健全利益共享的制度保障，依托澜湄合作框架建设公平公正、开放透明的利益共享制度保障体系，确保利益共享的实现，最终在互利共赢的共同发展中结成"利益共同体"。

（三）共建规范是构建澜湄国家命运共同体的重要保障

人类命运共同体是实现政治理想与现实规范的统一，③ 它不仅是一个远期实现的目标，更是指导当前国际社会交往的规范性准则，人类命运共同体具有国际规范的属性。这一规范尽管由中国因应时代的发展而设想提出，但其具体内容尚待世界各国、各地区人民丰富其内

---

① 卢光盛、聂姣：《澜湄合作的动力机制——基于"利益—责任—规范"的分析》，《国际展望》2021年第1期。
② 习近平：《共同构建人类命运共同体》，《人民日报》2017年1月20日第2版。
③ 唐璐：《"人类命运共同体"与全球治理》，《唯实》2018年第5期。

涵。作为国际规范的人类命运共同体,其生命力和对实践的影响力扎根于不同时空的"现实土壤",作为规范的澜湄国家命运共同体,其生命力与活力由澜湄各国共同赋予。而作为统领性的规范,落实到具体实践的澜湄国家命运共同体,其内容必然是澜湄各国共建的各式具体区域规范,共建规范是构建澜湄国家命运共同体的重要保障。共建规范应依托澜湄合作推动区域规范的历史的、现实的、指向未来的"自然"生成,有机结合普世的一般性国际规范及本区域的"区情"推进规范建设,明确澜湄国家命运共同体的定位。着力通过规范建设调节好澜湄国家命运共同体与东盟共同体的关系,重点借鉴"东盟规范"推进"澜湄规范"的生成。在尊重主权地位及核心利益、妥善处理好澜湄国家多/双边关系的基础上,明确各方的权利和义务;各方在充分理解他国不同文化与价值诉求的基础上,求同存异,寻求最大公约数,以共同、协同的原则防止地区问题分割化、对立化,在共同应对地区问题中完善细节规范的建设,在共同相处和磨合中共建地区规范、提炼"澜湄智慧"、形成"澜湄方案"、结成"价值共同体"。

### 三 主要目标

澜湄国家命运共同体是建设"持久和平、普遍安全、共同繁荣、开放包容、清洁美丽"的世界的一环,着力于政治、安全、经济、文化、生态共同体建设,实现澜湄国家间政策沟通、设施联通、贸易畅通、资金融通、民心相通,建成"持久和平、普遍安全、共同繁荣、开放包容、清洁美丽"的澜湄国家命运共同体,是"一带一路"背景下构建澜湄国家命运共同体的目标。

(一)政治互信,建成持久和平的澜湄国家命运共同体

在深化"一带一路"倡议建设、推进澜湄合作及区域内其他形式政治对话合作的基础上,澜湄国家间多/双边间稳定、持续、充分沟通的多层次长效联系机制形成,澜湄国家间常态化沟通渠道和对话平台建立,澜湄国家间多/双边危机处理与调节机制搭建,澜湄国家间实现高质量政策沟通,澜湄国家间政治互信持续增进,澜湄国家长期和平共处的局面形成,持久和平的澜湄国家命运共同体建成。

## （二）安全互保，建成普遍安全的澜湄国家命运共同体

在既有安全合作框架基础上，依托高质量安全政策沟通，澜湄国家间安全合作水平显著提升，共同、综合、合作、可持续的安全观成为澜湄各国共识，澜湄国家间涉及公共卫生安全、生物安全、恐怖主义、网络安全、防灾减灾、气候变化、水资源、能源安全、环境保护、打击跨国犯罪等一系列非传统安全问题的合作机制矩阵平台建立，关系安全互保的基础设施实现联通，共商、共建、共享、共赢的澜湄国家安全合作架构完善，唇齿相依、安全互保的澜湄国家安全共同体成型，普遍安全的澜湄国家命运共同体建成。

## （三）经济相成，建成共同繁荣的澜湄国家命运共同体

澜湄区域经济一体化水平显著提升，澜湄国家共同市场建立，澜湄区域实现贸易畅通，澜湄国家基础设施互联互通网成型，以区域分工为基础、以产业链条为纽带、以跨境合作企业为主体的澜湄国家产能合作网形成，澜湄国家间实现资金融通，区域金融业实现良性可持续发展，区域金融、经济风险得到有效控制，澜湄区域内产业链上的价值分配公平合理，先富带后富的共同富裕的澜湄国家经济共同体成型，澜湄区域成为世界经济增长极，共同繁荣的澜湄国家命运共同体建成。

## （四）文化相辅，建成开放包容的澜湄国家命运共同体

澜湄国家间文化交流日益密切，澜湄国家人文交流与合作平台运转良好，澜湄国家间教育交流、人才交流等人文交流重点领域的合作机制建设完善，"同饮一江水、命运紧相连"的"澜湄精神"广泛弘扬，"澜湄意识"深入人心[①]，澜湄区域人民民心相通，以人类命运共同体理念为内核的澜湄共同价值扎根澜湄各国人民心中，开放包容的澜湄国家命运共同体建成。

## （五）生态共生，建成清洁美丽的澜湄国家命运共同体

澜湄国家生态环境合作机制完善，澜湄区域生态环境保护成果显

---

[①] "澜湄意识是澜湄国家和人民在长期、稳定的合作与互动交流中形成的共同的心理认同感、归属感，以及自我身份的确立（澜湄各国对自身在共同体中的角色、责任和义务的认知）。"参见屠酥《培育澜湄意识：基于文化共性和共生关系的集体认同》，《边界与海洋研究》2018年第2期。

著，生态环境质量显著提高，澜沧江—湄公河流域生态保护与修复持续高效进行，澜湄国家生态环境风险联防联控体系建立，澜湄国家普遍达成联合国可持续发展目标，互济互保、共存共生的澜湄国家环境共同体成型，清洁美丽的澜湄国家命运共同体建成。

## 第二节 "一带一路"背景下澜湄国家命运共同体构建的建设内容

人类命运共同体不仅仅是一个理论和愿景，它是理论与实践的有机结合，有其实质建设内容。构建人类命运共同体，要重点从政治、安全、经济、社会人文、生态环境这五大方面着手，同时要紧密依托"一带一路"倡议平台推进"五通"建设。澜湄国家命运共同体是人类命运共同体理念在地区层面的具体实践和重要探索，其目标即建成"持久和平、普遍安全、共同繁荣、开放包容、清洁美丽"的澜湄国家命运共同体，因此其建设内容也应该按这个目标和总体框架去布局，以澜湄合作为主要平台，结合"3+5+X"合作框架来实现命运共同体构建的模块化、具体化和可操作化。具体而言，澜湄国家命运共同体的建设内容包括以下五个方面。

### 一 坚持对话协商，建设一个持久和平的澜湄国家命运共同体

持久和平是基石。[①] 习近平主席在不同的场合曾多次指出，当今世界正经历百年未有之大变局。历史经验表明，世界变局总是伴随着一定程度的动荡。百年变局下的世界并不太平，大国博弈愈演愈烈，美国全面升级对华战略竞争；以美国为代表的单边主义抬头，奉行单边主义的国家屡屡通过退出国际组织等手段破坏国际多边主义；超级大国重新奉行霸权政策，霸凌行径屡见不鲜；部分地区性大国试图获取地区性霸权，干涉他国内政的恶劣行径屡见不鲜；局部地区战乱频

---

① 陶文昭：《构建人类命运共同体要处理好几对关系》，《红旗文稿》2020年第3期。

仍，部分存在历史争端的地区战火重燃。① 而在澜湄区域，域内各国国内政治总体平稳，多边主义依然是区域内主流。但同时，大国博弈的触角逐渐在澜湄区域越来越深，历史原因使区域内各国间政治互信有待提升。在此背景下，坚持对话协商，加强政策沟通，塑造持久和平，是澜湄国家命运共同体建设的首要内容。

（一）建设以澜湄合作为主要平台的区域多边对话体系

澜湄国家命运共同体是首个得到了相关国家正式认可并已经进入建设日程的命运共同体，作为人类命运共同体先行先试的意义愈加凸显。② 澜湄国家命运共同体建设的顺利推进与澜湄合作机制的建设密不可分。澜湄合作是中国推进周边外交和塑造良好周边环境的着力点，是共建"一带一路"倡议区域合作的典范，是新型国际关系、新型周边关系的重要实践。③ 坚持对话协商，建设一个持久和平的澜湄国家命运共同体，第一项建设内容即要实现区域内各国充分有效的政治对话，建成以澜湄合作为主要平台的区域多边对话体系。一是在政策沟通平台搭建方面，推进建成澜湄合作多层级、常态化的政治对话机制。逐步建成以澜湄合作领导人会议为主的顶层政治对话机制，常态化的澜湄合作外长会议以及灵活的外交高官会为主的高层对话机制，以及负责澜湄合作机制内的一般行政性事务及澜湄六国相关决议的落实的各国的秘书处或协调机构。二是在澜湄合作的对话框架下，建成内容丰富、结构合理、常设议题与临时议题相协调的区域公共议题库。各层级对话间的议题区分度进一步优化，各层级对话平台间的张力进一步增强。澜湄合作是澜湄国家命运共同体建设的主要平台，通过澜湄合作机制的制度化建设推动澜湄国家政策沟通，是政治领域

---

① 张蕴岭等：《如何认识和理解百年大变局》，《亚太安全与海洋研究》2019 年第 2 期；张蕴岭：《对"百年之大变局"的分析与思考》，《山东大学学报》（哲学社会科学版）2019 年第 5 期；朱锋：《近期学界关于"百年未有之大变局"研究综述》，《人民论坛·学术前沿》2019 年第 7 期；张宇燕：《理解百年未有之大变局》，《国际经济评论》2019 年第 5 期；卢光盛、王子奇：《百年变局下的澜湄合作进程与中国角色》，《当代世界》2019 年第 11 期。

② 卢光盛：《全方面推进澜湄国家命运共同体建设》，《中国社会科学报》2020 年 7 月 9 日第 8 版。

③ 卢光盛、王子奇：《百年变局下的澜湄合作进程与中国角色》，《当代世界》2019 年第 11 期。

推动澜湄国家命运共同体建设的重要内容。

（二）达成澜湄区域及区域内各国间发展战略协同

战略协同是政治领域推进澜湄国家命运共同体建设的一个更高阶的建设内容，建立在良好的政策沟通与充分的政治对话基础之上。在建成以澜湄合作为主要平台的区域多边对话体系的基础上，实现区域及各国间战略协同是政治领域推动澜湄国家命运共同体建设的进阶内容。具体来说，一是包括领导人会议、外长会、高官会、外交及各领域联合工作组会在内的多层次合作框架完善，①政策规划与有效协调加强，澜湄合作及澜湄区域发展长期战略规划达成。二是基于充分政策沟通在求同存异的基础下以实现澜湄国家共同发展为目标的澜湄各国战略意图上的共同期盼形成，澜湄国家发展战略统筹规划建立，澜湄国家命运共同体建设的共同战略理念凝结成型。三是澜湄国家资政智力机构对话研究平台建立，在"澜湄意识"基础上经过充分可行性联合研究的、基于建设澜湄国家命运共同体的战略协同方案出台。四是澜湄国家战略规划动态跟踪平台建立。以共商共建共享为原则的富有战略协同色彩的项目清单建立；在中国—东盟大框架下，深切关怀澜湄各国现实情况以及发展需求的、围绕澜湄国家命运共同体建设与各国实际的双、多边重大合作项目可行性梳理完成。在动态的、互动中良性反馈的战略协同项目的推进中，达成澜湄区域和国家的发展战略协同，实现澜湄国家间的高阶政治互信，建立战略合作层次的地区命运共同体。

（三）确立开放地区主义为特征的区域合作模式

开放的地区主义是亚太地区在经济一体化过程中形成的一种不同于传统地区主义的区域经济合作形式，它具有开放性、非歧视性等特点。②澜湄区域是亚太的重要组成部分与热点地区，开放的地区主义

---

① 新华社：《澜沧江—湄公河合作第三次领导人会议万象宣言》，中华人民共和国政府网，2020 年 8 月 24 日，http://www.gov.cn/xinwen/2020-08/24/content_5537090.htm，访问时间：2021 年 8 月 15 日；《澜沧江—湄公河合作重要文件与领导讲话》，《中国—东盟研究》2017 年第 2 期。

② 王玉主：《亚太地区：开放的地区主义》，硕士学位论文，中国社会科学院研究生院，2000 年，第 9 页。

始终是这一区域内国家所奉行的原则。① 人类命运共同体的建设面向全世界、属于全人类，其内涵与内容本身即具备开放性、非歧视性等特点，作为区域性命运共同体的澜湄国家命运共同体，其基因里先天带有开放色彩。推动澜湄国家命运共同体建设，就要继往开来地共建开放地区主义秩序，开放地区主义是作为地区秩序层面的重要建设内容。具体来说，一是在全球新治理秩序生成的大背景下，率先在区域内树立包容性合作、全球化共享的理念及共同可持续发展的愿景目标，建立围绕双边以及多边和区域合作的新规则体系。二是在坚决维护全球经贸多边主义体系的基础上，以积极的行动共同参与到全球多边经贸新规则制定中，建立以维护新兴经济体、发展中国家以及周边国家利益为宗旨的地区共同话语表达体系，实现开放地区主义规范的扩散。三是针对中国与澜湄国家现实需求，通过澜湄合作等国际合作机制，倡导先进的全球治理理念，制定国际认可的通行规则和标准，促进国际经济合作的公平、互利与透明，从而引领当今国际政治经济秩序的改革方向。

（四）形成澜湄区域内国际制度良性竞合局面

澜湄区域是公认的"制度拥堵"的地区，国际制度充斥于区域内，国际制度间的竞争一定程度上影响了地区内的持久和平。命运共同体的开放包容性，决定了推动区域内国际制度有效竞合是建设一个持久和平的澜湄国家命运共同体的重要内容。制度间可以通过探究彼此的共同之处，增加交流和合作的机会，降低冲突的可能性，塑造合作预期与合作空间。② 澜沧江—湄公河合作首次领导人会议上，与会各国即共同提出"澜湄合作应秉持开放包容精神，与东盟共同体建设优先领域及中国—东盟合作全面对接，与现有区域机制相互补充、协调发展"。③ 实现澜湄区域内国际制度的良性竞合，是澜湄区域建成区域性命运共

---

① 卢光盛、王子奇：《百年变局下的澜湄合作进程与中国角色》，《当代世界》2019年第11期。

② Amitav Acharya, *Whose Ideas Matter? Agency and Power in Asian Regionalism*, Ithaca and London: Cornell University Press, 2009.

③ 《澜沧江—湄公河合作首次领导人会议三亚宣言——打造面向和平与繁荣的澜湄国家命运共同体》，中国政府网，2016年3月23日，https://www.fmprc.gov.cn/web/ziliao_674904/1179_674909/t1350037.shtml，访问时间：2021年8月15日；《澜沧江—湄公河合作重要文件与领导讲话》，《中国—东盟研究》2017年第2期。

同体所需要解决的特色性关键问题，同时也是澜湄国家命运共同体建设的题中之义。具体来说，一是在澜湄各国完善对话体系、达成战略协同的基础上，实现澜湄合作与区域内其他合作机制的相互协调、合作发展。建立澜湄区域内各合作机制之间的联动和协调平台。二是在实现域内各机制良性竞合的基础上，与区域内外的国家和国际组织展开积极有效的合作，亚洲开发银行、联合国开发计划署、联合国亚洲及太平洋经济社会委员会、世界银行等国际组织的沟通，推动双边以及多边层面合作规划的对接和衔接，进一步增进合作倡议的活力，保障项目的有效实施和持续开展。

（五）实现澜湄各国政党间高水平跨国党际交流

各国政党代表着各国内部的不同的利益群体，各国间充分的政党交流有助于更深入地增进相互了解，加深政治互信。建设一个持久和平的澜湄国家命运共同体，需要实现域内各国政党间高水平跨国党际交流。具体来说，一是在域内推广"求同存异、相互尊重、互学互鉴"的新时代党际关系原则，在新型党际关系原则下促进澜湄六国政党交往互动，举办中国共产党与澜湄国家政党对话会等政党交流活动，提高澜湄各国政党互动层次，丰富交流内容，开拓沟通渠道。二是推动澜湄各国拓展交流对象范围，通过各种途径增进澜湄六国互相了解、消除分歧，超越意识形态的樊篱、扩大共识。推动澜湄六国政党就双多边关系和跨境治理问题保持及时沟通，共享执政、参政、议政经验。

## 二 坚持共建共享，建设一个普遍安全的澜湄国家命运共同体

澜湄六国在打击恐怖主义、防范跨境犯罪、生态环境保护、公共卫生等多个领域面临着共同的非传统安全挑战，各方很早就认识到了加强非传统安全合作的重要性。澜湄六国的非传统安全合作主要是在中国—东盟合作框架下进行的。中国与东盟已签署了《非传统安全领域合作谅解备忘录》，确定了多项重点合作领域。[①] 传统安全方面，

---

① 《中国与东盟签署非传统安全领域合作谅解备忘录》，新浪网，2004年1月11日，http://news.sina.com.cn/w/2004-01-11/11011558444s.shtml，访问时间：2021年8月15日；梁怀新：《"一带一路"背景下中国—东盟非传统安全合作研究》，《学术探索》2018年第6期。

尽管部分国家间存在领土争端，澜湄六国在中国—东盟框架下保持了良好的安全对话，总体呈现出积极合作态势。普遍安全是命运共同体建设的重要保障。① 贯彻以平等、对话、信任和合作为原则的"新安全观"，秉持澜湄合作精神，坚持共建共享，倡导"共享安全"理念，深化澜湄安全对话与合作，构建澜湄区域安全共同体，打造澜湄区域普遍安全的环境是澜湄国家命运共同体的主要内容之一。

（一）建立安全领域的顶层合作设计

在提升域内国家双多边政治互信的基础上，建立安全领域的顶层合作设计，是建设普遍安全的澜湄国家命运共同体的首要内容。具体来说，一是推广"共享安全"理念成为地区共识，加强澜湄国家间的非传统安全交流，促进关于共同安全的共识，培育安全共同体意识。二是从非传统安全合作出发建立安全合作框架。在加强沟通与交流的基础上，提升各方对共同安全问题的认知紧迫感，着力强化安全合作的顶层设计。三是建立跨境安全问题解决机制，形成一整套易于执行的解决相关问题的规范、程序。在与中国—东盟框架协调的基础上，创立澜湄国家间的安全合作框架，共同致力于打造澜湄国家安全共同体。

（二）建设区域非传统安全合作平台

充分利用东盟与中日韩（10+3）合作、澜湄合作、大湄公河次区域经济合作等各层次合作框架，推动各领域非传统安全合作不断深化。借助各多边经贸合作机制，搭建澜湄六国经济金融安全合作平台，共同打击跨境金融犯罪，维护区域内的经济发展与稳定。借助澜湄合作、大湄公河次区域合作框架，搭建涉湄跨境犯罪、"水"治理等非传统安全问题合作平台。加强中国同澜湄国家之间的安全问题相关技术合作，加强共同应对非传统安全问题的科学技术创新，组建协同技术支持平台，及时对于非传统安全领域需要帮助的域内国家提供多样化平台支持。在积极搭建非传统安全合作平台的同时，应广泛加强在既有平台内的非传统安全合作议题的创立与建设，对长期性、共同性的议题逐步将其机制化，形成新的专门性合作平台。

---

① 陶文昭：《构建人类命运共同体要处理好几对关系》，《红旗文稿》2020年第3期。

## （三）完善建设现有安全合作机制

在现有基础上建设一个普遍安全的澜湄国家命运共同体，要着力解决现有非传统安全合作体制机制上的障碍，提升非传统安全合作的有效性。一是借助澜湄合作领导人会议、东亚峰会等平台，强化非传统安全领域合作的首脑外交，提升澜湄非传统安全合作的制度化水平。二是创设常设性非传统安全合作组织领导机构，加强对各方观点与意见的沟通与协调。以组织领导机构为牵引，建立科学的评估体系，就澜湄国家非传统安全合作的阶段性成果进行全面评估。三是建立非传统安全合作动态评估机制。合作建立涉及双多边的非传统安全问题信息系统，通过动态跟踪、及时反馈等做到各国间相关政策、行动的协调。充分借助亚投行等国际金融机构的力量，加大对澜湄国家非传统安全合作项目的资金支持力度，保证区域非传统安全合作的高水平推进。

## （四）实现非传统安全合作领域全覆盖

深化湄公河五国法务合作。共同加强跨境执法合作，在打击贩毒、跨境恐怖主义、有组织偷越国境、贩卖人口、走私贩运枪支弹药、网络犯罪及其他跨国犯罪领域开展执法合作，增进法务交流。加强在现有执法安全合作机制，即澜沧江—湄公河综合执法安全合作中心框架下的合作。强化非传统安全风险防范机制的建设，完善监测和预警机制。加强各国立法、政务服务等领域的合作，促进澜湄国家间警察、司法部门及相关院校合作，形成有效的合作体制机制，全面提升合作水平。建立跨境执法工作协同常态化机制，推动重点区域、重点领域跨境立法研究，共同制定行为准则，为澜湄区域发展提供法规支撑和保障。推动加强澜湄六国边境管理部门交流，促进澜湄六国间边境地区地方政府和边境管理部门交流。推动澜湄区域内部建立最大公约数的边境管理标准，深化出入境、边民在边境地区的生产及其他活动管理合作，引导边境地区的有关主管部门之间加强业务联系。加强能源安全互济互保，推进跨境野生动物保护合作，促进生态环境联治共保，构建相应的平台。提升防灾减灾、人道主义援助合作水平，确保粮食、水和能源安全，探索向灾民提供支持的多种方案。

(五) 建设澜湄国家卫生健康共同体

新冠肺炎疫情暴发后，各国采取措施防控的过程再次提醒各国，世界是相互连通的地球村，人类是相互依存的命运共同体，没有哪一个国家可以独善其身。① 2020年3月，习近平主席在与时任法国总统马克龙通话中，明确提出"打造卫生健康共同体"。② 2020年8月，澜湄六国领导人在《澜湄合作第三次领导人会议万象宣言》中，提出澜湄六国在共同应对新冠肺炎疫情挑战基础上，加强公共卫生合作，共建人类卫生健康共同体。③ 澜湄六国地缘上紧密相连，公共卫生安全成为重点合作领域，面对严峻的公共卫生安全风险及挑战，建设澜湄国家卫生健康共同体，是建设一个普遍安全的澜湄国家命运共同体的应有之义，也是澜湄国家非传统安全合作应当着力取得突破的优先领域。具体来说，一是建立重大疫情联防联控共享信息平台。通过组建相关平台，在域内发生重大疫情时，做到第一时间通知，第一时间预警，第一时间启动共同防治方案。二是建立系统化、程序化、标准化的卫生合作防疫规范。共同协商制定一整套应对区域内重大疫情的共同应对处置方案。强化顶层设计，以共同协议、条约等形式组建一个软约束的区域卫生合作组织。三是建立联系全球、覆盖全域、关联各国的"三合一"卫生合作平台。各国应以公共卫生问题为核心构建涵盖卫生部门、疾控部门、交通部门等多部门协同的问题解决机制，在此基础上建立澜湄区域公共卫生合作平台，对接全球、地区性公共卫生合作机制中涉及澜湄国家的公共卫生合作网络。四是建立澜湄区域公共卫生合作智力支持平台。建立澜湄国家公共卫生技术研发与推广合作中心，充分调动各国的比较优势资源推动本区域迫切需要的公共卫生相关技术的突破与创新，为澜湄各国提供卫生技术服务支持。五是组建区域公共卫生人才平台。建立区域公共卫生人才信息库，设置公共卫生联合专家组，以名单备份方式建立常备的区域联合

---

① 孙吉胜：《新冠肺炎疫情与全球治理变革》，《世界经济与政治》2020年第5期。
② 《习近平同法国总统马克龙通电话》，《光明日报》2020年3月24日第1版。
③ 《澜沧江—湄公河合作第三次领导人会议万象宣言》，中华人民共和国政府网，2020年8月24日，http：//www.gov.cn/xinwen/2020-08/24/content_5537090.htm，访问时间：2021年8月15日。

公共卫生应急处置专家工作组，为区域内各国公共卫生发展提供智力支持平台。六是建立公共卫生物资储备库。根据交通、地理等综合环境，科学选址建立澜湄国家公共卫生物资保障基地，统筹在澜湄各国主要城市和枢纽城镇设立不同规模的储备库，同时设立相应的配套合作基金。

### 三　坚持合作共赢，建设一个共同繁荣的澜湄国家命运共同体

物质资料的劳动生产，是保证人类社会继续生存和发展下去的物质基础，又是从事一切社会活动（如政治活动、文化教育活动等）的前提。① 经济发展是各领域发展的基础，因此，共同繁荣是命运共同体建设的核心，② 澜湄国家命运共同体的形成离不开共同繁荣的经济共同体的建设。实现共同繁荣的题中之义即是推动区域经济一体化，推动区域经济一体化需要有力的区域合作机制。1997年亚洲金融危机和2008年全球金融危机充分表明，有力的地区合作机制的缺乏使得包括湄公河国家在内的东南亚国家面临巨大的经济发展风险，单一国家、市场对重大经济风险的抵御能力非常弱小，单一国家、市场多年积累起的经济繁荣很可能会在一场危机中毁于一旦，只有建立在区域经济合作基础上的共同繁荣才是可持续的繁荣。澜湄区域拥有推动区域经济一体化、建设有力的区域经济合作机制的良好条件，是培育共同繁荣的人类命运共同体的沃土。首先，澜湄区域内各个经济体之间的互补性较强且持续增强。澜湄区域各经济体间的贸易互补性指数③不断增大，贸易互补度不断上升，区域内的贸易潜力不断提升。其次，澜湄区域处于全球经济最活跃的地区之一西太平洋地区的中间位置，连接东亚、南亚、东南亚，独特的地理区位成为跨国公司聚焦的地区。澜湄区域内不同发展层次的经济体拥有不同的比较优势，近年来区域内各经济体不断扩大开放举措，贸易和投资政策框架相对自由，为跨国公司在区域内将不同的生产环节配置在拥有不同比

---

① 杨传珠：《马克思主义哲学》，清华大学出版社2004年第1版，第123页。
② 陶文昭：《构建人类命运共同体要处理好几对关系》，《红旗文稿》2020年第3期。
③ 贸易互补指数是国家出口与国家进口之间的贸易互补指数。贸易互补性用来衡量一个国家某种产品的出口和另一个国家的进口的吻合程度。

较优势的经济体进行分散生产、构建区域生产网络提供了条件。澜湄区域拥有良好的区域经济共同体建设条件，坚持合作共赢，推动区域经济一体化，是建设一个共同繁荣的澜湄国家命运共同体的重要内容。

（一）建设设施互联互通网络

习近平主席指出，设施联通是合作发展的基础。[①] 共同繁荣的澜湄国家命运共同体建设，离不开设施互联互通的建设，推动设施联通网络的形成是促进澜湄国家经济建设发展与民生福祉的重要一环。推动澜湄国家设施互联互通网络建设，应在《中国—东盟战略伙伴关系 2030 年愿景》框架下，重点推动"一带一路"建设与《东盟愿景 2025》、《东盟互联互通总体规划 2025》的全方位对接，以中国—中南半岛经济走廊建设为主要抓手，统筹兼顾大湄公河次区域经济走廊建设，加强两者在确定优先合作领域、遴选线路等方面的有效对接。本着合作共赢的宗旨，构建对话平台，推动澜湄国家间发展战略的协调，推动"一带一路"倡议、缅甸《国家全面发展20年规划》、老挝《十年社会经济发展战略（2016—2025）》、越南《至2020年融入国际社会总体战略和2030年愿景》、泰国提出的"泰国4.0战略"以及柬埔寨国家发展规划等国家层面战略和规划之间的对接。推动道路基础设施建设，升级构建澜湄跨境立体交通枢纽。积极推进泛亚铁路东南亚段及中缅、中缅印、中老泰、中越国际运输大通道建设。强化澜湄国家间高速公路、铁路与重点口岸的衔接，推动建设磨憨口岸到万象的高速公路，提升昆曼公路等级水平，进一步发挥昆曼公路的辐射带动作用。共同疏浚澜沧江—湄公河主河道，推动澜沧江—湄公河国际航运合作与发展，打造"东方多瑙河"澜沧江—湄公河国际黄金航道。推进澜湄国家毗邻都市圈协调联动，加强都市圈间合作互动，高水平打造澜沧江—湄公河流域世界级城市群。推动粤港澳大湾区、北部湾城市群、滇中城市群与湄公河国家联动发展。推进湄公河国家湄公河下游都市圈的紧密对接和分工合作，助力实现湄公河下游

---

[①] 习近平：《携手推进"一带一路"建设——在"一带一路"国际合作高峰论坛开幕式上的演讲》，《人民日报》2017年5月15日第3版。

一体化。加强澜沧江—湄公河流域都市圈间重大基础设施统筹规划，加快大通道、大枢纽建设，提高湄公河下游城际铁路、高速公路的路网密度。同时着眼于澜湄区域产业长期发展，前瞻性地部署涉及5G、大数据、特高压输电、物联网等领域的"新基建"设施互联互通网络，打造澜湄区域"新基建"的设施枢纽节点。

（二）构建澜湄国家共同市场

共同市场是由几个国家组成的一个集团的正式协议，其中每个成员国采用共同的对外关税。在共同市场中，成员国还允许自由贸易，劳动力和资本在成员国之间自由流动，目的是为共同市场的所有成员提供更好的经济利益。澜湄国家间业已形成了较为紧密的贸易关系，经济一体化形式已经由优惠贸易安排（Preferential Trade Arrangements）经自由贸易区（Free Trade Area）逐步过渡至关税同盟（Customs Union）。2010年1月1日，中国—东盟自贸区正式建成，中国对东盟的平均关税从9.8%降至0.1%，东盟国家也分阶段对中国实行类似安排。2020年11月15日，亚太地区15国共同签署了《区域全面经济伙伴关系协定》（RCEP），同时涵盖了东盟十国与中国。2021年11月2日，《区域全面经济伙伴关系协定》保管机构东盟秘书处发布通知，宣布文莱、柬埔寨、老挝、新加坡、泰国、越南等6个东盟成员国和中国、日本、新西兰、澳大利亚等4个非东盟成员国已向东盟秘书长正式提交核准书，达到协定生效门槛。根据协定规定，《区域全面经济伙伴关系协定》将于2022年1月1日对上述10国开始生效。① 中国—东盟自贸区的建立及区域全面经济伙伴关系协定的签订与生效，为推动形成澜湄国家共同市场奠定了坚实的基础。着力推动形成澜湄国家共同市场，一是在中国—东盟自贸区建成和《区域全面经济伙伴关系协定》的基础上，进一步消除澜湄国家之间的关税、配额以及所有有关进出口货物和服务的贸易壁垒；二是推动各国产业政策、知识产权政策、环境政策、投资政策等'边境后"

---

① 《商务部国际司负责人谈RCEP即将正式生效有关情况》，中国政府网，2021年11月7日，http://www.gov.cn/xinwen/2021-11/07/content_5649610.htm，访问时间：2021年11月8日。

领域的壁垒的降低，进一步推动澜湄国家间劳动力、资本等生产要素的自由流动与不受限制。

澜湄国家共同市场的建立，将促进人员、商品、服务和资本等生产要素不受国界阻碍的自由流动的单一市场的逐步形成，有利于澜湄各国经济发展效率的提升和创新能力的增强。生产要素在澜湄国家间得到更有效的配置，从而促进经济增长，随着市场效率的提高，效率低下的公司最终会因为激烈的竞争而倒闭，仍然受益于规模经济和盈利能力提高的公司，会进行更多的创新，以便在竞争更激烈的环境中竞争。在推动澜湄国家国通市场形成的过程中，竞争力较弱的国家可能会受到影响，部分过去一直受到政府保护和补贴的湄公河国家公司可能难以在竞争更激烈的环境中生存下去，生产要素向区域内其他国家的流动可能阻碍其国家的经济增长，并导致该国失业增加。因此，在推动澜湄国家共同市场形成的过程中，本着共享利益的宗旨，中国宜适当承担起大国责任，对竞争力较弱的湄公河国家适度让利，培育各国经济共同成长，促进共同市场共同繁荣。

（三）打造澜湄流域经济发展带

澜湄流域经济发展带建设是新形势下提升澜湄合作的重要路径，其核心是以澜沧江—湄公河黄金水道为依托，以产业发展和基础设施为枢纽，打造辐射带动整个流域发展的增长轴，促进区域经济提质增效升级。① 打造澜湄流域经济发展带，重点是开展好产业合作。中国的崛起打破了长期以来以"雁行模式"为特征的亚洲东部经济发展模式，创造了新的地区经济联系格局和经济增长动力机制，湄公河国家在新的经济联系格局下快速发展，与中国形成了较为紧密的区域分工链条，为澜湄流域经济发展带建设下开展产业合作奠定了良好的基础。推进澜湄国家产业合作，一是加强澜湄国家间产业分工协同。根据澜湄各国产业基础和优势，促进产业横向分工和优势互补，深化产业纵向链条化配套和分工，合力打造产业集群，提高工业区域分工化发展质量效益。根据各国产业发展基础和资源禀赋特征，发挥各国比

---

① 刘稚、徐秀良：《澜湄流域经济发展带建设：一江兴六国的发展思考》，《云南师范大学学报》（哲学社会科学版）2020年第1期。

较优势，进一步做大优势产业规模，共同打造涵盖高中低技术层次的产业集群。二是促进澜湄各国间产业创新协同，共同协商创建创新体制机制，整合创新要素资源，构建战略性的"跨区域"技术创新体系。推动澜湄国家分散的创新"点"、高新技术产业开发区链接形成创新"链"。加强各国创新领域的优势互补、资源共享、平台共建，建立澜湄创新服务机构，做实交流服务平台，实现创新同推、互联互通。充分利用澜湄高等院校、科研院所的优质科研资源，强化澜湄各国产学研用联合研发攻关。增进澜湄国家产业布局协同，共建产业合作园区，根据实际推广"园区联盟""园中园""企业园""跨境园"等合作模式。充分发挥各自所特有的人才、科技创新、劳动力、自然资源等方面的优势，促使各国产业合作，实现共赢发展。三是推动澜湄国家产业要素协同。签署共同协议，在各方可接受范围内，共同降低妨碍资金、技术、人才等生产要素在澜湄区域内自由流通的显性和隐性壁垒。四是增进澜湄国家产业发展机制协同。制定互利、共赢的产业发展目标，共建灵活、高效的产业合作协调机制，共同营造协作协同的产业生态圈，探索各国行政许可标准的对接和跨区域互认。尝试建立跨国家税收分成共享机制，探索"存量不动+增量分成"的区域利益分享模式，有序引导各国产业转移、转型。

（四）建设澜湄国家共同创新体系

科学技术是第一生产力，创新是引领发展的第一动力。建设共同繁荣的澜湄国家命运共同体，离不开创新能力的建设。新兴经济的发展需要新的科学技术的推动，而新的科学技术的发展也往往依托于新兴经济蓬勃的地区。澜湄区域是当前全球新兴经济最为活跃的地区，拥有发展高新技术得天独厚的条件。共同提升创新能力，应加强各国间的协调。加强科技创新前瞻布局，超前部署基础前沿研究。协调科研创新资源，优先共同突破一批涉及澜湄区域共同利益的关键科学技术，携手健全开放共享合作机制，营造有利于提升澜湄区域自主创新能力的创新生态。例如，生物多样性研究是涉及澜湄区域共同利益的重要前沿科研领域。湄公河国家普遍处于热带季风气候区，生物种类丰富，生物多样性状况良好，为生命科学的研究与生物技术的创新提供了得天独厚的条件，而中国拥有相对先进的生命科学与生物技术研究智力资源,澜湄国家可在生命科学与生物技术研究领域优先共享科研基础设施、大型科研仪器、科技文献、科学数据等科技资源,探索协同创新模式。共同提升创新能力,还应共同促进人才储备交流、科技成果转移转化。各国政府发挥好引导作用着力消除科技创新产品流动壁垒,逐步建立区域内统一的人才保障服务标准,充分发挥市场的作用,畅通科研创新成果向现实生产力转化的通道,丰富域内科研初创公司的投融资渠道,逐步打通区域内科创公司跨国界直接、间接融资,推动科技成果在澜湄区域内跨国界流动、转化,逐步建立澜湄区域技术交易共同市场,共建亚洲乃至世界创新成果集散中心。例如,数字经济和新一代信息技术的应用场景较多地扎根于年轻人群,湄公河地区拥有丰富的年轻人口,是数字经济增长最快的地区,中国则基于较大的人口基数和先发的经济优势积累了较为领先的数字经济技术和新一代信息技术成果,湄公河国家与中国可以在澜湄合作框架下搭建数字经济技术和新一代信息技术联合科研应用转化平台,协调好各方科研成果转化利益分账,探索中国先进数字经济技术和新一代信息技术成果在湄公河国家跨国界应用转化,推动区域内科技成果应用互利互惠,共建数字经济和新一代信息技术创新高地。共同提升创新能力,还应共同促进科技成果转移、转化。

(五)深化澜湄国家间农业合作

农业是国民经济的基础,是最基本的物质生产部门,农业的发展对于澜湄各国经济可持续发展与粮食安全具有重要的意义。深化澜湄国家间农业合作,应着力推进澜湄农业科技合作重大平台建设。协调澜湄各国整合各自的国内资源,推动各国政府与民间农业发展力量建立稳定的农业合作关系,搭建农业科技合作平台。支持澜湄国家科学家和相关农业科研院所积极参与国际重大科学计划及合作项目,不断提升国际农业科技合作的层次和水平。深化澜湄国家间农业合作,推进澜湄国家间农业科技交流与合作的深化。根据本区域自然地理条件,结合本地区民众农产品需求,建立联合农业科技创新合作和先进农业技术和产品推广平台,探索推出区域生态环境保护与农业可持续发展合作规划。共同加强与欧美农业现代化发达国家的农业科技合作对接。做好政府间农业科技交流团组的互派工作,强化团组访问成果的推广应用，联合开展农业技术研发推广和技术培训，互派科技人员及专业农业从业者互相学习农业生产实践技能、先进技术和管理经验。

**四 坚持交流互鉴，建设一个开放包容的澜湄国家命运共同体**

澜湄区域处在几大文明的交会地带，拥有丰富的文化资源，多样的文明为澜湄各国间交流互鉴奠定了基础，文明的交流互鉴则为促进各国文化繁荣提供了不竭动力，也为澜湄国家命运共同体的构建奠定了坚实的文化基础。文明交流互鉴是打造人类命运共同体的重要途径，人类命运共同体不仅是利益共同体、责任共同体，也是文明共同体，文明的对话交流、互学互鉴对于人类命运共同体建设具有重要意义。[1] 互学互鉴是丝路精神的核心之一，开放包容是命运共同体的特征。[2] 澜湄国家"因水结缘"，澜湄国家命运共同体起于利益共生，但利益的纽带会因为不可避免的利益冲突而断裂，要想实现命运共同体长期可持续的构建，必须达成基于共同利益的文化共识，[3] 而文化共识也只有在开放包容的命运共同体环境中才能真正生根开花。澜湄国家命运共同体构建的最终落脚点是澜湄各国人民的共同福祉，澜湄各国人民对于澜湄国家命运共同体的认知与人心向背也左右着澜湄国家命运共同体建设的进度与成败，秉持开放包容的精神下的文明交流互鉴有助于塑造共同价值，有助于凝聚域内各国人心，有助于坚实可靠的澜湄国家命运共同体早日建成。因此，推动澜湄各国增进文化交往，搭建区域文化产业合作平台，促进各国间文明交流互鉴，是建设一个开放包容的澜湄国家命运共同体的重要内容。

**（一）推动澜湄国家间文化交流**

文化交流是文化发展的重要动力之一，同时也是各民族文化丰

---

[1] 田国秀：《文明对话与人类命运共同体伦理建构》，《光明日报》2019年7月22日第15版。
[2] 陶文昭：《构建人类命运共同体要处理好几对关系》，《红旗文稿》2020年第3期。
[3] 毕铭：《构建人类命运共同体：从利益共生到文化共识》，《改革与开放》2019年第10期。

富、繁荣的重要因素,任何文化无时无刻不在累积之中,或因发明而累积,或因引进而累积,无论是发明和引进,大多是在文化交流的基础上引起的。① 文化交流有助于澜湄国家的文化共同发展,也有助于在文化共同发展中促进"澜湄意识"的形成,推动澜湄国家命运共同体的建设。推动澜湄国家文化交流,一是利用好澜湄国家跨境民族所拥有的共同文化符号。尽管澜湄区域有着异彩纷呈的多样性文化,但是各国由于地缘、人缘而拥有着密不可分的文化渊源,例如傣泰文化即分布于中国、泰国、缅甸、老挝和越南等国。利用好跨境民族、跨境文化共同的节日、庆典日,定期组织举办澜湄国家间高水平文化交流活动,联合举办节日庆典在世界舞台上展示,促进民心相通。二是探索创新多样的文化交流形式。打造一批标志性文化年、文化月、文化周、电影电视周、文博艺术展等活动,做好澜湄国家间文化交流。挖掘共同的文化基因,以整体的形象在世界舞台打造一批代表性的文化展示活动,例如电影、歌剧、舞台剧、音乐会等。推动澜湄国家各级行政区间建立友好关系,借助友好省份(邦、府)、友好城市、友好城镇等平台,在国家引领与指导下,推动多层次的文化交流活动与文化合作。

(二) 促进社会文化资源协同开发

澜湄区域地处大陆与海洋文明的交汇处,悠久曲折的历史造就了区域内丰繁瑰丽的文明多样性,为区域留下了众多宝贵的文化资源。促进社会文化资源协同开发,要发挥澜湄国家各自的比较优势,推进对具有珍稀性的文化遗产进行联合保护性协同开发。以世界文化遗产为例,中国拥有世界文化遗产 37 项、世界文化与自然双重遗产 4 项,越南拥有世界文化遗产 5 项、世界文化与自然双重遗产 1 项,老挝拥有世界文化遗产 3 项,柬埔寨拥有世界文化遗产 3 项,缅甸拥有世界文化遗产 2 项,② 世界文化遗产拥有量占亚太地区文化遗产数量的四分之一以上,世界文化与自然双重遗产拥有量接近亚太地区文化遗产

---

① 何星亮:《文明交流互鉴与人类命运共同体建设》,《人民论坛》2019 年第 21 期。
② 数据来自联合国教科文组织《世界遗产名单》,http://whc.unesco.org/pg.cfm?cid=31,访问时间:2021 年 8 月 15 日。

数量的 1/2。① 而列入联合国教科文组织的人类非物质文化遗产代表作名录和急需保护的非物质文化遗产名录的非物质文化遗产数量，更是在全世界首屈一指，仅中国就拥有 42 项、位列世界第一。② 由于地缘相近、人缘相亲，部分澜湄国家的非物质文化遗产具有跨境属性，具有共享性质，凝聚了澜湄国家命运与共的历史记忆。这些丰富的文化资源，不仅属于澜湄各国也属于全人类，然而，由于诸多因素限制，部分文化遗产未得到充分的开发利用，造成了极大的资源浪费乃至资源灭失。加强文化遗产保护，推进文化资源开发保护，一是应以建设文化共同体为导向，发挥域内各国比较优势促进域内社会文化资源协同开发，有助于保护好区域内共同的文化遗产。例如，老挝、缅甸等国由于发展水平相对落后，部分文化遗产面临着灭失的危险，可以在尊重各方利益与关切的基础上，探索利用中国、泰国等发展水平较好的国家的资金与先进开发保护管理经验，协同对珍稀遗产进行保护性开发，实施一批澜湄区域文化遗产协同保护传承示范工程。通过共同的文化遗产保护开发，增进彼此的历史纽带认知与文化感情共通。二是共同做大做强重点文化产业。依托澜湄流域经济发展带建设，打造澜湄文化产业带建设，依托产业带国家、地区各自文化特色，推动建立一批特色文化小镇，带动形成具有鲜明澜湄区域和民族特色的文化产业群。借力跨境经济合作，推动打造澜湄国家文化产业合作示范园区和示范基地。借助数字经济发展的契机，联合布局数字文化产业，协同将优质文化资源数字化，打造一批具有澜湄风格的数字内容，共同讲好澜湄故事，占领国际数字文化产业高地。共同推出一批具有代表性、面向澜湄国家全体受众的文化产品。例如，泰国影视剧在中国国内有一定的影响力，而中国的影视剧则在越南有着较广的受众，可以推动中、泰、越等国结合自身优势联合创作一批面向多

---

① 依据联合国教科文组织的划分，亚洲和太平洋地区包括 36 个亚太地区和国家，此处的"亚洲"不包括西亚的阿拉伯国家，也不包括被列入欧洲和北美地区的俄罗斯、土耳其、塞浦路斯、以色列及外高加索三国。

② 数据来自联合国教科文组织《人类非物质文化遗产代表名录》，http://www.crihap.cn/2018-12/06/content_17630118.htm，访问时间：2021 年 8 月 15 日；《急需保护的非物质文化遗产名录》，http://www.crihap.cn/2018-12/06/content_17630117.htm，访问时间：2021 年 8 月 15 日。

国的影视剧作品,形成制作、出版、发行、批销一条龙的影视创作合作中心。通过共同制作与澜沧江—湄公河地区文化、历史、当代社会人文等元素息息相关的文艺作品、影视作品,扩大澜湄文化的影响受众,培育各国家及地区间的相互了解与认同。

(三) 提升旅游、教育等方面合作

作为直接文化交流的有效补充,旅游、教育等方面的合作也为增进文明交流互鉴、促进民心相通发挥着重要作用。旅游是文明交流互鉴的一种直接、自然的方式,通过旅游,不同文化背景和社会制度下的人民能够增进了解、彼此互鉴、相互包容,旅游的"民心相通"功能,对于促进国家之间的相互了解和信任具有不可替代的纽带作用,是建设开放包容世界的重要渠道。① 澜湄国家由于地缘关系,有着密切的旅游联系。湄公河流域国家是中国游客的重要目的地,泰国是中国游客最喜爱的目的地之一,中国已成为湄公河流域国家主要的客源国。然而,除中国、泰国以外的湄公河国家旅游业发展水平仍然较低,澜湄国家间的旅游合作仍有巨大的发展空间。提升澜湄国家间旅游交流与合作,应加快澜沧江—湄公河黄金水道沿线旅游服务设施建设和旅游线路开发。以《区域全面经济伙伴关系协定》(RCEP) 建设为契机,共同加强旅游发展的软硬件基础设施建设,提升口岸通关效率,提升区域旅游便利化水平,改善旅游旅游环境,规范旅游市场秩序,推动政府引导,旅游企业、协会、社团组织等多方参与的澜湄旅游合作。推动会展式旅游,广泛开展面向域内国家游客优惠的旅游年、旅游月等活动。共同申请主办国际大型赛事、会议等,促进人文旅游交流。发展绿色可持续旅游、生态旅游、农业旅游、体育旅游、文化遗产旅游、美食旅游、社区旅游,建立澜湄旅游城市合作联盟。② 教育交流历来被视为文化交流与增进民心相通的有效渠道。例如,软实力研究者普遍认

---

① 宋瑞:《构建人类命运共同体旅游可发挥重要作用》,《中国旅游报》2018 年 4 月 2 日第 3 版。

② 新华社:《澜沧江—湄公河合作第三次领导人会议万象宣言》,中华人民共和国政府网,2020 年 8 月 24 日,http://www.gov.cn/xinwen/2020 – 08/24/content_ 5537090.htm,访问时间:2021 年 8 月 15 日。

为，国际教育对于促进美国的经济和全球竞争力发挥了显著的作用。[①] 其逻辑起点即认为国际教育使得国际学生的心理趋向与行为偏好更有利于留学国。尽管学者们对教育交流在国际关系中的作用大小存有争议，但教育交流对民心与国际关系的影响是不可否认的。澜湄国家间，在高校留学生、专业技能培训、职业教育培训、企业产业等方面的教育交流具有良好的基础，进一步提升教育交流合作，宜拓宽教育交流形式、丰富教育交流层次。例如，可以尝试开展将交换生项目下沉至中小学层次，交流从娃娃抓起。借助数字与互联网技术，大力发展线上教育合作，尝试在通识教育层次开展远程通用语言（英语）教学，探索"异国同校、多语教学"的方式开展边境跨国中小学初级教育机构合办的可能性，提升边境地区儿童教育质量，培育六国友好的"澜湄精神"友谊种子。

**五 坚持绿色低碳，建设一个清洁美丽的澜湄国家命运共同体**

绿色是"一带一路"的底色，清洁美丽则是命运共同体的底色。[②] 绿色发展，是时代发展的潮流与大趋势，是时代发展的必然要求。2008年世界金融危机发生后，国际社会普遍开始反思经济发展方式，绿色经济成为备受关注的焦点。2008年10月，联合国环境规划署发起"绿色经济倡议"，旨在推动世界各国向绿色经济模式转变。[③] 2009年3月，联合国环境规划署发布了题为《全球绿色新政》的政策简报，呼吁各国领导人实施绿色新政（Green New Deal），积极转变经济发展方式。[④] 2011年，联合国环境规划署发布了《迈向绿色经济——面向决策者的综合报告》，提出绿色经济可以支撑经济增长、收入和就业机会，按"绿色"情景，短期经济增长虽有可能低于常规情景，但长期来说（2020年及以后），无论是按传统的衡量方

---

① 卢凌宇：《软实力的神话》，《世界经济与政治》2018年第4期。
② 陶文昭：《构建人类命运共同体要处理好几对关系》，《红旗文稿》2020年第3期。
③ 《联合国环境规划署发起绿色经济倡议》，联合国官方网站，2008年10月22日，https://news.un.org/zh/story/2008/10/103192，访问时间：2021年8月15日。
④ 《环境署政策概要呼吁实施全球绿色新政》，联合国官方网站，2009年3月19日，https://news.un.org/zh/story/2009/03/110332，访问时间：2021年8月15日。

式还是用更全面的衡量方式，绿色经济的表现均会超越常规情景；倡导各国通过适当的政策改革和促成条件加以激发绿色投资，以建立或加强自然资本，如森林、水资源、土壤和鱼类资源等，对人力资本包括和绿色经济相关的知识、管理和技能进行补充性投资，以确保顺利过渡到更加可持续发展的途径。① 2015 年 9 月，备受关注的"联合国可持续发展峰会"在联合国总部召开，峰会上通过了一份由 193 个会员国共同达成的成果文件，即联合国第 70/1 号决议《变革我们的世界：2030 年可持续发展议程》。《2030 年可持续发展议程》直指绿色发展，提出要创建一个以可持续的方式进行生产、消费和使用从空气到土地、从河流、湖泊和地下含水层到海洋的各种自然资源的世界；一个技术研发和应用顾及对气候的影响、维护生物多样性和有复原力的世界；一个人类与大自然和谐共处，野生动植物和其他物种得到保护的世界。② 中国是最积极响应国际社会关于绿色发展共识的国家之一，"一带一路"倡议尤为重视践行绿色发展的理念，针对共建"一带一路"，习近平总书记提出，"我们要着力深化环保合作，践行绿色发展理念，加大生态环境保护力度，携手打造'绿色丝绸之路'"。③ 而在人类命运共同体建设中，"清洁美丽世界"也是其中重要的一环。④ "一带一路"倡议推进以来，中国与"一带一路"沿线各国分别签署了《关于共同推进丝绸之路经济带和 21 世纪海上丝绸之路建设的谅解备忘录》（以下简称《谅解备忘录》）。2016 年 9 月，中国政府与联合国开发计划署签署《谅解备忘录》，随后，在《谅解备忘录》中，尤为重视生态环境的可持续发展，"绿色"虽然仅在全文中出现 2 次，但《谅解备忘录》的字里行间渗透着基于绿色发展

---

① 联合国环境规划署：《迈向绿色经济：通往可持续发展和消除贫困的各种途径——面向决策者的综合报告》，2011 年，第 28 页，https：//www.unep.org/greeneconomy，访问时间：2021 年 8 月 15 日。
② 《变革我们的世界：2030 年可持续发展议程》，联合国官方网站，2015 年 9 月 25 日，https：//www.un.org/zh/documents/treaty/files/A‒RES‒70‒1.shtml，访问时间：2021 年 8 月 15 日。
③ 习近平：《携手共创丝绸之路新辉煌》，《人民日报》2016 年 6 月 23 日第 2 版。
④ 卢光盛、吴波汛：《人类命运共同体视角下的"清洁美丽世界"构建——兼论"澜湄环境共同体"建设》，《国际展望》2019 年第 11 期。

的精神,① 《谅解备忘录》充分体现了"一带一路"倡议的时代性、国际性,是对联合国2030年可持续发展议程的具体践行。澜湄合作是"一带一路"倡议在大湄公河次区域推进的重要平台,澜湄国家命运共同体是首个得到了相关国家正式认可并已经进入建设日程的命运共同体,是人类命运共同体的先行先试,② 也是践行"绿色丝绸之路"和清洁美丽世界的前沿。澜湄六国已充分认识到维护生态环境的重要性,在澜湄合作机制下,澜湄六国于2019年3月共同通过了《澜沧江—湄公河环境合作战略(2018—2022)》,为澜湄六国进一步深化生态环境建设、开展环境合作奠定了新基础。习近平总书记指出,"纵观人类文明发展史,生态兴则文明兴,生态衰则文明衰"。③ 湄公河国家因水而兴、因水而荣,澜湄国家因共同的生态环境——澜沧江—湄公河而命运紧相连,共同的生态环境决定了澜湄国家一损俱损、一荣俱荣,澜湄国家的共同繁荣离不开维持良好的共同生态环境,打造好"绿色丝绸之路"先行先试样板,着力建设一个清洁美丽的澜湄国家命运共同体,是"一带一路"背景下澜湄国家命运共同体构建的题中之义。

(一)强化澜沧江—湄公河流域水生态环境保护,保护生物多样性

在当前澜湄合作机制平台下,水合作更多的集中于水资源的分配以及水文信息的共享等方面,水生态环境的保护合作处于水合作和环境合作的中间地带,在环境合作中略有涉及,而在很大程度上被排除在水合作的讨论之外,导致缺乏有效的澜沧江—湄公河水生态环境保护的整体管控和可持续发展的规划。尽管在澜湄区域内各区域性合作机制下澜湄流域水生态环境保护于近年来取得显著进步,但整个流域的水生态环境保护依然不容乐观,上游澜沧江水资源储备减少,湄公河下游地区污染日益严重、水生态系统退化、水生态环境持续恶化,

---

① 国家发展改革委、外交部、商务部:《推动共建丝绸之路经济带和21世纪海上丝绸之路的愿景与行动》,2015年3月。
② 卢光盛、王子奇:《百年变局下的澜湄合作进程与中国角色》,《当代世界》2019年第11期。
③ 习近平:《共谋绿色生活,共建美丽家园》,《人民日报》2019年4月29日第2版。

洞里萨湖流域水环境质量有加速恶化趋势。水生态环境关系到澜沧江—湄公河流域各民族、各国家人民的生产生活的可持续发展。坚持绿色低碳，建设一个清洁美丽的澜湄国家命运共同体，就需要澜湄各国共同强化澜沧江—湄公河流域水生态环境保护。一是统筹澜沧江—湄公河全流域水生态环境保护与地区发展。共同推动澜沧江—湄公河流域绿色协调发展，探索流域上中下游生态补偿机制，本着共享利益的宗旨探索协商建立全流域生态经济转移支付制度，对澜沧江—湄公河流域重点生态功能区因水生态环境保护而牺牲的利益进行共同补偿。以澜沧江—湄公河流域内重要的湖泊和河口为控制对象，从整个流域的角度出发，协调在水资源保护措施背景下开展澜沧江—湄公河主干流和支流水利工程建设。本着共担责任的精神，将生态改善放在首位，共同划定生态红线，共同努力应对气候变化造成的澜沧江上游淡水资源减少的问题，加强澜沧江—湄公河全流域生态环境监测和影响评估，协调流域发展，建立强大的流域生态安全屏障。共建流域水生态环境保护规范，协商建立流域水生态环境保护目标体系，制定相应的水生态环境保护标准和技术体系。二是共同维护澜沧江—湄公河全流域水生态环境承载力。凝聚澜湄各国高等教育机构、科研院所、大型企业研究机构等科学技术资源，共同成立建设澜湄水生态环境科研平台，成立覆盖涉及水生态环境保护的不同学科、领域的联合科研调查团队，开展长期调查、跟踪、测量，对澜沧江—湄公河全流域水生态环境承载能力做出科学评估，建立澜沧江—湄公河上下游生态环境联防联控机制。根据全流域生态环境承载力科学评估结果，强化区域协同，制定科学合理的合作规划，共同维护澜沧江—湄公河水生态环境安全。在澜湄合作等机制框架下，统筹沿澜沧江—湄公河各主要城市布局发展，在保障基本生产生活用水的基础上，联合规划昌都（中国）、景洪（中国）、普洱（中国）、万象（老挝）、廊开（泰国）、磅湛（柬埔寨）、金边（柬埔寨）、胡志明（越南）等澜沧江—湄公河上下游沿线城市的取用水结构，在"共同但有区别的责任"的原则下协调建立相应的承载补偿制度。三是共同强化澜沧江—湄公河流域污染综合管控。加快推进流域水生态环境保护顶层设计，建设澜湄国家澜沧江—湄公河流域污染管控专门平台，主抓突出的污染问题,在不干涉各国内政、不涉及各国主权的基础上,深化对流域内重大生态环境问题的共同调查研究,协调各国流域内山地、森林、田野、湖泊和草地的综合管理,促进水质管理、改善民生。立足澜沧江—湄公河流域水生态系统整体性和系统性,成立联合工作组,定期开展水生生物和水体情况联合调查,联合监测和补救水生态环境隐患。以解决流域内水生态环境安全突出问题为目标,从湄公河下游水质不断恶化的部分(如洞里萨湖地区)开始,对河流进行可追溯性分析,定期开展澜沧江—湄公河全流域水生态环境健康调查联合评估,并在关键地区和关键时期加强对流域污染问题的综合处理。四是共同建立澜沧江—湄公河流域水生态环境监测网络。在中国提供澜沧江全年水文信息的基础上,加快建设澜湄水资源合作信息共享平台,推动澜沧江—湄公河全流域全年水文信息共享。升级现有的澜湄水资源合作信息共享平台,将之打造为覆盖水生态环境保护各方面的多源数据智慧决策平台,建立澜沧江—湄公河流域水环境风险信息库,提升流域潜在生态风险识别和应对能力及风险响应效率。对全流域内化工、纺织、印染等高耗水、高排放、高污染行业企业、项目进行系统性梳理,形成动态联网的流域统一信息数据库,排查可能形成重大风险源的企业、项目,建立风险清单和监测信息数据库,实施重点防范。共同建设流域生态环境地理信息系统,标出重点水生态环境风险地段和流域周边敏感目标,为流域内新建产业项目生态风险评估及提供比对参照,做到全过程监管,从源头上杜绝生态风险的产生。

(二)推动澜湄区域经济发展绿色转型

澜湄各国虽然经济发展水平大相径庭,所处的发展阶段不尽相同,但是有一个共同的特点,即产业发展水平较低,高资源消耗、高能源消耗、高污染排放的产业仍在澜湄各国占有相当大的比例,生产效率的低下造成了大量的资源、能源的浪费也造成了对生态环境的破坏。这与既往的区域经济发展态势及区域产业合作模式有一定的关联。在以往的东亚产业发展"雁行模式"下,日本被视为"雁首",在区域经济发展中居于核心位置,在区域产业合作中牢牢占据高端位置,重点发展智力密集型、知识密集型"高精尖"产业;韩国、新加坡、中国台湾和香港等则被视为"雁翼",在区域经济发展中居于中坚位置，在区域产业合作中处于中间位置，重点发展资金密集型、技术密集型产业；而中国大陆及包括越南、老挝、柬埔寨、泰国、缅甸等湄公河国家在内的除新加坡之外的东盟国家则被当作"雁尾"，在区域经济发展中居于末尾位置，在区域产业合作中处于低端位置，重点发展劳动密集型、资源密集型产业。"雁行模式"下的澜湄各国，普遍以劳动密集型、资源密集型产业为主，这类产业普遍以资源、能源、生态环境的严重损耗为增长发展代价，严重透支着资源、能源和生态环境的承载能力，既不绿色，也不可持续。在此背景下，坚持绿色低碳，建设一个清洁美丽的澜湄国家命运共同体，就需要澜湄各国合力推动区域经济发展绿色转型。所谓的"绿色转型"，是指经济发展摆脱对高消耗、高排放和环境损害的依赖，转向经济增长与资源节约、排放减少和环境改善相互促进的绿色发展方式，它不是对传统工业化模式的修补，而是发展方式的革命性变革。[1] 要推动区域经济发展绿色转型，首先，要推动在产业合作与发展中确立绿色发展的新发展理念，落实联合国《2030年可持续发展议程》。本着共担责任的精神，通过澜湄合作机制下的各层级平台沟通协商，加强澜湄区域绿色产业链布局的顶层设计，加快澜湄区域产业绿色转型的制度保障体系建设，出台具有一定约束力和共识性的区域产业绿色发展规范性文件，达成"绿色承诺"共识，在充分协商的基础上，对流域内能源消耗、水资源消耗设定一定的流域生产约束性指标，提升生态环境保护、生态安全、绿色技术等标准约束，推动区域经济发展方式绿色转型。借鉴中国、泰国等域内国家先进经验，推动澜湄各国根据本国国情和经验，制定循环经济促进条文条例。其次，提升澜湄区域内现有产业绿色化水平。本着共享利益的宗旨，要以先进带落后，推动区域内绿色经济较为发达、绿色生产技术较为先进的国家无偿或低价转让其先进绿色生产技术，推动澜湄区域生产节约和资源的循环利用。以澜湄国家跨境产业合作园区为试点，优先推动重点行业、企业、项目的节能减排，共同推动流域内高能耗、重污染产业改造，以企业的循环式生产，带动园区的循环式组团，促进行业的循环式整

---

[1] 王一鸣：《中国的绿色转型：进程和展望》，《中国经济报告》2019年第6期。

合,加快产业的绿色、低碳、循环转型。将钢铁、电力、能源化工等部门的超低排放改造,以及纺织、印染、造纸等行业的清洁生产推广,纳入澜湄产能合作计划中。共建区域性产业绿色转型规范,共同设定符合区域发展阶段的产业绿色转型标准,共同确立区域产业绿色转型分阶段行动计划表,通过产业升级、绿色转型逐步淘汰技艺相对落后、环保标准落后的产能。在绿色转型中要照顾到民生就业,通过产能置换软性淘汰落后产能,实现地区包容性增长。在澜湄产能合作框架下,以重点企业智能流水线、数字生产车间升级改造为示范,推动实施一批产业升级技术改造项目,加快区域内既已存在的传统产业的数字化、信息化、智能化改造,充分利用新一代技术革命的成果,通过对现有产业生产流程等进行"大数据"化改造,避免不必要的生产过程性浪费。

(三) 建设澜湄区域绿色产业链

推动区域绿色经济的发展,是由两个相辅相成的组成部分构成的,既要做好存量的升级改造,也要做好增量的规划建设。一方面是提高现有产业的环境、社会和经济效益,实现绿色转型;另一方面则是创造新的有竞争力的产业,提供可持续的商品和服务,共建区域绿色产业链。坚持绿色低碳,建设一个清洁美丽的澜湄国家命运共同体,要抓住百年未有之大变局下"新型"全球化和新一轮科技革命的契机,利用地理赋予的"缘"和时代赋予的"分",在共建"一带一路"倡议下优化区域产业空间布局,建设区域绿色产业链,打造澜湄流域绿色经济发展带。一是深化发展战略对接,推动形成澜湄绿色经济发展新"雁行模式"。区域绿色产业链的打造,虽然存在跨越式发展的逻辑,但也遵循一般国际经济发展规律。由于发展阶段的不同,澜湄区域内形成了一定的经济发展梯度,澜湄各国的产业存在一定的互补性和上下游关系,这为在产业转移和合作中构建联系紧密的区域绿色产业链提供了坚实的经济基础。毋庸置疑,中国是澜湄国家中发展较早较好的国家,拥有较为丰富的绿色经济发展经验和更为先进的绿色技术。构建澜湄区域绿色产业链,打造澜湄流域绿色经济发展带,应在共担责任、共享利益、共建规范的基础上,充分利用好"一带一路"倡议,打造以中国为主导、其他域内发展中国家参与的互利共赢的新雁行模式，调动中国居民和企业不断积累的资金、技术和人力资本，为周边国家提供发展资金、技术和人力资本支持。① 加强澜湄各国绿色经济发展战略对接，推动澜湄各国绿色新政错位协同。加强澜湄绿色金融发展，本着共商共建共享的原则，以中国为主要出资方共同成立澜湄绿色产业基金，为澜湄区域清洁能源、绿色基础设施、节能环保等绿色产业领域发展提供金融支持。二是在湄公河下游地区共同扶植绿色农业、绿色加工业。在共同推进澜湄流域经济发展带建设过程中，坚持绿色低碳，共同谋划拟定澜湄流域经济发展带负面清单，以绿色基础设施建设投资为先导，推动沿江沿河污染较大的产业向域内生态承载能力较好的其他地方转移。着力破解湄公河下游地区，尤其是洞里萨湖污染等突出问题，设立专项共同基金，以扶植绿色农业、绿色加工业推动湄公河下游地区深入实施污染治理工程，建成澜湄流域经济发展带绿色产业发展典范。三是在域内部分发展较晚的国家和地区共同培育旅游业、特色农业等绿色产业。吸取域内发展相对较早的中国、泰国等国的经验教训，推动"绿水青山就是金山银山"的生态发展理念成为澜湄国家绿色经济发展带的建设理念，在帮助老挝、柬埔寨和缅甸等发展较晚的湄公河国家实现国家工业化的过程中，重点支持其因地制宜发展旅游业和高附加值的特色农业，打造澜湄国家绿色经济发展带绿色产业发展示范样板。共同加强澜湄文化旅游产业建设，推进澜沧江—湄公河旅游观光带建设。四是共同抢占全球绿色产业发展高地，推动澜湄区域成为全球绿色经济发展标杆。抢占国际碳排放话语权和定价权，共同建立澜湄碳排放权交易市场，探索完善碳排放权交易制度，建立相应的交易规则，完善相应的监管体系，将之打造为全球碳排放指标交易的标杆市场。结合澜沧江—湄公河流域排污治理，探索将排污权证券化，建立相应的排污权交易市场，为国际河道治理探索治理新模式。发挥好澜湄合作专项基金的引导作用，推动域内发展较好的中国、泰国、越南等国家建设一批绿色制造示范项目。在产能合作中，共同培育一批绿色制造

---

① 陆明涛：《构建基于"一带一路"的新雁行模式》，《大众日报》2018年1月10日第10版。

系统解决方案供应商，加快建设澜湄区域绿色制造体系，重点打造一批具有龙头示范带动作用的绿色生产线、工厂、园区。

（四）推动绿色消费、低碳生活模式

绿色消费对促进生产过程的绿色化和推动绿色发展具有重大作用。[①] 居民生活模式深刻地影响着居民消费习惯，而居民消费习惯又影响着生产部门的生产品类与部分生产方式。推动居民生活方式绿色低碳化，促进绿色消费，是建设一个清洁美丽的澜湄国家命运共同体的重要举措。一是要共同倡导绿色消费理念，广泛宣传低碳生活模式。澜湄国家均是发展中国家，存在着大量受教育程度较低的人群，这部分群体受其教育水平限制，生产生活理念较为落后，存在着大量浪费、高碳的生产生活行为，例如燃烧农作物秸秆等。澜湄国家应共同发起"低碳扫盲"活动，借助各种平台、形式大力宣传低碳生活、绿色消费理念，如举办澜湄低碳生活年、澜湄绿色生活节等，使绿色消费、低碳生活的理念深入人心。二是共同试点打造一批低碳城市，为国际社会树立标杆。推动澜湄各国曾受雾霾等环境问题困扰的城市成立澜湄低碳城市联盟，邀请国际社会的专家、学者根据各城市情况制定相应的城市低碳发展规划，明确低碳发展目标。在城市建设中，推广节能建筑和绿色建筑，持续推广绿色建材生产和绿色施工，通过澜湄产能合作共同提升绿色技术在生活场景中的应用，例如推广节能照明、节能门窗、太阳能光伏等技术和产品，促进城市绿色转型。

## 第三节 "一带一路"背景下澜湄国家命运共同体构建的对策建议

"高高山顶立，深深海底行。"澜湄国家命运共同体是澜湄区域未来的发展方向，是澜湄区域未来的区域秩序，是当前澜湄区域开展区域合作的行动指南，同时也是澜湄区域推进"一带一路"倡议建设和澜湄合作建设的最终目标。澜湄国家命运共同体的构建要以澜湄

---

① 王一鸣：《中国的绿色转型：进程和展望》，《中国经济报告》2019年第6期。

合作为主要依托和建设载体，通过加强制度建设，提升地区合作规范，促进各成员国承担共同但有差别责任，不断增进地区国家及民众的共同利益，实现地区和平稳定与发展繁荣。当前，要将澜湄国家命运共同体从"理想"变为"现实"，应宏观层面提高整体站位，中观层面把握主要矛盾，微观层面深化具体落实，在合作战略、机制建设、合作动力、合作对象、合作领域、重大项目、合作文化、域外合作等八个层面重点推进澜湄国家命运共同体建设。总体而言，各参与方需要秉持开放包容精神，相互协商和协调，按照政府引导、多方参与、项目为本的模式加快推进，共同建设"面向和平与繁荣的澜湄国家命运共同体"，[①] 推动澜湄区域合作由"同饮一江水"到"命运共同体"的发展升级。

## 一　合作战略层面，对接区域及各国发展战略

对接即寻求各国及各区域发展进程中的"互助点"，在相互尊重的基础上，探寻彼此在利益诉求、发展目标、重点领域等方面的共同点和结合点，协商制订发展规划，实现优势互补，合作共赢。[②] 其中，政府所发挥的纽带作用尤为重要。澜湄国家命运共同体的构建，应该与"一带一路"倡议在同向推进中实现高度契合，同时要与《东盟互联互通总体规划2025》、"国际陆海新通道"及澜湄各成员国的发展战略等实现有效对接。

### （一）对接"一带一路"倡议、《东盟互联互通总体规划2025》等规划

区域发展战略的对接将是一个循环过程，良好的对接结果也将推

---

[①] 卢光盛、段涛：《澜湄合作：迈向命运共同体》，《中国国防报》2016年12月30日第23版；《澜沧江—湄公河合作首次领导人会议三亚宣言》，澜沧江—湄公河合作中国秘书处网站，2016年3月23日，http：//www.lmcchina.org/2016-03/23/content_41447218.htm，访问时间：2020年12月1日。

[②] 杨雷：《国际制度视角下"一带一路"与大欧亚伙伴关系的对接》，《东北亚论坛》2021年第1期；李一平、付宇珩：《国际合作中的领导权竞争：以"一带一路"倡议与金砖国家合作的战略对接为例》，《东南学术》2019年第3期；庞中英：《论"一带一路"中的国际"对接"》，《探索与争鸣》2016年第5期；王存刚：《国家发展战略对接与新型国际关系构建——以中国的"一带一路"倡议为例》，《中国战略报告》2016年第2期。

动新一轮对接。当前，宜以"命运共同体"理念着力塑造"澜湄共识"，创建澜湄区域共同的战略价值认同，在发展目标上营造共同战略期盼，在政策上共同优化发展战略，在实践上协同开展重点项目建设，建立、强化双多边间战略伙伴关系。[①] 推进澜湄国家命运共同体的构建要与"一带一路"倡议、《东盟互联互通总体规划 2025》、联合国《2030 年可持续发展议程》等发展战略实现充分的对接。在澜湄合作"3+5+X"合作和中国—东盟合作框架下，结合《落实中国—东盟面向和平与繁荣的战略伙伴关系联合宣言行动计划 (2021—2025)》，明晰澜湄合作与相关规划的可对接领域与可办调项目，以目标、政策、项目为层次进行梳理，编制澜湄合作与区域内其他发展战略对接的指导性大纲和项目目录，重点谋划一批示范性重大项目，以项目层面的具体对接示范推动战略层面的对接安排。实现区域内外的统筹协调，推进资源的优化配置，减少合作中的不确定性，增进各参与方形成稳定预期，稳步推进合作规划。在对接的过程中，进一步推动形成共同利益并合理分配、共同承担并发挥各自相应的责任，协调发展收益，增强各方参与合作的积极性，共同推进澜湄国家命运共同体建设，对中国—东盟合作产生示范和辐射效应。

（二）对接《区域全面经济伙伴关系协定》等高水平多边协定

推进澜湄合作同《区域全面经济伙伴关系协定》等高水平多边协定对接，着力推动澜湄区域高质量的贸易畅通。在促进澜湄共同市场建设过程中，重点在贸易规则领域，探索借助相关高水平多边贸易协定（包括但不限于《区域全面经济伙伴关系协定》）中关于货物贸易、服务贸易、投资和知识产权等方面的相关规定升级澜湄合作中相关的规则。在跨境经济合作和产能合作中，引入原产地规则，推动澜湄区域产业分工链条的形成。在条件成熟的情况下，在双多边贸易领域探索在区域内先于相关多边贸易协定规定的最后期限实现既定贸易承诺，可参考相关高水平多边贸易协定，制定澜湄共同市场的货物贸易、服务贸易、投资和自然人流动承诺表和清单。通过高标准规则层

---

[①] 于宏源、汪万发：《澜湄区域落实 2030 年可持续发展议程：进展、挑战与实施路径》，《国际问题研究》2019 年第 1 期。

面的对接，推动在机制、项目层面的对接。

（三）对接各成员国的国家发展战略

国家发展战略的对接要注重将本国优质资源与他国发展需求紧密结合，助力相关国家实现发展目标，实现互利共赢。在澜湄国家命运共同体建设中，要基于区域内各国共同的意愿、共同的利益，充分对接缅甸《国家全面发展20年规划》、老挝《十年社会经济发展战略（2016—2025）》、越南《至2020年融入国际社会总体战略和2030年愿景》、柬埔寨《2015—2025工业发展计划》，以及泰国提出的"泰国4.0战略"等国家层面战略和规划。切实推进"一带一路"倡议与越南"两廊一圈"规划和老挝"陆联国"战略等地缘经济发展战略的对接，规划出较为明晰的路线图，设计出具体的操作方案，厘清所涉及问题的归属，明确推进对接的主体责任，将"一带一路"倡议与澜湄国家地缘经济战略规划的对接打造成区域地缘经济对接示范样板。

## 二　机制建设层面，与域内外相关机制协同发展

澜湄合作机制是推进澜湄国家命运共同体构建的重要载体和平台，要注重处理和协调澜湄合作与大湄公河次区域经济合作等区域内众多机制的关系问题。秉持着开放包容的态度，积极与大湄公河次区域经济合作、湄公河委员会，以及东盟—湄公河流域开发合作等区域内其他合作机制适时展开合作。推进澜湄合作与东盟共同体建设、中国—东盟合作等协同发展，助力地区一体化进程。

（一）促进澜湄合作与中国—东盟合作等机制相互补充、相互协调

在面对关乎地区发展全局的一些重大问题，如传染病防治、气候变化、环境保护、水资源治理等方面，迫切需要澜湄地区相关合作机制对一些重大项目、合作规划进行协调甚至是整合，建立起与区域内乃至东南亚区域内其他合作机制协调。如在应对跨国犯罪、恐怖主义等方面，澜湄合作可探索在东盟地区论坛框架下的对话协调，从而完善区域多边非传统安全领域的合作。加强与东盟共同体建设优先领域、中国—东盟合作相互补充、协调发展，从制度建设上实现提质升

级。可以考虑由中方出面，先从"二轨"或"1.5 轨"层面推动澜湄地区内外诸合作制度的对话协调议程，进一步培养官方和智库的有效合作，鼓励拓展国际对话渠道，构建起政府与智库的有效合作机制和政策储备手段。例如，在水资源开发和管理方面，澜湄合作可以和湄公河委员会进一步加强开展对话合作，避免流域国家在水资源开发利用时存在的潜在纠纷与冲突。中国宜联合湄公河国家加大力度提供通用性较高的区域性国际公共产品，促进澜湄合作与其他机制间的联动，推动机制间功能性对接，推动区域内各区域性国际制度由竞争走向竞合，条件成熟时可适时吸纳域外国家或国际组织参与澜湄合作建设。

（二）推进澜湄合作与大湄公河次区域经济合作相互借鉴、协调发展

澜湄合作机制与大湄公河次区域经济合作之间不存在所谓"另起炉灶""此消彼长"的关系。[①] 建议尽快搭建澜湄合作与大湄公河次区域经济合作对话协调平台，增进信息分享和知识经验的交流，减少重复投入的成本。一是应通过发挥澜湄合作机制的包容性和开放性，发挥澜湄合作各参与方的积极性，与域外国家、国际组织的开展战略对话，寻求彼此间"最大公约数"和新的利益契合点。二是通过切实促进和协调各方利益，实现两项机制在发展规划、会议议程、合作领域等方面协作和升级，在区域内形成澜湄合作与大湄公河次区域经济合作的"双轮驱动"，真正为区域国家提供更多的合作资源和发展机会，为推进区域的稳定与繁荣发展制度基础。三是以项目对接促机制对接。探索在不损害澜湄合作"3+5+X"合作框架的基础上，在与大湄公河次区域经济合作机制及相关参与国有效沟通的基础上，适度削减部分与大湄公河次区域经济合作业已有效开展的经济、贸易、产能合作等领域重叠的规划，建立澜湄合作与大湄公河次区域经济合作项目清单，梳理其中存在较多共同利益点和疑似存在重复建设等问题的相关项目，协调相关国家共同探讨取舍，以包容性增长和

---

[①] 卢光盛、金珍：《超越拥堵：澜湄合作机制的发展路径探析》，《世界经济与政治》2020 年第 7 期。

可持续发展为原则，取最优值，集中有限资源促成各项项目效益最大化。

（三）探索"一带一路"倡议与 RCEP 在澜湄区域内率先实现有效对接

RCEP 是由东盟发起推动的区域经济合作协定，中国和湄公河五国均是 RCEP 签约国。在经济贸易领域，RCEP 的相关协议要求与"一带一路"倡议提出的"贸易畅通、资金融通"、中国—中南半岛经济走廊建设及澜湄合作三大合作支柱之一的经济和可持续发展建设高度契合，对接 RCEP 建设有利于澜湄区域率先实现"贸易畅通、资金融通"，树立经济走廊建设样板。一是推进"一带一路"倡议关于贸易、金融规则方面的要求全面对接 RCEP 相关各项协定。二是中国可率先针对湄公河国家取消农产品进口关税，为湄公河国家季节性农产品开辟特殊通道便利双边农产品贸易。三是探索在澜湄合作框架下率先建成澜湄区域互认的产品质量评价监督管理认证体系，从而为全面取消数量限制、进口许可程序管理以及与进出口相关的费用和手续等非关税措施方面的约束做必要准备。四是利用 RCEP 关于原产地规则的约定，以重塑区域价值链为导向，以澜湄产能合作为抓手，推进澜湄国家间跨境经济合作区、边境合作区建设。五是根据 RCEP 协定的规划，率先实现 RCEP 关于卫生与植物卫生措施的规定，援助湄公河五国按照协定时间表尽早达成相关规定，促成"绿色丝绸之路"建设与之对接。六是依托"一带一路"倡议和中国自由贸易区建设，探索在云南、广西、广东和海南等省份设立 RCEP 协定试验区，在试验区内先于协定时间表实施协议相关规定，全面开放服务贸易、过境贸易、跨境投资等，为日后彻底实现协定相关规定积累数据及经验。

## 三　合作动力层面，中国应与时俱进地发挥建设性作用

中国是澜湄合作的引领者、支持者，既是澜沧江—湄公河流域的上游国家，也是该区域的大国。随着中国参与国际区域合作能力和意愿的提升，应将澜湄区域作为周边外交的重点区域来建设和经营，在澜湄国家命运共同体的建设过程中，进一步发挥力所能及且更加积极有为的作用。

## (一) 不断优化澜湄区域公共产品供给

区域公共产品有利于满足区域及各成员国家的发展需求，有助于突破区域合作中的发展困境，促进整个合作层次的提升。在区域合作由"外力驱动"转向"内力驱动"的重要时期，中国应充分把握好区域公共产品在区域合作中的供给与需求，聚焦提供政治—安全、经济合作、社会—文化三大类别的区域公共产品。一是政治—安全类公共产品。在传统安全方面，应注重维护地区和平与安定，要加强对南海问题的管控，避免南海问题的多边化及国际化。在非传统安全方面，主要在疫情防控、打击毒品走私、跨国犯罪、恐怖主义、应对自然灾害等问题上，率先提供并带动湄公河国家参与区域公共产品的供给。

二是经济合作类的公共产品，加快打通连接湄公河国家的公路、铁路国际大通道，加密面向湄公河国家航线，推动中缅陆水联运通道项目合作开发。同时，应注意在通道大干线建成的基础上，以干线建设为支撑，以重点城镇为节点，推进支线的建设，使交通基础设施联通形成组网，延伸至各国腹地，真真正正服务各国经济社会发展。加快推进澜湄国家高等级电力互联互通通道建设。推动中国与湄公河国家跨境国际通信线路的建设与升级改造。在新冠肺炎疫情得到有效控制的情况下，重新规划跨境经济合作方案，持续推进国家间口岸通关便利化举措，借助"数字丝绸之路"建设，升级口岸数字化建设水平，实现通关信息和服务的数字化管理。深化与湄公河国家金融开放与合作，推动与湄公河国家签署金融合作、监管备忘录等协议，促进与湄公河国家机构互设、产品共享。积极主动提供经济技术援助，提升区域人力资源开发，建立健全区域合作机制和争端解决机制等。

三是社会—文化类公共产品，注重提高区域社会发展水平，促进文化融合，增强区域认同感。深化与湄公河国家在科学、教育、文化、卫生各领域的交流合作，将各领域合作"产品化"，推出成系列、有区域特色的交流合作产品，例如可以共同编演以澜沧江—湄公河为主题的大型舞台表演，展现澜湄国家历史、文化的深厚渊源。加强教育领域的交流与合作，结合澜湄各国教育领域的优势项目，强化教育交流项目的设置与优化，通过教育交流项目实现"取长补短"。

加大互派留学生力度，为澜湄区域深化储备相关人才，以留学生的互派作为澜湄国家在各领域合作深化的手段之一。面向基层民众，开展"光明行"、妇幼健康项目，加强对传染病的防治和宣传工作，继续加强抗疫国际合作，推动建立联防联控机制。讲好中国故事，组织涉湄各行业群体发掘相关故事，打造一批"好听、动听、人民乐意听"的中国故事，通过品牌效应式的故事做好涉湄国际传播，当前阶段可以重点讲好共同"抗疫"故事。

（二）在区域合作中高度重视国家形象和话语体系建设

在引领和推动澜湄国家命运共同体的建设过程中，应以适时、适度、适合为标准，充分顾及区域国家和民众的舒适感、获得感和被尊重感。通过更加广泛的互惠互利合作，使湄公河国家能够更多地分享利益。在商贸和投资等项目中，要恪守与尊重所在国法律法规和民俗文化，重视提高商品和项目的品质，积极实施"本土化"战略，认真履行企业社会责任。在老挝、缅甸、柬埔寨等国，通过开展公共卫生、水污染防治和减贫经验分享等公益类活动，使湄公河国家及普通民众能够更多地分享中国发展的经验和成果。此外，中国应在合作中注重构建中国特色大国外交和话语体系，宣传和践行"亲诚惠容"的外交理念，让周边国家乃至国际社会了解中国为周边区域的发展所带来的实惠。针对合作中出现的一些误解和疑虑，要及时、主动地掌握话语主导权，避免舆论政治化甚至军事化。通过加大对湄公河国家的民生帮扶和援助宣传力度，注重体现中国善意和大国责任，突出合作共赢，营造良好舆论环境，推动"中国威胁论"转为"中国机遇论"。要将中国故事由纸面落到地面，政府可以组织记者、作家、学者等具备相关专业知识和能力的人员，赴区域合作一线采风，在一线调研的基础上深挖有利于国家形象建设的素材，将生硬的调研材料转化为故事式的语言，将中国故事和中国参与的区域合作故事通过多种形式讲述给当地民众，例如可以将一系列故事制作国家形象片，在当地电视台、广播台、大屏幕进行广告投放。

重点以项目形象树国家形象，多渠道、多手段加强澜湄区域内有中国参与的合作项目，尤其是在建、建成重大工程项目的项目形象塑造。对在建工程建设项目做好舆论引导工作，采取"一项目一策"

的措施，切实挖掘每一个项目对建设所在地实质性的短期利益与长期利益，政府引导、智库出谋，辅助项目实施主体做好项目的宣传工作。可以以周报、半月报、月报的形式，定期发布工程进度实施情况报告，穿插展现工程的各个侧面，拉近工程建设项目与工程实施地及所在国民众的距离，营造良好的中国形象，例如展示工程实施过程中中国工人与当地工人、民众的良性互动。对建成工程项目，政府宜专门设立负责长期跟踪的官方机构，建立建成工程项目清单库，辅助项目实施主体做好后续质量、维护的跟踪，同时监测该项目产生的后续影响，对产生积极影响的项目，尤其是关系到民生福祉改善等方面积极影响的项目，要在项目实施所在地相关媒体上做好后续报道，善巧地宣介；对尚未产生较大范围负面影响的项目，要协调项目实施主体及时做出针对性处理，找到痛点，及时调整，防微杜渐，防止扩散；对已产生较大范围负面影响的项目，要监督项目实施主体全力整改，对受波及的当地民众及相关利益方及时做出补偿，开诚布公地反思问题、展示整改过程，同时做好在当地媒体上的宣传工作，展示负责任的形象。对于国资背景的项目实施主体，政府可以指导相关国资委将企业在当地的形象作为一项考核指标，以督促项目实施主体落实企业社会责任；对于民营资本背景的项目实施主体，政府可以采取奖励先进、辅助落后的方式，协助民营资本背景的项目实施主体落实好企业社会责任。

### 四 合作对象层面，重视和加强战略支点国家建设

在地区多边合作中，各双边关系的巩固与发展与多边合作框架的巩固和发展同样重要。在当前复杂的全球及地区新的发展形势下，中国应针对不同的双边关系，制定不同的、有针对性的方针和政策，重点确立和联系一批战略支点国家，着力提升双边合作水平，促进双边关系和区域合作的良性互动，推进国与国双边的命运共同体的构建，助力澜湄国家命运共同体构建。

（一）加强与部分发展任务较为紧迫的湄公河国家的合作力度

中国与湄公河国家普遍有着良好合作历史和合作基础，但是湄公河国家间发展水平差异较大，部分相对落后的湄公河国家国内发展任

务更为紧迫。因此，中国应在推动澜湄国家命运共同体建设中，全面深化与湄公河五国的合作，同时要扛起大国责任，依托澜湄合作平台统筹优化与湄公河各国合作项目，急人所急，适当加强与部分发展任务较为紧迫的湄公河国家的合作力度，推动澜湄各国共同进步。在澜湄区域，相比中国、泰国、越南等新兴经济体国家，老挝、柬埔寨、缅甸等国国内发展任务相对更为紧迫，中国可适当发挥自身优势加强与老、柬、缅等国的经济合作，推动老、柬、缅等国的发展，促进澜湄各国协调发展，进而强化澜湄区域整体联系，推动澜湄国家命运共同体构建。

中老合作要以交通设施互联互通为抓手，在中老铁路建成通车的基础上，重点支援老挝开展沿铁路干线的支线建设，适度增密中小客运站的设置，将中老铁路切实建成惠民、富民之路。以中老铁路为依托构筑中老经济走廊，借鉴中国—新加坡苏州工业园区模式，联合老挝共同在中老铁路沿线节点城镇选址建设中老经济合作开发区。中老大型产业合作项目的布局宜设立在沿线人口相对稠密的地区，重点推动当地减贫事业的发展。前期宜布局一批投资小、见效快的产业合作早期收获项目，拉动当地经济社会的发展，助力老挝从内陆"陆锁国"到"陆联国"，延伸中老泰经济合作。

中缅合作宜重点侧重对缅甸经济发展、民生改善提供更多支持和帮助的合作项目，实现互利共赢。应以中缅铁路建设为抓手，着力打造中缅经济走廊，加快中缅共建皎漂经济特区的建设进程，共同推进跨境经济合作区建设。中缅应共同加大力度推进跨境犯罪联合整治，在中缅边境加强联合执法管控。中国企业可联合缅甸本土企业共同开发缅甸境内丰富的水资源，在充分考虑当地民间需求和环保要求的基础上，协助缅甸建设一批大中型水利水电项目，建成风光水电储能基地，为澜湄区域提供可靠的能源保障。中国宜制定相应的规范条例，规范中资企业在缅甸的商业活动行为，将在缅中资企业的社会责任的履约度作为其在国内融资等业务审批的重要参考指标，推动在缅中资企业成为一线的中缅"公共外交官"。

中柬合作要充分利用好中柬传统友谊关系，着力强化首脑外交，将两国间首脑密切交往的历史传承下去，共同加强中柬合作顶层设计。以政治促经济，进一步提升中柬双边贸易规模和水平，加强教育文化、公共卫生、农业扶贫、环境保护等民生领域合作。加强在训练教育、装备卫勤、多边安全等领域的务实合作，深化在打击跨国犯罪、拐卖人口、电信诈骗、恐怖主义以及禁毒、执法能力建设、案件协查等方面的合作。中国宜充分发挥大国责任，在中柬合作中适度性让利，以经济合作让利替代简单单向输出援助，将中柬合作打造成中国负责任大国形象的品牌工程和全球南南合作的典范。

（二）创新与湄公河国家的合作模式

在澜湄国家命运共同体的进程中，要善用我国的独特优势，创新和优化我国和湄公河国家的合作。充分发挥我国的地缘、资金、技术、市场等优势，与湄公河国家深化利益融合，构建共同利益网络。在政治安全方面，针对事关我国周边安全和地区稳定的事态，应在不干涉内政、维护"东盟中心地位"的基础上，适当探索"建设性介入"，探索广泛建立以传递中国信号与中国关切为主要目的、以具体问题为导向的、"软性"的、弱约束力的协调性联系机制，与相关国家共同维护区域和平与稳定。在经贸合作方面，着力打造样板性第三方市场合作项目，以样板效应带动相关项目落地。除了要关注"走出去"之外，还要更多地"引进来"。建议针对柬埔寨、老挝等国家，适当放宽粮食产品进入我国市场的关税、配额等限制。探索在全球"碳达峰"背景下，建立"碳转移"驱动的、互惠互利的、绿色低碳的中国—湄公河国家产业合作新型雁行模式。在对外投资方面，通过制定相应的优惠政策，引导企业"走出去"的同时，承担明确的社会责任，做好民心工程，让合作成果更多惠及普通民众。众多关系具体民生福祉的行业产业，主要承担者是中小企业乃至小微企业，宜探索建立完善澜湄国家中小企业、小微企业跨国投资官方服务平台，为中小企业、小微企业走出国门降低壁垒，把更多的中国"实惠"带给湄公河国家民众。在公共外交方面，进一步探索各国智库、媒体、非政府组织、机构、对口友好协会等在增进民间交往方面发挥更大作用，增进民众特别是青年之间的相互了解和友好感情。探索建立涉外工程、涉外企业公共外交培训体系，普及相关文化知识和技能，将每一个涉湄项目、工程、企业员工化为国家的一线"外交员"。

（三）推动六国地方间加强交流合作

推动各国中央政府在澜湄合作框架下适当下放部分外事工作权力于参与澜湄合作的各国地方政府。鼓励各国地方政府在澜湄合作框架下结合本地方实际及地方优势特色积极参与澜湄合作项目建设，推动澜湄地方政府合作论坛尽快举办，鼓励各国地方政府间发展友好省（府、邦）、城市关系。推动澜湄各国地方依托《区域全面经济伙伴关系协定》加强经济合作，鼓励澜湄各国在相毗邻地方推进边境贸易便利化，依托建设一批边境经济合作区、经济园区。中国可利用自身经济发展的相对优势，联合越南、老挝、缅甸等湄公河国家在双方毗邻的地方依托边境口岸打造一批高质量的边境经济合作区、经济园区，树立边境经济合作的样本，同时就《中国相关省区市与湄公河国家地方政府合作意向清单》与相关国家及地方政府积极沟通，促进清单尽快落实。推动澜湄各国地方政府在新冠肺炎疫情联防联控中发挥更大的能动性，提升抗疫信息、技术、物资等的共享水平。推动澜湄各国间边境地区地方政府和边境管理部门交流，鼓励澜湄各国在跨境犯罪打击方面赋予地方政府更多事权，强化跨境犯罪合作打击力度。

## 五 合作领域层面，深化政治安全、经济和可持续发展、社会人文交流

澜湄国家命运共同体建设应契合区域的发展需要，不断深化功能性合作才能切实为地区的繁荣与发展提供持久动力。在不断深化政治安全合作基础上，进一步推进经济和可持续发展、社会人文领域交流，营造更融洽的合作氛围，形成更深入的利益交织、捆绑和交换网络。

（一）深化政治—安全合作

在政治安全方面，继续推动多层次的政治—安全合作对话机制深化发展，面对国际新形势、新变化共同巩固和发展当前的合作机制。在当前政治—安全合作整体运行平稳的情况下，未来可寻求在"府际合作"层面推动政治—安全合作的深化。加强既有的对话与合作

机制化建设与议题建设，建立执行和落实对话决议的框架，继续发挥好澜湄合作各国秘书处的作用。根据《澜沧江—湄公河合作五年行动计划（2018—2022）》及未来新的五年行动计划充分研究澜湄各国现实情况及需求，在澜湄合作框架下开展重大安全合作项目的可行性梳理，保持有效的政策沟通。在现有澜湄合作领导人会议、外长会议、高官会、外交工作组会、外交联合工作组会等较高级别会议合作框架下，探索建立更为灵活的府际合作对话，可以率先在云南省试点性推动云南省与湄公河五国毗邻地方政府对话会议，谋商府际合作规划，评估府际合作进展，反馈府际合作建议，进而反哺总体的、国家层面的合作。探索联合湄公河各国中央政府予以地方政府适当授权，在加强各方高层指导下，共同尝试构建毗邻一级行政区政治对话机制，设立毗邻区域情报热线，成立跨境热点问题工作小组，及时就各种涉及跨境政治安全问题的情报信息进行交流，共享各种突发事件的应对经验，为中央政府及时提供信息支撑和智力支持。

（二）推进经济和可持续发展合作

澜湄国家命运共同体建设要兼顾区域国家经济转型的发展需求，通过优势互补，实现互利共赢。积极推动《区域全面经济伙伴关系协定》落地实施后的顺利运行，有针对性做好相关技术准备，要围绕扩大制造业、服务业开放，做好提升标准、完善规则等相关准备；要加大协定实施培训力度，帮助区域内企业尤其是小微企业熟悉协定规则内容，提高参与国际合作与竞争的能力，进一步实现更高水平的区域经济一体化，维护自由贸易。重点推动互联互通、产能、经贸、金融、水资源、农业、扶贫、环保等领域的合作。逐步构建更为密切的区域共同市场，构建相互依存、高度一体、共同发展的经济伙伴关系。

一是促进澜湄国家全面互联互通。继续深化交通设施联通水平，加快编制《澜湄国家互联互通规划》，在铁路、公路干线交通基本铺设建成的基础上，根据干线周边地区地理区位、经济状况、人口数量和干线交通客货流量等指标，适时进行支线铁路、公路加密建设。进一步强化通信基础设施的联通，加强跨境大功率通信基站组网的建设，可以率先试点取消边境毗邻地区入网号码国际漫游，畅通跨境通信。推进跨境产业、跨境贸易、跨境电商的发展。成立澜沧江—湄公河商务理事会。着眼跨越式发展，重点布局新基建相关设施的联通，中国宜联合湄公河国家探索电力资源协同开发与区域电网组网，重点建设一批特高压输电项目和储能项目，利用次区域内水电资源丰富的优势，共同建设一批涉及区域数据交换的存储中心。

二是进一步优化产能合作。着眼后疫情时代产业发展格局，共同谋划新的澜湄产能合作规划，推动次区域内各地域根据各自的资源禀赋发展不同的优势产业，在差异化发展的基础上加强产能发展的错位协同；共同打造澜湄产能合作项目推广平台，做好相关项目的国际宣介；共同设立专门的澜湄产能投资基金，投资可适当向惠民性质的中小企业项目倾斜；共同建设澜湄产业分布地理信息系统，促进产业项目选址规划的科学性和前瞻性，推动澜湄区域产能合作项目良性可持续的发展。

三是进一步深化经贸、金融合作。经贸规则全面对接《区域全面经济伙伴关系协定》，重点打造一批样板性跨合区、边合区项目建设；对于受新冠肺炎疫情影响而停滞的贸易项目和贸易交流活动，在疫情得到相对有效控制后，宜及时研究方案推动重启工作；重点拓展双多边的服务贸易，利用数字经济新平台推动新型服务贸易的往来；加强支持产业的金融服务配套建设，优化融资结构，在利用好现有的国际、地区融资平台的基础上，探索建立涉及区域内合作项目的专门化直接融资平台；适时扩大区域内国家本外币互换规模和域内国家本区域境外结算便利度，共同商讨提供优惠条件推动区域内国家主要银行在区域内境外国家网点设立，可优先在边合区、跨合区进行局部试点。

四是进一步推动大农业合作。推动域内国家结合自身特色与区域共同发展需要，在巩固现有农林牧渔业发展的基础上，重点开发上下游产业的潜力，推动域内农产品流通便利化。为避免域内大农业产品雷同造成区域内恶性竞争，可以共同协商编制澜湄国家大农业产业发展规划，推动域内国家大农业产业的有机整合，打造澜湄区域大农业产业品牌。中国可利用自身的技术和资本优势，可采取合资援建的方式协助湄公河国家加强农药、化肥、农机等领域的生产力建设，对于湄公河国家急需的大农业上游产品，可以适当增加相关出口产品的补贴。着眼于民生建设，共同推动域内大农业下游产业链的发展，在设施联通的基础上重点建设、完善农产品物流体系。中国可利用自身产业升级和转移的趋势，以产业投资的方式协助湄公河国家建设绿色环保的食品加工、饮料（酒、茶、果汁等）、造纸、纺织、建材等产业，推动湄公河国家农业工业化发展，助推湄公河国家减贫事业发展。

五是持续推动水资源开发利用方面的合作。推动域内国家对澜沧江—湄公河干流和主要支流的水文信息共享，对接湄公河委员会等组织共同筹备建立相应的水文信息共享平台。定期召开水资源开发利用交流活动，本着互利互信的态度及时分享各自的水资源开发利用规划，共同商讨流域水资源的整体开发。打造区域内抗涝抗旱协同体系，建立非常设性的抗涝抗旱共同指挥部。共同成立澜湄流域水资源开发利用和综合保护科研平台，重点研究水资源开发利用及其衍生科学技术问题（例如水土保持问题），为流域水资源开发利用提供智力支持。

六是进一步加强环保和节能减排领域的合作。重点聚焦澜湄流域环境保护，推动成立覆盖政府和民间的澜湄区域环境保护论坛，推动在整合域内各国环保规划战略的基础上，编制共同的环保战略规划，推动在各领域合作中贯彻绿色环保理念。探索成立区域环境评估联合工作组，对于区域内合作项目的进行统一的、可信的环境影响评估，做到"一项目一评，逢项目必评"。组建联合科研调查队，对域内生态与生物情况做共同梳理，重点聚焦跨境性生态问题和区域性生物资源保护，确立区域生态环境和生物多样性共同保护措施。推进气候领域的相关合作，共同在国际平台争取发展中国家合理的碳排放权，促进域内碳排放权的证券化，推动域内碳排放权的交易与流通，协商共建澜湄碳交易市场。共同布局绿色产业链的建设，中国可借"绿色丝绸之路"计划，协助湄公河国家发展绿色产业，对于旧有产业进行绿色升级，推动澜湄区域建成中国引领的绿色产业"新雁型模式"。

（三）拓展社会人文交流合作

在社会人文方面，开展形式多样的文化交流，推动澜湄区域性教科文组织建设，以弘扬本区域优秀文化传统。推动教育政策、职业培训等领域的交流合作，加强区域文化和旅游产业发展，增进区域各国人民间的友好情谊。

一是加强文化交流合作。增进文化政策信息共享，促进文化对话。推动各国根据自身特色，创作一批兼具本民族特点和澜湄区域特色的文化产品，以高质量澜湄文化产品为载体打造一批澜湄品牌性文化交流活动。共建澜湄国家文化遗产保护组织，对域内具有全域性意义的文化遗产开展联合保护。可共同探讨拟定区域文化产业规划，推进区域文化产业链条打造。

二是探索"新旅游"合作模式。对接国际旅游标准，共建本区域特色的统一标准，推进域内外游客旅游舒适度的提升。共同组建旅游产品研发中心，继续深挖传统旅游产业的潜力，打造域内特色的文化旅游、景观旅游、休闲旅游产品。建立澜湄数字旅游合作平台，着力提升旅游产品的数字化合作，中国可借助自身在虚拟现实、增强现实和"元宇宙"等数字技术领域的优势，协助湄公河国家将实体性的旅游产品转化为虚拟旅游产品，共同向全世界民众进行推介。

三是推动教育合作提质升级。深化高等教育间的合作，推动各国共同设立专项的澜湄留学合作基金，增加短期的访学交流项目，配套课程学分互认机制。提升职业教育合作水平，配套澜湄区域产业规划推动相应的职业教育合作，共同搭建澜湄职业教育"空中学院"。以数字技术赋能教育合作，共同编制以通用语为载体的各学习层次"空中课程"，利用各国教育资源打造一批公益性质的精品"空中课堂"，探索共同设立"澜湄空中大学"，为域内各国民众各层次教育需求提供高质量的教育服务。

四是促进媒体间的交流合作。促进各国主流媒体间的交流合作深化，推动域内各国广播电视互联网管理部门为域内其他国家的主流媒体提供新闻采编便利条件，加强区域合作的传媒内容建设。推动澜湄各国选派本国优秀媒体机构和人才共同组建澜湄区域联合传媒平台，以品牌化、系列化传媒产品的推出为起点，逐步发展建立以传播区域内合作实践为主要内容的澜湄报纸、期刊、广播电台、卫星电视台、网站和融媒体。

五是提升人才交流水平。澜湄国家可通过政策协调，进一步提升相关特定人群区域内往来便利化，例如探讨留学生、跨国就业劳动力在中国与湄公河国家之间来往免手续通关的可能性与可行性；通过产业深化融合，提升六国间人力资源交流程度，探索引进人才的特殊政策优惠，鼓励澜湄国家企业、就业人员落地边境贸易合作区或工业园区，同时充分了解调研其他各层次人群的不同需求，如跨境劳工群体的相关需求，在保证各方安全的前提下降低中国与湄公河五国间人员往来的通关成本，从而提升澜湄地区人群通关便利化程度，为六国间民众交流提供渠道。

（四）深化卫生及传统医药合作

加强对新冠肺炎等高传染性、致病性传染病防治合作，建立区域联防联控体系。借助大数据及远程通信技术，推动澜湄国家进一步加强医院和医疗研究机构间的合作，深化技术交流水平，探索建立线上医疗卫生人才培训平台，科技赋能进一步推进六国乡村医院和诊所整体医疗和防疫水平提升，继续扶持开展"光明行"、"微笑行"、妇幼健康工程等短期义诊工作。借助共同抗疫合作，推动澜湄国家共同挖掘本区域传统医学资源，共同分享本区域传统医学防疫经验，深化传统医药合作。中方在向有需要的湄公河国家实施医疗援助时，可将中医药防治及医疗经验推介给湄公河国家，同时分享传统医学和医药挖掘经验，借助现代医疗科技手段帮助湄公河国家深度挖掘本国传统医学和医药转化，转化利用到当前的各类疾病及重大传染病的医疗及防治上。在现代循证医学的辅助下，共同完成本区域传统医疗及医药科学化、科技化，探索推进传统医药标准化、规模化生产，推动传统医药在医疗卫生领域的应用。在医疗卫生人才交流合作中，将传统医学和医药作为重点交流合作内容。

### 六 重大项目层面，推进澜湄流域经济发展带建设

作为命运共同体建设中的关键支撑性内容，"澜湄流域经济发展带"应着力切实推进，依托地缘关系逐步开展经济合作、产能合作、

跨境园区合作等,并逐步扩展为多领域的合作,从而带动地区发展,实现澜沧江—湄公河国家共同繁荣。

(一) 切实推进各方落实"3+5+X"合作框架

建议在现有合作机制和"3+5+X"框架下,准确地把握澜湄六国的诉求,采取"N-X"等灵活方式推进既定合作框架落地,采取"一事一议"的方案,针对性地将框架规划转化为具备可操作性的建设基础方案、路线图以及优先项目。在国家层面建立全面、长期、高效磋商机制,继续加大已有合作框架协议的落实执行,并针对潜在合作领域深化联合研究,推动区域合作各参与方就共建"澜湄流域经济发展带"达成共识并形成联合框架性文件。统筹现有机制和平台,由沿线各国政府机构和智库专家组成官方联合研究专家组,对"澜湄流域经济发展带"的概念范围、总体规划、互联互通、经贸及产业合作、通关便利化、人文交流及全领域合作等进行调研磋商,形成可行性研究报告并上报沿线各国政府,推动建立政府间合作推进机制。完善澜沧江—湄公河合作各国秘书处建设,利用各国秘书处现有架构,建立合作项目动态监督体系,做好过程性监督,确保以项目为依托的各项框架规划的顺利落地。

(二) 实施早期收获项目发挥示范效应

依托澜沧江—湄公河流域地缘联系,拓展以互联互通为基础的各领域合作,挖掘、拓展新的合作增长点。一是要进一步明确"澜湄流域经济发展带"的概念,具体规划走廊框架、具体线路、合作机制等。二是要加强推进"澜湄流域经济发展带"建设的具体政策措施衔接,突出基础设施互联互通、经贸合作区建设、能源开发利用、产业核心技术研发支撑等共同关注的优先项目,以实施早期收获和示范项目为带动,增强"澜湄流域经济发展带"建设中各方的获得感。三是借鉴中国—东盟自贸区"早期收获计划"和欧洲社会发展性援助等相关经验,突出双边有共识、国际有认可以及普通民众直接获益,深化教育、卫生、旅游、环境治理以及农业科技和减贫扶贫等方面的合作。切实将"澜湄流域经济发展带"打造成命运共同体构建的关键支撑性平台,成为推进"一带一路"建设中的旗舰项目。

## (三) 以双循环构建为依托推动重大项目实施

从地缘环境、经济发展等方面考量，湄公河地区是中国构建双循环中国际循环的关键区域。建议政治赋能，提升澜湄区域重大合作项目的政治意义，提高其政治保障力度，将澜湄流域经济发展带建设中涉及中资的重大项目，纳入国家"双循环"规划。在建设双循环的视角下优化重大项目的设置与推进时间表，对有利于构筑国际循环产业链、价值链、供应链、创新链的涉湄合作项目，加大扶持力度，推进其尽快落地。将云南省、广西壮族自治区、海南省等与湄公河国家水陆毗邻的省区建设成为国内国际双循环的节点，推动其联通湄公河国家的基础设施建设项目早日建成，扶植其培育涉湄跨境合作项目。

## 七 合作文化层面，塑造澜湄国家命运共同体意识

澜湄六国山水相依，人文相通。同时，区域内也存在着多样化的宗教和历史文化形态，对于多样性的不同认识可能会导致冲突从而影响合作进程。澜湄国家命运共同体建设必然需要加强区域共同意识的构建。澜湄六国领导人已经确立了建设澜湄国家命运共同体的远大目标，共塑澜湄国家命运共同体意识是区域民心相通的重要工程。要通过加强区域内的人文交流，进一步增进身份认同和价值认同，为深化合作奠定坚实基础。

### （一）加强人员互动促进民心相通

民心相通是形成共同观念和共同意识的基础。澜湄各国应根据各国的国情与文化共同加强"澜湄意识"的培育，为各国间民间交流和人员互动提供政策便利，支持各国设立促进澜湄合作民间交流的专门社会民间组织，推动各国妇女儿童保障组织的交流合作。鼓励各国跨国企业在域内国家驻在地认真履行企业社会责任，积极开展各类公益交流活动。推动各国中央政府对于涉及民间交流和人员互动项目的审批适当放权给各地区政府，充分发挥跨境民族的文缘、亲缘联系，鼓励各国毗邻地区政府推进本地区跨境民间交流。共同深入挖掘域内各国民间交流的历史与现实故事，打造一批域内民间交流精品故事，将各国间民间友好往来故事以歌舞、动画、舞台剧、电影电视等多种表现形式呈现给澜湄国家民众。紧密结合民生建设，努力打造一批惠

民、利民的标杆性民间交流品牌项目。

（二）凝聚共识提升共同身份和价值认同

命运共同体是全球化时代的产物，是新时代国际关系发展大势所趋。构建命运共同体，意味着更多的身份认同与价值认同。这需要区域国家以共有的历史文化背景为根基，在政治制度、发展道路、宗教文化等方面相互尊重、平等相待。通过相互分享治国理政经验，淡化和搁置意识形态、政治体制等领域存在的矛盾和分歧，倡导和平对话，寻求共识，增信释疑。共同寻找历史、哲学、民俗等方面的共同之处或相通相容之处，在语言、文化、价值等社会人文层面加强沟通交流，建设"和而不同""求同存异，和谐共生"的价值认同。重视地方政府、民间团体、非政府组织、媒体、个人之间的交流沟通，加强非官方层面的文化建设，加强区域民众的身份认同。通过区域国家和民众间的友好交往，巩固和扩大区域长远发展的社会和民意基础，让"命运共同体"意识在区域落地生根。

**八 域外合作层面，寻求在地区治理方面形成适当分工**

随着中国的地区影响力不断提升，与东南亚国家的关系日趋紧密，美国、日本、印度和韩国等也相继加大对澜湄区域的战略投入。大国利益在区域交会重叠，相互博弈甚至是恶性竞争，反而阻碍了区域开展更加深入的开发合作，这对一个欠发达地区来说并非幸事。在澜湄国家命运共同体的建设中，中国应站在更高和更长远的立场上，立足区域的发展诉求，协调各大国在区域内的战略利益和重大关切，在相关领域寻求分工与合作，避免对抗，坚持良性竞争，共同促进区域和平与繁荣。

（一）充分汲取相关国家在区域合作中的经验教训

美国、日本等国家参与湄公河地区合作已逾数十载，积累了丰富的经验，可以为中国与湄公河国家在相关领域的合作提供重要借鉴。例如，水资源开发和管理方面，中国可以更加积极主动地与域外国家展开相关合作，可以在水电站的建设和运行、流域生态保持和修复、促进农业和渔业增产增收等方面进行联合研究，参考和借鉴国际通行的方案、方法，保障区域水资源开发和管理的有效性、可持续性。又如，在国际减贫合作方面，中国传统的减贫合作主要通过与受援国政府的合作开展，侧重于基础设施建设等减贫项目，民众的获得感相对不足。在今后的合作中，中国可以更多地借鉴其他国家在区域开展减贫合作的经验，在农业、医疗、教育等领域开展更多民生项目，增加受援国民众和社会团体对援助项目的理解和反应。通过开展相关项目的宣传和示范，进一步树立中国"负责任大国"的良好形象。

（二）加强与域外国家的协调与合作

虽然美国、日本、印度等域外国家在区域的战略目标、具体策略等存在差异，不过各国在支持区域经济和社会发展等方面具有一致性，这也是中国与相关国家展开协调与合作的基础。建议充分利用东盟与中日韩、东亚峰会、中美亚太事务磋商等机制，针对区域发展中的相关问题展开沟通与协调，争取实现良性合作和互利共赢。比如，中国和美国可以在教育、环境、水资源、农业和食品安全等领域，进一步加强务实合作，发挥各自优势，改善区域民生问题；中国和日本可以在经济走廊建设中，进一步分享相关知识和经验、整合资源，促进区域互联互通建设；中国和韩国可以更多地在绿色经济、环境和生态保护等领域，加强政策沟通与协调，全面深化技术合作，共同推动区域经济和环境的可持续发展。

（三）加强与域外国家在湄公河地区展开"第三方市场合作"

恰当认识东盟、美国、日本、印度等国家及国际组织在湄公河地区的利益，全面考虑中国与美国、日本等国家间的竞争与合作，使之走向良性竞争轨道，在实践层面可以通过澜湄合作、大湄公河次区域经济合作等平台，探索和推进"第三方市场合作"。"第三方市场合作"是开放包容、务实有效的国际合作模式，有利于将中国的优势产能、发达国家的先进技术与广大发展中国家的发展需求有效对接，实现"1+1+1>3"的合作共赢。[①] 中国与日本在推进"第三方市场合作"方面达成多项共识，在湄公河地区重点推进泰国东部经济走

---

① 郑东超：《中国开展第三方市场合作的意义、实践及前景》，《当代世界》2019年第11期。

廊建设，已经取得初步成果。① 应以此为契机，进一步推进澜湄合作与大湄公河次区域经济合作、日本—湄公河合作等制度的协调，在基础设施建设、金融、能源、环保及减贫等领域开展合作。还可以考虑与韩国、新加坡等国通过相应的合作制度，经过博弈和理性的利益权衡，在湄公河地区开展三方或多方合作，以有效推进湄公河地区分工治理，将各方利益紧密联结，形成"你中有我、我中有你"的命运共同体，通过在湄公河地区的实践，为构建人类命运共同体进行探索和建立示范。

## 小　结

　　澜湄国家命运共同体是人类命运共同体理念在地区层面的具体实践和重要探索，是澜湄区域未来的发展方向，是澜湄区域未来的区域秩序，是当前澜湄区域开展区域合作的行动指南，同时也是澜湄区域推进"一带一路"倡议建设和澜湄合作建设的最终目标。澜湄合作既是推进"一带一路"倡议建设的重要平台，同时也是澜湄国家命运共同体构建的主要依托，"一带一路"背景下推进澜湄国家命运共同体的构建，就是在大力推进澜湄合作的基础上促成澜湄区域率先实现"持久和平、普遍安全、共同繁荣、开放包容、清洁美丽"。

　　在推进澜湄国家命运共同体的构建进程中，共担责任是基本前提，共享利益是核心要素，共建规范是重要保障。澜湄国家要致力加强政治互信，建成持久和平的澜湄国家命运共同体；增进安全互保，建成普遍安全的澜湄国家命运共同体；促进经济相成，建成共同繁荣的澜湄国家命运共同体；提升文化相辅，建成开放包容的澜湄国家命运共同体；实现生态共生，建成清洁美丽的澜湄国家命运共同体。

　　在当前的国际和地区政治经济形势下，构建澜湄国家命运共同体应紧密依托澜湄合作机制，重点从八个层面着力推进：一是在合作战

---

① 宫笠俐：《中日第三方市场合作：机遇、挑战与应对方略》，《现代日本经济》2019 年第 5 期。

略层面，应该与"一带一路"倡议等多边合作倡议、规划以及澜湄各国的发展战略等实现有效对接。二是机制建设层面，加强与东盟共同体建设优先领域、中国—东盟合作相互补充、协调发展，积极推动域内各国际制度间竞合发展。三是合作动力层面，中国应进一步发挥力所能及且更加积极有为的作用。四是合作对象层面，促进双边关系和区域合作的良性互动，推进国与国双边的共同体建设，助力澜湄国家命运共同体建设。五是合作领域层面，进一步推进经济和可持续发展、社会人文领域，营造更融洽的合作氛围，形成更深入的利益交织、捆绑和交换网络。六是重大项目层面，切实将"澜湄流域经济发展带"建设成为共同体建设的关键性支撑平台，成为推进'一带一路"建设中的旗舰项目。七是合作文化层面，共塑澜湄国家命运共同体意识，加强区域内的人文交流，进一步增进身份认同和价值认同。八是域外合作层面，协调各大国在区域内的战略利益和重大关切，共同促进区域和平稳定与繁荣发展。

# 结　论

习近平总书记指出，"当今世界正处于百年未有之大变局"①。这一精辟的重要论断凝结着深刻的智慧，具有丰富的内涵。在此百年大变局下，国家间权力再分配正重新形塑着国际格局，新兴国际秩序在国际格局的激荡变局中孕育待生，全球化面临一系列新的重大挑战，新一轮科技革命方兴未艾，以新冠肺炎疫情大流行为代表的一系列全球性问题严重威胁着全人类的共同安全与共同命运。大变局深刻地影响着世界的方方面面，世界方方面面的新变化也不断强化着大变局。在联结日益紧密的世界，全世界民众需要共同分担责任以迎接全球性的重大挑战，需要共同建设新的国际规范以应对国际格局、秩序的重大调整，需要共同分享全人类的发展成果以建设更加包容、和谐的美丽新世界。

"一带一路"倡议与人类命运共同体，正是应百年大变局下全人类的共同诉求而生，是中国为全人类和谐共生、可持续发展贡献的最新智慧方案。二者在理念来源、建设目标、主体内容等方面具有高度关联性，都源自中国而属于世界；都根植于中国古代时期与外部世界交往的深厚历史土壤，而又紧密联系当今世界现实与全人类的福祉；都指向建设持久和平、普遍安全、共同繁荣、开放包容、清洁美丽的世界。人类命运共同体是"一带一路"倡议建设的最高目标和方向指南，"一带一路"倡议则可以说是人类命运共同体构建的具体路径和实践平台。从学理上讲，同样作为共属于全人类的国际公共产品

---

①　本书编写组编著：《中华人民共和国国民经济和社会发展第十四个五年规划和二〇三五年远景目标的建议辅导读本》，人民出版社2020年版，第290页。

（International Public Goods），"一带一路"倡议带有更多的国际制度（International Institutions）的色彩，而人类命运共同体则兼国际制度、国际规范（International Norms）与国际秩序（International Order）三者性质共有之。

人类命运共同体从政治、安全、经济、文化、生态等五个方面对远期国际秩序做出了设想，即建成持久和平、普遍安全、共同繁荣、开放包容、清洁美丽的世界。在承继现有合理国际规范的基础上，人类命运共同体在价值层面倡导真实的全人类价值，而不是任何一种包装为"普世"的单一价值，倡导国家间建立平等、公正、合理的国际交往准则，倡导世界各国在共商共建共享的原则下共同发展、和平发展。这些国际规范性理念已表现出构成性与准则性国际制度的特征。[①] 如果说，对未来世界秩序的远期设想还只是一个"抽象的"共同体愿景，那么落实为"实在的"共同体的人类命运共同体构建即需要分步骤、分层次、分领域扎实推进安全共同体、发展共同体、人文共同体、卫生健康共同体、人与自然生命共同体建设，从国与国的命运共同体构建出发，到区域命运共同体构建，最终形成人类命运共同体。在人类命运共同体的构建过程中，处于承上启下的关键一环即区域命运共同体的构建。

"一带一路"倡议因其开放性与包容性，地理范围上并不局限于历史上的丝绸之路与海上丝绸之路沿线地区，只要认同"丝路精神"，认可"一带一路"倡议的合作框架，任何国家和地区都可以加入这一倡议之中，这是其作为全球性公共产品的本质所决定的。但是不可否认，"一带一路"倡议因其历史渊源与现实基础，先天带有地缘色彩，这一色彩使其与区域命运共同体构建有着高度契合的内容交集。在欧亚大陆方向，"一带一路"倡议的实施与上海合作组织命运共同体构建相辅相成；在东南亚方向，"一带一路"倡议的实施与中国—东盟命运共同体构建珠联璧合；作为"一带一路"倡议的重要

---

① 构成性规则，规定被认定为某种行动的行为。参见［美］约翰·鲁杰《什么因素把世界维系在一起？新功利主义与社会建构主义的挑战》，载彼得·卡赞斯坦、罗伯特·基欧汉、斯蒂芬·克拉斯纳主编《世界政治理论的探索与争鸣》，秦亚青等译，上海人民出版社2006年版，第273页。

平台，澜沧江—湄公河合作明确其目标为建设面向和平与繁荣的澜湄国家命运共同体。

澜湄国家命运共同体，较之于其他建设中的区域命运共同体，可谓最具条件和基础。澜湄区域的区域合作自20世纪90年代起逐步深化，中国与湄公河地区与湄公河国家也有着较久的友好合作历史，中国与湄公河五国都建立了全面战略合作伙伴关系，与越南、老挝、柬埔寨和缅甸这四个湄公河国家分别明确构建国与国双边的命运共同体，[①] 作为澜湄国家命运共同体构建重要平台的澜湄合作机制建设不断完善。与此同时，澜湄国家命运共同体建设也面临着复杂的地缘环境、国家间利益冲突、国际责任分担问题、结构性的地区矛盾、失效的制度规范以及颇具差异性的意识形态等诸多挑战。不过以全球视角观之，世界上各个地区或多或少都存在上述问题与挑战，相较而言澜湄区域仍然是最有望率先建成区域命运共同体的地区。本书认为，"一带一路"背景下推进澜湄国家命运共同体的构建，就是在大力推进澜湄合作的基础上促成澜湄区域率先实现"持久和平、普遍安全、共同繁荣、开放包容、清洁美丽"。

澜湄国家命运共同体这一区域命运共同体的构建，是一个动态的实践过程。在建设实践中，作为人类命运共同体构建的中间环节，澜湄国家命运共同体的构建将有效地验证人类命运共同体理论，并推动人类命运共同体理论在中观、微观层面的深化。通过回溯湄公河地区区域合作的历史演进与动力机制，检讨中国主导的澜湄合作机制的成果与问题，反思澜湄国家命运共同体构建的实践，本书认为，要使区域命运共同体从纸面落到地面，从"抽象的"命运共同体变为有机的、"实在的"命运共同体，共担责任、共享利益、共建规范是不可或缺的三点。

利益是区域命运共同体构建的基础和初始动力，基于地缘的、天然的共同利益（shared interests）是包括区域命运共同体建设在内的一切区域合作可能发生的先决条件。责任则与利益相联系，是区域共

---

[①] 卢光盛：《全方面推进澜湄国家命运共同体建设》，《中国社会科学报》2020年7月9日第8版。

同利益与各国国家利益平衡的产物，责任的分担与利益的分配正相关同时又超越狭隘的利益分配机制，责任的分担制约着区域命运共同体构建的持久度，没有基于"共同但有区别的原则"下的国际责任的良性的、公平的分担，区域的共同利益将随之衰减，命运共同体建设的基础随之动摇。规范在利益与责任的基础上发展而来，既已存在的共同利益在共同规范中体现，共同规范又建构着新的共同利益；共同规范反映共同责任的分担，同时又规制着共同责任。规范和利益与责任互相建构，规范提供了稳定的预期，共同规范的效力与生命力影响着命运共同体建设的持续性与稳定性。由此，"利益—责任—规范"可以成为一个分析区域命运共同体的有效理论框架。在这个框架中，"利益—责任—规范"是自变量，区域命运共同体的形成和发展变化是因变量，利益、责任、规范三者互为条件，彼此之间相互制约、相互影响。①

　　欧盟被视为当今世界上最为成功的区域一体化组织与共同体建设实践范例。欧盟的共同体构建过程中，存在着多个共同体的建设，这些共同体的建设并非都是成功的，考察欧洲各共同体建设，②可以较好地检验本研究提出的"利益—责任—规范"理论框架。欧洲煤钢共同体是欧洲各共同体中最早成功建立的，安全方面的共同利益是法国、西德、意大利、比利时、荷兰及卢森堡六国建立煤钢共同体的最主要的初始动力。③ 1950 年 6 月至 1951 年 4 月 18 日间，法国等西欧六国结合自身国家利益与地区共同利益举行了多轮谈判，为确保共同

---

①　卢光盛、别梦婕：《"命运共同体"视角下的周边外交理论探索和实践创新》，《国际展望》2018 年第 1 期。

②　欧洲各共同体（European Communities），不同于欧洲共同体（European Community），是三个欧洲国际组织欧洲共同体（欧洲经济共同体）、欧洲煤钢共同体、欧洲原子能共同体在机构整并之后的统称。本研究此处指的是欧盟构建过程中建设的各个"共同体"。参见 David L. Perrott, "European Communities", *The International Lawyer*, Vol. 21, No. 2, Spring 1987, pp. 571 – 579; "European Communities", *International Organization*, Vol. 16, No. 3, Summer, 1962, pp. 643 – 649; "European Communities", *International Organization*, Vol. 13, No. 1, Winter 1959, pp. 174 – 178.

③　消弭西欧范围内战争的存在基础是建立欧洲煤钢共同体的主要动因，在当时的条件下，煤炭和钢铁作为战争的两大战略物资直接关系到一国发动战争的潜力。

体的成功建立各国明确了"共同但有区别的责任"。① 最终，法国等西欧六国于1951年4月18日签订具有规范性质的《巴黎条约》，随后成立了作为规范载体与实践平台的共同体机构。欧洲煤钢共同体初步建立后，1952年到1955年，共同体国家钢产品贸易增长151%，废铁增长357%，煤增长40%，② 共同体初建后新的共同利益又进一步夯实了建设基础并提供了继续发展的源动力，在共同体动态发展过程中，共同体内部不断协调责任、优化规范，利益、责任、规范的良性互动推动欧洲煤钢共同体建立不断夯实、巩固、扩大，成为奠定欧盟建立基础的欧洲三大共同体之一。与欧洲煤钢共同体计划几乎同时酝酿的欧洲防务共同体计划，同样源于安全方面的共同利益。③ 在责任层面，法国主动承担大国责任，建立了基于"共同但有区别的责任"的相对公平的责任分担安排。然而，推进到《欧洲防务共同体条约》各国议会批准阶段，围绕西德重新武装问题、防务共同体与北约关系等原则性规范问题，法国民意与条约给出的规范预期出现重大分歧，最终使得欧洲防务共同体停留在纸面。最近的一例，则是共同体化的欧盟共同庇护体系。④ 面对叙利亚难民危机，原本建立在"利益—责任—规范"框架下的欧盟庇护体系，在责任一环出现了重大的断裂，边境成员国和非边境成员国出现了压力传导与责任分担的分歧，各国在关于接受难民的数量等问题上也存在着诸多矛盾，原有的框架在新的危机面前受到冲击又未能在新变化中做出适应性调整，本已初具规模的欧洲庇护共同体暂告终结。

由此观之，利益、责任、规范构成了共同体构建不可或缺的三要素。在实践中，共担责任、共享利益、共建规范是任何区域命运共同体建设中所应遵循的实践原则。"共饮一江水，命运紧相连。"澜湄国家和区域有着紧密相关的共同利益，可谓"一荣俱荣，一损俱

---

① 例如西德主动推动拆解其境内的大型垄断性煤钢企业，实现非卡特尔化和非集中化。
② 刘同舜等：《战后世界历史长编（六）》，上海人民出版社1985年版，第226页。
③ 即应对苏联方面的安全威胁，当然外部势力如美国的推动也是一个重要因素。
④ 陈蔚芳：《共同体化的困境——从叙利亚难民危机论欧盟共同庇护体系的局限性》，《欧洲研究》2016年第6期。

损"，这是澜湄国家命运共同体构建优越的先天基础条件；在长期交往互动中，澜湄国家逐步形成了共担责任的默契，这为确保澜湄国家命运共同体构建的良性推进提供了必要条件；澜湄各国地缘相近、人缘相亲、文缘相通，分享着众多共通的价值观与规范准则，这使澜湄区域的区域合作最终升华为区域命运共同体成为可能。以共担责任、共享利益、共建规范为原则，澜湄国家命运共同体的构建也因循人类命运共同体构建的具体路径，坚持对话协商、共建共享、合作共赢、交流互鉴、绿色低碳，依托澜湄合作从政治、安全、经济、文化、生态等五方面入手推进建设，最终实现澜湄国家政治互信、安全互保、经济相成、文化相辅、生态共生，建成持久和平、普遍安全、共同繁荣、开放包容、清洁美丽的澜湄国家命运共同体。

毋庸讳言，作为崛起中的大国中国所提出并倡导的新生的国际制度、规范、秩序，"一带一路"倡议和人类命运共同体构建能否顺利推进，不仅系之于其本身，很大程度上取决于外部的承认。能否妥善协调新旧国际制度、规范间的关系，有效回应新生国际制度、规范引发的外部政治反应，成为新生国际制度、规范能否创建成功的关键。① 就澜湄国家命运共同体而言，较为复杂的地缘环境、部分国家间局部利益的冲突、国际责任分配方面的分歧、各方的认知差异以及区域性国际制度"拥堵"等问题，都是当前制约澜湄合作和澜湄国家命运共同体构建顺利推进的重要因素。克服这些困难的路径，就是切实推进澜湄区域实现高水平"五通"。持久和平、普遍安全依托高水平的政策沟通；共同繁荣离不开高水平的设施联通、贸易畅通、资金融通；开放包容则基于高水平的民心相通；清洁美丽则更是一个高发展要求，有赖于高水平的"五通"。"五通"的实现程度，可以被视为澜湄国家命运共同体构建成功与否的一个重要指标。澜湄国家命运共同体的构建，必须以澜湄合作为依托着力推进澜湄区域"五通"建设。

因此，立足当前的情势，作为区域命运共同体的澜湄国家命运共同体，未来的建设应重点在八个层面上发力。一是合作战略层面，对

---

① 刘玮：《崛起国创建国际制度的策略》，《世界经济与政治》2017年第9期。

接区域及各国发展战略；二是机制建设层面，与域内外相关机制协同发展；三是合作动力层面，中国应与时俱进地发挥建设性作用；四是合作对象层面，重视和加强战略支点国家建设；五是合作领域层面，深化政治安全、经济和可持续发展、社会人文交流；六是重大项目层面，推进澜湄流域经济发展带建设；七是合作文化层面，塑造澜湄国家命运共同体意识；八是域外合作层面，寻求在地区治理方面形成适当分工。

从某种意义上讲，澜湄国家命运共同体的构建从生活在澜沧江—湄公河流域上下游地区的先民发生交往的最初一刻便已开始，澜湄国家命运共同体的构建是一个历史的必然进程，澜湄合作机制的正式启动则为这一历史进程揭开了新的篇章，提供了更为有力的实践平台、赋予了更为丰富的实质内容、指明了更为光明的前进方向。作为"一带一路"倡议的重要平台，澜湄合作在机制创设之始就确定了互联互通、产能、跨境经济、水资源、农业和减贫为六个优先方向，同时以政治安全、经济和可持续发展、社会人文为三大合作支柱共建澜湄国家命运共同体，五个优先方向紧密结合了澜湄区域的特性，三大支柱反映了人类命运共同体构建的共性。启动以来，澜湄合作在"3+5+X"框架下稳步推进。2020年上半年，东盟历史上首次成为中国第一大贸易伙伴，其中越南和泰国这两个湄公河国家对东盟对华进出口增长贡献最大,[①] 这侧面体现出了澜湄合作的高效。以澜湄合作为主要平台，澜湄国家命运共同体构建前景光明。在共同应对百年未有之大变局的挑战中，澜湄国家政治互信不断提升，距离持久和平的美好愿景愈来愈近；新冠肺炎疫情大流行背景下，澜湄国家生物安全、卫生安全合作不断强化，为后疫情时代实现区域普遍安全奠定了坚实基础；对接《区域全面经济伙伴关系协定》（RCEP），依托澜湄流域经济发展带建设，澜湄区域有望进一步实现共同繁荣；随着一体化进程的不断推进，在文明交流互鉴中澜湄区域更加开放包容；以水

---

① 《海关总署2020年上半年进出口贸易情况新闻发布会》，中华人民共和国海关总署官网，2020年7月14日，http：//fangtan.customs.gov.cn/tabid/1073/Default.aspx，最后访问时间：2021年4月30日。

为纽带，澜湄流域环境共同治理不断深化，清洁美丽的澜湄区域呼之欲出。澜湄合作愈发成为"一带一路"倡议的典范，澜湄国家命运共同体作为区域命运共同体率先建成正逐步变为现实。

区域命运共同体的构建是过程—结果导向的，其最终目标指向人类命运共同体的形成。因此，区域命运共同体的构建还应提高站位，站在构建人类命运共同体的高度去思考建设。区域命运共同体是否需要建立体现规范意志的超国家的机构？如何在主权让渡中界定主权丧失与主权共享？不同部门的命运共同体，即安全共同体、发展共同体、人文共同体、卫生健康共同体、人与自然生命共同体之间存在什么样的关联，其建设过程中的作用关系如何？区域命运共同体依何路径可以演进为人类命运共同体？是依循扩大路径，还是对接组合路径，抑或是交叉联结路径？毗邻区域有地域交集国家形成的不同的命运共同体性质的区域共同体如何联结？不同区域、无地域交集国家形成的不同命运共同体性质的区域共同体如何有效联结？诸如此类问题，是作为区域命运共同体的澜湄国家命运共同体构建需要进一步深入探讨的，或许会在澜湄国家命运共同体构建的实践过程中得到实践的反馈与解答，而澜湄国家命运共同体构建实践中凝练出的宝贵经验，也将作为新的理论补充并不断丰富人类命运共同体理论的内涵与外延。

# 附件 关于澜湄合作的调查问卷
## Questionnaire on Mekong – Lancang Cooperation

感谢您接受我们参与研究的邀请。本调查由云南大学"'一带一路'与澜湄国家命运共同体构建研究"课题组主持进行,目的是研究湄公河国家对澜沧江—湄公河合作(Mekong – Lancang Cooperation,MLC)的认知评价与建议。我们向您保证,本调查是严格匿名的,问卷结果将仅用于学术研究。

Thank you for accepting our invitation totake part in the study. This survey was conducted by the research team "Belt and Road and Building a Community with a Shared Future among the Mekong Countries" of Yunnan University, to study the Mekong countries' perceptions on the Mekong – Lancang Cooperation (referred to as MLC hereinafter) and suggestions. We assure you that this survey is strictly anonymous and the results will be used for academic research only.

### 背景信息
Background information
- 国籍 Nationality:_____
- 研究专长 Research expertise:_____
- 职业(选填)Occupation(optional):_____
  a. 政府官员 government official  b. 专家学者 expert/scholar
  c. 媒体工作者 media staff  d. 学生 student
  e. 其他 others(please specify):_____
- 您目前工作的机构属于哪个国家?

The institution you currently work for is a (an):

a. 本国机构 National institution  b. 中国机构 Chinese institution

c. 美国机构 American institution  d. 日本机构 Japanese institution

e. 印度机构 Indian institution  f. 其他国家机构 Other national institution

g. 国际组织 International organization

**A 认知情况**

Perception

A1. 以下问题考察您对"一带一路"倡议的认知情况。

The following questions examine your knowledge of the Belt and Road Initiative.

1（不符合）(No)    2（一般）(Partly)    3（符合）(Yes)

|  | 1 | 2 | 3 |
|---|---|---|---|
| A1a. 我了解"一带一路"倡议。<br>I am aware of the Belt and Road Initiative. |  |  |  |
| A1b. 我知道"一带一路"在全球的分布。<br>I know the global distribution of "the Belt and Road". |  |  |  |
| A1c. 我知道"一带一路"沿线有哪些国家。<br>I know which countries are along "the Belt and Road". |  |  |  |
| A1d. 我了解"一带一路"的原则、内容、框架等具体信息。<br>I am aware of the principles, content, framework and other specific information of the Belt and Road initiative. |  |  |  |
| A1e. 我的工作或研究内容与"一带一路"相关。<br>My work or research is related to the Belt and Road initiative. |  |  |  |
| A1f. 我亲身参与过"一带一路"项目的工作。<br>I was personally involved in the Belt and Road project (s). |  |  |  |

A2. 以下问题考察您对澜沧江—湄公河合作机制（MLC）的认知情况。

The following questions examine your knowledge of the MLC.

1（不符合）（No）　2（一般）（Partly）　3（符合）（Yes）

|  | 1 | 2 | 3 |
|---|---|---|---|
| A2a. 我了解 MLC。<br>I am aware of the MLC. | | | |
| A2b. 我的工作或研究与 MLC 相关。<br>My work or research is related to the MLC. | | | |
| A2c. 我知道 MLC 的全部六个成员国。<br>I know all six member countries of the MLC. | | | |
| A2d. 我知道 MLC 的"3+5+X"合作框架。<br>I am aware of the MLC's "3+5+X" cooperation framework. | | | |
| A2e. 我了解 MLC 的发展、运行机制。<br>I understand the development and operation mechanism of the MLC. | | | |
| A2f. 我阅读过 MLC 的宣言、五年行动计划等官方文件。<br>I have read official documents about the MLC such as the MLC declaration, its five-year action plan, etc. | | | |
| A2g. 我亲身参与过 MLC，如撰写项目提案、参与项目进程等。<br>I have been personally involved in the MLC, such as writing project proposals, participating in MLC project(s), etc. | | | |

A3. 以下问题考察您对澜湄国家命运共同体的认知情况。

The following questions examine your perception of the Community with a shared future among the Mekong countries.

1（不符合）（No）　2（一般）（Partly）　3（符合）（Yes）

|  | 1 | 2 | 3 |
|---|---|---|---|
| A3a. 我知道"人类命运共同体"这一概念。<br>I know the concept of "a community with a shared future for mankind". | | | |

续表

| | 1 | 2 | 3 |
|---|---|---|---|
| A3b. 我了解"澜湄国家命运共同体"。<br>I am aware of theconcept of "building a community with a shared future among the Mekong countries". | | | |
| A3c. 我知道建设澜湄国家命运共同体是 MLC 的目标之一。<br>I know that building a communitywith a shared future among the Mekong countriesis one of the goals of the MLC. | | | |
| A3d. 我了解"一带一路"、MLC 和澜湄国家命运共同体之间的关系。<br>I understand the relationship between Beltand Road initiative, the MLC, and the community with a shared future among the Mekong countries. | | | |

A4. 我工作、服务的机构是次区域内的国际合作机制。

The institution I work for/ serve is part of the international cooperation of the sub – region.

A4a. 是（跳至 B1） Yes（skip to B1）

A4b. 不是（继续回答 A5） No（continue from A5）

A5. 以下问题考察您对澜沧江—湄公河地区内其他国际合作机制的认知情况。

The following questions examine your perception of other international cooperation mechanisms in the Mekong – Lancang sub – region.

1（不符合）（No）  2（一般）（Partly）  3（符合）（Yes）

| | 1 | 2 | 3 |
|---|---|---|---|
| A5a. 我了解次区域内的国际合作机制情况。<br>I am aware of the international cooperation mechanisms in the sub – region. | | | |
| A5b. 我的工作、研究内容与澜湄次区域内国际合作机制相关。<br>My work and research are related to international cooperation mechanisms in the sub – region. | | | |

| | 1 | 2 | 3 |
|---|---|---|---|
| A5c. 我所属机构与次区域内的国际合作机制有往来交流。My institution interacts with international cooperation mechanisms in the sub‑region. | | | |

## B 现状评价

Evaluation of the current situation

B1. 请对"一带一路"在您所在国家或地区的表现作出评价。

Please evaluate the performance of Belt and Road initiative (BRI) in your country/region.

1（非常不满意）(very unsatisfactory)　2（不满意）(unsatisfactory)　3（一般）(fair)　4（满意）(satisfactory)　5（非常满意）(very satisfactory)　6（不清楚）(not clear)

| | | 1 | 2 | 3 | 4 | 5 | 6 |
|---|---|---|---|---|---|---|---|
| BRI 一带一路 | B1a. 基础设施完善 Infrastructure improvement | | | | | | |
| | B1b. 项目带动经济增长 Project‑led economic growth | | | | | | |
| | B1c. 投资带动产业发展 Investment‑led industrial development | | | | | | |
| | B1d. 民生改善 Livelihood improvement | | | | | | |
| | B1e. 实施过程中为当地带来的其他影响（如就业率、社会秩序、生态环境等）Other local impacts (e.g., employment, social order, ecological environment, etc.) brought by its implementation | | | | | | |
| | B1f. 其他（请填写：_____）Others (please specify: _____) | | | | | | |

B2. 您认为您的国家在 MLC 中承担了什么角色？
What role do you think your country has taken on in MLC?

_____

_____

_____

B3. 请按照 1（相对最重要）—6（相对最不重要）的顺序，为 MLC 各优先合作领域在您所在国家或地区的重要性排序。

Please rank the importance of each MLC priority area of cooperation in your country/region on a scale of 1（most important）to 6（least important）.

1（相对最重要）（relatively most important）—6（相对最不重要）（relatively least important）

| | | 1—6 |
|---|---|---|
| MLC 澜湄合作 | B3a. 互联互通 Connectivity | |
| | B3b. 产能合作 Production capacity cooperation | |
| | B3c. 跨境经济 Cross-border economic cooperation | |
| | B3d. 水资源 Water resources | |
| | B3e. 农业和减贫 Agriculture and poverty reduction | |
| | B3f. 其他（请填写：_____）<br>Others（please specify：_____） | |

B4. 请对 MLC 在您所在国家或地区以下领域中发挥的作用作出评价。

Pleaseprovide an assessment on the role of the MLC in your country/region in the following areas.

1（非常不满意）（very unsatisfactory） 2（不满意）（unsatisfactory） 3（一般）（fair） 4（满意）（satisfactory） 5（非常满意）（very satisfactory） 6（不清楚）（not clear）

|  |  | 1 | 2 | 3 | 4 | 5 | 6 |
|---|---|---|---|---|---|---|---|
| MLC 澜湄合作 | B4a. 六国间政治互信<br>Political mutual trust among the six countries |  |  |  |  |  |  |
|  | B4b. 本国经济可持续增长<br>Sustainable economic growth of your country |  |  |  |  |  |  |
|  | B4c. 与其他国家地区的社会人文交流效果<br>Social and cultural interaction with other countries/regions |  |  |  |  |  |  |
|  | B4d. 区域互联互通<br>Regional connectivity |  |  |  |  |  |  |
|  | B4e. 区域产能合作<br>Regional capacity cooperation |  |  |  |  |  |  |
|  | B4f. 区域跨境经济<br>Regional cross-border economy |  |  |  |  |  |  |
|  | B4g. 区域水资源开发利用<br>Regional water resources development and utilization |  |  |  |  |  |  |
|  | B4h. 农业减贫工作<br>Agriculture and poverty reduction |  |  |  |  |  |  |
|  | B4i. 提供六国对话平台<br>Providing a platform for dialogue among the six countries |  |  |  |  |  |  |
|  | B4j. 其他（请填写：_____）<br>Others (please specify: _____) |  |  |  |  |  |  |

B5. 请对 MLC 在您所在国家或地区所面临挑战的严重性作出评价。

Please provide an assessment on the severity of the challenges faced by the MLC in your country/region.

1（非常不严重）(very unchallenging)  2（不严重）(unchallenging)  3（一般）(average)  4（严重）(challenging)  5（非常严重）(very challenging)  6（不清楚）(not clear)

|  |  | 1 | 2 | 3 | 4 | 5 | 6 |
|---|---|---|---|---|---|---|---|
| MLC 澜湄合作 | B5a. 水资源利用协调<br>Coordinating the use of water resources |  |  |  |  |  |  |
|  | B5b. 财政资源投入<br>Financial investment |  |  |  |  |  |  |
|  | B5c. 生态环境保护<br>Ecological protection |  |  |  |  |  |  |
|  | B5d. 高新产业合作<br>High-tech industrial cooperation |  |  |  |  |  |  |
|  | B5e. 人力资源培训<br>Human resources training |  |  |  |  |  |  |
|  | B5f. 民间力量参与度<br>Participation of civil society |  |  |  |  |  |  |
|  | B5g. 媒体宣传推广<br>Mediapublicity and promotion |  |  |  |  |  |  |
|  | B5h. 政府相关部门协调<br>Coordinationbetween relevant government departments |  |  |  |  |  |  |
|  | B5i. 区域机制协调<br>Coordinating regional mechanisms |  |  |  |  |  |  |
|  | B5j. 其他（请填写：_____）<br>Others (please specify: _____) |  |  |  |  |  |  |

B6. 请对 MLC 在您所在国家或地区所面临的挑战的紧急程度作出评价。

Please rate theurgency of the challenges faced by the MLC in your country/region.

1（非常不急切）(not urgent at all)  2（不急切）(not urgent)  3（一般）(average)  4（急切）(urgent)  5（非常急切）(very urgent)  6（不清楚）(not clear)

|  |  | 1 | 2 | 3 | 4 | 5 | 6 |
|---|---|---|---|---|---|---|---|
| MLC 澜湄合作 | B6a. 水资源利用协调<br>Coordinating the use of water resources |  |  |  |  |  |  |
| | B6b. 财政资源投入<br>Financial investment |  |  |  |  |  |  |
| | B6c. 生态环境保护<br>Ecological protection |  |  |  |  |  |  |
| | B6d. 高新产业合作<br>High-tech industrial cooperation |  |  |  |  |  |  |
| | B6e. 人力资源培训<br>Human resources training |  |  |  |  |  |  |
| | B6f. 民间力量参与度<br>Participation of civil society |  |  |  |  |  |  |
| | B6g. 媒体宣传推广<br>Mediapublicity and promotion |  |  |  |  |  |  |
| | B6h. 政府相关部门协调<br>Coordination between relevant government departments |  |  |  |  |  |  |
| | B6i. 区域机制协调<br>Coordinating regional mechanisms |  |  |  |  |  |  |
| | B6j. 其他（请填写：_____）<br>Others（please specify：_____） |  |  |  |  |  |  |

B7. 请评价您所在国家或地区 MLC 项目实施过程中的表现。

Please evaluate the performance of your country/region in the implementation of MLC projects.

1（非常不满意）(very unsatisfactory)　2（不满意）(unsatisfactory)　3（一般）(fair)　4（满意）(satisfactory)　5（非常满意）(very satisfactory)　6（不清楚）(not clear)

|  |  | 1 | 2 | 3 | 4 | 5 | 6 |
|---|---|---|---|---|---|---|---|
| MLC projects 澜湄合作具体项目 | B7a. 项目申请的难易度<br>Difficulty of project application |  |  |  |  |  |  |
|  | B7b. 项目与落地地区需求的匹配度<br>Matching of the projects to local needs |  |  |  |  |  |  |
|  | B7c. 项目实施效率<br>Project implementation efficiency |  |  |  |  |  |  |
|  | B7d. 项目实施过程中为当地带来的其他影响（如就业率、社会秩序、生态环境等）<br>Otherlocal impacts (e.g., employment, social order, ecological environment, etc.) brought by project implementation |  |  |  |  |  |  |
|  | B7e. 项目与当地相关政府部门的协调度<br>Coordinationbetween projects and local government departments |  |  |  |  |  |  |
|  | B7f. 项目与其他国际合作机制或组织的协调难易度<br>Ease of coordination between projects and other international cooperation mechanisms/organizations |  |  |  |  |  |  |
|  | B7g. 其他（请填写：_____）<br>Others (please specify: _____) |  |  |  |  |  |  |

B8. 您认为澜湄国家命运共同体的内涵是什么？请写出您的理解。

What do you see as the contentand implication of building acommunity with a shared future among the Mekong countries?

_____

_____

B9. 澜湄国家命运共同体建设过程中，您认为最重要的是：（多选）

What do you think is most important in the process of buildingacommunity with a shared future among the Mekong countries? (multiple choice)

B9a. 国家关系进步 Progress in relationship between countries

B9b. 环境安全稳定 Secure and stable environment

B9c. 经济水平提升 Economic uplift

B9d. 文化来往增加 Increased cultural exchanges

B9e. 生态环境保护 Ecological protection

B10. 请对澜湄国家命运共同体倡议在您所在国家或地区的表现作出评价。

Pleaseevaluate the performance of the initiative for building aMekong community with a shared future in your country/region.

1（非常不满意）(very unsatisfactory)   2（不满意）(unsatisfactory)   3（一般）(fair)   4（满意）(satisfactory)   5（非常满意）(very satisfactory)   6（不清楚）(not clear)

|  |  | 1 | 2 | 3 | 4 | 5 | 6 |
|---|---|---|---|---|---|---|---|
| Building a Community with a Shared Future of Peace and Prosperity among Mekong Countries 澜湄国家命运共同体 | B10a. 提升六国友好伙伴关系 Promotingfriendly partnership among the six countries |  |  |  |  |  |  |
| | B10b. 维持区域环境和平稳定 Maintaining a peaceful and stable regional environment |  |  |  |  |  |  |
| | B10c. 促进地区经济水平发展 Promoting regional economic development |  |  |  |  |  |  |
| | B10d. 加强六国文化往来交流 Enhancing cultural exchanges among the six countries |  |  |  |  |  |  |
| | B10e. 维护生态环境可持续 Maintaining ecological sustainability |  |  |  |  |  |  |
| | B10f. 其他（请填写：_____） Others (please specify: _____) |  |  |  |  |  |  |

B11. 请根据您的想法对以下表述进行打分。

Please rate the following statements based on your personal ideas.

1（非常不同意）（strongly disagree） 2（不同意）（disagree） 3（一般）（partly agree） 4（同意）（agree） 5（非常同意）（strongly agree） 6（不清楚）（not clear）

| | 1 | 2 | 3 | 4 | 5 | 6 |
|---|---|---|---|---|---|---|
| B11a. 澜湄六国的合作使我的生活环境犯罪率降低，更加安全。<br>The cooperation of the six countries has made my living environment less crime-ridden and safer. | | | | | | |
| B11b. 澜湄六国的合作为我提供了新的就业机会。<br>The cooperation of the six countries has provided me with new employment opportunities. | | | | | | |
| B11c. 澜湄六国的合作提升了我的家庭的经济水平。<br>The cooperation of the six countries has raised my family's economic level. | | | | | | |
| B11d. 澜湄六国的合作降低了我或家人的教育水平。<br>The cooperation of the six countries has reduced the level of education for me or my family. | | | | | | |
| B11e. 澜湄六国的合作能够提升水资源可持续利用情况。<br>The cooperation of the six countries can enhance the sustainable use of water resources. | | | | | | |
| B11f. 澜湄国家命运共同体建设符合六个国家的共同利益。<br>It is in the common interest of the six countries to build a community with a shared future. | | | | | | |
| B11g. 构建澜湄国家命运共同体不利于东盟共同体的建设。<br>Building a community with a shared future among the Mekong countries is not conducive to building the ASEAN community. | | | | | | |

续表

| | 1 | 2 | 3 | 4 | 5 | 6 |
|---|---|---|---|---|---|---|
| B11i. 了解越多，我就越信任中国提出的"一带一路""澜湄国家命运共同体"等外交提议和举措。<br>The more I learn, the more I trust China's diplomatic proposals and initiatives, such as the Belt and Road initiative and the Mekong Community with a shared future of peace and prosperity. | | | | | | |
| B11j. 我并不欢迎或信任中国的"一带一路"和澜湄国家命运共同体建设。<br>I do not welcome or trust China's Belt and Road initiative or the Mekong Community with a shared future of peace and prosperity. | | | | | | |

B12. 您认为湄公河国家在地区发展上的哪些经验能够为中国所学习？

What could China learn from Mekong countries in terms of regional development?

_____

_____

_____

B13. 您认为中国在经济社会发展上的哪些经验能够为湄公河国家所学习？

What could Mekong countries learn from China in terms of economic and social development?

_____

_____

_____

B14. 您认为哪种国际发展合作模式最具有吸引力？美国、欧洲、澳大利亚、中国、日本或韩国？为什么？

Which model of international development cooperation is most attractive? American, European, Australian, Chinese, Japanese or Korean? Whay?

_____
_____
_____
_____

**C 未来发展 Future developments**

C1. 根据合作现状，您认为澜湄区域的合作前景是否乐观？请简单解释您的观点。

Based on the current state of cooperation, are you optimistic about the prospects for cooperation in the Mekong – Lancangsub – region? Please briefly explain your point of view.

_____
_____
_____
_____

C2. 您对澜湄区域合作最大的担忧或者疑虑是？

What are your biggest concerns or doubts aboutthe cooperation in the Mekong – Lancang sub – region?

_____
_____
_____

C3. 在中国建设"一带一路"和澜湄国家命运共同体的背景下，可能发生变化最大的领域是：

In the context of China's Belt and Road initiative and the Mekong Community with a shared future, which of the followingarea is likely to undergo the biggest changes?

C3a. 政治 Politics

C3b. 经济 Economy

C3c. 环境 Environment

C3d. 文化 Culture

C3f. 其他（请填写：_____）Others（please specify：_____）

C4. 其中，您最关心的领域是：

Of these areas, which is of the greatest interest to you?

C4a. 政治 Politics

C4b. 经济 Economy

C4c. 环境 Environment

C4d. 文化 Culture

C4e. 其他（请填写：_____）Other（please specify：_____）

C5. 请您依据自己的判断，对 MLC 未来 5 年内合作领域的重要程度打分。

Please rate the importance of MLC's areas of cooperation over the next five yearsbased on your judgment on a scale of 1（least important）to 10（most important）.

1（最不重要）(least important) —10（最重要）(most important)

|  | 1—10 |
| --- | --- |
| C5a. 互联互通 Connectivity |  |
| C5b. 产能合作 Production Capacity |  |
| C5c. 跨境经济 Cross – border economy |  |
| C5d. 水资源 Water resources |  |
| C5e. 农业和减贫 Agriculture and poverty reduction |  |
| C5f. 公共卫生合作 Public health |  |
| C5g. 非传统安全合作 Non – traditional security |  |
| C5h. 与次区域其他机制协调 Coordination with other sub – regional cooperation mechanisms |  |
| C5i. 其他（请填写：_____）Others（please specify：_____） |  |

C6. 为了在未来提升 MLC 合作质量,您认为下列需要实施的具体举措的紧急程度是?

In which degree ofurgency of the following specific measures do you think is needed for improving the quality of MLC?

1(非常不紧急)(not urgent at all)　2(不紧急)　(not urgent)　3(一般)(average)　4(紧急)(urgent)　5(非常紧急)(very urgent)

|  | 1 | 2 | 3 | 4 | 5 |
|---|---|---|---|---|---|
| C6a. 提升区域互联互通水平。<br>Enhancing regional connectivity. |  |  |  |  |  |
| C6b. 增加资金支持。<br>Increasing financial support. |  |  |  |  |  |
| C6c. 水文信息共享,水问题应急处理合作。<br>Hydrological information sharing, cooperation on water emergency response. |  |  |  |  |  |
| C6d. 生态环境保护合作。<br>Cooperation in ecological environment protection. |  |  |  |  |  |
| C6e. 传统安全议题合作。<br>Cooperation on traditional security issues. |  |  |  |  |  |
| C6f. 信息公开,提升透明度。<br>Openness of information to enhance transparency. |  |  |  |  |  |
| C6g. 吸引公众、民间力量参与。<br>Engaging the public and civil society. |  |  |  |  |  |
| C6h. 专项项目申请流程标准化。<br>Standardizing application for special projects. |  |  |  |  |  |
| C6i. 协调六国利益,促进对接各国发展战略。<br>Synergizingdevelopment strategies of the six countries based on theirrespective interests. |  |  |  |  |  |
| C6j. 协调国际合作与各国内相关部门工作。<br>Coordinationbetween MLC and relevant authorities of the six countries. |  |  |  |  |  |

续表

|  | 1 | 2 | 3 | 4 | 5 |
|---|---|---|---|---|---|
| C6k. 协调其他域内合作机制间关系。<br>Coordinationwith other sub–regional cooperation mechanisms. |  |  |  |  |  |
| C6l. 其他（请填写：＿＿＿＿＿＿＿）<br>Others (please specify: ＿＿＿＿＿＿＿) |  |  |  |  |  |

C7. 请您选择未来提升 MLC 合作质量长远而言最重要的具体举措。

In which degree ofimportance of the following specific measures do you think is needed to improve the quality of MLC in the long run?

1（非常不重要）（Not important at all） 2（不重要）（Not important） 3（一般）（Average） 4（重要）（Important） 5（非常重要）（Very important）

|  | 1 | 2 | 3 | 4 | 5 |
|---|---|---|---|---|---|
| C7a. 提升区域互联互通水平。<br>Enhancing regional connectivity. |  |  |  |  |  |
| C7b. 增加资金支持。<br>Increasing financial support. |  |  |  |  |  |
| C7c. 水文信息共享，水问题应急处理合作。<br>Hydrological information sharing, cooperation on water emergency response. |  |  |  |  |  |
| C7d. 生态环境保护合作。<br>Cooperation in ecological environment protection. |  |  |  |  |  |
| C7e. 传统安全议题合作。<br>Cooperation on traditional security issues. |  |  |  |  |  |
| C7f. 信息公开，提升透明度。<br>Openness of information to enhance transparency. |  |  |  |  |  |
| C7g. 吸引公众、民间力量参与。<br>Engaging the public and civil society. |  |  |  |  |  |

续表

|  | 1 | 2 | 3 | 4 | 5 |
|---|---|---|---|---|---|
| C7h. 专项项目申请流程标准化。<br>Standardizing application for special projects. |  |  |  |  |  |
| C7i. 协调六国利益，促进对接各国发展战略。<br>Synergizing development strategies of the six countries based on their respective interests. |  |  |  |  |  |
| C7j. 协调国际合作与各国内相关部门工作。<br>Coordination between MLC and relevant authorities of the six countries. |  |  |  |  |  |
| C7k. 协调其他域内合作机制间关系。<br>Coordination with other sub-regional cooperation mechanisms. |  |  |  |  |  |
| C7l. 其他（请填写：_____）<br>Others (please specify: _____) |  |  |  |  |  |

C8. 请根据您的看法，为以下表述打分。

Please rate the following statements based on your personal ideas.

1（非常不同意）（strongly disagree） 2（不同意）（disagree） 3（一般）（partly agree） 4（同意）（agree） 5（非常同意）（strongly agree） 6（不清楚）（not clear）

|  | 1 | 2 | 3 | 4 | 5 | 6 |
|---|---|---|---|---|---|---|
| C8a. 我信任澜湄国家命运共同体建设不会为我带来恶性后果。<br>I believe that building a community with a shared future among the Mekong countries will not have adverse consequences for me. |  |  |  |  |  |  |
| C8b. 我认为澜湄国家命运共同体将有效促进各成员国家利益。<br>I believe that building a community with a shared future among the Mekong countries will effectively promote the interests of the member countries. |  |  |  |  |  |  |

续表

| | 1 | 2 | 3 | 4 | 5 | 6 |
|---|---|---|---|---|---|---|
| C8c. 我认为澜湄国家命运共同体将延缓区域整体发展。<br>I believe that building a community with a shared future among the Mekong countries will slow down the overall development of thesub-region. | | | | | | |
| C8d. 产生分歧时,我倾向在工作中与中国协商合作,而非转向对抗竞争。<br>When disagreements arise, I tend to consult and cooperate with China in my work, rather than turning to confrontation and competition. | | | | | | |
| C8e. 我认为我的国家或机构不能在澜湄次区域与中国建立互利共赢的发展关系。<br>I don't think my country or institution can establish a mutually beneficialor win-win development relationship with China in the MLC. | | | | | | |

**再次诚挚感谢您的参与! Thank you again for your participation.**

# 参考文献

## 一 中文

习近平:《决胜全面建成小康社会　夺取新时代中国特色社会主义伟大胜利》，人民出版社 2017 年版。

《习近平谈治国理政》第 1 卷，外文出版社 2018 年版。

白贵、曹磊:《对外传播的新使命:"一带一路"与"构建人类命运共同体"》,《前沿关注》2017 年第 5 期。

白如纯:《"一带一路"背景下日本对大湄公河次区域的经济外交》,《经济贸易》2016 年第 3 期。

毕铭:《构建人类命运共同体:从利益共生到文化共识》,《改革与开放》2019 年第 10 期。

毕世鸿:《机制拥堵还是大国协调——区域外大国与湄公河地区开发合作》,《国际安全研究》2013 年第 2 期。

毕世鸿:《区域外大国参与湄公河地区合作策略的调整》，中国社会科学出版社 2019 年版。

毕世鸿:《试析冷战后日本的大湄公河次区域政策及其影响》,《外交评论》2009 年第 6 期。

常思纯:《日本为何积极介入湄公河地区》,《世界知识》2018 年第 21 期。

车轴:《人类命运共同体:近期国内外研究综述及进一步探讨》,《理论与改革》2018 年第 5 期。

陈慧:《"一带一路"背景下我国西南跨境经济合作研究》,《广西社会科学》2016 年第 7 期。

陈健、龚晓莺:《"一带一路"沿线网络空间命运共同体研究》,《国际观察》2017 年第 5 期。

陈蔚芳：《共同体化的困境——从叙利亚难民危机论欧盟共同庇护体系的局限性》，《欧洲研究》2016 年第 6 期。

陈秀武：《"海洋命运共同体"的相关理论问题探讨》，《亚太安全与海洋研究》2019 年第 2 期。

戴轶：《论人类命运共同体的构建：以联合国改革为视角》，《法学评论》2018 年第 4 期。

戴永红、曾凯：《澜湄合作机制的现状评析：成效、问题与对策》，《国际论坛》2017 年第 4 期。

邓涵：《"峰会年"看澜湄地区制度竞合》，《当代亚太》2019 年第 6 期。

邓蓝：《湄公河—恒河合作倡议：十年发展与前景展望》，《东南亚南亚研究》2010 年第 4 期。

董青岭：《从中西哲学看中国国际关系理论的创生》，《国际政治研究》2014 年第 4 期。

高程：《从规则视角看美国重构国际秩序的战略调整》，《世界经济与政治》2013 年第 12 期。

宫笠俐：《中日第三方市场合作：机遇、挑战与应对方略》，《现代日本经济》2019 年第 5 期。

郭继文：《人类命运共同体视域下中国责任建构研究——基于对"中国责任论"的反思与批判》，《宁夏党校学报》2020 年第 3 期。

郭树勇：《大危机下的国际合作与外交转向：国际政治社会学的视角》，《当代世界与社会主义》2020 年第 3 期。

郭树勇：《建构主义与国际政治》，长征出版社 2001 年版。

郭显龙、陈慧：《"一带一路"下中国与澜湄五国国际产能合作研究》，《宏观经济管理》2019 年第 11 期。

郭延军：《大湄公河水资源安全：多层治理及中国的政策选择》，《外交评论》2011 年第 2 期。

郭延军：《权力流散与利益分享——湄公河水电开发新趋势与中国的应对》，《世界经济与政治》2014 年第 10 期。

何星亮：《文明交流互鉴与人类命运共同体建设》，《人民论坛》2019

年第 21 期。

贺来：《马克思哲学的"类"概念与"人类命运共同体"》，《哲学研究》2016 年第 8 期。

胡正荣：《共建人类命运共同体：从"一带一路"海外舆情看国际关系的中国方案》，《国际传播》2017 年第 2 期。

花勇：《国际等级体系的形成、功能和维持》，《国际政治科学》2011 年第 3 期。

黄凤志、刘瑞：《日本对"一带一路"的认知与应对》，《现代国际关系》2015 年第 11 期。

黄河：《区域性公共产品与澜湄合作机制》，《深圳大学学报》2017 年第 1 期。

黄河、戴丽婷：《澜湄合作机制框架下的区域性公共产品供给研究》，《复旦国际关系评论》2019 年第 1 期。

季思：《人类命运共同体理念彰显中国共产党国际话语的历史穿透力》，《当代世界》2018 年第 3 期。

贾文山、王丽君、赵立敏：《习近平普遍安全观及其对构建人类命运共同体的意义》，《中国人民大学学报》2019 年第 3 期。

江忆恩、朱中博、郭树勇：《文化现实主义：中国历史上的战略文化与大战略》，人民出版社 2015 年版。

康有为：《大同书》，上海古籍出版社 2014 年版。

李晨阳：《澜沧江—湄公河合作：机遇、挑战与对策》，《学术探索》2016 年第 1 期。

李存娜：《国际关系研究中的心理分析》，《国际论坛》2006 年第 2 期。

李峰、洪邮生：《微区域安全及其治理的逻辑——以"一带一路"倡议下的"大湄公河微区域"安全为例》，《当代亚太》2019 年第 1 期。

李格琴：《西方国际合作理论研究述评》，《山东社会科学》2008 年第 7 期。

李慧明：《绿色"一带一路"建设与中国在全球气候治理新形势下的国际责任》，《阅江学刊》2020 年第 4 期。

李巍、罗仪馥:《中国周边外交中的澜湄合作机制分析》,《现代国际关系》2019 年第 5 期。

李向阳:《区域经济合作中的小国战略》,《当代亚太》2008 年第 3 期。

李晓、李俊久:《"一带一路"与中国地缘政治经济战略的重构》,《世界经济与政治》2015 年第 10 期。

李一平、付宇珩:《国际合作中的领导权竞争:以"一带一路"倡议与金砖国家合作的战略对接为例》,《东南学术》2019 年第 3 期。

李永春:《试析韩国的湄公河开发战略》,《东南亚研究》2013 年第 6 期。

李志斐:《澜湄合作中的非传统安全合作》,《世界知识》2019 年第 13 期。

李志斐、王婧:《美国与湄公河国家合作步步升级》,《世界知识》2020 年第 22 期。

梁玉忠:《中国企业投资"一带一路"沿线国家面临的政治风险与防范策略》,《对外经贸与实务》2018 年第 5 期。

林民旺:《印度对"一带一路"的认知及中国的政策选择》,《世界经济与政治》2015 年第 5 期。

林文勋、郑永年:《澜湄合作新机遇与中国—东盟关系新篇章》,社会科学文献出版社 2017 年版。

凌胜利:《构建周边安全共同体:挑战与对策》,《国际问题研究》2017 年第 5 期。

刘传春:《中国对外合作机制的身份认同功能:以澜湄合作机制为例的分析》,《国际论坛》2017 年第 6 期。

刘均胜:《澜湄合作:示范亚洲命运共同体建设》,《中国经济周刊》2016 年第 13 期。

刘卿:《澜湄合作进展与未来发展方向》,《国际问题研究》2018 年第 2 期。

刘少华:《论东盟在东亚区域合作中的领导能力》,《当代亚太》2007 年第 9 期。

刘威:《"一带一路"倡议与中国参与国际经贸规则重塑》,《学习与实践》2017 年第 9 期。

刘玮：《崛起国创建国际制度的策略》，《世界经济与政治》2017 年第 9 期。

刘勇、王怀信：《人类命运共同体：全球治理国际话语权变革的中国方案》，《探索》2019 年第 2 期。

刘振中、袁勤、刘镇江：《习近平核安全观与构建人类命运共同体的耦合性》，《湘潭大学学报》（哲学社会科学版）2018 年第 6 期。

刘稚、王煜景：《人文交流对越南青年对华认知的作用与影响》，《东南亚研究》2020 年第 5 期。

刘稚、徐秀良：《"一带一路"背景下澜湄合作的定位及发展》，《云南大学学报》（社会科学版）2017 年第 5 期。

刘稚、徐秀良：《澜湄流域经济发展带建设：一江兴六国的发展思考》，《云南师范大学学报》（哲学社会科学版）2020 年第 1 期。

卢德友：《"人类命运共同体"：马克思主义时代性观照下理想社会的现实探索》，《求实》2014 年第 8 期。

卢德友：《马克思理想"共同体"的当代追求》，《学术论坛》2014 年第 5 期。

卢光盛：《大湄公河次地区合作的国际政治经济学分析》，《东南亚研究》2006 年第 2 期。

卢光盛：《澜湄机制如何从湄公河地区诸多边机制中脱颖而出？》，《当代世界》2016 年第 5 期。

卢光盛、别梦婕：《"成长的代价"：区域公共产品与中国外交》，《当代世界》2017 年第 3 期。

卢光盛、别梦婕：《"命运共同体"视角下周边外交理论探索和实践创新——以澜湄合作为例》，《国际展望》2018 年第 1 期。

卢光盛、别梦婕：《"南北"还是"东西"？——湄公河地区跨国经济走廊的竞争与协调》，《国际论坛》2020 年第 6 期。

卢光盛、别梦婕：《澜湄国家命运共同体：理想与现实之间》，《当代世界》2018 年第 1 期。

卢光盛、别梦婕：《澜湄合作机制：一个"高阶的"次区域主义》，《亚太经济》2017 年第 2 期。

卢光盛、别梦婕：《中国传统文化与周边外交》，《云大地区研究》2019 年第 1 期。

卢光盛、邓涵：《经济走廊的理论溯源及其对孟中印缅经济走廊建设的启示》，《南亚研究》2015 年第 2 期。

卢光盛、段涛：《"一带一路"视阈下的战略对接研究——以中国—中南半岛经济走廊为例》，《思想战线》2017 年第 6 期。

卢光盛、段涛、金珍：《澜湄合作的方向、路径与云南的参与》，社会科学文献出版社 2018 年版。

卢光盛、冯立冰、别梦婕：《中印周边外交比较研究：思想渊源、当代实践及现实碰撞》，《南亚研究》2018 年第 2 期。

卢光盛、金珍：《"澜湄合作机制"建设原因、困难与路径?》，《战略决策研究》2016 年第 3 期。

卢光盛、金珍：《超越拥堵：澜湄合作机制的发展路径探析》，《世界经济与政治》2020 年第 7 期。

卢光盛、雷著宁：《澜湄机制是中国—东盟合作新纽带》，《世界知识》2016 年第 16 期。

卢光盛、聂姣：《澜湄合作的动力机制——基于"利益—责任—规范"的分析》，《国际展望》2021 年第 1 期。

卢光盛、田继阳：《成长中的澜湄国家命运共同体》，《丝路瞭望》2018 年第 8 期。

卢光盛、王子奇：《百年变局下的澜湄合作进程与中国角色》，《当代世界》2019 年第 11 期。

卢光盛、吴波汛：《人类命运共同体视角下的"清洁美丽世界"构建——兼论"澜湄环境共同体"建设》，《国际展望》2019 年第 11 期。

卢光盛、熊鑫：《周边外交视野下的澜湄合作：战略关联与创新实践》，《云南师范大学学报》（哲学社会科学版）2018 年第 2 期。

卢凌宇：《国际关系理论中国学派生成的路径选择》，《欧洲研究》2016 年第 5 期。

卢凌宇：《软实力的神话》，《世界经济与政治》2018 年第 4 期。

陆大道：《关于"点—轴"空间结构系统的形成机理分析》，《地理科学》2002 年第 1 期。

吕琼梅：《推动构建中老命运共同体走深走实》，《社会主义论坛》2020 年第 6 期。

罗成翼：《基于人类命运共同体的核威慑道德风险考量》，《北京大学学报》（哲学社会科学版）2018 年第 1 期。

罗会钧、戴薇薇、刘红霞：《构建核安全命运共同体的几点思考》，《湖南大学学报》（社会科学版）2017 年第 5 期。

罗圣荣：《奥巴马政府介入湄公河地区合作研究》，《东南亚研究》2013 年第 6 期。

罗圣荣：《近年来美国对湄公河地区合作的介入及影响》，社会科学文献出版社 2013 年版。

罗圣荣：《澜湄次区域国际减贫合作的现状、问题与思考》，《深圳大学学报》（人文社会科学版）2017 年第 3 期。

罗圣荣：《美国对湄公河地区策略的调整与 GMS 合作》，社会科学文献出版社 2019 年版。

罗圣荣、叶国华：《澜湄命运共同体建设的意义、动因和路径选择》，《云南大学学报》（社会科学版）2017 年第 5 期。

罗仪馥：《从大湄公河机制到澜湄合作：中南半岛上的国际制度竞争》，《外交评论》2018 年第 6 期。

毛悦：《从印度对"一带一路"的认知与反应看印度外交思维模式》，《国际论坛》2017 年第 1 期。

门洪华：《"一带一路"规则制定权的战略思考》，《世界经济与政治》2018 年第 7 期。

孟维瞻：《中国古代分裂格局中的"统一性规范"——以宋明两朝历史为例》，《当代亚太》2012 年第 4 期。

明浩：《"一带一路"与"人类命运共同体"》，《中央民族大学学报》（哲学社会科学版）2015 年第 6 期。

倪世雄等：《当代西方国际关系理论》，复旦大学出版社 2002 年版。

潘成鑫：《国际政治中的知识、欲望与权力：中国崛起的西方叙事》，社会科学文献出版社 2016 年版。

潘亚玲：《国际规范生成：理论反思与模型建构》，《欧洲研究》2019

年第 5 期。

潘一宁：《非传统安全与中国—东南亚国家的安全关系——以澜沧江—湄公河次区域水资源开发问题为例》，《东南亚研究》2011 年第 4 期。

潘忠岐：《中国之"中"与中国外交的尚"中"特色》，《武汉科技大学学报》（社会科学版）2021 年第 2 期。

庞珣：《全球治理中的金砖国家外援合作》，世界知识出版社 2016 年版。

庞中英：《论"一带一路"中的国际"对接"》，《探索与争鸣》2016 年第 5 期。

秦亚青：《关系本位与过程建构：将中国理念植入国际关系理论》，《中国社会科学》2009 年第 3 期。

秦亚青：《国际政治的社会建构：温特及其建构主义国际政治理论》，《欧洲》2001 年第 3 期。

秦亚青：《国际制度与国际合作》，《外交学院学报》1998 年第 1 期。

秦亚青：《国家身份、战略文化和安全利益——关于中国与国际社会关系的三个假设》，《世界经济与政治》2003 年第 1 期。

秦亚青：《合作：命运共同体发展的铁律》，《国际问题研究》2020 年第 3 期。

秦亚青：《世界格局、国际制度与全球秩序》，《现代国际关系》2010 年第 1 期。

秋千：《澜沧江—湄公河流域其他主要次区域合作机制有哪些》，《世界知识》2015 年第 22 期。

任俊霖、彭梓倩、孙博文、李浩：《澜湄水资源合作机制》，《自然资源学报》2019 年第 2 期。

任珂瑶、钮菊生、艾伦：《共建中老命运共同体路径探析》，《和平与发展》2020 年第 4 期。

任慕、彭旭：《"人类命运共同体"背景下澜湄合作机制的推进路径与中国角色》，《经济视角》2019 年第 3 期。

阮思阳、李宇薇：《澜沧江—湄公河国际水运通道建设研究》，《广西社会科学》2016 年第 6 期。

石晋、李本:《新冠肺炎疫情下中国注资 IMF 紧急融资机制问题探讨》,《金融理论与实践》2021 年第 1 期。

时殷弘:《当前中国周边外交重大问题的战略应对》,《领导文萃》2016 年第 9 期。

束必铨、戴逸尘:《"国际规范与中国外交:冲突、调试与融合"学术会议综述》,《国际关系研究》2013 年第 6 期。

宋效峰:《湄公河次区域的地缘政治经济博弈与中国对策》,《世界经济与政治论坛》2013 年第 5 期。

孙吉胜:《新冠肺炎疫情与全球治理变革》,《世界经济与政治》2020 年第 5 期。

孙茹:《亚太"命运共同体"蓄势待发》,《世界知识》2015 年第 2 期。

孙溯源:《集体认同与国际政治——一种文化视角》,《现代国际关系》2003 年第 1 期。

孙西辉:《论构建"中国—东盟利益共同体"的外交战略》,《国际关系研究》2013 年第 1 期。

唐世平:《国际政治的社会演化:从公元前 8000 年到未来》,董杰旻、朱鸣译,中信出版集团 2017 年版。

唐璐:《"人类命运共同体"与全球治理》,《唯实》2018 年第 5 期。

陶文昭:《构建人类命运共同体要处理好几对关系》,《红旗文稿》2020 年第 3 期。

屠酥:《培育澜湄意识:基于文化共性和共生关系的集体认同》,《边界与海洋研究》2018 年第 2 期。

王宝峰:《澜湄次区域反恐安全公共产品供给合作初探》,《武警学院学报》2019 年第 7 期。

王保忠、段颖霞、王志刚:《"一带一路"背景下纺织服装行业的创新与发展》,《西安工程大学学报》2020 年第 3 期。

王存刚:《国家发展战略对接与新型国际关系构建——以中国的"一带一路"倡议为例》,《中国战略报告》2016 年第 2 期。

王飞:《人类命运共同体:马克思主义交往理论的最新发展成果》,《辽宁师范大学学报》(社会科学版)2017 年第 2 期。

王厚双、张霄翔：《"一带一路"框架下中日加强在东盟第三方市场合作的对策思考》，《日本问题研究》2019年第1期。

王明国：《国际制度复杂性与东亚一体化进程》，《当代亚太》2013年第1期。

王睿：《澜湄合作与"国际陆海贸易新通道"对接：基础、挑战与路径》，《国际问题研究》2020年第6期。

王晓玲：《周边命运共同体构建与人文交流思路的转换》，《现代国际关系》2015年第5期。

王延中、方素梅、吴晓黎、李晨升：《印度对"一带一路"倡议态度的调查与分析》，《世界民族》2019年第5期。

王一鸣：《中国的绿色转型：进程和展望》，《中国经济报告》2019年第6期。

王义桅、韩雪晴：《国际关系理论的中国梦》，《世界经济与政治》2013年第8期。

王逸舟：《西方国际政治学：历史与理论》，上海人民出版社2006年版。

王玉冲：《论共生视域下中国与周边命运共同体建设》，《武警学院学报》2018年第5期。

王云屏、金楠、樊晓丹：《中国对外援助医疗卫生机构的历史、现状与发展趋势》，《中国卫生政策研究》2017年第8期。

韦宗友：《美国对"一带一路"倡议的认知与中美竞合》，《美国问题研究》2018年第1期。

韦宗友：《印太视角下的"东盟中心地位"及美国—东盟关系挑战》，《南洋问题研究》2019年第3期。

韦宗友：《战略焦虑与美国对"一带一路"倡议的认知及政策变化》，《南洋问题研究》2018年第4期。

魏传光：《马克思共同体思想对"人类命运共同体"的道德观照》，《湖南师范大学社会科学学报》2019年第2期。

吴兵：《从"天下责任"到"负责任大国"——身份视角下的中国国际责任观历史嬗变研究》，《当代亚太》2015年第4期。

吴志成、何睿：《国家有限权力与全球有效治理》，《世界经济与政治》2013年第12期。

肖欢容、朱虹：《参与、接受与建构——以1997—2005年中国参与东盟地区论坛的规范建构为例》，《东南亚研究》2009年第4期。

邢伟：《美国对东南亚的水外交分析》，《南洋问题研究》2019年第1期。

邢伟：《水资源治理与澜湄命运共同体建设》，《太平洋学报》2016年第6期。

徐进、郭楚：《"命运共同体"概念辨析》，《战略决策研究》2016年第6期。

徐艳玲、李聪：《"人类命运共同体"价值意蕴的三重维度》，《科学社会主义》2016年第3期。

许利平等：《中国与周边命运共同体：建构与路径》，社会科学文献出版社2016年版。

许宁宁：《中国—东盟：共建海上丝绸之路》，中国商务出版社2018年版。

阎学通、徐进：《中国先秦国家间政治思想选读》，复旦大学出版社2008年版。

杨传珠：《马克思主义哲学》，清华大学出版社2004年版。

杨达：《日本在东南亚的海外利益保护论析》，《世界经济与政治》2020年第4期。

杨慧、刘昌明：《"一带一路"倡议与国际制度体系转型——基于国际议程、规则、规范三个维度的分析》，《青海社会科学》2019年第4期。

杨洁篪：《推动构建人类命运共同体共同建设更加美好的世界》，《求是》2021年第1期。

杨雷：《国际制度视角下"一带一路"与大欧亚伙伴关系的对接》，《东北亚论坛》2021年第1期。

叶自成：《地缘战略与中国外交》，北京出版社1998年版。

尹继武：《社会认知与联盟信任形成》，上海人民出版社2009年版。

于红丽、王雅莉：《中国周边安全问题的困境与突破：一种构建主义的思考》，《黑龙江社会科学》2016年第5期。

于宏源：《权威演进与"命运共同体"的话语建设》，《社会科学》2017年第7期。

于宏源、汪万发：《澜湄区域落实2030年可持续发展议程：进展、挑战与实施路径》，《国际问题研究》2019年第1期。

余丽、董文博：《孔子国家间道义思想与当代国际关系建构》，《国际关系学院学报》2012年第3期。

余潇枫、陈佳：《核正义理论与"人类核安全命运共同体"》，《世界经济与政治》2018年第4期。

曾向红：《"一带一路"的地缘政治想象与地区合作》，《世界经济与政治》2016年第1期。

翟崑：《东盟对东亚合作主导权的波动规律（1997—2017）》，《教学与研究》2017年第6期。

张超：《"一带一路"倡议与国际制度体系的变革》，《理论探索》2017年第3期。

张景全：《海洋安全危机背景下海洋命运共同体的构建》，《东亚评论》2018年第1期。

张丽华、刘殿金：《责任转移视域下全球气候治理及中国的战略选择》，《理论探讨》2020年第5期。

张励：《美国"湄公河手牌"几时休》，《世界知识》2019年第17期。

张励：《水资源与澜湄国家命运共同体》，《国际展望》2019年第4期。

张励、卢光盛：《从应急补水看澜湄合作机制下的跨境水资源合作》，《国际展望》2016年第5期。

张利华、胡芳欣：《日本对"一带一路"倡议态度转变及其机遇》，《人民论坛：学术前沿》2019年第3期。

张旗：《国际秩序变革与全球治理机制重塑——基于国际责任动态分配的思考》，《政府管理评论》2019年第1期。

张启雄：《"航线共同体"整合概念的中国海洋发展战略——海权发展与中外历史经验》，《南洋问题研究》2011年第4期。

张文木：《全球化进程中的中国国家利益》，《战略与管理》2002年第 1 期。

张晓刚：《近年来日本学术界关于"一带一路"研究概述》，《黑河学院学报》2019 年第 10 期。

张宇燕：《理解百年未有之大变局》，《国际经济评论》2019 年第 5 期。

张宇燕：《利益集团与制度非中心》，《改革》1994 年第 2 期。

张蕴岭：《对"百年之大变局"的分析与思考》，《山东大学学报》（哲学社会科学版）2019 年第 5 期。

张蕴岭：《如何认识和理解百年大变局》，《亚太安全与海洋研究》2019 年第 2 期。

张蕴岭：《中国与周边关系：命运共同体的逻辑》，《人民论坛》2014 年第 6 期。

赵可金、马钰：《全球意识形态大变局中的人类命运共同体》，《国际论坛》2020 年第 2 期。

赵美艳、张屹：《大国博弈：从澜湄合作到次区域经济合作》，《唯实》2019 年第 4 期。

赵明昊：《大国竞争背景下美国对"一带一路"的制衡态势论析》，《世界经济政治》2018 年第 4 期。

赵庆寺：《试论构建人类命运共同体的制度化路径》，《探索》2019 年第 2 期。

赵天鹏：《从"普遍竞争"到"第三方市场合作"：中日湄公河次区域合作新动向》，《国际论坛》2020 年第 1 期。

赵汀阳：《天下体系：世界制度哲学导论》，中国人民大学出版社 2011 年版。

赵汀阳：《以天下重新定义政治概念：问题、条件和方法》，《世界经济与政治》2015 年第 6 期。

郑东超：《中国开展第三方市场合作的意义、实践及前景》，《当代世界》2019 年第 11 期。

郑先武：《"东亚共同体"愿景的虚幻性析论》，《现代国际关系》2007 年第 4 期。

郑先武：《区域间主义治理模式》，社会科学文献出版社 2014 年版。

郑先武：《亚远经委会区域合作实践与"亚洲方式"初创》，《世界经济与政治》2016年第12期。

郑先武、封顺：《湄公河计划的区域合作实践与"湄公精神"》，《东南亚研究》2018年第6期。

郑永年：《中国国家间关系的构建：从"天下"到国际秩序》，《当代亚太》2009年第5期。

钟飞腾：《政经合一与中国周边外交的扩展》，《南亚研究》2010年第3期。

朱锋：《近期学界关于"百年未有之大变局"研究综述》，《人民论坛·学术前沿》2019年第7期。

朱杰进、诺馥思：《国际制度设计视角下的澜湄合作》，《外交评论》2020年第3期。

[德]斐迪南·滕尼斯：《共同体与社会——纯粹社会学的基本概念》，林荣远译，商务印书馆1999年版。

[美]彼得·卡赞斯坦、罗伯特、基欧汉、斯蒂芬·克拉斯纳：《世界政治理论的探索与争鸣》，秦亚青等译，上海人民出版社2006年版。

[美]戴维·P.霍顿：《政治心理学：情境、个人与案例》，中央编译出版社2013年版。

[美]黑尔佳·拉鲁什、威廉·琼斯主编：《从丝绸之路到世界大陆桥》，陆建新等译，江苏人民出版社2015年版。

[美]肯尼思·华尔兹：《国际政治理论》，信强译，上海人民出版社2003年版。

[美]罗伯特·基欧汉、约瑟夫·奈：《权利与相互依赖（第四版）》，北京大学出版社2012年版。

[美]罗伯特·杰维斯：《国际政治中的知觉与错误知觉》，世界知识出版社2003年版。

[美]罗伯特·杰维斯：《信号与欺骗：国际关系中的形象逻辑》，中央编译出版社2017年版。

[英]爱德华·卡尔：《20年危机（1919—1939）：国际关系研究导论》，世界知识出版社2005版。

[英] 马丁·阿尔布劳:《中国在人类命运共同体中的角色: 走向全球领导理论》, 新世界出版社 2018 年版。

[英] 齐格蒙特·鲍曼:《共同体》, 欧阳景根译, 江苏人民出版社 2003 年版。

海伦·E. S. 尼萨杜:《〈太平洋评论〉中的东盟——基于区域治理与共同体构建的"得与失"视角》, 钟梅译,《云大地区研究》2019 年第 1 期。

## 二 英文

Agnew, J., "The Territorial Trap: The Geographical Assumptions of International Relations Theory", *Review of International Political Economy*, Vol. 1, No. 1, 1994.

Alastair Iain Johnston, "Is China a Status Quo Power?", *International Security*, Vol. 27, No. 4, 2003.

Amitai Etzioni, "Is China a Responsible Stakeholder?", *International Affairs*, Vol. 87, No. 3, 2011.

Amitav Acharya, *Whose Ideas Matter? Agency and Power in Asian Regionalism*, Ithaca and London: Cornell University Press, 2009.

Andrea K. Gerlak, Andrea Haefner, "Riparianization of the Mekong River Commission", *Water International*, Vol. 42, No. 7, 2017.

Andrés L, D. Biller, M. Herrera Dappe, *Reducing Poverty by Closing South Asia's Infrastructure Gap*, Washington, D. C.: World Bank, 2013.

Angela Poh, Mingjiang Li, "A China in Transition: The Rhetoric and Substance of Chinese Foreign Policy under Xi Jinping", *Asian Security*, Vol. 13, No. 2, 2017.

Anoulak Kittikhoun, Denise Michèle Staubli, "Water Diplomacy and Conflict Management in the Mekong: From Rivalries to Cooperation", *Journal of Hydrology*, No. 567, 2018.

Arndt Michael, "Competing Regionalism in South Asia and Neighbouring Regions under Narendra Modi: New Leadership, Old Problems", *Sto-*

sunki Międzynarodowe – *International Relations*, Vol. 51, No. 4, 2015.

Beverley Loke, "Unpacking thePolitics of Great Power Responsibility: Nationalist and Maoist China in International Order – building", *European Journal of International Relations*, Vol. 22, Issue 4, 2016.

Boucher D., *Political Theories of International Relations – From Thucydides to the Present*, Oxford: Oxford University Press, 1998.

Brown, R., "Social Identity Theory: Past Achievements, Current Problems and Future Challenges", *European Journal Social Psychology*, Vol. 30, No. 2, 2000.

C. Hart Schaaf, Russell H. Fifield, *The Lower Mekong: Challenge to Cooperation in Southeast Asia*, Princeton: Van Nostrand, 1963.

Carl Middleton, Jeremy Allouche, "Watershed orPowershed? Critical Hydropolitics, China and the 'Lancang – Mekong Cooperation Framework'", *International Spectator*, Vol. 51, No. 3, 2016.

Charalampos Efstathopoulos, Milja Kurkiand, Alistair Shepherd, "Facing Human Interconnections: Thinking International Relations into The Future", *International Relations*, Vol. 34, No. 3, 2020.

Chhetri Prem et al., "Global Logistics City Concept: A Cluster – led Strategy under the Belt and Road Initiative", *Maritime Policy & Management*, Vol. 45, Issue 3, 2018.

Dechen Palmo, "Beijing's Politics on Lancang – Mekong Cooperation (LMC) and Its Implications for Mekong Subregion Countries", *Tibet Policy Journal*, Vol. 6, No. 2, 2019.

Denghua Zhang, "The Concept of 'Community of Common Destiny' in China's Diplomacy: Meaning, Motives and Implications", *Asia and the Pacific Policy Studies*, Vol. 5, No. 2, 2018.

Ding Jun, Heng Hongjin, "China's Proposition to Build a Community of Shared Future for Mankind and the Middle East Governance", *Asian Journal of Middle Eastern and Islamic Studies*, Vol. 11, No. 4, 2017.

Donald E. Weatherbee, "Cooperation and Conflict in the Mekong River Basin", *Studies in Conflict and Terrorism*, Vol. 20, No. 2, 1997.

Duensing, Dawn E., "The Hāna Belt Road: Paving the Way for Tourism", *Hawaiian Journal of History*, Vol. 41, 2017.

Enderwick Peter, "The Economic Growth and Development Effects of China's One Belt, One Road Initiative", *Strategic Change*, Vol. 27, Issue 5, September 2018.

Ernest Tambo, Christopher Khayeka – Wandabwa, Grace Wagithi Muchiri, Yun – Na Liu, Shenglan Tang, Xiao – Nong Zhou, "China's Belt and Road Initiative: Incorporating Public Health Measures Toward Global Economic Growth and Shared Prosperity", *Global Health Journal*, Vol. 3, No. 2, 2019.

Fan Wang, "Community of Shared Future for Mankind: Theoretic Significance and Practical Drive", *Contemporary World*, Vol. 3, No. 3, 2016.

Farooq, Muhammad Sabil et al., "An Analysis of China and Africa Relations with Special Focus on 'One Belt and One Road'", *India Quarterly*, Vol. 75, Issue 3, Sept. 2019.

Francois de Soyres, *The Growth and Welfare Effects of the Belt and Road Initiative on East Asia Pacific Countries*, World Bank Group, 2018.

Gary Lee, Natalia Scurrah, *Power and Responsibility: The Mekong River Commission and Lower Mekong Mainstream Dams*, Sydney: Oxfam Australia and University of Sydney, 2009.

Gelvig S. Yu, "China – Kazakhstan Economic Relations in the Context of the 'One Belt, One Road' Initiative", *Bulletin of PNU*, Vol. 56, Issue 1, 2020.

Georgiev, Georg, "The Chinese 'One Belt, OneRoad' Initiative – New Opportunities for the European Union and Its Neighbours in the Black Sea Region", *KSI Transactions on Knowledge Society*, Vol. 8, Issue 2, Jun. 2015.

Golubchikov Yuri, "The Concept of a High – speed Railway between the Indian Ocean and Alaska in the Context of the Belt and Road Initiative", *Area Development & Policy*, Vol. 5, Issue 3, September 2020.

Hamel, G., "Strategy as Revolution", *Harvard Business Review*, July – August, 1996.

Henelito Sevilla, Jr., "China's New Silk Route Initiative: Political and Economic Implications for the Middle East and Southeast Asia", *Asian Journal of Middle Eastern and Islamic Studies*, Vol. 11, No. 1, 2017.

Hidetaka Yoshimatsu, "The United States, China, and Geopolitics in the Mekong Region", *Asian Affairs: An American Review*, Vol. 42, No. 4, 2015.

Hiroshi Hori, *The Mekong: Environment and Development*, Tokyo: United Nations University Press, 2000.

Ian C. Campbell, "Integrated management in the Mekong River Basin", *Ecohydrology & Hydrobiology*, Vol. 16, No. 4, 2016.

Ilona Kickbusch, Martina Marianna, Cassar Szabo, "A New Governance Space for Health", *Global Health Action*, Vol. 7, No. 1, 2014.

Jean – Pierre A. Verbiest, "Regional Cooperation and Integration in the Mekong Region", *Asian Economic Policy Review*, No. 8, 2013.

Jeffrey W. Jacobs, "The United States and the Mekong Project", *Water Policy*, Vol. 1, No. 6, 2000.

Jessica M. Williams, "Is three a crowd? River basin institutions and the governance of the Mekong River", *International Journal of Water Resources Development*, Vol. 37, No. 4, 2020.

Kayo Onishi, "InterstateNegotiation Mechanisms for Cooperation in the Mekong River Basin", *Water International*, Vol. 32, No. 4, 2007.

Kayo Onishi, "Reassessing Water Security in the Mekong: The Chinese Rapprochement with Southeast Asia", *Journal of Natural Resources Policy Research*, Vol. 3, No. 4, 2011.

Keohane, R. O., *After Hegemony: Cooperation and Discord in the World Political Economy*, NJ: Princeton University Press, 1984.

Keokam Kraisoraphong, "China, Japan, and the Great Mekong Basin: A Southeast Asian Perspective", in Peng Er Lamed, *China – Japan Relations in the 21st Century*, New York: Palgrave Macmillan, 2017.

Koch – Weser Iacob, "China in International Food Markets: Revisiting the Responsible Stakeholder Debate", *Harvard Asia Quarterly*, Vol. 14, Issue 4, Winter 2012.

Kopra, Sanna, "A Responsible Developing Country: China's National Image Building and International Negotiations on Climate", *Quarterly Journal of Chinese Studies*, Vol. 1, Issue 3, Spring 2013.

Le Hai Binh, To Minh Thu, "Why the Mekong Matters to ASEAN: A Perspective from Vietnam", *ISEAS Perspective*, No. 77, 2020.

Linda Jakobson, "Reflections from China on Xi Jinping's 'Asia for Asians'", *Asian Politics & Policy*, Vol. 8, No. 1, 2016.

Lye Liang Fook, "China's Southeast Asian Charm Offensive: Is It Working?", *Think China*, No. 108, 2020.

Mao Weizhun, "Debating China's International Responsibility", *Chinese Journal of International Politics*, Vol. 10, Issue 2, Summer 2017.

Marko Keskinen, Matti Kummu, "Mekong at the Crossroads: Next Steps for Impact Assessment of Large Dams", *Ambio*, No. 41, 2012.

Michael Pillsbury, *The Hundred – Year Marathon: China's Secret Strategy to Replace America as the Global Superpower*, New York: Henry Holt and Company, 2015.

Michele Ruta, Somik Lall, Chunlin Zhang, et al., *Belt and Road Economics Opportunities and Risks of Transport Corridors*, Washington, D. C.: International Bank for Reconstruction and Development / The World Bank, 2019.

Nucharee Supatn, "A Study on Cross – Border Trade Facilitation and Regional Development along Economic Corridors: Thailand Perspectives", in Masami Ishida, "Emerging Economic Corridors in the Mekong Region", *BRC Research Report*, No. 8, 2012.

Pardeep Kumar, "BIMSTEC, Mekong Ganga and ASEAN", *Journal of Global Research & Analysis*, Vol. 4, No. 1, 2015.

Perroux, "Francois Economic Space: Theory and Applications", *The Quarterly Journal of Economics*, Vol. 64, No. 1, 1950.

Peters, Michael A., "China's Belt and Road Initiative: Reshaping Global Higher Education", *Educational Philosophy & Theory*, Vol. 52, Issue 6, June/July 2020.

Philip Hirsch, "The Shifting Regional Geopolitics of Mekong Dams", *Political Geography*, No. 51, 2016.

Pou Sovachana, Bradley J. Murg, "The Lancang – Mekong Cooperation Mechanism: Confronting New Realities in Cambodia and the Greater Mekong Subregion", CSCAP Regional Security Outlook 2019, 2019.

Rajeev Ranjan Chaturvedy, "Two Decades of Mekong – Ganga Cooperation: Odyssey of Friendship and Prosperity", ASEAN – India Centre (AIC) at Research and Information System of Developing Countries, No. 3, 2020.

Richard Grünwald, "Lancang – Mekong Cooperation: Present and Future of the Mekong River Basin", *Politické Vedy*, Vol. 23, No. 2, 2020.

Richard P. Cronin, "Hydropower Dams on the Mekong: Old Dreams, New Dangers", *Asia Policy*, Vol. 16, No. 1, 2013.

Scott William David Pearse – Smith, "The Impact of Continued Mekong Basin Hydropower Development on Local Livelihoods", *Consilience: The Journal of Sustainable Development*, Vol. 7, No. 1, 2012.

Serey Sok, Sopheak Meas, Sophearin Chea, Nyda Chhinh, "Regional Cooperation and Benefit Sharing for Sustainable Water Resources Management in the Lower Mekong Basin", *Lakes & Reservoirs*, Vol. 24, Issue 3, 2019.

Shlomi Dinar, "Assessing Side – payment and Cost – sharing Patterns in International Water Agreements: The Geographic and Economic Connection", *Political Geography*, Vol. 25, No. 4, 2006.

Sim Vireak, "Mapping Mekong Cooperation Complementarities and Policy Implications", *Asian Vision Institute (AVI) Perspective*, No. 9, 2019.

Taeyoon Kim, Jaewan Cheong, Jaeho Lee, Mingeum Shin, Nari Park, "Korea's Development Cooperation with the Mekong Region", *KIEP World Economy*, Vol. 3, No. 40, 2013.

Tang Siew Mun, Thuzar Moe, Hoang Thi Ha, Chalermpa anupap Termsak, et al., *The State of Southeast Asia: 2019 Survey Report*, ISEAS - Yusof Ishak Institute, 2019.

Teo, Hoong Chen et al., "Building a Green Belt and Road: A Systematic Review and Comparative Assessment of the Chinese and English - language Literature", *Plos One*, Vol. 15, Issue 9, 2020.

The White House, *National Security Strategy of the United States of America*, 2017.

Thomas Ptak, "Considering Multiple China's in the Shifting Regional Geopolitics of Mekong River Dams", *Political Geography*, No. 58, 2016.

To Minh Thu, Le Dinh Tinh, "Vietnam and Mekong Cooperative Mechanisms", *Southeast Asian Affairs*, 2019.

Tuyet L. Cosslett, Patrick D. Cosslett, *Water Resources and Food Security in the Vietnam Mekong Delta*, New York: Springer, 2014.

Vanessa Lamb, NgaDao, "Perceptions and Practices of Investment: China's Hydropower Investments in Mainland Southeast Asia", Chiang Mai University Conference Paper, No. 21, 2015.

Vannarith Chheang, Yushan Wong, "Cambodia - Laos - Vietnam: Economic Reform and Regional Integration", CICP Working Paper, No. 1, 2012.

Vannarith Chheang, "The Cambodia - Laos - Vietnam Development Triangle Area", *ISEAS Perspective*, No. 30, 2018.

Wang, L., Zhai, K., "China's Policy Shifts on Southeast Asia", *China Quarterly of International Strategic Studies*, Vol. 2, No. 1, 2016.

Wendt, A., "On Constitution and Causationin International Relations", *Review of International Studies*, Vol. 24, No. 5, 1998.

Xing Wei, "Lancang - MekongRiver Cooperation and Trans - Boundary Water Governance: A Chinese Perspective", *China Quarterly of International Strategic Studies*, Vol. 3, No. 3, 2017.

Yan Feng, Wenling Wang, Daniel Suman, Shiwei Yu, Daming He, "Water Cooperation Priorities in the Lancang - Mekong River Basin

Based on Cooperative Events Since the Mekong River Commission Establishment", *Chinese Geographical Science*, Vol. 29, No. 1, 2019.

Yong Zhonga, Fuqiang Tiana, Heping Hua, David Greyb, Michael Gilmont, "Rivers and Reciprocity: Perceptions and Policy on International Watercourses", *Water Policy*, Vol. 18, No. 4, 2016.

Yoshimatsu, "Hide Collective Action Problems and Regional Integration in ASEAN", *Contemporary Southeast Asia*, Vol. 28, No. 1, 2006.

Zhao Kejin, Zhao Yuan, "The Path towards Building a Community with a Shared Future for Mankind", *Contemporary World*, Vol. 11, No. 3, 2018.

Zorawar Daulet Singh, "Indian Perceptions of China's Maritime Silk Road Idea, *Journal of Defense Study*, Vol. 8, No. 4, 2014.

### 三 报纸文献

《习近平：让中柬关系在新的历史时期焕发新的生机活力》，《人民日报》（海外版）2020年11月7日第1版。

《习近平在哲学社会科学工作座谈会上的讲话》，《人民日报》2016年5月19日第2版。

习近平：《共谋绿色生活，共建美丽家园》，《人民日报》2019年4月29日第2版。

习近平：《共同构建人类命运共同体——在联合国日内瓦总部的演讲》，《人民日报》2017年1月20日第2版。

习近平：《弘扬人民友谊共创美好未来——在纳扎尔巴耶夫大学的演讲》，《人民日报》2013年9月8日第3版。

习近平：《开辟合作新起点 谋求发展新动力》，《人民日报》2017年5月16日第3版。

习近平：《迈向命运共同体 开创亚洲新未来——在博鳌亚洲论坛2015年年会上的主旨演讲》，《人民日报》2015年3月29日第2版。

习近平：《团结合作战胜疫情 共同构建人类卫生健康共同体——在第73届世界卫生大会视频会议开幕式上的致辞》，《人民日报》2020

年 5 月 19 日第 2 版。

习近平：《携手共创丝绸之路新辉煌》，《人民日报》2016 年 5 月 23 日第 2 版。

习近平：《携手构建合作共赢新伙伴 同心打造人类命运共同体——在第七十届联合国大会一般性辩论时的讲话》，《人民日报》2015 年 9 月 29 日第 2 版。

习近平：《携手构建合作共赢新伙伴 同心打造人类命运共同体》，《人民日报》2015 年 9 月 29 日第 2 版。

习近平：《携手建设中国—东盟命运共同体——在印度尼西亚国会的演讲》，《人民日报》2013 年 10 月 4 日第 2 版。

习近平：《携手推进"一带一路"建设》，《人民日报》2017 年 5 月 15 日第 3 版。

习近平：《在联合国教科文组织总部的演讲》，《人民日报》2014 年 3 月 18 日第 3 版。

国家发展改革委、外交部、商务部：《推动共建丝绸之路经济带和 21 世纪海上丝绸之路的愿景与行动》，《人民日报》2015 年 3 月 29 日第 4 版。

《7 年来中国与"一带一路"沿线国家货物贸易进出口总额增至 1.34 万亿美元》，《经济日报》2020 年 9 月 7 日。

《澜沧江—湄公河合作五年行动计划（2018—2022）》，《人民日报》2018 年 1 月 11 日第 9 版。

《携手打造中柬具有战略意义的命运共同体》，《人民日报》2018 年 1 月 12 日第 1 版。

《中华人民共和国和缅甸联邦共和国联合声明》，《人民日报》2020 年 1 月 19 日第 2 版。

《中柬友好扶贫示范村项目正式启动》，《人民日报》2021 年 2 月 3 日第 16 版。

李景源、周丹：《"人类命运共同体"思想的哲学阐释》，《光明日报》2017 年 8 月 28 日第 11 版。

刘稚：《命运共同体视角下的一带一路建设》，《光明日报》2015 年 3 月 19 日第 7 版。

卢光盛：《全方面推进澜湄国家命运共同体建设》，《中国社会科学报》2020年7月9日第8版。

卢光盛、黎亚洲：《从周边起步推动人类命运共同体建设》，《学习时报》2017年12月18日第2版。

陆明涛：《构建基于"一带一路"的新雁行模式》，《大众日报》2018年1月10日第10版。

毛鹏飞：《中柬命运共同体建设取得成果——访中国驻柬埔寨大使王文天》，《人民日报》（海外版）2020年5月5日第10版。

任寰宇：《携手构建中缅命运共同体》，《人民日报》2020年1月19日第2版。

田国秀：《文明对话与人类命运共同体伦理建构》，《光明日报》2019年7月22日第15版。

王群：《中国方案：共同构建网络空间命运共同体》，《人民日报》2017年3月2日第17版。

钟声：《共同构建网络空间命运共同体》，《人民日报》2020年9月10日第4版。

## 四　电子文献

《2017年3月10日外交部发言人耿爽主持例行记者会》，中华人民共和国外交部外国记者新闻中心，2017年3月10日，http：//ipc.fmprc.gov.cn/chn/fyrth/t1444912.htm。

《"澜湄合作"大事记（2015.04~2017.12）》，云南网，2017年12月14日，http：//special.yunnan.cn/feature15/html/2017-12/14/content_5019169.htm。

《变革我们的世界：2030年可持续发展议程》，联合国官方网站，2015年9月25日，https：//www.un.org/zh/documents/treaty/files/A-RES-70-1.shtml。

《环境署政策概要呼吁实施全球绿色新政》，联合国官方网站，2009年3月19日，https：//news.un.org/zh/story/2009/03/110332。

《澜沧江—湄公河合作第三次领导人会议关于澜湄合作与"国际陆海贸易新通道"对接合作的共同主席声明》，中华人民共和国外交部网站，2020 年 8 月 25 日，https：//www.fmprc.gov.cn/web/ziliao_ 674904/1179_ 674909/t1808928.shtml。

《澜沧江—湄公河合作第三次领导人会议万象宣言》，中国政府网，2020 年 8 月 24 日，http：//www.gov.cn/xinwen/2020 - 08/24/content_ 5537090.htm。

《澜沧江—湄公河合作第三次外长会将在云南举行》，人民网，2017 年 12 月 7 日，http：//world.people.com.cn/n1/2017/1207/c1002 - 29692948.html。

《澜沧江—湄公河合作首次领导人会议三亚宣言——打造面向和平与繁荣的澜湄国家命运共同体》，中国政府网，2016 年 3 月 23 日，https：//www.fmprc.gov.cn/web/ziliao_ 674904/1179_ 674909/t1350037.shtml。

《澜湄合作第四次外长会联合新闻公报》，新华网，2018 年 12 月 17 日，http：//www.xinhuanet.com/world/2018 - 12/17/c_ 1123866664.htm。

《澜湄合作第五次外长会联合新闻公报》，中华人民共和国外交部网站，2020 年 2 月 21 日，https：//www.fmprc.gov.cn/web/wjbzhd/t1748082.shtml。

李克强：《在澜沧江—湄公河合作第二次领导人会议上的讲话》，《人民日报》2018 年 1 月 11 日第 2 版。

《李克强在澜沧江—湄公河合作第三次领导人会议上的讲话》，中国政府网，2020 年 8 月 24 日，http：//www.gov.cn/premier/2020 - 08/24/content_ 5537041.htm。

《李克强在澜沧江—湄公河合作首次领导人会议上的讲话》，中国政府网，2016 年 3 月 23 日，http：//www.gov.cn/guowuyuan/2016 - 03/23/content_ 5056927.htm。

《联合国环境规划署发起绿色经济倡议》，联合国官方网站，2008 年 10 月 22 日，https：//news.un.org/zh/story/2008/10/103192。

《全球数据安全倡议》，新华网，2020 年 9 月 8 日，http：//www.xinhuanet.com/2020 - 09/08/c_ 1126466972.htm。

《外交部长王毅谈习近平主席访问柬埔寨、孟加拉国并出席金砖国家领导人第八次会晤》，中华人民共和国外交部网站，2016年10月18日，https：//www.fmprc.gov.cn/web/zyxw/t1406584.shtml。

《外交部就澜湄合作第三次领导人会议有关情况等答问》，中华人民共和国外交部网站，2020年8月25日，http：//www.gov.cn/xinwen/2020-08/25/content_5537374.htm。

《习近平同老挝人民革命党中央总书记、国家主席本扬通电话》，新华网，2020年4月3日，http：//www.xinhuanet.com/world/2020-04/03/c_1125811728.htm。

《习近平同老挝人民革命党中央总书记通伦通电话》，新华网，2021年1月21日，http：//www.xinhuanet.com/world/2021-01/21/c_1127010666.htm。

《中国共产党和老挝人民革命党关于构建中老命运共同体行动计划》，新华网，2019年5月1日，http：//www.xinhuanet.com/2019-05/01/c_1124440753.htm。

《中国驻老挝大使：推动中老命运共同体建设走深走实》，中央广电总台国际在线网，2020年12月31日，http：//news.cri.cn/20201231/46d3a68e-183e-e4ca-bed4-6e818dcfe5fc.html。

《驻缅甸大使陈海在〈中国投资〉杂志发表署名文章》，中华人民共和国驻缅甸联邦共和国大使馆网站，2020年12月22日，http：//mm.china-embassy.org/chn/xwdt/t1842149.htm。

柴尚金：《"一带一路"的思想基础与时代意义》，中国共产党新闻网，2018年12月24日，http：//theory.people.com.cn/n1/2018/1224/c40531-30483666.html。

陈欣：《皮尤国家形象全球调查：中美在受欢迎度上旗鼓相当》，《环球时报》2017年7月15日，https：//world.huanqiu.com/article/9CaKrnK45se。

俄罗斯卫星通讯社：《专家：湄公河合作无需美国提供建议》，Sputnik，2018年5月18日，http://sputniknews.cn/opinion/201805181025436314/。

黄仁伟：《"一带一路"是国际秩序新理念的试验场》，人民网，2012年7月5日，http：//world.people.com.cn/n/2015/0705/c1002-

27255803. html。

李亚平：《全面提升"一带一路"经贸合作水平》，人民网，2015年7月9日，http：//politics. people. com. cn/n/2015/0709/c70731 - 27277532. html。

林徽东：《澜湄六国的"一带一路"情谊，总理在这个会议上这样说》，中国一带一路网，2020年8月25日，https：//www. yidaiyi-lu. gov. cn/xwzx/gnxw/144701. htm。

王文天：《共同构建牢不可破的中柬命运共同体》，新华网，2019年5月15日，http：//www. xinhuanet. com/globe/2019 - 05/15/c_138054870. htm。

王毅：《大力推进澜湄合作，构建澜湄国家命运共同体》，中华人民共和国外交部网站，2017年3月23日，http：//www. fmprc. gov. cn/web/wjbzhd/t1448115. shtml。

张兴军：《专访：印度已成为亚投行最大获益者——访亚投行副行长丹尼·亚历山大》，新华网，2018年5月15日，http：//www. xinhuanet. com/2018 - 05/15/c_1122837105. htm。

中国国务院新闻办公室：《抗击新冠肺炎疫情的中国行动（白皮书）》，中华人民共和国中央人民政府官网，2020年6月7日，http：//www. gov. cn/zhengce/2020 - 06/07/content_5517737. htm。

中华人民共和国国务院新闻办公室：《〈新时代的中国国际发展合作〉白皮书》，国务院新闻办公室网站，2021年1月10日，http：//www. scio. gov. cn/zfbps/32832/Document/1696685/1696685. htm。

中华人民共和国统计局：《2020年对"一带一路"沿线国家进出口总额93696亿元》，中国商务部官网，2021年3月2日，http：//www. mofcom. gov. cn/article/i/jyjl/e/202103/20210303041948. shtml。

ADB/ESCAP, "Designing and Implementing Trade Facilitation in Asia and the Pacific", http：//www. unescap. org/publications/detail. asp? id = 1352, 2009.

Alessandro M. Sassoon, "China's sway clear at Mekong summit, The Phnom Penh Post", Mar. 3, 2018, https：//www. phnompenhpost. com/national/chinas - sway - clear - mekong - summit.

Andrew Prozorovsky, "China's Belt and Road should Alarm International Community", The Daily Illini, March 9, 2020, https://dailyillini.com/opinions/2020/03/09/chinas-belt-and-road/.

Anita George, Rashad-Rudolf Kaldany, Joseph Losavio, The World is Facing a $15 Trillion Infrastructure Gap by 2040. Here's How to Bridge It, World Economic Frum, April 11, 2019, https://www.weforum.org/agenda/2019/04/infrastructure-gap-heres-how-to-solve-it/.

Areeya Tivasuradej, Lancang-Mekong Cooperation Overlooks the Real Key to Peace and Prosperity: Mekong People, East by Southeast May 19, 2016, http://www.eastbysoutheast.com/lancang-mekong-cooperation/.

ASEM, Mekong-Lancang cooperation for peace, sustainable development, ASEM, Jan. 11, 2018, http://asemconnectvietnam.gov.vn/default.aspx?ID1=2&ZID1=4&ID8=72567.

Aun Chhengpor, Chinese PM Wraps up Cambodia Visit, Promising Huge Aid Package, VOA Khmer, Jan. 12, 2018, https://www.voacambodia.com/a/chinese-pm-wraps-up-cambodia-visit-promising-huge-aid-package/4203509.html.

Bai Tiantian, Lancang-Mekong Cooperation's Chinese secretariat opens in Beijing, Global Times, Mar. 10, 2017, http://www.globaltimes.cn/content/1037123.shtml.

Cal Wong, China and the Mekong: The Floodgates of Power, The Diplomat, May 25, 2016, https://thediplomat.com/2016/05/china-and-the-mekong-the-floodgates-of-power/.

Candida Ng, China on the Lancang/Mekong: We Share the Water, We Share the River, Asean News, Apr. 28, 2016, http://www.aseannews.net/china-lancangmekong-share-water-share-river/.

Chheang Vannarith, Lancang-Mekong Cooperation Summit: The key agenda, Khmer Times, Jan. 11, 2018, https://www.khmertimeskh.com/50101327/lancang-mekong-cooperation-summit-key-agenda/.

Chiang Mai News, International Conference Belt and Road Initiative Lancang – Mekong Cooperation: New Era and New Start, Chiang Mai News, Sep. 21, 2018, https://www.chiangmainews.co.th/page/archives/807267.

Delia Paul, GWP Supports Transboundary Cooperation on Lancang – Mekong, IISD, Dec. 11, 2017, http://sdg.iisd.org/news/gwp – supports – transboundary – cooperation – on – lancang – mekong/.

ISIS, The Lancang – Mekong Cooperation: Challenges, Opportunities and Ways Forward, ISIS, Mar. 28, 2016, http://www.isisthailand.org/article – detail/112/.

Kavi Chongkittavorn, Mekong: riding dragon or hugging panda?, Myanmar Times, Jan. 8, 2018, https://www.mmtimes.com/news/mekong – riding – dragon – or – hugging – panda.html.

Lancang – Mekong Forum, Lancang – Mekong Cooperation SpecialFund Projects, Lancang – Mekong Forum, Nov. 27, 2018, http://lancangmekongforum.com/lmc – special – funds – projects/.

Laura Zhou, Five Things to Know about the Lancang – Mekong Cooperation Summit, South China Morning Post, Jan. 9, 2018, https://www.scmp.com/news/china/diplomacy – defence/article/2127337/five – things – know – about – lancang – mekong – cooperation.

Le Courrier DuVietnam, Le Premier minister au 2e Sommet de coopération Mékong – Lancang, LeCourrierDuVietnam, Jan 11, 2018, https://lecourrier.vn/le – premier – ministre – au – 2e – sommet – de – cooperation – mekong – lancang/453203.html.

Li Bijian, Building Community of Shared Future for Mankind, The Nation, July 09, 2020, https://nation.com.pk/09 – Jul – 2020/building – community – of – shared – future – for – mankind.

Li Zhihui, Spotlight: Xi's New Diplomacy: Peaceful Development in a Community of Common Destiny, Xinhua Net, September 11, 2015, http://news.xinhuanet.com/english/2015 – 09/11/c_134615486.htm, Accessed at January 15, 2021.

Linh Tong, Is Sustainable Development Along the Mekong Possible?, The Diplomat, Oct. 31, 2017, https：//thediplomat. com/2017/10/is – sustainable – development – along – the – mekong – possible/.

Long An Online, Laos, China ink deal on Mekong – Lancang cooperation fund, Long An Online, Jan. 5, 2018, http：//baolongan. vn/laos – china – ink – deal – on – mekong – lancang – cooperation – fund – a48934. html.

Lyu Jian, Increase Cooperation Will Benefit Lancang – Mekong Inhabitants, The Nation, Feb. 2, 2018, http：//www. nationmultimedia. com/detail/opinion/30337771.

Mekong River Commission, Lancang – Mekong Cooperation：MRC welcomes the New Initiative for Regional Cooperation by six countries in the Mekong River Basin, Mekong River Commission, Mar. 31, 2016, http：//www. mrcmekong. org/news – and – events/news/lancang – mekong – cooperation – mrc – welcomes – the – new – initiative – for – regional – cooperation – by – six – countries – in – the – mekong – river – basin/.

MFA, Press Release：3rd Mekong – Lanchang Cooperation Foreign Ministers' Meeting, MFA, Dec. 27, 2017, http：//www. mfa. go. th/main/en/news3/6886/84424 – 3rd – Mekong – %E2%80%93 – Lanchang – Cooperation – Foreign – Minister. html.

MFA, Union Minister U Kyaw Tin attends 4th MLC Foreign Ministers' Meeting held in Luang Prabang, Myanmar National Portal, Dec. 17, 2018, https：//myanmar. gov. mm/en/news – media/news/latest – news/ – /asset_ publisher/idasset354/content/union – minister – u – kyaw – tin – attends – 4th – mlc – foreign – ministers – meeting – held – in – luang – prabang.

Michael Netzley, Expert Perspectives on China's One Belt, One Road Initiative Duke Corporate Education, June 2016, https：//www. dukece. com/insights/expert – perspectives – china – one – belt – one – road – initiative/.

Mizzima, Lancang – Mekong Cooperation countries voice support for open world economy, multilateral trading system, Dec. 18, 2018, http://www.mizzima.com/article/lancang-mekong-cooperation-countries-voice-support-open-world-economy-multilateral-trading

Myanmar Times, Stuck between China and the US, Myanmar Times, Mar. 17, 2017, https://www.mmtimes.com/opinion/25368-stuck-between-china-and-the-us.html.

Nicolas, conférence ministérielle sur la coopération Mékong – Lancang, NewsAsia, Dec. 18, 2018, https://news-asia.fr/conference-ministerielle-sur-la-cooperation-mekong-lancang/24905/.

Parti Communiste Du Vietnam, Fondation du centre mondial pour les études sur le Mékong (GCMS) au Cambodge, Parti Communiste Du Vietnam, Sep. 29, 2017, http://fr.dangcongsan.vn/monde/fondation-du-centre-mondial-pour-les-etudes-sur-le-mekong-gcms-au-cambodge-455932.html.

Pav Suy, China eyes students vision, Khmer Times, May 9, 2018, https://www.khmertimeskh.com/50487669/china-eyes-students-vision/.

Scott Kennedy and David A. Parker., "Building China's 'One Belt, One Road", https://www.csis.org/analysis/building-china%E2%80%99s-%E2%80%9Cone-belt-one-road%E2%80%9D, Accessed at 15 January.

Shang – su Wu, The Trouble with the Lancang Mekong Cooperation Forum, Dec. 19, 2018, https://thediplomat.com/2018/12/the-trouble-with-the-lancang-mekong-cooperation-forum/.

Shannon Tiezzi, Facing Mekong Drought, China to Release Water From Yunnan Dam, The Diplomat, Mar. 16, 2016, https://thediplomat.com/2016/03/facing-mekong-drought-china-to-release-water-from-yunnan-dam/.

Soth Koemsoeun, LMC gives $7M in funds to government for 19 projects, The Phnom Penh Post, Feb. 15, 2019, https://www.phnompen

hpost. com/national/lmc – gives – 7m – funds – government – 19 – projects.

Sun Weidong, Fighting COVID – 19 Together for a Shared Future, March 13, 2020, *The Hindu*, https://www. thehindu. com/opinion/op – ed/fighting – covid – 19 – together – for – a – shared – future/article31052810. ece.

Supalak Ganjanakhundee, China offers assurance on Mekong's use, The Nation, Dec. 23, 2017, http://www. nationmultimedia. com/detail/asean – plus/30334574.

Supalak Ganjanakhundee, Thai Students Seek Educational Opportunities at Chinese Universities under LMC Scheme, The Nation, Dec. 26, 2017, http://www. nationmultimedia. com/detail/asean – plus/30334785.

The Voice of Vietnam, Communication cooperation urged to boost tourism in Mekong – Lancang region, The Voice of Vietnam, Mar. 7, 2018, https://english. vov. vn/society/communication – cooperation – urged – to – boost – tourism – in – mekonglancang – region – 378237. vov.

Tom Fawthrop, The Unfolding Mekong Development Disaster, *The Diplomat*, Apr. 1, 2018, https://thediplomat. com/2018/03/the – unfolding – mekong – development – disaster/.

U. S Department of States, Asia – Pacific Strategic Engagement Initiative, July 13, 2012, https://2009 – 2017. state. gov/r/pa/prs/ps/2012/07/194960. htm.

Vannarith Chheang, Lancang – Mekong Cooperation Summit: The key agenda, Khmer Times, Jan. 11, 2018, https://www. khmertimeskh. com/50101327/lancang – mekong – cooperation – summit – key – agen da/.

Vannarith Chheang, Lancang – Mekong summit, Khmer Times, Dec. 18, 2017, https://www. khmertimeskh. com/5096476/lancang – mekong – summit/.

Ven Rathavong, LMC approves 19 new projects for Cambodia, KhmerTimers, Dec. 19, 2018, https://www. khmertimeskh. com/50560847/

lmc – approves – 19 – new – projects – for – cambodia/.

Victor Fernandez, The Lancang – Mekong cooperation framework: China's real motivation, MekongEye, Nov. 11, 2017, https://www.mekongeye.com/2017/10/11/the – lancang – mekong – cooperation – framework – chinas – real – motivation/.

Vladimir Terekhov, About Lancang – Mekong Cooperation Meeting, NEW, Apr. 11, 2016, https://journal – neo.org/2016/04/11/about – lancang – mekong – cooperation – meeting/.

Wang Yan, "Can the Countries of the Mekong Pioneer a New Model of Cooperation?", The Third Pole, Mar. 15, 2018, https://www.thethirdpole.net/en/2018/03/15/can – the – countries – of – the – mekong – pioneer – a – new – model – of – cooperation/.

Yanzhong Huang, Joshua Kurlantzick, "China's Approach to Global Governance", The Diplomat, June 25, 2020, https://thediplomat.com/2020/06/chinas – approach – to – global – governance/.

Yasmin Rasidi, "Industrial development meets environmental risk at the Lancang Mekong Cooperation Summit", ASEAN Today, Feb. 21, 2018, https://www.aseantoday.com/2018/02/industrial – development – meets – environmental – risk – at – the – lancang – mekong – cooperation – summit/.

Zin Thu Tun, "Lancang – Mekong Cooperation Agrees to Implement 10 Projects in Myanmar", Myanmar Business Today, Jan. 15, 2018, https://www.mmbiztoday.com/articles/lancang – mekong – cooperation – agrees – implement – 10 – projects – myanmar.

# 后 记

当前，新冠肺炎疫情仍旧在全球肆虐，人类命运共同体理念的时代价值更为凸显。在疫情蔓延的背景下，澜湄六国大力开展抗疫合作，携手推动经济复苏，不断深化人文交流，澜湄合作依旧保持了高水平发展态势，构建澜湄国家命运共同体的理念更加深入人心。对"一带一路"及澜湄国家命运共同体建设进行研究，有着积极的学术意义和现实价值。本书是2017年度国家社科基金重大项目"'一带一路'与澜湄国家命运共同体构建研究"的最终成果，基于对构建澜湄国家命运共同体的实践探索，力图为人类命运共同体理念在澜湄地区建设率先取得突破提供理论和对策思考。

至此，本研究暂告一段落。然而，"构建人类命运共同体是一个美好的目标，也是一个需要一代又一代人接力跑才能实现的目标"[①]。建设面向和平与繁荣的澜湄国家命运共同体，是一个兼具时代性和永恒性的命题，关于人类命运共同体以及澜湄国家命运共同体的研究，需要一代又一代学者的接续努力。在未来的学术研究道路上，本人将持续深入地跟进研究。

本书在写作过程中，得到了南京大学的郑先武，外交学院的郭延军、李福建，复旦大学黄河以及云南大学国际关系研究院多位老师等

---

① 习近平：《共同构建人类命运共同体——在联合国日内瓦总部的演讲》，《人民日报》2017年1月20日第2版。

业内同事、朋友的鼎力支持。任华、胡辉参与了第一章的写作，聂姣、姚全参与了第二章的写作，别梦婕、田继阳参与第三章的写作，黎亚洲、陈伟琳参与了第四章的写作，金珍、王子奇参与了第五章的写作。当然，由于能力和时间所限，再加上由于新冠肺炎疫情导致境外调研受限，以及"一带一路"和澜湄国家命运共同体建设正在"进行时"等原因，因此本书稿在某种意义上只能算是"阶段性"的成果，错漏之处难免，请各位同行及读者予以批评指正。

卢光盛
2022 年 4 月